大学赤本シリーズ

260

慶應義塾大学

看護医療学部

JN071740

は　し　が　き

　おかげさまで，大学入試の「赤本」は，今年で創刊 70 周年を迎えました。

　これまで，入試問題や資料をご提供いただいた大学関係者各位，掲載許可をいただいた著作権者の皆様，各科目の解答や対策の執筆にあたられた先生方，そして，赤本を使用してくださったすべての読者の皆様に，厚く御礼を申し上げます。

　以下に，創刊初期の「赤本」のはしがきを引用します。これからも引き続き，受験生の目標の達成や，夢の実現を応援してまいります。

　本書を活用して，入試本番では持てる力を存分に発揮されることを心より願っています。

編者しるす

＊　　　＊　　　＊

　学問の塔にあこがれのまなざしをもって，それぞれの志望する大学の門をたたかんとしている受験生諸君！　人間として生まれてきた私たちは，自己の欲するままに，美しく，強く，そして何よりも人間らしく生きることをねがっている。しかし，一朝一夕にして，この純粋なのぞみが達せられることはない。私たちの行く手には，絶えずさまざまな試練がまちかまえている。この試練を克服していくところに，私たちのねがう真に人間的な世界がはじめて開かれてくるのである。

　人生最初の最大の試練として，諸君の眼前に大学入試がある。この大学入試は，精神的にも身体的にも，大きな苦痛を感ぜしめるであろう。あるスポーツに熟達するには，たゆみなき，はげしい練習を積み重ねることが必要であるように，私たちは，計画的・持続的な努力を払うことによって，この試練を克服し，次の一歩を踏みだすことができる。厳しい試練を経たのちに，はじめて満足すべき成果を獲得できるのである。

　本書は最近の入学試験の問題に，それぞれ解答を付し，さらに問題をふかく分析することによって，その大学独特の傾向や対策をさぐろうとした。本書を一般の参考書とあわせて使用し，まとはずれのない，効果的な受験勉強をされるよう期待したい。

（昭和 35 年版「赤本」はしがきより）

挑む人の、いちばんの味方

赤本創刊70周年

1954年に大学入試の過去問題集を刊行してから70年。赤本は大学に入りたいと思う受験生を応援しつづけてきました。これからも，苦しいとき落ち込むときにそばで支える存在でいたいと思います。

そして，勉強をすること，自分で道を決めること，努力が実ること，これらの喜びを読者の皆さんが感じることができるよう，伴走をつづけます。

そもそも赤本とは…

受験生のための大学入試の過去問題集！

70年の歴史を誇る赤本は，500点を超える刊行点数で全都道府県の370大学以上を網羅しており，過去問の代名詞として受験生の必須アイテムとなっています。

なぜ受験に過去問が必要なのか？

大学入試は大学によって問題形式や頻出分野が大きく異なるからです。

赤本の掲載内容

傾向と対策

これまでの出題内容から，問題の「**傾向**」を分析し，来年度の入試に向けて具体的な「**対策**」の方法を紹介しています。

問題編・解答編

- 年度ごとに問題とその解答を掲載しています。

- 「**問題編**」ではその年度の試験概要を確認したうえで，実際に出題された過去問に取り組むことができます。

- 「**解答編**」には高校・予備校の先生方による解答が載っています。

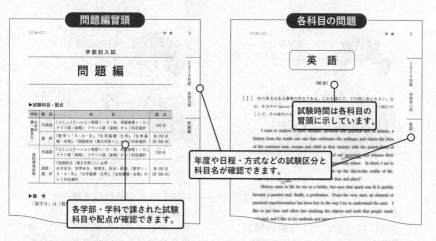

他にも，大学の基本情報や，先輩受験生の合格体験記，在学生からのメッセージなどが載っていることがあります。

2024年度から
見やすい
デザインに！

受験勉強は

過去問に始まり,

STEP 1
なにには
ともあれ

まずは
解いてみる

しずかに…
今,自分の心と
向き合ってるんだから

ムーン

それは
問題を解いて
からだホン!

過去問は,**できるだけ早いうちに
解くのがオススメ!**
実際に解くことで,**出題の傾向,
問題のレベル,今の自分の実力**が
つかめます。

STEP 2
じっくり
具体的に

弱点を
分析する

分析の結果だけど
英・数・国が苦手みたい

スリー

必須科目だホン
頑張るホン

間違いは自分の弱点を教えてくれ
る**貴重な情報源。**
弱点から自己分析することで,**今
の自分に足りない力や苦手な分野**
が見えてくるはず!

合格者があかす
赤本の使い方

傾向と対策を熟読
(Fさん/国立大合格)

大学の出題傾向を調べる
ために,赤本に載ってい
る「傾向と対策」を熟読
しました。

繰り返し解く
(Tさん/国立大合格)

1周目は問題のレベル確認,2周
目は苦手や頻出分野の確認に,3
周目は合格点を目指して,と過去
問は繰り返し解くことが大切です。

過去問に終わる。

STEP 3
志望校に
あわせて

苦手分野の
重点対策

明日からはみんなで頑張るよ！
参考書も！ 問題集も！
よろしくね！

呼んだ？

なにを!?
どこから!?

グッ グッ

参考書や問題集を活用して，苦手分野の**重点対策**をしていきます。**過去問を指針に**，合格へ向けた具体的な学習計画を立てましょう！

STEP 1 ▶ 2 ▶ 3
サイクル
が大事！

実践を
繰り返す

やるのは
ボクだよ〜

STEP 1　解く!!

対策!!

分析!!

STEP 3　　　　STEP 2

STEP 1〜3を繰り返し，実力アップにつなげましょう！
出題形式に慣れることや，**時間配分を考える**ことも大切です。

目標点を決める
（Yさん／私立大合格）

赤本によっては合格者最低点が載っているので，それを見て目標点を決めるのもよいです。

時間配分を確認
（Kさん／私立大学合格）

赤本は時間配分や解く順番を決めるために使いました。

添削してもらう
（Sさん／私立大学合格）

記述式の問題は先生に添削してもらうことで自分の弱点に気づけると思います。

新課程も赤本で
ばっちり！

新課程入試 Q&A

2022年度から新しい学習指導要領（新課程）での授業が始まり，2025年度の入試は，新課程に基づいて行われる最初の入試となります。ここでは，赤本での新課程入試の対策について，よくある疑問にお答えします。

使える？

Q1. 赤本は新課程入試の対策に使えますか？

A. もちろん使えます！

OK

旧課程入試の過去問が新課程入試の対策に役に立つのか疑問に思う人もいるかもしれませんが，心配することはありません。旧課程入試の過去問が役立つのには次のような理由があります。

● 学習する内容はそれほど変わらない

新課程は旧課程と比べて科目名を中心とした変更はありますが，学習する内容そのものはそれほど大きく変わっていません。また，多くの大学で，既卒生が不利にならないよう「経過措置」がとられます（Q3参照）。したがって，出題内容が大きく変更されることは少ないとみられます。

● 大学ごとに出題の特徴がある

これまでに課程が変わったときも，各大学の出題の特徴は大きく変わらないことがほとんどでした。入試問題は各大学のアドミッション・ポリシーに沿って出題されており，過去問にはその特徴がよく表れています。過去問を研究してその大学に特有の傾向をつかめば，最適な対策をとることができます。

出題の特徴の例	・英作文問題の出題の有無 ・論述問題の出題（字数制限の有無や長さ） ・計算過程の記述の有無

新課程入試の対策も，赤本で過去問に取り組むところから始めましょう。

Q2. 赤本を使う上での注意点はありますか？

A. 志望大学の入試科目を確認しましょう。

　過去問を解く前に、過去の出題科目（問題編冒頭の表）と2025年度の募集要項とを比べて、課される内容に変更がないかを確認しましょう。ポイントは以下のとおりです。科目名が変わっていても、実際は旧課程の内容とほとんど同様のものもあります。

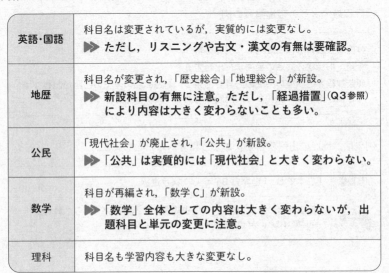

英語・国語	科目名は変更されているが、実質的には変更なし。 ▶▶ ただし、リスニングや古文・漢文の有無は要確認。
地歴	科目名が変更され、「歴史総合」「地理総合」が新設。 ▶▶ 新設科目の有無に注意。ただし、「経過措置」(Q3参照)により内容は大きく変わらないことも多い。
公民	「現代社会」が廃止され、「公共」が新設。 ▶▶ 「公共」は実質的には「現代社会」と大きく変わらない。
数学	科目が再編され、「数学C」が新設。 ▶▶ 「数学」全体としての内容は大きく変わらないが、出題科目と単元の変更に注意。
理科	科目名も学習内容も大きな変更なし。

　数学については、科目名だけでなく、どの単元が含まれているかも確認が必要です。例えば、出題科目が次のように変わったとします。

旧課程	「数学Ⅰ・数学Ⅱ・数学A・数学B（数列・ベクトル）」
新課程	「数学Ⅰ・数学Ⅱ・数学A・数学B（数列）・数学C（ベクトル）」

　この場合、新課程では「数学C」が増えていますが、単元は「ベクトル」のみのため、実質的には旧課程とほぼ同じであり、過去問をそのまま役立てることができます。

Q3. 「経過措置」とは何ですか?

A. 既卒の旧課程履修者への対応です。

　多くの大学では，既卒の旧課程履修者が不利にならないように，出題において「経過措置」が実施されます。措置の有無や内容は大学によって異なるので，募集要項や大学のウェブサイトなどで確認しておきましょう。

○旧課程履修者への経過措置の例

- ●旧課程履修者にも配慮した出題を行う。
- ●新・旧課程の共通の範囲から出題する。
- ●新課程と旧課程の共通の内容を出題し，共通範囲のみでの出題が困難な場合は，旧課程の範囲からの問題を用意し，選択解答とする。

　例えば，地歴の出題科目が次のように変わったとします。

旧課程	「日本史B」「世界史B」から1科目選択
新課程	「**歴史総合，日本史探究**」「**歴史総合，世界史探究**」から1科目選択※ ※旧課程履修者に不利益が生じることのないように配慮する。

　「歴史総合」は新課程で新設された科目で，旧課程履修者には見慣れないものですが，上記のような経過措置がとられた場合，新課程入試でも旧課程と同様の学習内容で受験することができます。

新課程の情報は WEB もチェック！
より詳しい解説が赤本ウェブサイトで見られます。
https://akahon.net/shinkatei/

科目名が変更される教科・科目

	旧課程	新課程
国語	国語総合 国語表現 現代文A 現代文B 古典A 古典B	現代の国語 言語文化 論理国語 文学国語 国語表現 古典探究
地歴	日本史A 日本史B 世界史A 世界史B 地理A 地理B	歴史総合 日本史探究 世界史探究 地理総合 地理探究
公民	現代社会 倫理 政治・経済	公共 倫理 政治・経済
数学	数学I 数学II 数学III 数学A 数学B 数学活用	数学I 数学II 数学III 数学A 数学B 数学C
外国語	コミュニケーション英語基礎 コミュニケーション英語I コミュニケーション英語II コミュニケーション英語III 英語表現I 英語表現II 英語会話	英語コミュニケーションI 英語コミュニケーションII 英語コミュニケーションIII 論理・表現I 論理・表現II 論理・表現III
情報	社会と情報 情報の科学	情報I 情報II

大学のサイトも見よう

目　次

解答編　※問題編は別冊

基 本 情 報

🏛 沿革

1858（安政 5）　福澤諭吉，江戸に蘭学塾を開く

1863（文久 3）　蘭学塾より英学塾に転向

1868（慶應 4）　塾を「慶應義塾」と命名，近代私学として新発足

　　　　　　　✒1885（明治 18）このころ塾生たちがペンの記章をつけ始める

1890（明治 23）　大学部が発足し，総合大学となる

1898（明治 31）　学制を改革し，一貫教育制度を樹立

　　　　　　　✒1903（明治 36）第 1 回早慶野球試合

1920（大正 9）　大学令による大学として新発足

　　　　　　　文学・経済学・法学・医学部から成る総合大学となる

1944（昭和 19）　藤原工業大学が寄付され，工学部設置

1949（昭和 24）　新制大学発足，文学・経済学・法学・工学部設置

1952（昭和 27）　新制大学医学部発足

1957（昭和 32）　商学部設置

1981（昭和 56）　工学部を改組し，理工学部を設置

1990（平成 2）　総合政策・環境情報学部を設置

2001（平成 13）	看護医療学部を設置
2008（平成 20）	学校法人共立薬科大学との合併により薬学部設置
	創立 150 周年

ペンマーク

　1885（明治 18）年ごろ，塾生が教科書にあった一節「ペンは剣に勝る力あり」にヒントを得て帽章を自分たちで考案したことからはじまり，その後多数の塾生・塾員の支持を得て公式な形として認められ，今日に至っています。ペンマークは，その発祥のルーツにも見られるように，学びの尊さを表現するシンボルであり，慶應義塾を指し示すだけでなく，広く認知された社会的な存在と位置付けられます。

学部・学科の構成

大　学

●**文学部**　1 年：日吉キャンパス／2 ～ 4 年：三田キャンパス

　人文社会学科（哲学系〈哲学専攻，倫理学専攻，美学美術史学専攻〉，史学系〈日本史学専攻，東洋史学専攻，西洋史学専攻，民族学考古学専攻〉，文学系〈国文学専攻，中国文学専攻，英米文学専攻，独文学専攻，仏文学専攻〉，図書館・情報学系〈図書館・情報学専攻〉，人間関係学系〈社会学専攻，心理学専攻，教育学専攻，人間科学専攻〉）

＊各専攻には 2 年次より分属する。

●**経済学部**　1・2 年：日吉キャンパス／3・4 年：三田キャンパス

　経済学科

●**法学部**　1・2 年：日吉キャンパス／3・4 年：三田キャンパス

　法律学科

　政治学科

●**商学部**　1・2 年：日吉キャンパス／3・4 年：三田キャンパス

　商学科

●**医学部**　1 年：日吉キャンパス／2 ～ 6 年：信濃町キャンパス

　医学科

●**理工学部**　1・2年：日吉キャンパス／3・4年：矢上キャンパス

機械工学科

電気情報工学科

応用化学科

物理情報工学科

管理工学科

数理科学科（数学専攻，統計学専攻）

物理学科

化学科

システムデザイン工学科

情報工学科

生命情報学科

＊各学科には2年次より分属する。数理科学科の各専攻は3年次秋学期に選択する。

●**総合政策学部**　湘南藤沢キャンパス

総合政策学科

●**環境情報学部**　湘南藤沢キャンパス

環境情報学科

●**看護医療学部**　1・2・4年：湘南藤沢キャンパス／3・4年：信濃町キャンパス

看護学科

●**薬学部**　1年：日吉キャンパス／2年以降：芝共立キャンパス

薬学科［6年制］

薬科学科［4年制］

大学院

文学研究科／経済学研究科／法学研究科／社会学研究科／商学研究科／医学研究科／理工学研究科／政策・メディア研究科／健康マネジメント研究科／薬学研究科／経営管理研究科／システムデザイン・マネジメント研究科／メディアデザイン研究科／法務研究科（法科大学院）

（注）上記内容は2024年4月時点のもので，改組・新設等により変更される場合があります。

🔲 大学所在地

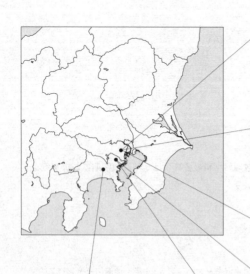

三田キャンパス

信濃町キャンパス

芝共立キャンパス

湘南藤沢キャンパス

日吉キャンパス

矢上キャンパス

三田キャンパス	〒108-8345	東京都港区三田 2-15-45
日吉キャンパス	〒223-8521	神奈川県横浜市港北区日吉 4-1-1
矢上キャンパス	〒223-8522	神奈川県横浜市港北区日吉 3-14-1
信濃町キャンパス	〒160-8582	東京都新宿区信濃町 35
湘南藤沢キャンパス	〒252-0882	神奈川県藤沢市遠藤 5322（総合政策・環境情報学部）
	〒252-0883	神奈川県藤沢市遠藤 4411（看護医療学部）
芝共立キャンパス	〒105-8512	東京都港区芝公園 1-5-30

入 試 デ ー タ

2024 年度の合格最低点につきましては，大学ホームページや大学発行資料にてご確認ください。

 ## 入試状況（志願者数・競争率など）

○合格者数（第 2 次試験を行う学部は第 2 次試験合格者）と，補欠者許可数との合計が入学許可者数であり，実質倍率は受験者数÷入学許可者数で算出。

入試統計（一般選抜）

●文学部

年度	募集人員	志願者数	受験者数	合格者数	補 欠 者		実質倍率
					発表数	許可数	
2024	580	4,131	3,796	1,060	251	136	3.2
2023	580	4,056	3,731	1,029	288	143	3.2
2022	580	4,162	3,849	1,010	300	179	3.2
2021	580	4,243	3,903	932	276	276	3.2
2020	580	4,351	3,978	937	335	85	3.9
2019	580	4,720	4,371	954	339	79	4.2
2018	580	4,820	4,500	980	323	43	4.4

●経済学部

方式	年度	募集人員	志願者数	受験者数	合格者数	補　欠　者		実質倍率
						発表数	許可数	
A	2024	420	4,066	3,699	875	284	275	3.2
	2023	420	3,621	3,286	865	278	237	3.0
	2022	420	3,732	3,383	856	264	248	3.1
	2021	420	3,716	3,419	855	248	248	3.1
	2020	420	4,193	3,720	857	262	113	3.8
	2019	420	4,743	4,309	854	286	251	3.9
	2018	420	4,714	4,314	856	307	183	4.2
B	2024	210	1,853	1,691	381	138	52	3.9
	2023	210	2,015	1,844	380	138	100	3.8
	2022	210	2,086	1,905	380	130	82	4.1
	2021	210	2,081	1,913	368	132	132	3.8
	2020	210	1,956	1,768	367	148	39	4.4
	2019	210	2,231	2,029	364	141	38	5.0
	2018	210	2,417	2,217	362	143	69	5.1

●法学部

学科	年度	募集人員	志願者数	受験者数	合格者数	補　欠　者		実質倍率
						発表数	許可数	
法律	2024	230	1,657	1,466	334	79	46	3.9
	2023	230	1,730	1,569	334	60	18	4.5
	2022	230	1,853	1,633	330	48	48	4.3
	2021	230	1,603	1,441	314	53	30	4.2
	2020	230	1,511	1,309	302	51	40	3.8
	2019	230	2,016	1,773	308	53	23	5.4
	2018	230	2,089	1,864	351	51	0	5.3
政治	2024	230	1,363	1,212	314	64	10	3.7
	2023	230	1,407	1,246	292	52	37	3.8
	2022	230	1,323	1,190	289	49	12	4.0
	2021	230	1,359	1,243	296	49	40	3.7
	2020	230	1,548	1,369	295	53	0	4.6
	2019	230	1,472	1,328	300	50	12	4.3
	2018	230	1,657	1,506	315	55	0	4.8

●商学部

方式	年度	募集人員	志願者数	受験者数	合格者数	補 欠 者		実質倍率
						発表数	許可数	
A	2024	480	4,615	4,354	1,593	417	76	2.6
	2023	480	4,189	3,947	1,484	375	137	2.4
	2022	480	4,023	3,716	1,434	376	154	2.3
	2021	480	3,641	3,404	1,312	356	244	2.2
	2020	480	3,845	3,502	1,221	322	98	2.7
	2019	480	4,105	3,698	1,202	242	142	2.8
	2018	480	4,072	3,801	1,186	311	71	3.0
B	2024	120	2,533	2,343	385	164	0	6.1
	2023	120	2,590	2,404	344	141	38	6.3
	2022	120	2,867	2,707	316	185	89	6.7
	2021	120	2,763	2,560	298	154	51	7.3
	2020	120	2,441	2,234	296	158	21	7.0
	2019	120	2,611	2,390	307	105	0	7.8
	2018	120	2,943	2,746	289	124	12	9.1

●医学部

年度	募集人員	志願者数	受験者数	合格者数		補 欠 者		実質倍率
				第1次	第2次	発表数	許可数	
2024	66	1,483	1,270	261	139	96	30	7.5
2023	66	1,412	1,219	260	141	92	27	7.3
2022	66	1,388	1,179	279	134	119	44	6.6
2021	66	1,248	1,045	266	128	114	43	6.1
2020	66	1,391	1,170	269	125	113	41	7.0
2019	68	1,528	1,296	274	132	117	27	8.2
2018	68	1,525	1,327	271	131	111	49	7.3

●理工学部

年度	募集人員	志願者数	受験者数	合格者数	補 欠 者		実質倍率
					発表数	許可数	
2024	650	8,248	7,747	2,400	601	95	3.1
2023	650	8,107	7,627	2,303	534	149	3.1
2022	650	7,847	7,324	2,286	523	355	2.8
2021	650	7,449	7,016	2,309	588	0	3.0
2020	650	8,230	7,688	2,444	415	0	3.1
2019	650	8,643	8,146	2,369	488	42	3.4
2018	650	9,050	8,569	2,384	565	148	3.4

（備考）
- 理工学部はA〜Eの5つの分野に対応した「学門」制をとっており，学門別に募集を行う。
  入学後の1年間は学門別に基礎を学び，2年次に進級する時に学科を選択する。
- 2020年度の合格者数には追加合格の81名を含む。

●総合政策学部

年度	募集人員	志願者数	受験者数	合格者数	補 欠 者		実質倍率
					発表数	許可数	
2024	225	2,609	2,351	396	101	37	5.4
2023	225	2,852	2,574	407	127	34	5.8
2022	225	3,015	2,731	436	129	82	5.3
2021	225	3,164	2,885	375	104	29	7.1
2020	275	3,323	3,000	285	108	71	8.4
2019	275	3,600	3,254	385	150	0	8.5
2018	275	3,757	3,423	351	157	0	9.8

●環境情報学部

年度	募集人員	志願者数	受験者数	合格者数	補 欠 者		実質倍率
					発表数	許可数	
2024	225	2,287	2,048	344	45	36	5.4
2023	225	2,586	2,319	296	66	66	6.4
2022	225	2,742	2,450	360	111	86	5.5
2021	225	2,864	2,586	232	142	104	7.7
2020	275	2,999	2,664	200	102	82	9.4
2019	275	3,326	3,041	302	151	0	10.1
2018	275	3,123	2,866	333	154	0	8.6

●看護医療学部

年度	募集人員	志願者数	受験者数	合格者数		補 欠 者		実質倍率
				第1次	第2次	発表数	許可数	
2024	70	514	465	231	143	55	39	2.6
2023	70	538	500	234	163	45	0	3.1
2022	70	653	601	235	152	55	8	3.8
2021	70	610	574	260	152	52	45	2.9
2020	70	565	493	249	151	53	7	3.1
2019	70	655	606	247	154	68	20	3.5
2018	70	694	637	249	146	63	10	4.1

●薬学部

学科	年度	募集人員	志願者数	受験者数	合格者数	補 欠 者 発表数	許可数	実質倍率
薬	2024	100	1,372	1,252	317	82	0	3.9
	2023	100	1,454	1,314	306	85	0	4.3
	2022	100	1,421	1,292	279	83	54	3.9
	2021	100	1,203	1,105	270	90	25	3.7
	2020	100	1,342	1,215	263	97	19	4.3
	2019	100	1,597	1,424	295	69	8	4.7
	2018	100	1,777	1,573	306	79	0	5.1
薬科	2024	50	869	815	290	98	0	2.8
	2023	50	854	824	247	92	48	2.8
	2022	50	782	726	209	77	63	2.7
	2021	50	737	683	203	77	16	3.1
	2020	50	759	700	204	82	27	3.0
	2019	50	628	587	187	84	42	2.6
	2018	50	663	616	201	70	41	2.5

合格最低点（一般選抜）

●文学部

（合格最低点／満点）

2023 年度	2022 年度	2021 年度	2020 年度	2019 年度	2018 年度
205／350	218／350	232／350	250／350	233／350	228／350

（備考）
- 「地理歴史」は，科目間の難易度の違いから生じる不公平をなくすため，統計的処理により得点の補正を行う場合がある。
- 「合格最低点」は，正規合格者の最低総合点である。

●経済学部

（合格最低点／満点）

年度	A　　方　　式	B　　方　　式
2023	248／420	266／420
2022	209／420	239／420
2021	231／420	262／420
2020	234／420	240／420
2019	265／420	259／420
2018	207／420	243／420

（備考）
- 採点方法について

　A方式は，「外国語」の問題の一部と「数学」の問題の一部の合計点が一定の得点に達した受験生について，「外国語」の残りの問題と「数学」の残りの問題および「小論文」を採点する。B方式は，「外国語」の問題の一部が一定の得点に達した受験生について，「外国語」の残りの問題と「地理歴史」および「小論文」を採点する。A・B両方式とも，最終判定は総合点によって合否を決定する。
- 「地理歴史」の科目間の難易度の違いを考慮した結果，統計的処理による得点の補正を行わなかった。
- 「合格最低点」は，正規合格者の最低総合点である。

●法学部

(合格最低点／満点)

年度	法　律　学　科	政　治　学　科
2023	247／400	252／400
2022	239／400	236／400
2021	234／400	235／400
2020	252／400	258／400
2019	227／400	224／400
2018	246／400	249／400

(備考)
- 採点方法について
  「論述力」は，「外国語」および「地理歴史」の合計点，および「地理歴史」の得点，いずれ
  もが一定の得点に達した受験生について採点し，3科目の合計点で合否を決定する。
- 「地理歴史」は，科目間の難易度の違いから生じる不公平をなくすため，統計的処理により得
  点の補正を行った。
- 「合格最低点」は，正規合格者の最低総合点である。

●商学部

(合格最低点／満点)

年度	A　方　式	B　方　式
2023	237／400	278／400
2022	240／400	302／400
2021	252／400	288／400
2020	244／400	309／400
2019	258／400	288／400
2018	265／400	293／400

(備考)
- 「地理歴史」は，科目間の難易度の違いから生じる不公平をなくすため，統計的処理により得
  点の補正を行った。
- 「合格最低点」は，正規合格者の最低総合点である。

●医学部（第1次試験）

(合格最低点／満点)

2023 年度	2022 年度	2021 年度	2020 年度	2019 年度	2018 年度
315／500	308／500	251／500	303／500	303／500	305／500

(備考)
- 「理科」の科目間の難易度の違いを考慮した結果，統計的処理による得点の補正を行う場合が
  ある。

●理工学部　　　　　　　　　　　　　　　　　　　　　（合格最低点／満点）

2023 年度	2022 年度	2021 年度	2020 年度	2019 年度	2018 年度
290／500	340／500	266／500	309／500	280／500	260／500

(備考)
- 「合格最低点」は，各学門における正規合格者の最低総合得点を各学門の合格者数で重み付けして平均した値である。

●総合政策学部　　　　　　　　　　　　　　　　　　　（合格最低点／満点）

年度	「数学」選択		「情報」選択		「外国語」選択		「数学・外国語」選択	
	数　学	小論文	情　報	小論文	外国語	小論文	数学・外国語	小論文
2023	258／400		264／400		257／400		268／400	
2022	261／400		269／400		260／400		275／400	
2021	254／400		261／400		243／400		260／400	
2020	246／400							
2019	267／400		285／400		261／400		277／400	
2018	301／400		272／400		277／400		300／400	

(備考)
- 採点方法について
　選択した受験科目(「数学または情報」あるいは「外国語」あるいは「数学および外国語」)の得点と，「小論文」の採点結果を組み合わせて，最終判定を行う。
- 合格最低点は，選択した試験科目によって異なっているが，これは 4 種の試験科目の難易度の違いを表すものではない。
- 「数学」「情報」「外国語」「数学および外国語」については統計的処理による得点の補正を行った。

●環境情報学部

(合格最低点／満点)

年度	「数学」選択		「情報」選択		「外国語」選択		「数学・外国語」選択	
	数　学	小論文	情　報	小論文	外国語	小論文	数学・外国語	小論文
2023	246／400		246／400		246／400		246／400	
2022	234／400		248／400		234／400		238／400	
2021	254／400		238／400		248／400		267／400	
2020	246／400							
2019	250／400		274／400		263／400		277／400	
2018	257／400		260／400		258／400		263／400	

(備考)
- 採点方法について
  選択した受験科目（「数学または情報」あるいは「外国語」あるいは「数学および外国語」）
  の得点と，「小論文」の採点結果を組み合わせて，最終判定を行う。
- 合格最低点は，選択した試験科目によって異なっているが，これは 4 種の試験科目の難易度
  の違いを表すものではない。
- 「数学」「情報」「外国語」「数学および外国語」については統計的処理による得点の補正を行
  った。

●看護医療学部（第 1 次試験）

(合格最低点／満点)

2023 年度	2022 年度	2021 年度	2020 年度	2019 年度	2018 年度
294／500	310／500	270／500	297／500	273／500	293／500

(備考)
- 選択科目（数学・化学・生物）は，科目間の難易度の違いから生じる不公平をなくすため，
  統計的処理により得点の補正を行った。
- 第 1 次試験で小論文を課すが，第 1 次試験の選考では使用せず，第 2 次試験の選考で使用する。

●薬学部

(合格最低点／満点)

学科	2023 年度	2022 年度	2021 年度	2020 年度	2019 年度	2018 年度
薬	169／350	204／350	196／350	196／350	208／350	204／350
薬科	171／350	209／350	195／350	195／350	207／350	204／350

(備考)
- 「合格最低点」は，正規合格者の最低総合点である。

募集要項（出願書類）の入手方法

　2025 年度一般選抜要項は，大学ホームページで公開予定です。詳細については，大学ホームページでご確認ください。

一般選抜・文学部自主応募制による推薦入学者選考・法学部 FIT 入試に関する問い合わせ先

　慶應義塾大学　入学センター
　　〒 108-8345　東京都港区三田 2-15-45
　　TEL　(03)5427-1566
　　慶應義塾大学ホームページ　https://www.keio.ac.jp/

理工学部 AO 入試に関する問い合わせ先

　慶應義塾大学
　理工学部学生課学事担当内　アドミッションズ・オフィス
　　〒 223-8522　神奈川県横浜市港北区日吉 3-14-1
　　TEL　(045)566-1800

総合政策学部・環境情報学部 AO 入試に関する問い合わせ先

　慶應義塾大学　湘南藤沢事務室　アドミッションズ・オフィス
　　〒 252-0882　神奈川県藤沢市遠藤 5322
　　TEL　(0466)49-3407
　　SFC ホームページ　https://www.sfc.keio.ac.jp/

看護医療学部 AO 入試に関する問い合わせ先 ···············

慶應義塾大学　湘南藤沢事務室　看護医療学部担当

〒252-0883　神奈川県藤沢市遠藤 4411

TEL　(0466)49-6200

 慶應義塾大学のテレメールによる資料請求方法

| スマートフォンから | QRコードからアクセスしガイダンスに従ってご請求ください。 |
| パソコンから | 教学社 赤本ウェブサイト(akahon.net)から請求できます。 |

合格体験記

募集

　2025 年春に入学される方を対象に，本大学の「合格体験記」を募集します。お寄せいただいた合格体験記は，編集部で選考の上，小社刊行物やウェブサイト等に掲載いたします。お寄せいただいた方には小社規定の謝礼を進呈いたしますので，ふるってご応募ください。

• 応募方法 •

下記 URL または QR コードより応募サイトにアクセスできます。
ウェブフォームに必要事項をご記入の上，ご応募ください。
折り返し執筆要領をメールにてお送りします。

※入学が決まっている一大学のみ応募できます。

 http://akahon.net/exp/

• 応募の締め切り •

総合型選抜・学校推薦型選抜	2025年 2 月 23 日
私立大学の一般選抜	2025年 3 月 10 日
国公立大学の一般選抜	2025年 3 月 24 日

受験にまつわる川柳を募集します。
入選者には賞品を進呈！
ふるってご応募ください。

応募方法　http://akahon.net/senryu/　にアクセス！

気になること、聞いてみました！

在学生メッセージ

大学ってどんなところ？　大学生活ってどんな感じ？
ちょっと気になることを，在学生に聞いてみました。

以下の内容は 2020～2023 年度入学生のアンケート回答に基づくものです。ここで触れられている内容は今後変更となる場合もありますのでご注意ください。

メッセージを書いてくれた先輩　［経済学部］R.S. さん　M.Y. さん　島田優也さん
　　　　　　　　　　　　　　　　［法学部］関口康太さん　［総合政策学部］T.N. さん
　　　　　　　　　　　　　　　　［理工学部］M.H. さん

大学生になったと実感！

　大きく言うと自由と責任が増えました。大学生になるとどの授業を取るかもすべて自分で決めることができます。一見自由で素晴らしいことかもしれませんが，これは誰も決めてくれないということでもあります。高校のときより，どれがどのような内容や難易度の授業なのかといった正確な情報を得るということがより重要になったと感じました。また，高校まではバイトをしていなかったので，大学生になってからは金銭的な自由と責任も増えたと感じています。少しずつ大人になっていく感覚を嬉しく思いつつも，少しだけ寂しいです（笑）。（R.S. さん／経済）

　出会う人の幅が大きく変わったと思います。高校までは地元の子が集まったり，遠くても隣の県まででしたが，慶應に入り，全国からはもちろん帰国子女や留学生など，そのまま地元にいれば絶対に会えないだろう人材に多く出会えたことが，高校までとは比べものにならないほど変わったことだと感じました。全員が様々なバックグラウンドをもっているので，話

を聞いていて本当に楽しいです！（関口さん／法）

 ## 大学生活に必要なもの

　タッチペンで書き込みが可能なタブレットやパソコンです。授業形態は教授によって様々ではありますが，多くの授業はアップロードされたレジュメに自分たちで書き込んでいくスタイルです。なかには印刷して書き込む学生もいますが，大半はタブレットやパソコンに直接タッチペンで板書を取っています。自分は基本的にタブレットだけを大学に持って行き，プログラミングやプレゼンのスライドを作成するときにパソコンを持って行くようにしています。タブレットのみだと若干心細いので，両方購入することにためらいがある人はタッチペン付きのパソコンにしておくのが無難だと思います。（R.S. さん／経済）

　パソコンは必須。他には私服。高校までは制服があったので私服を着る頻度が低かったが，大学からはそういうわけにもいかないので春休みに何着か新調した。（M.H. さん／理工）

 ## この授業がおもしろい！

　マクロ経済学です。経済学を勉強したくて経済学部に入学したということもあって以前から楽しみにしていました。身の回りの金銭の流通について，モデル化した図を用いて説明されると改めて経済が合理性をもった動きをしているとわかります。（R.S. さん／経済）

　理工学概論。毎回異なる大学内外の講師が，自身のお仕事や研究内容を話してくださり，今後携わることになるであろう学問や業界の実情を知ることができる。また，あまり関心をもっていなかった分野についても，教養として目を配る必要性に気づくことができた。（M.H. さん／理工）

　自分が最もおもしろいと思った授業は，「生活者の社会参加」という授業です。この授業では，自分が提案した様々なプロジェクトについて実際にNPO法人や行政と協力していき，その成果を発表するという，究極のフィールドワーク型の授業です。教授からは実際の進捗に対してのアドバイスくらいしか言われることはなく，学生が主体的に学べる授業になっています。SFCではこういった授業が他の学部や大学に比べて多く開講されており，SFCに入らなければ経験できない学びを多く得ることができます。（T.N. さん／総合政策）

 ## 大学の学びで困ったこと＆対処法

　履修登録です。先輩などの知り合いがほとんどいない入学前から考え始めないといけないので大変でした。自分はSNSを用いて履修の仕組みを調べたり，興味深い授業や比較的単位の取得がしやすい授業を聞いたりしました。先輩方も同じ道を辿ってきているので，入ったら先輩方が受けたい授業の情報を共有してくれるというサークルも多いです。また，ただ単に授業をたくさん取ればよいわけではなく，進級条件や卒業条件でいくつ単位が必要か変わってくる点も考慮する必要があります。1年生では自分がどうしても受けたい授業が必修科目と被ってしまうということが多々あります。（R.S. さん／経済）

 ## 部活・サークル活動

　ダンスサークルと，行事企画の立案・運営を行う委員会に所属しています。ダンスサークルでは三田祭やサークルのイベント公演に向けて週3，4回の頻度で練習しています。委員会は，立案した企画が承認されると大学の資金で活動ができるので規模の大きいものが運営できます。例年ではスキーハウスの運営をして塾生に還元するといったこともしています。公的な活動にもなるので就職の実績にも役立つと思います。（R.S. さん／経済）

　謎解きをしたり作ったりするサークルに所属している。新入生は春学期の新入生公演に向け制作を行う。経験を積むと外部向けに販売も行う活動に関われる。単に謎を作るだけでなく，ストーリーやデザインなども本格的であり，やりがいを感じる。(M.H. さん／理工)

　体育会の部活のマネージャーをしています。シフト制のため，週2回ほど稽古に参加し，学業やアルバイトと両立しています。稽古中の業務は主に，洗濯，掃除，動画撮影，勝敗の記録などです。時々，週末に大会が行われることもあり，選手と同行します。大会では，動画撮影と勝敗の記録，OBへのメール作成を行います。夏季休暇中には合宿があり，料理をしました。慶應には多くの部やサークルがありますので，自分に合った居場所を見つけることができると思います。(M.Y. さん／経済)

 ## 交友関係は？

　クラスやサークルで築きました。特に入学当初はほとんどの人が新たに友達を作ることになるので，話しかけたら仲良くしてくれる人が多いです。また，初回の一般教養の授業では隣に座った人に話しかけたりして友達を作りました。サークルの新歓時期に話が弾んだ相手と時間割を見せ合って，同じ授業があれば一緒に受けたりして仲を深めました。みんな最初は大体同じようなことを思っているので，そこまで不安になる必要はないと思います。(R.S. さん／経済)

　第二外国語のクラスが必修の授業においても一緒になるので，そこで仲良くなった。私は入学前に SNS などで友達探しをしなかったが，友達はできた。私もそうだが内気な人は勇気を出して話しかけることが大事。1人でも知り合いがいると心のもちようが全く違うと思う。(M.H. さん／理工)

いま「これ」を頑張っています

　サークル活動です。ダンスサークルに所属しているのですが，公演前などは毎日練習があったりとハードなスケジュールになることが多いです。しかし，そんな日々を乗り越えた後は仲間たちとより親密になった気がして頑張るモチベーションになります。受験勉強はどうしても孤独のなか頑張らなければいけない場面が多いですが，大学に入学した後は仲間と団体で何かを成し遂げる経験を積むのもよいかもしれません。（R.S. さん／経済）

　免許の取得とアルバイト。大学生は高校生よりも一般的に夏休みが長いので，こうした時間がかかるようなこともやりやすい。その一方で支出も増えるので，お金の使い方はより一層考えるようになった。高校までは勉強一本であったが，こうしたことを考えるようになったのも大学生であるという自覚をもつきっかけの 1 つだと思う。（M.H. さん／理工）

　大学生活を無為に過ごさないために，公認会計士の資格の取得を目指しています。オンライン授業やバイトと資格の勉強の両立はかなりハードですが，自分のペースでコツコツと続けていきたいと思います。（島田さん／経済）

 ## 普段の生活で気をつけていることや心掛けていること

　時間や期限を守ることです。当たり前のことではありますが，大学はレポートや課題の提出締め切りを自分で把握し，それまでに仕上げなくてはなりません。前日にリマインドしてくれる人もおらず，ほとんどの場合，どんな理由であっても締め切り期限を過ぎたものは受理してもらえません。欠席や遅刻が一定の回数に達するとテストの点が良くても単位をもらえないこともあります。また，時間を守るということは他人から信頼されるために必要なことでもあります。このように大学は社会に出るにあたって身につけなくてはならないことを少しずつ培っていく場でもあります。（R.S. さん／経済）

　大学に入学した意義を忘れないように心掛けている。大学生は人生の夏休みと揶揄されることもあるが，自分では賄えない額を両親に学費として払ってもらっていることを忘れず，学生の本分をわきまえて行動するようにしている。（M.H. さん／理工）

おススメ・お気に入りスポット

　メディアセンターという勉強やグループワークができる図書館です。塾生からはメディセンという愛称で親しまれています。テスト前や課題をやる際に友達と一緒に勉強する場所として活用しています。メディセンで共に頑張った後は，日吉駅の商店街，通称「ひようら」でご飯やデザートを楽しむ人も多いです。（R.S. さん／経済）

　私が大学で気に入っている場所は，「鴨池ラウンジ」と呼ばれる施設です。ここはたくさんの椅子が並べられた多目的スペースになっています。一部の座席は半個室のような形になっていて，様々なことに1人で集中することができます。窓からはSFCのトレードマークである鴨池を一望することができ，リラックスすることも可能です。また，ローソンと学食の隣にあるので，利便性も高い施設になっています。（T.N. さん／総合政策）

入学してよかった！

　慶應義塾大学の強みは人脈と言われるだけあり，人数も多ければ様々なバックグラウンドをもつ人々が存在します。起業をしている人や留学生，芸能人もいます。そのような人たちと話すと，自分の価値観が変わったりインスピレーションを受けたりすることが多くあります。在籍してる間になるべく多くの人々と交流をしたいと考えています。（R.S. さん／経済）

総合大学なのでいろいろな人がいる。外交的な人が多いというイメージが世間的にはあるだろうが，それだけでなく，問題意識であったり意見であったりをもったうえで自分の目標をしっかりもっている人が多いと感じる。極論すれば，入試は勉強だけでも突破可能だが，プラスアルファでその人の強みというものをそれぞれが備えているのは互いに良い刺激になっている。(M.H. さん／理工)

高校生のときに「これ」をやっておけばよかった

Message from current students

英会話の勉強をもっとしておきたかったです。慶應義塾大学には留学生もたくさんいるので外国人の友達も作りたいと思っていました。しかし，受験で英語の読み書きは上達したものの，実際に海外の人と交流するには話す・聞く技術が重要になってきます。大学からでも決して遅いわけではありませんが，やはり早くからやっておくに越したことはないと思います。(R.S. さん／経済)

自分にとって後悔のない高校生活を送るのが一番だと思う。私個人は小学校，中学校，高校と，節目で過去を振り返るたびにそれまでの環境が一番であったと思っているので，後に大切な思い出になるであろうその一瞬を大事にしてほしいと思う。(M.H. さん／理工)

体育祭や修学旅行といった行事をもっと楽しめばよかったと思いました。こんな言い方はよくないかもしれませんが，勉強はいつでもできます。でも，高校の行事はもう一生ないので，そのような貴重な体験を無駄にしてほしくないと思います。(関口さん／法)

TREND & STEPS

傾向 と 対策

　科目ごとに問題の「傾向」を分析し，具体的にどのような「対策」をすればよいか紹介しています。まずは出題内容をまとめた分析表を見て，試験の概要を把握しましょう。

=== 注　意 ===

　「傾向と対策」で示している，出題科目・出題範囲・試験時間等については，2024 年度までに実施された入試の内容に基づいています。2025 年度入試の選抜方法については，各大学が発表する学生募集要項を必ずご確認ください。

英　語

年度	番号	項　目	内　容
2024	〔1〕	文法・語彙	選択：空所補充
	〔2〕	読　解	選択：空所補充
	〔3〕	読　解	選択：欠文挿入箇所
	〔4〕	読　解	選択：文整序
	〔5〕	語　彙	選択：スペリング
	〔6〕	読　解	選択：誤り指摘・訂正
	〔7〕	読　解	選択：語句整序
2023	〔1〕	文法・語彙	選択：空所補充
	〔2〕	読　解	選択：空所補充
	〔3〕	読　解	選択：欠文挿入箇所
	〔4〕	読　解	選択：文整序
	〔5〕	語　彙	選択：スペリング
	〔6〕	読　解	選択：誤り指摘・訂正
	〔7〕	読　解	選択：語句整序
2022	〔1〕	文法・語彙	選択：空所補充
	〔2〕	読　解	選択：空所補充
	〔3〕	読　解	選択：欠文挿入箇所
	〔4〕	読　解	選択：文整序
	〔5〕	語　彙	選択：スペリング
	〔6〕	読　解	選択：誤り指摘・訂正
	〔7〕	読　解	選択：語句整序
2021	〔1〕	文法・語彙	選択：空所補充
	〔2〕	読　解	選択：空所補充
	〔3〕	読　解	選択：欠文挿入箇所
	〔4〕	読　解	選択：文整序
	〔5〕	語　彙	選択：スペリング
	〔6〕	読　解	選択：誤り指摘・訂正
	〔7〕	読　解	選択：語句整序

読解英文の主題

年度	番号	種別	主　題	語　数
2024	〔2〕	随筆	早いことの長所と遅刻する理由	約 360 語
	〔3〕	論説	人にとって最適な食事とは何か	約 330 語
	〔4〕	論説	投薬ミス解消につながるオレンジ色のベスト	約 260 語
	〔6〕	論説	腐敗国家と外交官の駐車違反の関係	約 340 語
	〔7〕	随筆	顔面神経麻痺がもたらす女性の心理	約 370 語
2023	〔2〕	随筆	パンデミックの中での友人関係	約 340 語
	〔3〕	論説	ピーナッツアレルギー増加の原因	約 320 語
	〔4〕	論説	スマートフォンの使用と睡眠時間の関係	約 300 語
	〔6〕	論説	食品が消費者に届くまでの CO_2 負荷	約 390 語
	〔7〕	随筆	認知症の母と瞬間を共有する喜び	約 460 語
2022	〔2〕	論説	イメージや学歴に付帯する先入観	約 410 語
	〔3〕	論説	ネット社会が完全主義に及ぼす影響	約 340 語
	〔4〕	論説	生きる意味を与える物語の力	約 290 語
	〔6〕	論説	性格を類型化することの問題点	約 330 語
	〔7〕	随筆	高校時代に友人をもつことの大切さ	約 350 語
2021	〔2〕	論説	家庭内暴力の影響	約 320 語
	〔3〕	論説	数と文化的多様性	約 280 語
	〔4〕	論説	遺伝子的観点からの精神障害	約 260 語
	〔6〕	論説	社交としてのヒュッゲの勧め	約 280 語
	〔7〕	随筆	心肺手術を受ける少年への看護の現場	約 290 語

 知識・読解・表現の総合力が問われる

01 基本情報

試験時間：90 分。

大問構成：大問 7 題。

解答形式：選択式のみ。

02 出題内容

　読解問題 5 題，文法・語彙問題 2 題となっている。読解問題の中で整序英作文が問われている。

① 読解問題

　空所補充，欠文挿入箇所や文整序，整序英作文，誤り指摘・訂正などが出題され，文脈理解や論理の展開予測，翻訳技術など幅広い英語力，言語運用力が求められている。英文は論説・随筆がよく出題されている。学部の特質に見合った医療系の文章が出題されることもあるが，大きく偏りがあるわけではない。文整序は前後の段落が与えられ，その間の文を並べ替える形式であり，論理的思考力を必要とする。また，欠文挿入箇所は必出の形式である。

② 文法・語彙問題

　短文完成形式の文法・語彙問題が例年大問で出題されており，読解問題においても空所補充で文法・語彙を問うものがみられるなど，基本的な文法理解が重視されている。与えられた品詞名と意味から単語のスペリングの1文字目を答えさせる語彙問題が，大問で毎年出題されている。

③ 英作文問題

　読解問題中での整序英作文の形式である。紛らわしい選択肢が多いので，しっかりとした英作文力・表現力が必要である。

03 難易度と時間配分

　問題自体の難易度はやや難しい。文整序や欠文挿入箇所などは，年度によっては高度な読解力と推理力を要する。また，全体の問題量と試験時間のバランスを考慮すると，スピーディーな解答が求められる。

対　策

01 まずは基礎を完璧にマスターする

　読解力，文法・語彙力，英作文力が総合的に問われる設問である。まずは入試頻出の文法事項・構文・慣用表現を徹底的にマスターしよう。受験生が間違いやすいポイントを網羅した総合英文法書『大学入試 すぐわかる英文法』（教学社）などを手元に置いて，調べながら学習するとよいだ

ろう。問題を見て一目でポイントが見抜けるようになることを目標に，問題集で繰り返し学習しよう。

02　語彙・語法の力を伸ばす

　頻出事項をマスターしたら，語彙・語法の知識を充実させよう。単語集や問題集を使うのに加え，さまざまな学習の中で類義語の使い分け，和製英語と正しい英語，スペリングの紛らわしい語，動詞の間違えやすい用法などに気づいたら，ノートにまとめていくと効果がある。

03　内容把握の練習を行う

　標準的な語彙・構文の文章を用い，話がどのように展開されていくかに注目して，内容を把握する練習をしよう。英文和訳の対策としては，頻出構文を含んだ短めの英文を日本語にする練習が有効である。入試頻出の構文を丁寧に解説している『大学入試 ひと目でわかる英文読解』（教学社）など，英文解釈の参考書を1冊仕上げるのもよいだろう。

慶應「英語」におすすめの参考書

✓ 『大学入試 すぐわかる英文法』（教学社）
✓ 『大学入試 ひと目でわかる英文読解』（教学社）
✓ 『慶應の英語』（教学社）

赤本チャンネルで慶應特別講座を公開中

実力派講師による傾向分析・解説・勉強法をチェック →

数　学

年度	番号	項　目	内　容
2024	〔1〕	小 問 4 問	(1)独立試行の確率　(2)三角関数を含む方程式　(3)対数関数を含む不等式　(4)円と接線
	〔2〕	小 問 3 問	(1)平面のベクトル　(2) 2 次方程式の解の配置　(3) $\sqrt{2}$ が無理数であることの証明　　　　　　　　☑証明
	〔3〕	数　　列	群数列
	〔4〕	微・積分法	3 次関数のグラフと接線とで囲まれた図形の面積
	〔5〕	データの分析	数学と理科の得点分布，数学と理科の合計得点の分布
2023	〔1〕	小 問 5 問	(1)平面のベクトル　(2)順列の個数　(3) 2 次方程式の解と係数の関係　(4)対数　(5)剰余の定理
	〔2〕	小 問 3 問	(1)三角方程式　(2)整数　(3)漸化式　　　　　　　　☑証明
	〔3〕	図形と計量	円に内接する四角形の計量
	〔4〕	微・積分法，図形と方程式	絶対値記号を含む関数　　　　　　　　　　　　　　☑図示
	〔5〕	データの分析	4 ，6 年生のときの身長の偏差の近似の評価
2022	〔1〕	小 問 5 問	(1)対数　(2)指数，式の値　(3)三角関数　(4)条件付き確率　(5)複素数
	〔2〕	小 問 3 問	(1)円と直線　(2)漸化式，数列の和　(3)ピタゴラス数，3 の剰余類　　　　　　　　　　　　　　　　　☑証明
	〔3〕	データの分析	テストの得点の代表値，変量の変換と平均値，分散
	〔4〕	ベクトル	四面体と空間ベクトル
	〔5〕	微・積分法	絶対値を含む関数のグラフ，接線，面積，不定積分　　　　　　　　　　　　　　　　　　　　　　　　☑図示
2021	〔1〕	小 問 6 問	(1)二項定理　(2)三角方程式　(3)指数　(4)階差数列　(5)約数の個数　(6) 4 次方程式
	〔2〕	小 問 3 問	(1)点の移動についての確率　(2)円の接線　(3) 2 次不等式
	〔3〕	データの分析	50 m 走のタイムの分布
	〔4〕	ベクトル	空間における 3 本の直線と xy 平面との交点の図形
	〔5〕	微・積分法	定積分で表された関数

出題範囲の変更

　2025 年度入試より，数学は新教育課程での実施となります。詳細については，大学から発表される募集要項等で必ずご確認ください（以下は本書編集時点の情報）。

2024 年度（旧教育課程）	2025 年度（新教育課程）
数学Ⅰ・Ⅱ・A（図形の性質，場合の数と確率，整数の性質）・B（数列，ベクトル）	数学Ⅰ・Ⅱ・A（図形の性質，場合の数と確率）・B（数列，統計的な推測）・C（ベクトル，平面上の曲線と複素数平面）

旧教育課程履修者への経過措置

　2025 年度については，旧教育課程履修者を考慮するものの，特別な経過措置はとらない。

全分野から幅広く出題
計算力の強化，計算の工夫を

01 基本情報

試験時間：80 分。

大問構成：大問 5 題で，〔 1 〕〔 2 〕は小問集合。

解答形式：2024 年度は〔 2 〕の(3)が証明問題，他はすべて空所補充形式であった。2022・2023 年度は証明問題と図示問題，2021 年度は〔 5 〕で途中の過程も必要な記述式が出題されたが，他はすべて空所補充形式であった。

02 出題内容

　〔 1 〕〔 2 〕の小問集合は幅広い項目から出題されており，各分野の典型的な問題が多い。それ以外の大問は標準的な頻出問題であるが，計算力・場合分けの能力を試す問題および思考力をみる問題も含まれている。さらに，証明問題，図示問題が頻出である。また，放物線・接線に関する面積の問題，データの分析，確率，整数に関係した問題がよく出題されている点も押さえておきたい。

03　難易度と時間配分

　〔1〕〔2〕の小問集合は基本的な問題が中心で，標準的な問題も出題され
ている。それ以外の大問は標準的な問題が中心となっている。2022年度
から全般にやや易化している。確率は慎重な数え上げを必要とするやや手
強い問題が出題されることが多い。計算量が多く，計算結果がきれいな形
にならない問題が出題されることもあるので，計算には正確さとスピード
が要求される。

　時間配分は，2024年度では，〔1〕〔2〕で40分以内，〔3〕〔4〕はそれぞ
れ15分程度，〔5〕は10分程度が目安になるだろう。解答しやすい問題を
よく見極めて，できるところから解き進めていこう。

対　策

01　基礎学力の徹底

　小問集合には，教科書レベルの問題も含まれている。また，他の大問で
も典型的な問題が多くみられるので，まず教科書を徹底的に学習すること
をすすめる。例題・章末問題などを解くことによって基礎学力をしっかり
身につけよう。参考書は『Z会数学基礎問題集チェック＆リピート』シリ
ーズ（Z会）や『標準問題精講』シリーズ（旺文社）の数学Ⅰ・A，数学
Ⅱ・B・Cに対応したものなどで演習するとよい。

02　計算力の強化，計算の工夫

　設問数と80分という試験時間を考えると，計算力をつけ，てきぱきと
処理することが求められる。計算力は日々問題を解く中で養われる。常に
計算の工夫を考え，素早くかつ正確に解くことを心がけておこう。初等幾
何の性質を用いることで複雑な計算をしなくてすむことがある。

03　全分野への対応，頻出問題の重点学習

データの分析が大問で出題されている。数学Bの数列の和の記号Σを用いた表記に慣れておこう。例年，〔1〕〔2〕は小問集合で合計8問程度と問題数が多く，出題は広範囲にわたっているので，全範囲をひととおり仕上げておく必要がある。苦手分野をなくすように，バランスのとれた勉強を心がけよう。出題は多くが頻出問題である。標準的な受験問題集で徹底的に演習しておこう。また，例年，絶対値記号を含む関数や整数に関係した問題など類似したテーマの問題が出題されているので，多くの過去問を解いておこう。

04　記述式答案作成の練習

普段から問題を解く際には，実際に答案を書くつもりで丁寧かつ簡潔に，採点者にわかる答案作成の練習をしておきたい。頭の中でわかったと思って終わるのではなく，実際に採点者を納得させられる，メリハリのきいた答案を書く練習をしておくこと。これも日々の積み重ねが大切である。証明問題や図示問題も出題されているので，備えておきたい。

05　自力で場合分けをする能力の育成

場合分けを必要とする問題が比較的多く出題されている。場合の数，絶対値記号を含んだ式，整数問題など分野はさまざまであるが，いずれにせよ内容を正確に理解していないと場合分けを行うことは難しい。公式丸暗記型の勉強ではなく，きちんと内容を理解しつつ解き進めること。

─────── 慶應「数学」におすすめの参考書 ───────

✓『Z会数学基礎問題集チェック＆リピート』シリーズ（Z会）
✓『標準問題精講』シリーズ（旺文社）

化　学

年度	番号	項　目	内　容
2024	〔1〕	構造・変化	金属結晶の構造，ハロゲン元素，光合成，炭酸ナトリウムの製法（50字2問）　　　　　　　　　　　⊘論述・計算
	〔2〕	変化・高分子	反応速度，活性化エネルギー，酵素　　　　　　⊘計算
	〔3〕	高分子・有機	アミノ酸，アルケンの酸化反応，有機化合物の構造決定　　　　　　　　　　　　　　　　　　　　　⊘計算
2023	〔1〕	状態・変化	状態図，気体の溶解度，浸透圧，コロイド溶液の性質，電解精錬（40・60字）　　　　　　　　　⊘計算・論述
	〔2〕	有機・変化	フェノール，塩の加水分解，フェノール樹脂　⊘計算
	〔3〕	有　機	アルコール，セッケン，イオン交換樹脂，アセトアミノフェン（40字）　　　　　　　　　　　　　　⊘論述
2022	〔1〕	状態・変化	気体の法則，固体の溶解度，緩衝液，鉛蓄電池，電気分解（50字）　　　　　　　　　　　　　⊘計算・論述
	〔2〕	有機・変化	脂肪酸，電離平衡，油脂　　　　　　　　　　⊘計算
	〔3〕	高分子・有機	ゴム，炭化水素の構造決定（10・40字）　⊘計算・論述
2021	〔1〕	理論・無機	金属結晶の構造，共有結合の結晶，ダニエル電池，金属イオンの分離・確認（40字）　　　　　　⊘論述・計算
	〔2〕	状態・高分子	単糖類の性質，凝固点降下（60字）　　　⊘計算・論述
	〔3〕	有機・高分子	元素分析，有機化合物の構造決定，アミノ酸（40字）　　　　　　　　　　　　　　　　　　⊘計算・論述

傾　向　標準問題が中心
長文問題の空所補充には要注意

01 基本情報

出題範囲：化学基礎・化学

試験時間：80分。

大問構成：大問3題。

解答形式：記述式のみの出題で，長文への空所補充もすべて記述式となっている。用語のほかに，化学式・構造式・化学反応式が求められる。計算問題・論述問題もよく出題されており，論述は字数指定のあるものが多い。

02　出題内容

　全体的にみると，理論の比重がやや大きい。無機や有機の問題でも理論分野の知識・計算力が問われることもあり，理論は全般にわたって幅広く目配りしておきたい。

①　理論分野

　総合的に幅広く出題されているので，出題範囲全般にわたってしっかり学習しておきたい。状態図に関する問題，化学反応の速さや化学平衡に関する問題，イオン結晶や浸透圧に関する問題，溶解度積に関する問題などが出題されている。特に化学平衡の計算は頻出なので，応用問題まで含めて演習しておくとよい。

②　有機分野

　理論に次いで出題頻度が高い。問題の内容も標準的なものからやや踏み込んだものまで出題されている。糖類・アミノ酸・タンパク質など天然高分子化合物が頻出である。2021・2022・2024 年度はアルケンの酸化反応に関する出題があった。2023 年度は塩化ベンザルコニウムやアセトアミノフェン，2024 年度はジケトピペラジンなど教科書に出ていない物質が出題されたが，基本をしっかり押さえておけばよい。また，2024 年度は酵素反応の反応速度と基質のモル濃度との関係に関する出題があった。総合力・応用力を試される構造決定問題もよく出題されており，十分な演習が必要である。

③　無機分野

　理論分野と組み合わせて出題されることが多い。基礎的な事項については理論的な背景も踏まえてしっかりと押さえておこう。代表的な化学反応式は正確に書けるようにしておくこと。無機物質の工業的製法は頻出である。

03　難易度と時間配分

　全体的にみると，標準的な設問が多いが，一部にかなり思考力を要する難問も含まれる。時間にそれほど余裕はないので，わからない問題は後回しにして，わかる問題から確実に解答していくなど，時間の使い方にも注

意が必要である。

01　基礎の徹底理解

　いろいろなレベルの問題が出題されているが，大半の設問は標準的である。まずは教科書を中心に，基礎事項を徹底的に理解し，標準的な問題で失敗しないようにすること。さらに，かなり難度の高い問題も出題されているので，過去問演習を行い，問題形式に慣れて思考力・応用力を養っておく必要がある。

02　理　論

　理論はすべてにわたって重視したいが，特に計算が重要である。物質量や濃度，気体の法則，熱化学，酸・塩基，酸化・還元，平衡定数，溶解度積，凝固点降下などに注意し，思考力を要する応用問題にも積極的に当たって，計算力を養っておく必要がある。

03　有　機

　相当な応用力を要するので，各種の問題に当たって十分理解を深めておきたい。各種有機化合物の化学平衡やアミノ酸の等電点も確実にマスターしておくこと。構造決定問題は相当複雑であるので，応用問題に当たって理解を深めておこう。

04　無　機

　気体の製法・性質，金属およびその化合物，陽イオンの反応などに重点をおき，無機化学工業や日常現象までよく理解しておくこと。特に，無機は変化を化学反応式で書けるようにしておくことが大切である。

生　物

年度	番号	項　目	内　容
2024	〔1〕	総　　　合	突然変異の原因，一遺伝子一酵素説，酵素の種類，細胞の構造
	〔2〕	生殖・発生，遺伝情報	体軸の決定，プラナリアの再生，遺伝子の発現制御機構 ☑論述
	〔3〕	総　　　合	RNA とタンパク質，ニューラルネットワーク，遺伝的アルゴリズム ☑計算・論述
2023	〔1〕	遺 伝 情 報	遺伝暗号表の作成，突然変異，DNA の遺伝情報
	〔2〕	体 内 環 境	免疫と免疫細胞，抗体，血液凝固，アミノ酸，タンパク質の分離 ☑論述
	〔3〕	総　　　合	植物ホルモンのはたらきと代謝，発芽の条件，光合成，細胞の増殖 ☑計算・論述
2022	〔1〕	総　　　合	細胞の構造と代謝，膜電位，電子伝達，シグナル伝達経路 ☑計算・論述
	〔2〕	生　　　態，進化・系統	地球温暖化，かく乱，絶滅危惧種，生物濃縮，系統分類 ☑論述
	〔3〕	総　　　合	生物進化の歴史と系統，動物の系統と発生，転写の誘導 ☑論述・描図
2021	〔1〕	細　　　胞，遺伝情報	細胞の構造と代謝，DNA と転写，サンガー法と PCR 法 ☑論述・計算
	〔2〕	総　　　合	COVID-19，ゲノム解析，免疫応答，嗅覚と味覚，PCR 検査 ☑計算
	〔3〕	総　　　合	生物進化の歴史と系統，動物の系統と発生，転写の誘導 ☑論述・描図

 論述力・計算力・思考力・知識を要求

01　基本情報

出題範囲：生物基礎・生物

試験時間：80 分。

大問構成：大問 3 題。

解答形式：選択式もあるが記述式が主体である。例年，計算問題と論述問題が出題されており，論述問題は 1 〜 4 行程度の行数指定があるものが多い。また，年度によっては描図問題も出題されている。

02　出題内容

　例年，1 つの大問でいくつかの分野にわたって総合的に問う形式が多く，出題範囲が幅広い。遺伝情報は必ずといっていいほど出題されている。また，進化・系統，体内環境もよく出題されている。各問題とも，知識問題はもちろんのこと，実験データや図表などから考察する問題も含まれている。2024 年度は，〔3〕でニューラルネットワーク，AI との対話，遺伝的アルゴリズムなどの目新しい分野の出題が見られた。また，〔2〕では過去に頻出であった遺伝子の発現制御に関する問題も出題されている。

03　難易度と時間配分

　2024 年度は 2023 年度と比べ，論述量がやや減少したが，小問数は同程度であり，難易度にも変化はない。例年，全体的に標準レベルの問題の中に深い知識を求める問題が含まれるが，2024 年度〔3〕のように最新の話題やテーマも出題されているので要注意である。内容的には国公立大学二次試験レベルである。

　試験時間 80 分で大問 3 題なので 1 題あたり 25 分程度で解く必要があるが，リード文・問題文の長さや考察問題の量を考えると時間に余裕はない。語句などの知識問題は手際よく済ませ，計算問題や論述問題に時間を残せるように練習しておこう。

対　策

01　幅広く基礎を固める

　標準レベルの問題で，総合的に幅広く出題されているので，まずは教科

書を中心にひととおり学習し，基礎固めをすべきだろう。苦手分野が残らないようにしよう。描図問題も出題されているので，図や表も意識的に見ておきたい。空所補充形式の用語問題対策として，教科書に出てくる重要用語は，巻末の索引を利用して，しっかり理解しておくこと。計算問題もよく出題されているので，遺伝や光合成などの代謝の計算，生態系のエネルギー効率や純生産量などの基本的な計算問題も，必ず自分で解いておくこと。

02　頻出分野の徹底マスターを

　例年，遺伝情報，進化・系統，体内環境などの分野が頻出となっている。これらの分野については，基礎事項をマスターした上で，問題集で徹底的に演習しておきたい。また，各大問の小問数が多いという特徴をもつので，解き方の工夫をするためにも，過去問で練習を重ねることが重要である。関連した問題が続けて出題されることもあるので，その意味でも受験対策につながるであろう。問題集や過去問で演習して自分の理解の足りない点がはっきりしたら，参考書なども活用してより理解を深めておきたい。

03　論述対策

　1～4行でまとめる形式が多いが，生物用語を用いて要領よく論述する必要がある。生物用語の説明や代表的な実験の考察を簡潔にまとめる練習をしておくとよい。論述力は，自ら鉛筆をもって地道に論述を何度も練習することでしか身につかない。あせらず，定期的に繰り返し練習すること。その際，必ず制限時間を設け，丁寧に書く練習をすること。書いたものは必ず見直すようにしよう。

04　実験・考察問題対策

　教科書や図説に出ている実験・探究活動については，その目的・実験器具・操作法・考察についてまとめておくこと。考察を深めるためには，考察の結果をただ暗記するのではなく，実験結果やグラフからどのようなこ

とがわかるのか，またどのような仮説が検証または否定されたのかといった視点から，考察を見直す必要がある。岩波新書・岩波ジュニア新書などの中から，いろいろな生命現象の具体例や実験の歴史などを通じて〈科学的な考察〉について述べたものを選び，時間を見つけて読むようにしたい。このような本を読むことは，論述力の向上にもつながり，非常に有効である。

05　生物・医学的教養を高める

　医学や遺伝子技術などについてはニュースや新聞からも新しい知識を取り込むようにしておきたい。生物学のみならず，社会学的視野に立った出題があるので，生物・医学的教養を高め，知識を整理しておくことが大切である。

2024 年度

解答編

一般選抜

解　答　編

英　語

$\boxed{\text{I}}$ 　**解答**
　　1—D　**2**—B　**3**—B　**4**—C　**5**—C　**6**—A
　　7—B　**8**—C　**9**—C　**10**—B　**11**—C　**12**—C
13—A　**14**—B　**15**—A　**16**—A　**17**—C　**18**—B　**19**—A　**20**—B

===== 解説 =====

1.「私は歯医者の予約を予定に入れる必要がある」

　schedule「～を予定（表）に入れる」　不定冠詞 an の存在より，D. appointment「予約，指名，任命」（名詞）が正しい。A. appoint「（日時）を指定する，（人）を任命する」（他動詞）　B. appointed（動詞の過去，過去分詞）　C. appointing（動詞の現在分詞，動名詞）

2.「最近私は疲れているので，もっと睡眠をとる必要があると思う」

　「疲れている」はB. tired「疲れている」（分詞形容詞）が正しい。A. tire「～を疲れさせる」（他動詞）　C. tiring「疲れさせるような」（分詞形容詞）　D. tiresome「疲れさせるような（＝tiring)」（形容詞）

3.「山梨県の西湖は富士山の麓にある」

　「富士山」は固有名詞なので不定冠詞 a や指示形容詞 that を伴わない。また，「川」や「海」は定冠詞 the を伴うが（the Indus River, the Japan Sea など），「山」や「湖」には the は不要（Mt. Everest, Lake Biwa など）。

4.「大学を選ぶ以前に，私にはもっと情報が必要だ」

　C. further「①さらなる，追加の，もっと（「程度」を示す形容詞・副詞）　②より遠い，より遠く（「距離」を示す形容詞・副詞)」が正しい。A. far「遠い，遠くに」（「距離」または「時間」を示す形容詞・副詞）

は比較級強調の副詞として「はるかに」の意味にもなる。B．farther「より遠い，より遠くに」は far の比較級であるが，further のように「程度」を示すのはまれである。D．furthest「一番遠い，一番遠く，詳しく」は far の最上級。

5．「あなたは一日中外で練習している。きっと疲れているにちがいない」

「推量」の助動詞が適切と考え，C．must「～にちがいない，～しなければならない」を選ぶ。A．can「～できる，～する可能性がある，ありえる」　B．can't「～できない，～するはずがない」　D．「～してはいけない，～ではないにちがいない（主にアメリカ用法）」

6．「私の甥は今まで一学期の間大学で勉強してきた」

for one semester「一学期の間」と so far「今まで」に注目し，現在完了形 have / has *done* が適切。ここでは継続用法。

7．「私は停電する前にコンピュータを消し終えていたので，本当によかった」

接続詞 before が導く副詞節中の動詞（went）が過去時制で，それ以前のことを表すので，過去完了形 had *done*（大過去）が適切。

8．「その先生はそのクラスの生徒たちに，その課題に関しては二人一組になって取り組むよう求めた」

文中の class「①クラス（の人々），組（の人々），②授業，③階級」は，①の意味の集合名詞であることに注目する。pair「ペア，対，組」は複数個存在することになるので，C．pairs（複数形）になる。

9．「ザ・ワイルド・フラミンゴのコンサートはチケットが発売されてから数分内に売り切れた」

「売り切れる」は be sold out。副詞 out は「すっかり，完全に」というイメージの副詞。

10．「雨にもかかわらず，屋外コンサートは予定通り続けられた」

直後に名詞がきているのでB．Despite「～にもかかわらず」が正しい。D．Regardless「関係がない」は regardless of にすれば despite と同じ意味の句前置詞が成立する。A．Although「～だけれども」（接続詞）C．However「しかしながら」（接続副詞）

11．「私の古い服は擦り切れたので，新しい服を買う必要がある」

「擦り切れる，履き古す」は be worn out。be worn down も「擦り切

れる」という意味になるが，靴を含む衣類には通例使用しない。

12.「私は数週間ずっとこのプロジェクトに取り組んでおり，ほぼ終了している」

　Ｃ．be done with ～「～を終了する」が正しい。have done with の have が be に置き換わった表現。

13.「その映画はとても怖かったので，その夜は眠れなかった」

　so ～（形容詞・副詞）＋ that S can't *do*「大変～なので…できない」の構文。主節が過去形なので，「結果」を表す接続詞 that 以下の節の動詞部分の can't は過去形 couldn't になる。

14.「この２つの選択肢から決められない。どちらも魅力的に思える」

　「２つの間のどちらかに決められない」という意味なので，between「～の間で」が適切。

15.「私はあのカフェのコーヒーが大好きだ。毎日そこへ行く」

　副詞としての「毎日」は every day と２語になる。「毎日の」という形容詞は，１語で everyday と表す。

16.「天気はいつ変わるの？　昨日は一日中雨だったよ！」

　all day で「一日中」を表す。D．some を選び some day とすると「いつか，いつの日にか」という意味になり不適。

17.「白米を食べるのをやめたんだ。エンプティカロリー（＝カロリーは高いが栄養がほとんど含まれていない）だから」

　stop *doing* は「～するのをやめる」，stop to *do* は「～するために立ち止まる」という意味になる。

18.「課題が終わったら帰っていいですよ」

　許可を与える may「～してもよい」を使ったＢが適切。

19.「よい生徒はいつも期日通りに宿題を提出する」

　hand in ～「～を提出する」

20.「USB ケーブルをコンピュータに差し込みなさい」

　plug *A* into *B* で「*A* を *B* に差し込む」の意味。なお，動詞が connect ならば connect *A* to *B* となる。また plug in *A*「*A* を電源に接続する，つなぐ」という表現もあるが，その場合の in は副詞。

Ⅱ　解答　　1―D　2―C　3―A　4―B　5―A　6―D
　　　　　　7―C　8―C　9―A　10―B

.... 全 訳 ....

《早いことの長所と遅刻する理由》

① 私は遅刻の常習犯である。このことを自慢しているのではない。それは性格上の欠点であり，読者の多くが同意するものと確信するが，それは重大な欠点といえる。人によっては遅刻を気に留めないだろう。そのような人々を数多く知っていて私は幸いであるが，当然ながら遅刻の常習は失礼の極みだとみなす人や，自身の時間は他人の時間よりも大事だと思っている人だっている。

② 私の大きな問題は，すぐに気が散漫になることである。それこそあらゆることに容易に気を取られることでは，私はちょっと子供のようなところがある。大抵の人々は成長とともにそこから抜け出すのだが，私の場合は成長するにつれてさらに進んでしまったようなのだ。同僚たちは私がADHD（注意欠陥多動性障害）ではないかと前から言っていたが，精神科の医師がついにその通りの診断を下してしまった。

③ また，私は自分の家を出るのに手間取り，私がいれば社会的行事が結局台無しになってしまうのだろうと強く感じてしまうことがある。したがって，時には純粋な理由が存在していることもあるのだ。遅刻と知能との関連をほのめかす研究を引用するのはやや行き過ぎの感があるが，私に関しては，個人的には遅刻は不安と関連があるのだと思っている。

④ それから，早いというのは充足感が得られる至福である。常に定刻より早く来る人は，おそらくそれを強く経験することはないだろう。だが，私には最も純粋な幸福とは安堵を感じることだという理論がある。安堵感には，気を遣う必要がないことにつながる軽快さがあり，軽快さは自由に訴えかけ，自由は幸福である。

⑤ 急かされながらも遅れてしまうときに感じる激しい緊張は，それが自分に原因があり社会的自傷ということなのだが，私が時間に間に合うか，あわよくば早めに行くことが実際にできると，それはじっくり賞味できる至福となる。私は鍵は忘れても文庫本は忘れたことがない人間なので，思いがけなく本を読める時間はわくわくする。早いということはまた，観察の機会も提供してくれる。公共の交通機関を飛び移ったり早歩きしたりする

ときには見逃している物が見えてくるのである。あるいは自分が誰に出会うことになるか，そしてその人たちと過ごす時間がどれほど楽しいものになりそうかについて考えたりするだろう。それでも，早い行動が定着するには今少しの時間が必要だろう。

=== 解説 ===

前後の文脈，品詞，語法などにより判断する。

1. Some people と Others の対比を利用する。some people 以下では遅刻を許容する見解，others 以下では遅刻に対する否定的見解が述べられていると推定する。直後に遅刻の常習である著者が I am lucky だと評していることも加味し，動詞部分は D. seem が適切。don't seem to *do*「〜しないように思える」

2. value *A* over *B*「*B* より *A* を評価する，重視する」

3. 等位接続詞 but 前後の内容を考える。but の前の grow out of 〜「成長して〜から抜け出す」に対し，後は have grown into 〜「成長して〜になった，〜へと成長した」となると考えられ，A. into が適切。

4. 直前の等位接続詞 and が何をつないでいるかを考える。to *do* の動詞部分，あるいは述語動詞部分の並列の二通りが考えられるが，文脈より find O C「O を C だと思う，わかる」，feel (that) S V「〜だと感じる」という二つの心理を表す述語動詞が並列になっていると推定できる。なお，A. doubt「〜を疑う」に関しては doubt (that) S V ≒ don't think (that) S V であり，文脈上不適。C の question「〜を疑問に思う」に関して，question (that) S V は語法として不適。

5. go too far「行き過ぎる，度が過ぎる」はイディオム。Although S V〜，S V …「〜だけれども…」の二つの節中の intelligence「知能」と insecurity「不安，不安定」の対比にも注目する。

6. 直前の文（But I have …）中の theory「理論」の内容と空所を含む文の論理を考える。最も純粋な happiness「幸福」とは relief「安堵」である，とする理論は，relief は carefreeness に，carefreeness は freedom に関連し，freedom イコール happiness だとする論理に基づいていると推論できる。

7. 長い文であるが，要点としては遅刻することには精神的負荷（tension）が，早めに行動できた場合は felicity「至福（幸福感）」が生じ

ることが書かれていると考えられる。よって，early との対比よりC.
late が適切。なお，A．belated「（あるべきより）遅い」に関しては late
とほぼ同義であるが，通例限定用法の形容詞である。

　8．著者が読書好きであることを示している文であり，keys「鍵」は忘
れても paperback「ペーパーバック，文庫本」は忘れないという文脈が想
定できるので，C．but never が適切。

　9．直後の副詞 also に注目する。早めに行動した場合の利点を追加的に
示していると推定でき，A．Earliness が適切。

10．第1段（I am a …）より著者は遅刻の常習犯であるので，早めに行
動した場合の利点は理解していても，遅刻はすぐには治らないとなる。よ
って，B．Still「それでも，そうではあっても」が適切。

―――――――――――――――― **語句・構文** ～～～～～～～～～～

（第1段）　chronically「慢性的に，常習的に」

（第2段）　facility「容易さ，たやすさ」

（第3段）　gear oneself up to *do*「～するよう準備する」

（第4段）　carefreeness「心配がないこと，苦労がないこと」

（第5段）　self-harm「自傷，自傷行為」

解答　　1－B　2－F　3－A　4－D

························· **全訳** ·························

《人にとって最適な食事とは何か》

1　人間にとって最適な食事は何だろう？

2　人々は長い間この問題に夢中になっている。私たちの多くは「我々の先
祖が食していたもの」だと思える食事を試してきた。しかし，それについ
ての私たちの考え方は単純化されすぎる傾向がある。一部の集団で人気の
ある二つの食事を取り上げてみよう。生の食事と古人類食である。

3　生の食事に賛同する人々は，それが最も健康的で「最も自然な」食べ方
であると示唆する。彼らが言うには，料理は人間の食事の近代的劣化であ
る。これは完全に誤りである。料理はヒトの共通祖先において古来からの
ものであるだけでなく，人々が食物からより多くのカロリーを得ることを
可能にする。そして，調理が料理された食材の中のビタミンの一部を減少

させるのは事実であるが，このような小さな犠牲より利益がはるかに上回
る。完全に生の食事に基づく人々は，特にそれが野菜食である場合，しば
しば栄養不良に陥る。彼らは一般的に細いが，その細さは本質的に健康的
ではない。

④　また一部の人々は，穀物やほとんどの炭水化物を含まず脂肪の多い，い
わゆる古人類食の健康性に賛同する。これが健康的な食事となっている人々
もおそらくいるだろう。しかし，炭水化物が豊富な料理法であった共通祖
先を有する人々，例えば地中海北部地方の人々は，そのような食事の出さ
れ方が一番よいとは言えず，一番健康的であるとも言えないだろう。その
うえ，初期の人類は，17 万年も前に，でんぷん質の根菜を元に炭水化物
の多い食事をしていたという証拠が増えている。これは，人によっては健
康的ではあっても「古人類食」というのは特に古代の食事を反映している
わけではないということを暗に示している。

⑤　これらは食事に対する今日の多くの現代的あり方のうちの二つにすぎな
いが，これらは人が何を食すべきかという問題には定まった普遍的答えが
存在していることを示唆している。しかし，多くは地理に基づくのだが，
おそらく最適な食事には文化的相違が影響しており，そのような文化的相
違は遺伝子の中へと組み込まれた可能性もある。

=========== 解説 ===========

　それぞれの段落の大意を把握するとともに，枠内に示されている 1 ～ 4
の各文において，ディスコースマーカー，指示語，定冠詞，時制，キーワ
ード，数字，全体の主旨などに注意する。

1. 指示代名詞 they が指し示す対象と，料理に対して否定的見解が述べ
られていることに留意する。第 3 段第 1 文（Those who advocate …）で
は，生の食事に賛成する人々の見解が述べられている。このような人々は
料理には反対であると考えられる。よって，空欄Bの位置が適切。

2. 逆接の副詞 However「しかしながら」と，文化的相違が最適な食事
に影響する可能性がある，という主旨の文であることに留意する。第 5 段
第 1 文（These are only …）の but 以下で，「何を食べるべきかという質
問には普遍的な答えがあることが示唆される」と書かれている。よって，
文同士の対比より空欄Fの位置が適切。

3. 人称代名詞 us, our が一人称複数であることと，先祖が食べていた

ものを食べようとするという主旨に留意する。第2段第2文（But the way …）では，一人称複数 we が示されており，「これについての私たちの考え方は単純化されすぎる」と書かれている。「これ」が指すものを「先祖が食べていたものを食べようとすること」と考えて空欄Aに入れると，同段第3文（Let's take just …）で紹介されている生の食事と古人類食が，「先祖が食べていたもの」の具体例となり，自然につながる。

4． 指示代名詞 This が指す内容と，それが人によっては健康的な食事だろうという記述に留意する。第4段第1文（Others argue for …）には，健康食としての古人類食についての説明として，「炭水化物が少なく脂肪が多いこと」が，また空欄Dの次の文（But those who …）には逆接の But の後で，「伝統的に炭水化物の多い食事をしている人にとって，それは健康的でない可能性があること」が，それぞれ書かれている。よって，空欄Dの位置が適切。

————— **語句・構文** —————

（枠内2．） optimal「最適の」
（第2段） preoccupied「夢中の，心を奪われて」
（第3段） advocate for ～「～を擁護する，正しいと主張する」

Ⅳ **解　答**　　1—B　2—B　3—A　4—C　5—D

………………………… **全　訳** …………………………

《投薬ミス解消につながるオレンジ色のベスト》

　ベッキー=リチャーズは，サンフランシスコの病院で投薬ミス問題の解消による救命方法の改善という課題に取り組む特別チームの一員であった。リチャーズは正看護師だったので，注意散漫につながる外的要因に満ちた労働環境に起因することが多い人的ミスで多くの誤りが生じるのを知っていた。実際に，研究では医薬品を渡すたびに看護師は5回から10回の中断を経験していることがわかった。

　段落A リチャーズの解決策の一つは，少なくとも最初は看護師仲間に関して特に受け入れられたわけではなかった。彼女は，医薬品を投与している最中であり邪魔をしないでもらいたいと周知させるために，看護師は明るい色のベスト（見えやすい袖のないジャケットに相当する）を着用す

るよう提案した。最初は抵抗されたが，彼女はエラーが特に多発し解決策を希求している腫瘍科の看護師グループを見つけた。しかし，そこの看護師たちには提案を受け入れようとする気持ちがあったにもかかわらず，試みはリチャーズが予想したよりも多くの反対に直面した。一つにはそのオレンジ色のベストは場にそぐわないように見えてしまい，暑くて心地悪いと訴える者もいた。また，一体そのベストはどういうことなのか知りたがる医師たちからも邪魔が入った。「私たちは本当にこのアイデア全てを放棄しようとしていました。なぜなら当の看護師たちがそれを気にいらなかったからです」とリチャーズは言った。

　段落B　4カ月後に病院の運営側からリチャーズに実験の結果が提供されてから，ようやく，その試験的利用の影響が明らかになった。リチャーズの実験のために集められたその部局では，47パーセントのエラーの減少が見られた。それは全てまさしくそのベストを着用し，邪魔が入らない環境の重要性についてわかったことによるものであった。

━━━━━━━ 解説 ━━━━━━━

　段落Aの第3文（After initial resistance, …）以下で，リチャーズの提案に対する看護師仲間の反応が時系列で記されている。同段第3文で「最初は抵抗があったが，腫瘍科では解決策を希求していた」と書かれている。

　また，段落Bは，「病院の運営側が4カ月後に結果を提供してようやく試験の影響が明らかになった」という主旨の1文で始まる。

　枠内の1から4の各文において，ディスコースマーカー，指示語，定冠詞，時制，キーワード，具体例，数字などに留意するとともに，必要に応じて扱いやすい文から対応する。

　1において，For one「一つには」というディスコースマーカーより，この文が前文に提示されている内容の理由になっていると考えられる。指示代名詞の they が示すのは 2 で示されている these nurses（＝one group of nurses in an oncology unit）だと考えられ，またリチャーズが提案した明るい色のベストの着用に関する具体的問題点が示されていることより，2の「より多くの反対にあった」理由になっていると考えられる。よって2→1の流れが決定する。

　2において，However, despite というディスコースマーカーと指示形容詞 these（nurses'）に留意する。段落A第3文（After initial resistance, …）でリチャーズが見つけたという one group of nurses in an oncology unit「腫瘍科の看護師チーム」は，解決策を希求しておりリチャーズの示す案に前向きであったと考えられるので，these nurses が指すのはこの看護師チームであると判断できる。よって，段落Aの次に2が入ることが推定される。

3においては，指示代名詞の They，ディスコースマーカーの also，「そのベストはどういうことなのか知りたがる医師に干渉される」ことが記されていることに留意する。1の後に入ると仮定すると，they は1の they と同様，2の these nurses（＝one group of nurses in an oncology unit）を示し，ベストの着用に関する具体的問題点が追加されたことになる。よって1→3の流れが決定する。

4では，「看護師に気に入ってもらえないので，アイデア全体を放棄することを考えていた」と記されている。これは，看護師からの苦情（1と3）を受けてのことだと考えられるので，最後にくると判断できる。このあとの段落B（It wasn't until …）で，実験の結果を受けてこれまでの流れが変わるという展開にも，うまくつながる。

以上より，段落A→2→1→3→4→段落Bの流れが決定する。

～～～～～～ 語句・構文 ～～～～～～

（第1段） dispense「～を分け与える，投与する，調合する」

（段落A） go over well with ～「～に受けがよい」

（段落B） It wasn't until ～ that …「～してようやく…する」
administration「管理，運営，経営」

 **解答** **1.** I **2.** N **3.** D **4.** S **5.** M **6.** H **7.** T **8.** I **9.** C **10.** T **11.** T **12.** S **13.** T **14.** V **15.** P **16.** T **17.** B **18.** T **19.** C **20.** C

══════════════ 解 説 ══════════════

1. idle「①怠けて，だらだらして（形容詞）　②何もしないで過ごす（自動詞）」動詞の場合，副詞 away を伴うことが多い。

2. note「①～を記す（他動詞）　②～に気づく，注目する（他動詞）　③メモ（名詞）」多義語。

3. delivery「①配達　②分娩」動詞は deliver。

4. seal「①シール，封印（名詞）　②〜を密閉する（他動詞）」　seal には「アザラシ」という意味の別単語あり。

5. mean「卑しい，卑劣な」　mean には他に「〜を意味する」「中間の」という意味の別単語あり。

6. host「①主人（名詞）　②〜を主催する，司会する（他動詞）」　発音 [houst] に注意。

7. train「①訓練を受ける　②〜を訓練する」　自動詞，他動詞ともに存在する動詞。

8. image「像」　第一音節にアクセントがある。

9. cloud「雲」　インターネット上にデータを保存するサービスの「クラウド」も同単語。

10. template「雛形，テンプレート」　発音 [témplət / témpleɪt] に注意。

11. thread「①糸　②脈絡」　動詞として使用することもある。thread *one*'s way「縫うように進む」

12. stress「①緊張，ストレス（名詞）　②〜に圧力を加える（他動詞）③〜を強調する（他動詞）」　力を加えたり，その力に対し反発したりするイメージ。

13. talent「才能，逸材」　日本語の「タレント」は英語では personality など。

14. venture「①危険を冒して進む（自動詞）　②敢えて〜する（他動詞）③冒険的事業（名詞）」「冒険」は adventure。

15. pinch「①〜を挟む，つねる（他動詞）　②苦境（名詞）」　a pinch of salt「一つまみ分の塩」のようにも使用できる。

16. through「〜を通り抜けて（前置詞）」　動詞とのコンビネーションで副詞にもなる。

17. bargain「①交渉する，値切る（自動詞）　②お買い得品，特売品（名詞）」「特売」そのものは sale。

18. tension「緊張，緊迫感，不安感」　日本語の「テンションが高い」は，be in high spirits など。

19. complex「①複雑な（形容詞）　②コンプレックス（名詞）　③複合体（の）（名詞・形容詞）」「複雑な」という意味の場合，名詞は complexity。

20. consent「①同意（名詞）　②同意する（自動詞）」　名詞も動詞も第2

音節にアクセント。

Ⅵ　──解　答　(1)─Z　(2)─Z　(3)─E　(4)─F　(5)─H

‥‥‥‥‥‥‥‥‥‥‥‥‥‥‥‥‥　全　訳　‥‥‥‥‥‥‥‥‥‥‥‥‥‥‥‥‥

《腐敗国家と外交官の駐車違反の関係》

① 　ニューヨーク市の国連の外交官たちは 149 カ国を代表しているのだが，彼らは 2002 年 11 月まで駐車違反切符を支払う義務を免除されていた。彼らはどこにでも駐車することができ，個人宅の道をふさいでいても罰金を払う必要がなかった。この免除の影響は大きかった。1997 年 11 月から 2002 年の終わりまでの間，国連の外交使節団が蓄積した未払い切符は 15 万枚を超え，罰金にして総額約 1,800 万ドル以上に及んだ。

② 　この状況は，テッド=ミグエルとレイ=フィスマンという二人の経済学者にとって，自然実験を創出してくれた。国連使節団の 9 割近くは国連の敷地から 1 マイル以内にいるので，大抵の外交官は同じ渋滞道路，同じ雨の日々，同じ雪の天気に直面した。このおかげで，テッドとレイは様々な国出身の外交官に対するたび重なる駐車違反切符を比較することが可能になった。

③ 　その相違は大きかった。2002 年の免除終了までの 5 年の間，イギリス，スウェーデン，カナダ，オーストラリアとほかの数カ国の外交官は，最後まで一枚も違反切符をもらわなかった。一方，他の諸国の中でもエジプト，チャド，ブルガリアは一番多くの違反切符をもらっており，それぞれの外交使節団の蓄積された一人当たりの枚数は 100 枚以上に及んだ。国々を比較検討してみると，使節団の母国の国際腐敗指数の高さに比例し，その使節団の合計違反切符の枚数が多かった。母国の腐敗とマンハッタンでの駐車行為の間の関係は，国の国連使節団の規模，外交官の収入，違反の種類（例えば二重駐車），そして時間帯に依存してはいないのである。

④ 　2002 年に，駐車違反に対する外交官免除が解除され，ニューヨーク警察署は取り締まり，三回を超える駐車違反を重ねた車から外交免許プレートを剥奪した。外交官の間での違反の割合は急減した。それでも，新たな施行が始まって全体では違反率が大幅に低下したにもかかわらず，最も腐敗した国々出身の外交官はまだ，最も多くの違反切符を切られていた。

[5]　現実世界でのデータに基づくと，この研究では，様々な国出身の使節団は特に外的制裁の恐れがないとき，駐車行為に現れる心理的傾向または動機を自国から持ち込んだことが示唆されている。

===== 解説 =====

　下線部の単語の意味と語法，段落内および文章全体の文脈より，適・不適を判断する。

(1)　anywhere「どこにでも」は，副詞であり park anywhere「どこにでも駐車する」となるので，文法的に適切。

(2)　natural experiment「自然実験」は人工的に組み立てずに，同条件のもとで対照実験ができることが，第2段第2・3文（Because nearly 90 … from different countries.）でわかるので適切。

(3)　dependent「依存して，左右されて」は，第3段第4文（Looking across nations, …）で腐敗国家と違反切符の相関関係が示されており，文章全体の文脈からもそれ以外には関係性が見られないと推定されるので，不適切。よって，independent「独立して，自立して」が適切。

(4)　higher「より高い」は，第4段第2文（The rate of violations …）に違反率は大幅に減少したと書かれているので，不適切。その内容に対して despite「～にもかかわらず」と譲歩したうえで，腐敗国家における違反件数の多さを指摘している。よって，違反率そのものに関しては lower「より低い」が適切。

(5)　real「実際の，現実的な」第4段（In 2002, diplomatic … most parking tickets.）に注目する。外交官の駐車違反免除の特権が撤廃された後に違反件数が減ったという記述より，制裁がない場合は特に母国の慣習を持ち込んでしまうとなることが推定される。よって，no (threat of external sanctions)「外的制裁がない」が適切。

～～～～～ 語句・構文 ～～～～～

（第1段）　driveway「（屋敷内の）車道」　immunity「免除」

（第3段）　delegation「使節団，派遣団」

（第4段）　clamp down「取り締まる」

（第5段）　sanction「制裁」

Ⅶ　解答　　1－I　2－N　3－K　4－E　5－M

········· **全 訳** ·········

《顔面神経麻痺がもたらす女性の心理》

① 私の子供の頃からの一番の友人であるセアラは小児科医であり，彼女は現実的であると同時に優しい。私たちはある日，私の顔について話をしていた。彼女は言った。「それは悲劇ではないわね。でも失望はするでしょうね」　この失望と悲劇の区別は有用であり，なぜ私が顔面神経麻痺について書くことに，こんなにも長い間抵抗があったかを解明するものだと私は思っている。失望させるようなことは言葉で記す対象にはならず，そのようなことは黙して耐える対象なのだ。悲劇的なことは書く対象となる。なぜなら悲劇の中では，カタルシスがあり，緩やかともいえないほどのほぼ識別不能な程度での進歩が存在するからだ。

② 部分的回復というのは，それほど劇的なものではない。それは芸術ではなく，生に関わることである。だが部分的回復とは，生きていくことによく似ているのだ。大抵の人には，部分的にしか立ち直れていないことがある。子供の頃の火傷，子供の頃のトラウマ，骨折，失恋等々。心や体に関して「あなたは完全に治りました」と断定されるのを耳にするのは，何とまれなことであるか。結局のところ，だれが人生から完全に立ち直ることがあるのか？　私たちの体には回復力があるが，時には再生という天恵を有しているにもかかわらず，それは常に死にゆく途上にあるのだ。

③ 私は，あまりにも長い間，私の顔について誤った話に耳を傾けていた。私は，6カ月後には私の神経はもはや伸長することがなく，私が自分の顔に手を尽くしても同じだと述べた神経学の専門家の言葉に耳を傾けたのだ。彼はこの二つの説明において，結局誤っていた。女性が，自らの顔に関する誤った話に耳を傾け，それを信じてしまうのは珍しいことではない。私は誤った物語に耳を傾けていただけでなく，心の中で私の病気に関し誤った物語を書いていたのだ。恥と非難に満ちた物語を。（病気に関する）適切な専門家を見つけるだけでなく，自らの物語の専門家としての自分自身を信頼するにも10年を要した。

④ 私は作家であり，物語の外形が事態を悪化させる可能性があることに気づくべきだった。私は自分の顔についての物語を変えることに，10年を

要した。またその物語を放置しておくことにも。筋肉は単に顔にある筋肉にすぎないとすることに，また，他の違った物語を作り上げるために，話を作り上げる私の能力を利用することにも。

══════════════ 解説 ══════════════

1. Most people have <u>partially</u> recovered from something(.)

most「ほとんどの，大抵の」 partially「部分的に」は副詞なので，必ずしも位置が固定されるわけではないが，動詞部分に作用しているので完了形 have recovered の間に入るのが適切。

2・3. (It's not uncommon) for women to listen <u>to</u> and believe (the) wrong <u>stories</u> (about) their (own) faces(.)

It is not uncommon for *A* to *do*「*A* が〜するのは珍しいことではない」 the wrong story は listen to と believe の共通の目的語になる。story と face の単複は women にあわせて複数形にするほうが適切。

4・5. It took <u>me</u> ten years not only to find the (right experts but also) <u>trust</u> (myself as the expert of my own story.)

It took（人）（時間）to *do*「（人）が〜するのに（時間）を要した」 It は仮主語であり，to *do* 以下が真の主語。not only to *do*, but also (to) *do*「〜するばかりでなく…すること」は，to not only *do*, but also *do* としてもよい。

〜〜〜〜〜〜 **語句・構文** 〜〜〜〜〜〜

(第1段) shed light on 〜「〜に光を投げかける，〜を解明する」

(第2段) trauma「（精神的）外傷，トラウマ」 even as S V「〜にもかかわらず」

(第3段) count「問題点，論点」

(第4段) leave 〜 alone「〜を放置する」 in the service of 〜「〜に仕えて，〜のために」

講 評

　読解問題5題に関しては，それぞれ設問に特徴があるので時間配分に十分注意したい。読解文に対する内容説明や内容真偽など一般的な入試に見られる具体的設問は出題されていない。

　Ⅰ　文法・語彙問題で，基本的文法を問う問題が中心だが，設問20のように細かい判断が必要なものがある。設問9，11，12は熟語問題。

　Ⅱ　エッセイからの出題で，空所補充のみの読解問題。文脈把握の中での文法・語彙の処理が問われている。語法的に細かい判断を要する設問もある（設問7）。

　Ⅲ　欠文挿入箇所を問う読解問題。ダミーの空欄が2箇所設定されているので，慎重に対応する必要がある。

　Ⅳ　文整序の読解問題で4つの文を並べ替える。指示代名詞やディスコースマーカーに十分留意したい。

　Ⅴ　語彙問題であるが，思いつかない単語は余計な時間をかけず臨機応変に対応したい。単語自体には特に難しいものはない。

　Ⅵ　不適語を適語に代える読解問題で，語法と文脈を押さえるのがポイント。

　Ⅶ　読解問題の中で和文対照の英文を作成する問題形式。選択肢が多いだけでなく複数使用が可能であり，さらに紛らわしい不要語が入っているため，形式に慣れていないと解くのに時間を要するだろう。

$$\boxed{1}$$

\ 発 想 /

(1) 出た目の積が偶数となるのは，少なくとも1個の目が偶数のときである。余事象の確率を利用して求める。後半は偶数で4の倍数ではない事象を考える。

(2) cos の3倍角の公式を用いて，cos x の3次方程式を解く。もしくは，和積の公式を用いて変形してもよい。

(3) 対数の底を2にそろえて，$\log_2 x$ の2次不等式を解く。

(4) 円 C の中心を C とすると △PAC は ∠PAC が直角の直角三角形である。三平方の定理で AP の長さを求める。

解答 (1) (ア)$\dfrac{15}{16}$ (イ)$\dfrac{37}{48}$ (2) (ウ)$\dfrac{\pi}{4}$, $\dfrac{\pi}{2}$, $\dfrac{3}{4}\pi$ (3) (エ)$\sqrt[3]{4}<x<4$

(4) (オ)$(2,\ -5)$ (カ)$3\sqrt{2}$ (キ)$4\sqrt{2}$

════ 解 説 ════

《小問4問》

(1) 出た目の積が偶数となる事象を A とする。$\overline{A}$ は4個の目がすべて奇数となる事象である。

よって

$$P(A)=1-P(\overline{A})=1-\left(\dfrac{1}{2}\right)^4=\dfrac{15}{16}\quad(\to(ア))$$

出た目の積が4の倍数となる事象を B とする。

$A\cap\overline{B}$ は，目の積が偶数で4の倍数でない。すなわち目の積が $2\times(奇数)$ となるときである。したがって，1個の目が $\{2,\ 6\}$ で，残り3個の目が $\{1,\ 3,\ 5\}$ の場合である。

よって　　$P(A\cap\overline{B})={}_4C_1\cdot\left(\dfrac{2}{6}\right)\cdot\left(\dfrac{3}{6}\right)^3=\dfrac{1}{6}$

$A\supset B$ であるから

$$P(A)=P(A\cap\overline{B})+P(B)$$

よって

$$P(B) = P(A) - P(A \cap \overline{B}) = \frac{15}{16} - \frac{1}{6} = \frac{37}{48} \quad (\rightarrow (\text{イ}))$$

(2) $\cos 3x = 4\cos^3 x - 3\cos x$ であるから

$$4\cos^3 x - 3\cos x + \cos x = 0$$

$$4\cos x \left(\cos^2 x - \frac{1}{2} \right) = 0$$

よって $\cos x = 0, \pm \dfrac{1}{\sqrt{2}}$

$0 \leqq x < \pi$ より $x = \dfrac{\pi}{4}, \dfrac{\pi}{2}, \dfrac{3}{4}\pi \quad (\rightarrow (\text{ウ}))$

(3) 真数条件より $x > 0$

このとき

$$\log_4 x = \frac{\log_2 x}{\log_2 4} = \frac{\log_2 x}{2}$$

$$\log_8 x^2 = \frac{\log_2 x^2}{\log_2 8} = \frac{2\log_2 |x|}{3} = \frac{2\log_2 x}{3}$$

であるから,$X = \log_2 x$ とおくと

$$\left(\frac{X}{2} \right)^2 - \frac{2}{3}X + \frac{1}{3} < 0$$

$$3X^2 - 8X + 4 < 0$$

$$(3X - 2)(X - 2) < 0$$

よって $\dfrac{2}{3} < X < 2$

したがって $\dfrac{2}{3} < \log_2 x < 2$

$$\log_2 2^{\frac{2}{3}} < \log_2 x < \log_2 2^2$$

底は2で1より大きいから

$$2^{\frac{2}{3}} < x < 2^2 \quad \text{ゆえに} \quad \sqrt[3]{4} < x < 4 \quad (\rightarrow (\text{エ}))$$

(4) $x^2 + y^2 - 4x + 10y + 11 = 0$ より

$$(x-2)^2 + (y+5)^2 = 18$$

よって,円 C の中心を C とすると $C(2, -5) \quad (\rightarrow (\text{オ}))$

半径は $\sqrt{18} = 3\sqrt{2} \quad (\rightarrow (\text{カ}))$

△PAC は ∠PAC が直角の直角三角形で
あるから

$$AP = \sqrt{PC^2 - AC^2}$$
$$= \sqrt{(3-2)^2 + (2+5)^2 - (3\sqrt{2})^2}$$
$$= \sqrt{32} = 4\sqrt{2} \quad (\rightarrow(\text{キ}))$$

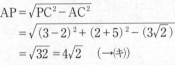

別解 (2) 和積公式

$$\cos A + \cos B = 2\cos\frac{A+B}{2}\cdot\cos\frac{A-B}{2} \text{ を}$$

用いると

$$\cos 3x + \cos x = 2\cos 2x \cos x$$

よって　　$2\cos 2x \cos x = 0$

$$\cos 2x = 0 \quad \cdots\cdots① \quad \text{または} \quad \cos x = 0 \quad \cdots\cdots②$$

$0 \leqq 2x < 2\pi$ であるから，①より

$$2x = \frac{\pi}{2},\ \frac{3}{2}\pi \quad \text{ゆえに} \quad x = \frac{\pi}{4},\ \frac{3}{4}\pi$$

$0 \leqq x < \pi$ であるから，②より

$$x = \frac{\pi}{2}$$

したがって

$$x = \frac{\pi}{4},\ \frac{\pi}{2},\ \frac{3}{4}\pi$$

② 〰〰〰〰〰〰 ＼ **発想** ／ 〰〰〰〰〰〰

(1) 正六角形を辺に平行な対角線で6個の正三角形に分割して考
える。

(2) $f(x) = x^2 + mx + m + 3$ とおき，$y = f(x)$ と x 軸の共有点につ
いて考える。

(3) 背理法で証明する。$\sqrt{2}$ が有理数であるとして，矛盾を導く。

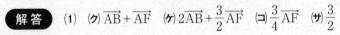

解答 (1) (ク) $\overrightarrow{AB} + \overrightarrow{AF}$　(ケ) $2\overrightarrow{AB} + \frac{3}{2}\overrightarrow{AF}$　(コ) $\frac{3}{4}\overrightarrow{AF}$　(サ) $\frac{3}{2}$

(2) (シ) $-2 < m < 6$　(ス) $-3 < m < -2$

(3) $\sqrt{2}$ が無理数ではないとする。

$\sqrt{2}$ は有理数であるから，互いに素である自然数 m, n を用いて

$$\sqrt{2} = \frac{m}{n} \quad \cdots\cdots ①$$

と表せる。

①より　　$2n^2 = m^2 \quad \cdots\cdots ②$

となり，n^2 は自然数であるから，m^2 は偶数である。

m は自然数であるから，m は偶数である。

したがって　　$m = 2m'$（m' は自然数）

と表せる。これを②に代入すると

$$2n^2 = 4m'^2 \qquad n^2 = 2m'^2$$

m'^2 は自然数であるから，n^2 は偶数である。

n は自然数であるから，n は偶数である。

これは，m, n が互いに素であることに矛盾する。

よって，$\sqrt{2}$ は無理数である。　　　　　　　　　　　　　　（証明終）

$=\!=\!=\!=\!=$　解　説　$=\!=\!=\!=\!=$

《小問3問》

(1)　$\overrightarrow{BC} = \overrightarrow{AC} - \overrightarrow{AB} = (\overrightarrow{AF} + \overrightarrow{FC}) - \overrightarrow{AB}$

$\qquad\qquad = \overrightarrow{AF} + 2\overrightarrow{AB} - \overrightarrow{AB}$

$\qquad\qquad = \overrightarrow{AB} + \overrightarrow{AF} \quad (\to ㋗)$

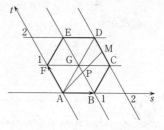

正六角形 ABCDEF の各辺に平行な対角

線の交点を G とする。

$$\overrightarrow{AM} = \frac{1}{2}(\overrightarrow{AC} + \overrightarrow{AD})$$

$$= \frac{1}{2}\{(\overrightarrow{AB} + \overrightarrow{BC}) + 2\overrightarrow{AG}\}$$

$$= \frac{1}{2}\{2\overrightarrow{AB} + \overrightarrow{AF} + 2(\overrightarrow{AB} + \overrightarrow{AF})\}$$

$$= 2\overrightarrow{AB} + \frac{3}{2}\overrightarrow{AF} \quad (\to ㋗)$$

BG∥CD，AG：GD＝1：1 より

$\qquad$ AP：PM＝1：1

$$\overrightarrow{BP} = \overrightarrow{AP} - \overrightarrow{AB} = \frac{1}{2}\overrightarrow{AM} - \overrightarrow{AB}$$

$$= \frac{1}{2}\left(2\overrightarrow{AB} + \frac{3}{2}\overrightarrow{AF}\right) - \overrightarrow{AB}$$

$$= \frac{3}{4}\overrightarrow{AF} \quad (\to(\text{コ}))$$

$$\overrightarrow{AM} \cdot \overrightarrow{BP} = \left(2\overrightarrow{AB} + \frac{3}{2}\overrightarrow{AF}\right) \cdot \frac{3}{4}\overrightarrow{AF}$$

$$= \frac{3}{2}\overrightarrow{AB} \cdot \overrightarrow{AF} + \frac{9}{8}|\overrightarrow{AF}|^2$$

$$= \frac{3}{2} \cdot 2 \cdot 2 \cdot \cos\frac{2}{3}\pi + \frac{9}{8} \cdot 2^2$$

$$= \frac{3}{2} \quad (\to(\text{サ}))$$

(2) $f(x) = x^2 + mx + m + 3$ とおく。

$$f(x) = \left(x + \frac{m}{2}\right)^2 - \frac{m^2}{4} + m + 3$$

$y = f(x)$ が x 軸と共有点をもたないのは，

$-\dfrac{m^2}{4} + m + 3 > 0$ のときであるから

$$m^2 - 4m - 12 < 0 \quad (m-6)(m+2) < 0$$

ゆえに　　$-2 < m < 6$　$(\to(\text{シ}))$

$y = f(x)$ のグラフが x 軸と $x > 0$ の部分で 2 点で交わるための条件は

$$-\frac{m^2}{4} + m + 3 < 0 \quad \cdots\cdots① \quad \text{かつ} \quad -\frac{m}{2} > 0 \quad \cdots\cdots② \quad \text{かつ}$$

$$f(0) > 0 \quad \cdots\cdots③$$

①より

$$(m-6)(m+2) > 0$$

ゆえに　　$m < -2, \ m > 6$　$\cdots\cdots①'$

②より

$$m < 0 \quad \cdots\cdots②'$$

③より

$$m + 3 > 0 \quad \text{ゆえに} \quad m > -3 \quad \cdots\cdots③'$$

$①', \ ②', \ ③'$ を同時に満たす m は

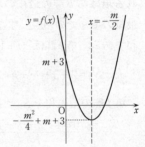

２０２４年度　一般選抜　数学

$-3<m<-2$　（→(ス)）

(3)　整数 m について「m^2 が偶数ならば m は偶数である」は，対偶を考えて，$m=2k+1$ （k は整数）ならば

$$m^2=4k^2+4k+1=2(2k^2+2k)+1$$

$2k^2+2k$ は整数であるので，m^2 は奇数と示せる。

参考　$2n^2=m^2$ において，左辺 $2n^2$ の素因数 2 の個数は奇数個，右辺 m^2 の素因数 2 の個数は偶数個で，素因数分解の一意性に矛盾する。

③

＼ 発想 ／

分母が n であるものを第 n 群とする群数列を考える。

(1)　約分すると 1 となる項は，各群の最後の項である。

(2)　約分すると $\dfrac{1}{4}$ となる項は，$\dfrac{l}{4l}$ の項である。これは第 $4l$ 群の $l+1$ 番目にある。

(3)　a_{200} がどの群に含まれるか考える。

解答　(1)　(セ)$\dfrac{k(k+3)}{2}$　(ソ)$\dfrac{k(k+3)}{4}$　(2)　(タ)38　(チ)$8k^2+3k$

(3)　(ツ)$\dfrac{10}{19}$　(テ)$\dfrac{3701}{38}$

解説

《群数列》

(1)　$\dfrac{0}{n}, \dfrac{1}{n}, \dfrac{2}{n}, \cdots, \dfrac{n}{n}$ を第 n 群とする。

約分すると 1 となる項は，各群の最後の項である。よって，k 番目に現れる項は第 k 群の最後の項である。したがって，N_k は初項から第 k 群の最後の項までの項数，すなわち，第 1 群から第 k 群までに含まれる項数の和である。第 l 群は （$l+1$）個の項を含むから

$$N_k=2+3+\cdots+k+1=\dfrac{k(2+k+1)}{2}=\dfrac{k(k+3)}{2}　（→(セ)）　\cdots\cdots①$$

第 l 群の項の和を S_l とすると

$$S_l=\dfrac{0+1+2+\cdots+l}{l}=\dfrac{1}{l}\dfrac{l(l+1)}{2}=\dfrac{l+1}{2}$$

であるから

$$\sum_{n=1}^{N_k} a_n = \sum_{l=1}^{k} S_l = 1 + \frac{3}{2} + \cdots + \frac{k+1}{2} = \frac{k\left(1 + \frac{k+1}{2}\right)}{2}$$

$$= \frac{k(k+3)}{4} \quad (\to(\text{ソ})) \quad \cdots\cdots ② \ (① \text{より})$$

(2) 約分すると $\frac{1}{4}$ となる項は $\frac{l}{4l}$ であるから，第 $4l$ 群の $(l+1)$ 番目にある $(l=1,\ 2,\ \cdots)$。

約分すると $\frac{1}{4}$ となる項で2番目に現れる項は $\frac{2}{4\cdot 2}$ であるから，第8群の3番目にある項である。

ゆえに

$$M_2 = N_7 + 3 = \frac{7\cdot 10}{2} + 3 = 38 \quad (\to(\text{タ})) \ (① \text{より})$$

約分すると $\frac{1}{4}$ となる項で k 番目に現れる項は $\frac{k}{4k}$ であるから，第 $4k$ 群の $k+1$ 番目にある項である。

ゆえに

$$M_k = N_{4k-1} + (k+1) = \frac{(4k-1)\cdot(4k+2)}{2} + k + 1$$

$$= 8k^2 + 3k \quad (\to(\text{チ})) \quad (① \text{より})$$

(3) a_{200} が第 l 群 $(l \geqq 2)$ に含まれるとすると

$$N_{l-1} < 200 \leqq N_l \qquad \frac{(l-1)(l+2)}{2} < 200 \leqq \frac{l(l+3)}{2} \quad \cdots\cdots ③$$

N_l は単調増加であるから，③を満たす l はただ1つある。

$$N_{18} = \frac{18\cdot 21}{2} = 189$$

$$N_{19} = \frac{19\cdot 22}{2} = 209$$

であるから，③を満たす l は19である。第18群までの項数は $\frac{18\cdot 21}{2}$ $=189$ であるから，a_{200} は第19群の $200-189=11$ 番目にある項である。

よって $a_{200} = \frac{10}{19} \quad (\to(\text{ツ}))$

したがって

$$\sum_{n=1}^{200} a_n = \sum_{n=1}^{N_{18}+11} a_n = \sum_{n=1}^{N_{18}} a_n + \left(\frac{0}{19} + \frac{1}{19} + \cdots + \frac{10}{19}\right)$$

$$= \frac{18 \cdot 21}{4} + \frac{1}{19} \cdot \frac{10 \cdot 11}{2} \quad (\text{②より})$$

$$= \frac{189}{2} + \frac{110}{38}$$

$$= \frac{3701}{38} \quad (\rightarrow(\text{テ}))$$

④

＼ 発 想 ／

(1) 微分して，増減表をかき，極小値を求める。

(2) 接点の x 座標を t とおいて，接線の方程式を求め，それが点 A $(0,\ 1)$ を通ることより，t の値を求める。

(3) 曲線 C と接線の接点以外の共有点の x 座標は，3 次方程式の解と係数の関係より求められる。面積を求める定積分の計算は工夫して行う。

解答 (1) (ト) 2 (ナ) -4 (2) (ニ) $\frac{15}{4}x + 1$ (ヌ) $-3x + 1$

(3) (ネ) $-\frac{1}{2}$ (ノ) 4 (ハ) $\frac{2187}{64}$

解説

《3 次関数のグラフと接線とで囲まれた図形の面積》

(1) $f(x) = x^2(x-3) = x^3 - 3x^2$ より

$$f'(x) = 3x^2 - 6x = 3x(x-2)$$

増減表より，$f(x)$ は $x=2$ で極小値 $f(2) = -4$ をとる。$(\rightarrow(\text{ト})\cdot(\text{ナ}))$

x	$\cdots$	0	$\cdots$	2	$\cdots$
$f'(x)$	+	0	−	0	+
$f(x)$	↗	極大	↘	極小	↗

(2) C 上の点 $(t,\ t^3 - 3t^2)$ における接線の方程式は，$f'(t) = 3t^2 - 6t$ より

$$y = (3t^2 - 6t)(x - t) + t^3 - 3t^2$$

よって $y = (3t^2 - 6t)x - 2t^3 + 3t^2$ ……①

①が点 A $(0,\ 1)$ を通るとき

$$-2t^3 + 3t^2 = 1 \qquad 2t^3 - 3t^2 + 1 = 0$$

$$(t-1)(2t^2-t-1)=0 \qquad (t-1)^2(2t+1)=0$$

ゆえに

$$t=1, \quad -\frac{1}{2}$$

$t=1$ のとき，①は

$$y=-3x+1$$

$t=-\frac{1}{2}$ のとき，①は

$$y=\frac{15}{4}x+1$$

よって，傾きが正の接線が l，傾きが負の接線が m であるから

$$l : y=\frac{15}{4}x+1 \quad (\to(ニ))$$

$$m : y=-3x+1 \quad (\to(ヌ))$$

(3) (2)より，接点 P の x 座標は　　$-\frac{1}{2}$　（→(ネ)）

$$g(x)=f(x)-\left(\frac{15}{4}x+1\right)=x^3-3x^2-\frac{15}{4}x-1 \text{ とおく。}$$

$g(x)=0$ は重解 $x=-\frac{1}{2}$ をもつので，他の解

をαとすると，3次方程式の解と係数の関係
より

$$\left(-\frac{1}{2}\right)^2 \cdot \alpha=-(-1) \qquad \alpha=4$$

$y=\frac{15}{4}x+1$

$-\frac{1}{2}$　　$y=x^3-3x^2$　　4

よって，共有点 Q の x 座標は　　4　（→(ノ)）

これより，求める面積は右図の網かけ部分の
面積であり

$$\int_{-\frac{1}{2}}^{4}\left\{\frac{15}{4}x+1-(x^3-3x^2)\right\}dx=\int_{-\frac{1}{2}}^{4}\left\{-\left(x+\frac{1}{2}\right)^2(x-4)\right\}dx$$

$$=-\int_{-\frac{1}{2}}^{4}\left(x+\frac{1}{2}\right)^2\left(x+\frac{1}{2}-\frac{9}{2}\right)dx$$

$$=-\int_{-\frac{1}{2}}^{4}\left\{\left(x+\frac{1}{2}\right)^3-\frac{9}{2}\left(x+\frac{1}{2}\right)^2\right\}dx$$

$$= -\left[\frac{1}{4}\left(x+\frac{1}{2}\right)^4 - \frac{3}{2}\left(x+\frac{1}{2}\right)^3\right]_{-\frac{1}{2}}^4$$

$$= -\frac{1}{4}\cdot\left(\frac{9}{4}\right)^4 + \frac{3}{2}\cdot\left(\frac{9}{2}\right)^3 = \left(-\frac{1}{4}\cdot\frac{9}{2}+\frac{3}{2}\right)\cdot\left(\frac{9}{2}\right)^3$$

$$= \frac{3}{8}\cdot\left(\frac{9}{2}\right)^3 = \frac{2187}{64} \quad (\to (\wedge))$$

参考　Qの x 座標を求める部分では，$\begin{cases} y = x^3 - 3x^2 \\ y = \dfrac{15}{4}x+1 \end{cases}$ より y を消去すること

で得られる3次方程式

$$x^3 - 3x^2 = \frac{15}{4}x+1 \quad \cdots\cdots ①$$

を解いてもよい。この方程式は $x = -\dfrac{1}{2}$ を重解にもつことに着目すると，

①は

$$4x^3 - 12x^2 - 15x - 4 = 0$$
$$(2x+1)^2(x-4) = 0$$

より，$x = -\dfrac{1}{2}$, 4 となり，Qの x 座標は4である。

　また，後半の積分計算においては，積分公式

$$\int (x+a)^n dx = \frac{1}{n+1}(x+a)^{n+1} + C \quad (C は積分定数) を用いた。$$

⑤

〜〜〜〜〜〜〜〜〜〜　＼ **発想** ／　〜〜〜〜〜〜〜〜〜〜

(1)　数学，理科の得点をそれぞれ x, y として，直線 $x+y = k$,
$|x-y| = l$ の k, l が最大となる点 (x, y) を図よりそれぞれ読み
とる。

(2)　相関係数の定義 $V_{xy} = \dfrac{s_{xy}}{s_x \cdot s_y}$ で計算する。

(3)　$(x_i + y_i - \bar{x} - \bar{y})^2 = \{(x_i - \bar{x}) + (y_i - \bar{y})\}^2$
$\qquad\qquad\qquad\qquad\quad = (x_i - \bar{x})^2 + 2(x_i - \bar{x})(y_i - \bar{y}) + (y_i - \bar{y})^2$

と変形して，合計得点の分散を $s_x{}^2$, s_{xy}, $s_y{}^2$ で表す。

解答

(1) (ヒ) 22　(フ) 18　(2) (ヘ) 0.68

(3) (ホ) $\overline{x}+\overline{y}$　(マ) $s_x{}^2+2s_{xy}+s_y{}^2$　(ミ) 138.6　(ム) 585.7

=== 解　説 ===

《数学と理科の得点分布，数学と理科の合計得点の分布》

(1)　合計得点が k となる点は直線 $x+y=k$ 上にあるので，k が最大となる点は，右図より　22　(→(ヒ))

　同様に $|x-y|=l$ で l が最大となる点は，右図より　18　(→(フ))

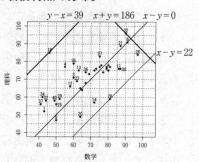

(2)　$V_{xy}=\dfrac{s_{xy}}{s_x\cdot s_y}=\dfrac{115.7}{14.9\cdot11.5}$

　　　$=0.675\cdots\fallingdotseq0.68$　(→(ヘ))

(3)　合計得点の平均値を $\overline{x+y}$，分散を $s_{x+y}{}^2$ とする。

$$\overline{x+y}=\frac{1}{40}\sum_{i=1}^{40}(x_i+y_i)$$

$$=\frac{1}{40}\sum_{i=1}^{40}x_i+\frac{1}{40}\sum_{i=1}^{40}y_i=\overline{x}+\overline{y}\quad(\rightarrow(ホ))$$

$$s_{x+y}{}^2=\frac{1}{40}\sum_{i=1}^{40}\{x_i+y_i-(\overline{x}+\overline{y})\}^2=\frac{1}{40}\sum_{i=1}^{40}\{(x_i-\overline{x})+(y_i-\overline{y})\}^2$$

$$=\frac{1}{40}\sum_{i=1}^{40}\{(x_i-\overline{x})^2+2(x_i-\overline{x})(y_i-\overline{y})+(y_i-\overline{y})^2\}$$

$$=\frac{1}{40}\sum_{i=1}^{40}(x_i-\overline{x})^2+2\cdot\frac{1}{40}\sum_{i=1}^{40}(x_i-\overline{x})(y_i-\overline{y})+\frac{1}{40}\sum_{i=1}^{40}(y_i-\overline{y})^2$$

$$=s_x{}^2+2s_{xy}+s_y{}^2\quad(\rightarrow(マ))$$

$$\overline{x+y}=\overline{x}+\overline{y}=67.7+70.9=138.6\quad(\rightarrow(ミ))$$

$$s_{x+y}{}^2=s_{x^2}+2s_{xy}+s_y{}^2$$

$$=14.9^2+2\cdot115.7+11.5^2$$

$$=585.66\fallingdotseq585.7\quad(\rightarrow(ム))$$

講評

　大問5題の出題で，1・2はさまざまな分野からの小問集合，3・4・5は段階的に誘導される出題形式であった。2の(3)が証明問題，他はすべて空所補充形式である。

　1　(1)余事象を考える。4の倍数ではない偶数は2×(奇数)である。(2)〔別解〕に示したように，和積の公式を使うこともできる。(3)底をそろえて，2次不等式を解く。(4)中心と2点で直角三角形ができる。(1)は標準，(2)～(4)は基本レベルの問題である。

　2　(1)正六角形を，辺に平行な対角線によって6個の正三角形に分割すると見通しがよい。(2)2次方程式の解の配置問題，グラフとx軸との関係を考える。(3)有理数の表し方などいくつか知識が必要であるが，どの教科書にもある有名問題なので証明できるようにしておくこと。〔参考〕のように素因数分解の一意性を考えると簡単に矛盾が示せる。(1)，(2)は標準，(3)は基本レベルの問題である。

　3　分母が同じもので群を作る。約分した値など，少し考えにくそうに見えるが，N_kは初項から第k群までの項数を表している。この値を利用して後の問題を解いていけばよい。標準レベルの問題である。

　4　3次関数のグラフと接線の典型的な問題である。接点以外の共有点のx座標は，3次関数の式と接線の式からyを消去して得られる3次方程式が$x=-\dfrac{1}{2}$を重解にもつことより求める。面積はそのまま定積分を計算するのではなく，$(x+a)^n$の積分公式を利用したいところである。

　5　(1)散布図に直線$x+y=k$，$|x-y|=l$をかいて，k，lを最大とする点を見つける。(2)・(3)分散，共分散，相関係数の定義，和の記号Σの性質を理解しておく必要がある。数値計算は少し大変であるが，ていねいに行い，確実に点を取りたい，基本レベルの問題である。

　全体として，基本レベルと標準レベルがそれぞれ半々であり，例年と同程度である。〔1〕で小問は1問減ったが，問題量は多いので，計算の工夫を考えたい。

化　学

① **解答**　設問1．**あ**．六方最密構造　**い**．体心立方格子
う．ハロゲン　**え**．価電子（または最外殻電子）

お．陰イオン　**か**．奪う（または受け取る）　**き**．酸化力

く．原子番号（または原子半径）　**け**．強い　**こ**．電気陰性度

さ．極性（または電荷の偏り）　**し**．水素結合

す．糖類（または炭水化物）　**せ**．光合成　**そ**．葉緑体　**た**．色素

ち．アンモニア　**つ**．ソーダ　**て**．炭酸水素ナトリウム　**と**．重曹

な．胃薬（またはベーキングパウダー）　**ア**．12　**イ**．4　**ウ**．7
エ．1

設問2．金属結合は自由電子を仲立ちとした金属原子間の結合で，共有結合は2個の原子が電子対を共有する結合である。(50字程度)

設問3．金属原子の半径：1.8×10^{-8}cm
　　　　原子量：2.1×10^2

設問4．反応熱をQ〔kJ〕とすると，求める熱化学方程式は次のようになる。

$$6CO_2（気）+6H_2O（液）=C_6H_{12}O_6（固）+6O_2（気）+Q〔kJ〕$$

与えられた熱化学方程式より

$$C（黒鉛）+O_2（気）=CO_2（気）+394\,kJ　\cdots\cdots①$$

$$H_2（気）+\frac{1}{2}O_2（気）=H_2O（液）+286\,kJ　\cdots\cdots②$$

$$6C（黒鉛）+6H_2（気）+3O_2（気）=C_6H_{12}O_6（固）+1273\,kJ　\cdots\cdots③$$

③式－（①式×6＋②式×6）を計算すると

$$Q=1273-(394\times6+286\times6)=-2807〔kJ〕　\cdots\cdots（答）$$

設問5．NaClやCaCO₃など価格の安い原料を用い，CO₂の一部とNH₃を回収して再使用し，低コストで生産できる。(50字程度)

━━━━━━━━━━　**解説**　━━━━━━━━━━

《金属結晶の構造，ハロゲン元素，光合成，炭酸ナトリウムの製法》

設問1．金属結晶の多くは，面心立方格子，六方最密構造，体心立方格子

の3種類のいずれかの結晶格子をとる。ある粒子を取り囲んでいるほかの粒子の数を配位数といい，面心立方格子，六方最密構造，体心立方格子の配位数は，それぞれ 12，12，8 であり，単位格子中に含まれる原子数は，それぞれ 4 個，2 個，2 個である。

17 族元素をハロゲンという。ハロゲン元素の原子は，最外殻電子（価電子）の数が 7 個で，最外殻に 1 個の電子を受け取ると，貴ガス（希ガス）の電子配置と同じになり，1 価の陰イオンになる。また，ハロゲンの単体はいずれも電子を奪う力が強く，酸化力がある。ハロゲンの酸化力は，ハロゲンの原子半径が小さいほど電子を引きつけやすく，原子番号が小さいほど酸化力が強くなる。

原子が共有電子対を引きつける強さを電気陰性度といい，O-H 原子間の電気陰性度の差が大きく，2 原子間の電荷の偏り（結合の極性）は大きい。また，水分子 H_2O は，折れ線形になっているため，2 つの O-H 結合の極性は打ち消し合わず，極性分子になる。酸素の電気陰性度が非常に大きいため，水分子の間に O-H…O という H 原子を仲立ちとした水素結合が生じる。そのため，水はほかの 16 族元素の水素化合物の沸点に比べて，著しく高い。

緑色植物の行う光合成では，緑色植物が光エネルギーを吸収して，二酸化炭素と水から化学エネルギーの高い糖類（炭水化物）を合成する。緑色植物には葉緑体という細胞小器官があり，その中にある葉緑素（クロロフィル）という光合成色素で光エネルギーを吸収して光合成を行っている。

炭酸水素ナトリウムは，重曹とも呼ばれ，胃薬やベーキングパウダーなどに使用される。

設問 2. 金属結合は，金属原子の価電子がもとの原子に固定されずに，金属中を自由に動き回ることができる自由電子になり，この自由電子が金属原子どうしを結びつける結合である。

一方，共有結合は，2 個の原子がそれぞれ価電子を 1 個ずつ出し合って電子対をつくり，この電子対が 2 個の原子に共有されることによってできる結合である。

設問 3. 面心立方格子では，原子は各面の対角線上で接している。単位格子の一辺の長さを a とすると，面の対角線の長さは $\sqrt{2}a$ で，これが原子半径 r の 4 倍に等しい。$\sqrt{2}a = 4r$ より

$$r = \frac{\sqrt{2}}{4} a = \frac{1.4 \times 5.0 \times 10^{-8}}{4} = 1.75 \times 10^{-8} \fallingdotseq 1.8 \times 10^{-8} \, [\text{cm}]$$

単位格子中に金属原子を4個含むから，金属原子1個の質量は

$$\frac{(5.0 \times 10^{-8})^3 \times 11.4}{4} = 3.56 \times 10^{-22} \, [\text{g}]$$

金属原子の原子量は

$$3.56 \times 10^{-22} \times 6.0 \times 10^{23} = 213.6 \fallingdotseq 2.1 \times 10^2$$

設問4. 二酸化炭素と水からグルコースが生成するときの熱化学方程式は反応熱を Q [kJ] とすると

$$6CO_2 \,(\text{気}) + 6H_2O \,(\text{液}) = C_6H_{12}O_6 \,(\text{固}) + 6O_2 \,(\text{気}) + Q \, [\text{kJ}]$$

反応熱と生成熱の間には，次のような関係がある。

反応熱 =（生成物の生成熱の和）-（反応物の生成熱の和）

よって

Q =（$C_6H_{12}O_6$（固）の生成熱）

$\quad\quad$ -（$6CO_2$（気）の生成熱 + $6H_2O$（液）の生成熱）

$= 1273 - (394 \times 6 + 286 \times 6) = -2807 \, [\text{kJ}]$

したがって，熱化学方程式は

$$6CO_2 \,(\text{気}) + 6H_2O \,(\text{液}) = C_6H_{12}O_6 \,(\text{固}) + 6O_2 \,(\text{気}) - 2807 \, \text{kJ}$$

光合成は，光エネルギーを吸収して行われる反応だから，吸熱反応である。

設問5. アンモニアソーダ法（ソルベー法）は，次のような方法である。

塩化ナトリウムの飽和水溶液にアンモニアと二酸化炭素を吹き込むと，比較的溶解度の小さい炭酸水素ナトリウムが沈殿する。

$$NaCl + H_2O + NH_3 + CO_2 \longrightarrow NaHCO_3 + NH_4Cl \quad \cdots\cdots①$$

この沈殿を集めて焼くと，炭酸ナトリウムが生成する。

$$2NaHCO_3 \longrightarrow Na_2CO_3 + H_2O + CO_2 \quad \cdots\cdots②$$

最初に使用した CO_2 の半分は，②式で回収されるが，不足分は石灰石を熱分解して補う。

$$CaCO_3 \longrightarrow CaO + CO_2 \quad \cdots\cdots③$$

③式で生成する CaO は，水と反応させて $Ca(OH)_2$ にしたのち，①式で生成する NH_4Cl と反応させると，最初に使用した NH_3 の全量を回収することができる。

$$2NH_4Cl + Ca(OH)_2 \longrightarrow CaCl_2 + 2NH_3 + 2H_2O$$

②　**解答**　**設問1．ア．** 比例　**イ．** 反応速度式

ウ． 反応速度定数（または速度定数）

エ． エネルギー　**オ．** 状態　**カ．** 活性化　**キ．** 熱運動

ク． アレニウスの式　**ケ．** 触媒　**コ．** 反応熱の値（または生成物の量）

サ． 酵素　**シ．** 基質　**ス．** 酵素-基質複合体　**セ．** 可逆　**ソ．** 生成物

タ． 不　**チ．** 最大速度　**ツ．** 一定となる　**テ．** 特異性　**ト．** アミラーゼ

ナ． デンプン　**ニ．** セルロース　**ヌ．** 活性部位（または活性中心）

ネ． 阻害剤

設問2． $E + S \rightleftarrows ES \longrightarrow E + P$

設問3． 数式①：$v = k[H_2O_2]$　数式②：$v = k[H_2][I_2]$

数式③：$k = Ae^{-\frac{E}{RT}}$　数式④：$v = \dfrac{V[S]}{K + [S]}$

数式⑤：$v = \dfrac{V[S]}{K}$　数式⑥：$v = V$

━━━━━ 解説 ━━━━━

《反応速度，活性化エネルギー，酵素》

設問1～設問3． 反応速度と濃度の関係は，一般に反応物の濃度が大きいほど，反応速度は大きくなる。一定温度では，過酸化水素 H_2O_2 の分解反応の速度 v は H_2O_2 のモル濃度 $[H_2O_2]$ に比例する。

　　　$v = k[H_2O_2]$　……数式①

　①のように，反応速度と反応物質の濃度との関係を表した式を反応速度式という。この比例定数 k は反応速度定数（速度定数）といい，反応の種類と温度によって決まる定数である。また，水素 H_2 とヨウ素 I_2 が反応してヨウ化水素 HI が生じる反応では，HI の生成速度 v は H_2 のモル濃度 $[H_2]$ と I_2 の濃度 $[I_2]$ の積に比例する。

　　　$v = k[H_2][I_2]$　……数式②

　分子（粒子）が反応するためには，分子が互いに衝突し，さらに衝突した分子が活性化状態（遷移状態）と呼ばれるエネルギーの高い中間状態を経由しなければならない。反応物を活性化状態にするのに必要な最小のエネルギーを活性化エネルギーという。また，温度が高くなると反応速度は

急速に大きくなる。これは，分子の熱運動が激しくなり衝突回数が増加するだけでなく，活性化エネルギーを超える運動エネルギーをもつ分子の数が急激に増え，分子が衝突して活性化状態になりやすくなるためである。反応速度定数 k と絶対温度 T との関係はアレニウスの式で与えられる。

$$k = Ae^{-\frac{E}{RT}} \quad \cdots\cdots 数式③$$

数式③の A は頻度因数という反応ごとに決まる定数，R は気体定数，E は活性化エネルギーである。

触媒を用いると，活性化エネルギーがより小さい反応経路で反応が進行する。活性化状態に達しやすくなるので，反応速度は大きくなるが，反応熱の値や生成物の量は変化しない。

生体内で起こる化学反応の触媒としてはたらくタンパク質を酵素という。酵素をE，基質をS，酵素-基質複合体をES，生成物をPとすると，酵素反応は次の反応式で表される。

$$E+S \rightleftharpoons ES \longrightarrow E+P$$

酵素Eの活性部位（活性中心）に適合した基質Sが結合して酵素と基質の複合体 ES をつくる。この ES の生成反応と解離反応は可逆反応で，やがて平衡状態になる。さらに酵素反応が進んで，ES から生成物Pへの生成反応はゆっくりと進む不可逆反応である。

酵素濃度 [E] が一定のとき，酵素反応の反応速度 v と基質濃度 [S] の関係は，次のミカエリス・メンテンの式で表すことができる。

$$v = \frac{V[S]}{K+[S]} \quad \cdots\cdots 数式④$$

数式④の K は酵素-基質複合体の生成のしやすさを表す定数で，V は最大速度である。基質濃度 [S] が小さく，[S]＜K のとき，数式④は次の数式⑤のように近似できる。

$$v = \frac{V[S]}{K} \quad \cdots\cdots 数式⑤$$

K，V はともに定数なので，v は [S] に比例する。

一方，基質濃度 [S] が大きく，[S]≫K のとき，数式④は次の数式⑥のように近似できる。

$$v = \frac{V[S]}{[S]} = V \quad \cdots\cdots 数式⑥$$

　　したがって，反応速度 v は最大速度 V となり，一定となる。

　　酵素はそれぞれ決まった基質にしか作用しない。この性質を酵素の基質特異性という。例えば，だ液に含まれる酵素アミラーゼは，デンプンを加水分解するが，植物の細胞壁の主成分であるセルロースには作用しない。酵素に基質特異性が見られるのは，酵素には特定の部位（活性部位）があり，その立体構造に適合する基質だけが酵素-基質複合体をつくり，酵素の作用を受けることができるからである。酵素の活性部位に基質以外の物質が結合すると，酵素-基質複合体の生成が妨げられ，酵素反応が抑制される。この現象を酵素の阻害といい，阻害を引き起こす物質を酵素阻害剤という。

③ 解答

設問1． **あ．** グリシン　**い．** チロシン
う． フェニルアラニン　**え．** アラニン　**お．** セリン
か． クメン　**き．** アセトン　**く．** ホルムアルデヒド　**け．** 水

設問2． 反応名：キサントプロテイン反応　化合物Fの分子式：$C_5H_8O_2$

設問3． 化合物C：

化合物D：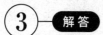

化合物F：

設問4． 化合物H：

化合物Ⅰ：

(化学構造式：中心のCに2つのCH₃、下に2つのC（それぞれOとHを含む）、CH₃、CH₂、CH₃)

━━━━━━━━━ 解　説 ━━━━━━━━━

《アミノ酸，アルケンの酸化反応，有機化合物の構造決定》

設問1～設問4．(1)　分子中に不斉炭素原子をもたない α-アミノ酸はグリシン $CH_2(NH_2)COOH$ である。タンパク質水溶液に濃硝酸を加えて加熱すると黄色になり，さらにアンモニア水を加えて塩基性にすると橙黄色になる反応をキサントプロテイン反応という。この反応は，ベンゼン環のニトロ化により起こることから，ジケトピペラジンAとBには，フェニルアラニン，チロシンの芳香族アミノ酸が含まれている。チロシンは，水酸化ナトリウム水溶液によって中和され，水溶性の塩をつくるから，ジケトピペラジンAには，チロシンが含まれる。ジケトピペラジンAの分子量は234であるから，ジケトピペラジンAはチロシン（分子量181）とアラニン（分子量89）が2カ所でアミド結合した環状ジペプチドである。また，ジケトピペラジンBの分子量も234であるから，ジケトピペラジンBはフェニルアラニン（分子量165）とセリン（分子量105）が2カ所でアミド結合した環状ジペプチドである。

　セリンはヒドロキシ基をもち，濃硫酸を加えて160～170℃で加熱すると，分子内での脱水反応が起こり，アルケンが生じる。したがって，ジケトピペラジンBから分子内脱水すると，次のように化合物Cが生じる。

(化学反応式の図：ジケトピペラジンB → 化合物C ＋ H_2O)

ジケトピペラジンB　　　　　　　　　　化合物C

(2)　酢酸カルシウムを熱分解（乾留）するとアセトン CH_3COCH_3（化合物E）が得られる。また，クメン法でフェノールの製造が行われているが，

フェノールと同時にアセトンも製造される。

化合物 F の元素分析より

炭素の質量：$33.0 \times \dfrac{12.0}{44.0} = 9.0$〔mg〕

水素の質量：$10.8 \times \dfrac{2.0}{18.0} = 1.2$〔mg〕

酸素の質量：$15.0 - (9.0 + 1.2) = 4.8$〔mg〕

各元素の物質量の比は

$C : H : O = \dfrac{9.0}{12.0} : \dfrac{1.2}{1.0} : \dfrac{4.8}{16.0} = 5 : 8 : 2$

したがって，化合物 F の組成式は $C_5H_8O_2$ になる。分子式は組成式を整数倍したものであり，化合物 F の分子量が 100 であるから

$\dfrac{\text{分子量}}{\text{組成式の式量}} = \dfrac{100}{100} = 1$

ゆえに，求める化合物 F の分子式は，$C_5H_8O_2$ になる。

また，アルケンをオゾン分解すると，C=C 結合が切れて，アルデヒドまたはケトンが生成するが，化合物 F は銀鏡反応を示さないから，アルデヒドではなくケトンである。したがって，化合物 F は，2,3-ペンタンジオン $CH_3COCOCH_2CH_3$ か，2,4-ペンタンジオン $CH_3COCH_2COCH_3$ である。2,3-ペンタンジオンを還元してできる 2,3-ペンタンジオール $CH_3C^*H(OH)C^*H(OH)CH_2CH_3$ には 2 個の不斉炭素原子（C^*）が存在し，4 種類の立体異性体が存在する。2,4-ペンタンジオンを還元してできる 2,4-ペンタンジオール $CH_3C^*H(OH)CH_2C^*H(OH)CH_3$ にも 2 個の不斉炭素原子をもつが，2 個の不斉炭素原子に結合する 4 個の置換基の組み合わせが同じであり，分子内に対称面をもつメソ体が存在する。したがって，2,4-ペンタンジオールの立体異性体は 3 種類になり，化合物 F は 2,4-ペンタンジオンとなる。

$$
\begin{array}{ccc}
CH_3 & CH_3 & CH_3 \\
| & | & | \\
HO-C^*-H & H-C^*-OH & H-C^*-OH \\
| & | & | \\
CH_2 & CH_2 & CH_2 \\
| & | & | \\
H-C^*-OH & HO-C^*-H & H-C^*-OH \\
| & | & | \\
CH_3 & CH_3 & CH_3
\end{array}
$$

鏡像異性体　　　　　　　　　　　メソ体
化合物H

アルケンを酸性の過マンガン酸カリウム水溶液で酸化すると，C=C 結合が切れて，ケトンまたはカルボン酸が生成する。生成物がギ酸のときはさらに過マンガン酸カリウム水溶液によって酸化され，二酸化炭素と水が生成する。したがって，化合物Dには，$CH_2=$ が存在し，化合物Gはホルムアルデヒド HCHO である。化合物Dをオゾン分解すると，化合物G（ホルムアルデヒド $CH_2=O$），化合物F（2,4-ペンタンジオン

$$
CH_3-\underset{\underset{O}{\|}}{C}-CH_2-\underset{\underset{O}{\|}}{C}-CH_3
$$

），化合物E（アセトン $CH_3-\underset{\underset{O}{\|}}{C}-CH_3$）が生成する

から，化合物Dは $CH_2=C(CH_3)CH_2C(CH_3)=C(CH_3)_2$ になる。

アセタール化合物 I は，化合物Hのヒドロキシ基 $-OH$ がアセトンの C=O に付加してヘミアセタール構造（$-O-C-OH$）ができ，このヘミアセタール構造の $-OH$ 基と隣接する化合物Hの $-OH$ 基とが脱水縮合すると生成する。

$$
\underset{\text{化合物H}}{CH_3CH(OH)CH_2CH(OH)CH_3} + \underset{\text{化合物E}}{CH_3COCH_3}
$$

$$
\rightleftharpoons \underset{\text{化合物 I}}{\underset{O-C(CH_3)_2-O}{CH_3CH-CH_2-CHCH_3}} + H_2O
$$

（講 評）

　　1　金属結晶の単位格子やハロゲン元素の単体の性質，水素結合と沸点の関係，光合成，炭酸ナトリウムの製法に関する基本的な問題である。設問5のアンモニアソーダ法は，CO_2 と NH_3 を回収し再利用することによって低コストで生産できる点を述べればよい。

　　2　反応速度式から活性化エネルギーに関する標準的な問題および酵素の性質に関するやや難問である。特に，反応速度定数と絶対温度の関係を表すアレニウスの式を理解する必要がある。また，酵素の基質特異性を表す化学反応式や酵素反応の反応速度と基質のモル濃度の関係を表すミカエリス・メンテンの式を知らなければ文意から導きだす必要がある。

　　3　(1)ジケトピペラジンの構成アミノ酸を決定する問題である。アミノ酸をしっかり理解していれば，アミノ酸の分子量から考えればよく，標準的である。

　　(2)アルケンのオゾン分解や過マンガン酸カリウムによる酸化反応によって生成する物質の構造決定に関するやや難問である。アルケンの酸化反応について理解し，立体異性体のメソ体について把握する必要がある。また，アセタール化の仕組みについて理解していれば化合物Iは解答できる。

生　物

Ⅰ　解答
問1．(イ)
問2．ア：酵素B　イ：酵素C　ウ：酵素A
問3．スプライシング
問4．(ウ)・(オ)
問5．前駆物質→物質F→物質K
問6．前駆物質→物質H→物質F→物質L→物質K
問7．

	物質Q	物質W	物質G	物質T	物質V	物質N
物質Q要求株①	○	○	×	×	×	○
物質Q要求株②	○	×	○	×	×	○
物質Q要求株③	○	×	×	×	○	○
物質Q要求株④	○	×	×	×	×	×
物質Q要求株⑤	○	×	×	×	×	○

問8．ヒトの細胞：(カ)　大腸菌：(エ)・(オ)・(キ)

═══ 解説 ═══

《突然変異の原因，一遺伝子一酵素説，酵素の種類，細胞の構造》

問1．突然変異は熱など種々の物理的刺激，紫外線やX線などの放射線，化学物質，活性酸素等によって誘発される。(ェ)電離放射線とは物質に電離作用を及ぼす放射線で，X線はこれに含まれる。

問2．図2と図1を交互に見ればわかりやすい。図2の①の株は，オルニチンを加えても生育できないが，シトルリンかアルギニンを加えると生育できる。よって，酵素アは図1の酵素Bが該当する。同様に，図2の②の株は，オルニチンやシトルリンを加えても生育できないが，アルギニンを加えると生育できる。よって，酵素イは図1の酵素Cが該当する。最後に，図2の③の株は，オルニチン，シトルリンまたはアルギニンを加えると生育できる。よって，酵素ウは図1の酵素Aが該当する。

問3．選択的スプライシングとは，DNAから転写されたmRNA前駆体において，特定のエキソンをとばしてスプライシングを行うことである。

その結果，一遺伝子から複数種のタンパク質合成が可能になる。

問4. 酵素とは，生物体内で消化，吸収，代謝などの化学反応を促進する
タンパク質であるから，(ウ)と(オ)が該当する。(ア)免疫グロブリンは抗体を構
成するタンパク質，(イ)カドヘリンは，細胞と細胞を接着させる細胞接着分
子，(エ)インスリンは，すい臓のβ細胞で作られるホルモンである。

問5. 物質K要求株①は，物質Kの添加が必要であり，物質Fでは生育で
きない。物質K要求株②は，物質Kまたは物質Fの添加で生育できる。し
たがって，物質Kが最終産物であり，物質Fがその前の物質となる。合成
経路とともに，物質K要求株①，②で変異している酵素をそれぞれ①，②
で示すと，以下のようになる。

$$\text{前駆物質} \xrightarrow{②} \text{物質F} \xrightarrow{①} \text{物質K}$$

問6. 合成経路の後方に位置する物質ほど，添加した時に生育できる株が
多くなる。すなわち，図4で○が多い物質ほど合成経路の後方の物質であ
る。したがって，問5の解説と同様に，物質K要求株①～④で変異してい
る酵素とともに合成経路を示すと，以下のようになる。

$$\text{前駆物質} \xrightarrow{②} \text{物質H} \xrightarrow{③} \text{物質F} \xrightarrow{①} \text{物質L} \xrightarrow{④} \text{物質K}$$

問7. 図5中の物質Q要求株④は，N→Qの反応ができない株であるから，
Q添加時のみ生育できることがわかる。同様に見ていくと，物質Q要求株
②は，WとTからNを合成できないから，NまたはQを添加すると生育で
きる。物質Q要求株①は，GからWを合成できないが，VからTは合成で
きるので，W，NまたはQを添加すると生育できる。物質Q要求株⑤は，
VからGとTを合成できない。よって，G，WまたはTを単独で添加して
もNが合成できず，生育できないが，NまたはQを添加すると生育できる。
最後に物質Q要求株③は，前駆物質からVを合成できないから，Vを添付
すると生育できる。しかし，G，WまたはTを単独で添加しても生育でき
ず，NまたはQを添加すると生育できる。

問8. ヒトをはじめ動物細胞には細胞壁は存在しない。また，原核生物で
ある大腸菌には，核膜による仕切りがなく，リボソーム以外の細胞小器官
は発達していない。

問1. **あ.** 表層回転　**い.** 背腹

問2. 前後軸（頭尾軸），左右軸

問3. (1)**ア**：動物極　**イ**：植物極　(2)—(ウ)

問4. (オ)

問5. (1)—(ウ)　(2)—(エ)　(3)—(ウ)

問6. (1)—(ア)　(2)— a　(3)—(ウ)　(4)—(イ)・(エ)

(5)タンパク質Qはタンパク質Pに結合し，タンパク質Pの転写促進作用を抑制するから。

(6)—(イ)

=== 解　説 ===

《体軸の決定，プラナリアの再生，遺伝子の発現制御機構》

問1. 受精によって精子が卵細胞内に入ると，動物極と植物極を結ぶ軸に対して表層が約30度回転する。これが表層回転である。リード文では，表層回転によってディシェベルドが移動し，βカテニンが蓄積するとある。βカテニンは背側の組織の形成を促すので，これによって，背腹軸が決定されることになる。

問2. 左右相称動物は，前後軸（頭尾軸）・背腹軸・左右軸の三つの体軸を備えている。前後軸は，受精前から存在する動物極-植物極の方向である。左右軸は前後軸と背腹軸に依存して決定される。

問3. (1) 卵母細胞において極体がある方を動物極，その反対側を植物極という。比重の大きな卵黄が動物極側には少なく，植物極側には多いため，動物極が上，植物極が下になる。

(2) βカテニンは卵母細胞の細胞質全体で発現しているが，通常はすぐに分解される。一方，ディシェベルドはこのβカテニンの分解を阻害する。したがって，ディシェベルドが移動した部分付近にβカテニンが蓄積することになるので，(ウ)が正しい。

問4. プラナリアは，川などに生息する体長1～3cmほどの扁形動物である。扁形動物門にはプラナリアのほか，ヒラムシ，コウガイビル，サナダムシなどが該当する。

問5. タンパク質Wは後方の切断面側で生成され，後方（尾部）から前方（頭部）への極性をもたらす。また，タンパク質Nは前方の切断面側で産生され，タンパク質Wの生成を阻害するとある。すなわち切片の後方でタ

ンパク質Wが多く，前方でタンパク質Wが少ない時，前方には頭部が再生し，後方には尾部が再生すると考えられる。

(1) タンパク質WのmRNAが阻害性RNAによって切片A全体で阻害されると，タンパク質Wが切片Aの前方でも後方でも少なくなる。したがって，切片Aの両側で頭部の再生が起こり，(ウ)になる。

(2) タンパク質Nの生成が切片A全体で阻害される。切片Aの後方ではタンパク質Wにより尾部が作られるが，前方でもタンパク質Wの生成が阻害されないため，尾部が作られる。よって，両側が尾部となる(エ)になる。

(3) 阻害性RNAによって，タンパク質Wもタンパク質Nも生成されない。よって，(1)と同じ状況となり，(ウ)となる。

問6. (1) X遺伝子の発現調節領域Yにレポーター遺伝子をつなぎ合わせた人工DNAにおける実験1の結果を以下にまとめる。

①人工DNAのみ ⟶ 発光量A

②人工DNA＋タンパク質P ⟶ 発光量B （A×2.5相当）

③人工DNA＋タンパク質Q ⟶ 発光量C （A相当）

④人工DNA＋タンパク質P＋タンパク質Q ⟶ 発光量D （A×1.2相当）

　発光量は，この人工DNAの発現量を示している。タンパク質Pが存在している②と④で人工DNAの発現量が増加していることから，タンパク質Pは発現調節領域Yに作用し，X遺伝子の転写を促進すると考えられる。

　以上のことから，(ア)を選択する。

(2) 実験2の結果について，各レーンの内容は以下のように考察できる。

レーン1：標識配列Yはaの位置に検出された。

レーン2：標識配列Yの約半数がタンパク質Pと結合し，これにより分子サイズが大きくなってbの位置に検出された。タンパク質Pが結合していない標識配列Yはaの位置に検出された。

レーン3：標識配列Yにはタンパク質Qが結合せず，標識配列Yのすべてがaの位置に検出された。

レーン4：標識配列Yの約半数がタンパク質Pと結合し，さらに抗体Iがタンパク質Pに結合しているので，レーン2のバンドbより分子サイズがさらに大きくなってdの位置に検出された。それ以外の標識配列Yはaの位置に検出された。

レーン5：標識配列Yの約半数がタンパク質Pと結合し，さらにタンパク質QがタンパクパクPに結合しているため，レーン2のバンドbより分子サイズが大きくなってcの位置に検出された。それ以外の標識配列Yはaの位置に検出された。

レーン6：タンパク質Qが抗体Ⅱと結合したため，タンパク質Pと結合できなくなった。その結果，タンパク質Pのみが標識配列Yの約半数と結合してbの位置に検出され，それ以外の標識配列Yはaの位置に検出された。

　レーン2の条件に非標識配列Yを過剰に加えると，タンパク質Pのほとんどが非標識配列Yと結合し，標識配列YはタンパクパクPと結合せず，単独で存在することが考えられる。非標識配列Yは発光しないので，レーン2のようなbの位置のバンドは検出されず，標識配列Y単独によってaの位置のみにバンドが検出されることになる。

(3)　dの位置に検出されたバンドは，標識配列YにタンパクパクPと抗体Ⅰが結合したものである。抗体Ⅰはタンパク質Pの特定のアミノ酸配列に結合することから，標識配列Yにタンパク質Pが結合し，そのタンパク質Pに抗体Ⅰが結合していると考えられる。よって，(ウ)を選択する。

(4)　タンパク質Pを固体ビーズに結合させ，そこにタンパク質Qを加えて混合した後，ビーズを洗浄・回収し，変性処理したものに電気泳動を行うと，両タンパク質のバンドが検出された。したがって，タンパク質Pとタンパク質Qはビーズ上で結合していたと考えられる。この結果は，実験2のレーン5で，bよりも分子量の大きいcの位置にバンドが検出されたことを裏付けるものである。レーン3の結果から，タンパク質Qは標識配列Yには直接結合しないが，タンパク質Pが標識配列Yに結合したものにタンパク質Qが結合すると考えることができる。よって，(イ)と(エ)を選択する。

(5)　実験1では，人工DNAにタンパク質Pを加えると，転写が促進されて遺伝子発現量が増加した。しかし，タンパク質Pとともにタンパク質Qを加えると遺伝子発現量が低下したことから，タンパク質Qはタンパク質Pに結合することで，タンパク質Pの転写促進作用を抑制すると考えられる。

(6)　実験2のレーン6では，タンパク質Qが抗体Ⅱと結合したため，タンパク質Pと結合できなくなったと考えられる。したがって，タンパク質Q

とともに抗体Ⅱを加えて(4)と同じ操作をした場合，タンパク質Qはタンパ
ク質Pと結合できず，洗浄によって除去されると考えられる。したがって
変性処理後に電気泳動を行えば，タンパク質Pのみが検出されると考えら
れる。

問1. (オ)
問2. ⑴シナプス　⑵—(オ)
⑶X：9　Y：23
⑷—(エ)
⑸グリア細胞
問3. (あ)—(ク)　(い)—(キ)
問4. (ア)
問5. ⑴(あ)光屈性　(い)オーキシン
⑵　分子時計は，生物の進化に伴う DNA の塩基配列やタンパク質のアミ
ノ酸配列の経時変化であり，生物の種分化や進化の年代推定に利用される
ものです。
問6. ⑴—(ア)
⑵番号：③　正しい用語：乗換え
⑶—(エ)
⑷—(ウ)

=========== 解　説 ===========

《RNA とタンパク質，ニューラルネットワーク，遺伝的アルゴリズム》
問1. (ア)誤文。rRNA はリボソームの構成成分であり，mRNA の翻訳に
関与する。
(イ)誤文。リボソームは mRNA と結合する。
(ウ)誤文。シャペロンは，翻訳されてできたポリペプチドに対し，その折り
たたみなどを助けるタンパク質である。
(エ)誤文。タンパク質合成には分子モーター（モータータンパク質）は必要
ない。ミオシンはアクチンフィラメントと結合して働くモータータンパク
質であり，キネシンは微小管と結合して働くモータータンパク質である。
問2. ⑴　シナプスは，神経細胞の軸索の先端が他の神経細胞の樹状突起
や効果器と 20nm 程度の隙間（シナプス間隙）を空けて接している部分

である。

(2)　刺激の強さと興奮の大きさには全か無かの法則があり，一定の刺激までは応答せず，閾値以上の刺激では同じ興奮の大きさとなる。したがって，㈹を選ぶ。

(3)　各ネットワークにおいて，神経細胞が送る刺激の大きさを矢印上に書き込むと以下の図のようになる。したがって

$$X : 4 + 0 + 5 = 9$$
$$Y : 12 + 0 + 11 = 23$$

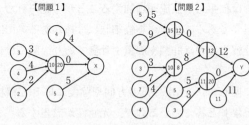

【問題1】　　　　　　　　　　　　　【問題2】

(4)　㈠「慣れ」とは，同一の刺激を反復して与えた場合に，その刺激に対する反応が次第に減少したり，あるいは消失したりする現象である。

㈪「脱慣れ」とは，慣れが成立した後に刺激を別の場所に与えることで，慣れの成立前と同じ反応が引き起こされる現象をいう。

㈫「鋭敏化」とは，強刺激を与えた後に弱刺激に対しても大きな反応を示す現象をいう。

㈹「時間的加（荷）重」とは，シナプス前細胞に発生する興奮の頻度が高くなることで，シナプス後細胞におけるシナプス後電位が大きくなることである。

したがって，以上の選択肢に関する実験条件は図7のモデルには存在しない。

㈢「空間的加（荷）重」とは，興奮するシナプス前細胞の数が増えることによってシナプス後細胞におけるシナプス後電位が大きくなることであり，図7のモデルが示すものである。

(5)　末梢神経の髄鞘を形成する細胞をシュワン細胞といい，脳や脊髄などの中枢神経の髄鞘を形成する細胞をオリゴデンドロサイトという。これらの神経細胞の機能を助ける支持細胞を総称してグリア細胞という。

問3.㋐　青色光を当てると，チャネルロドプシン2はカリウムやナトリウムのイオンを通過させるのであるから，神経細胞は脱分極して興奮すると考えられる。

㋑　ロドプシンはタンパク質であるオプシンとビタミンAからつくられるレチナールからなる。ロドプシンが光を吸収すると，レチナール分子のシス-トランス異性化反応によりオプシンの構造が変わり，情報を伝達するタンパク質を活性化する。

問4.神経活動に伴い，活動している部位では多くの酸素を要求するので，その周辺の血管は拡張し，血流が増加することが考えられる。よって㋐が正しく，㋒は誤りである。また，神経細胞には核があるので㋑は誤り。ヘモグロビンを分解するのは肝臓や脾臓や骨髄であり，脳ではない。よって㋓も誤りである。

問5.(1)　㋐に関して，AIが「光の方向や強度に応じて植物の成長や動作が変化する現象」と答えているので，光屈性が該当する。また，それを引き起こすホルモン㋑は，オーキシンである。

(2)　AIの回答のうち，「生体内の時間制御に関与する…時間の経過を測定するための仕組みです」の部分が体内時計に関するものである。

　分子時計は，DNAの塩基配列やタンパク質のアミノ酸配列に生じる経時変化，またその変化速度である。例えば，2種類の生物間で特定の遺伝子に塩基置換が確認できた場合，その塩基置換は進化の過程において一定の時間割合で蓄積してきたものと考えられ，両者の分岐年代を推定することができる。

問6.(1)　工学分野で用いられる「遺伝的アルゴリズム」とは，コンピュータに遺伝のメカニズムに似た操作を取り入れることで計算させる手法である。すなわち，生物の進化の過程で起きる「自然選択」「突然変異」「組換え（交叉）」という現象を，プログラム上で再現したものである。遺伝的アルゴリズムにおいて，得られたデータセットの中から適応度の高いものを選ぶ過程は，進化における「自然選択」を模倣したものである。したがって，ここでは㋐自然選択を選ぶ。

(2)　減数第一分裂前期に，相同染色体が接着して二価染色体をつくる時，よじれて交差している部分をキアズマという。キアズマを起点に染色体が分離すると，染色体の③乗換えが起こる。その結果，遺伝子の組換えが起

こることになる。

(3) 元のデータセットが [1, 5, 6, 2, 1, 5, 3] であり，このうちの1つだけの変異によって生じるデータセットを選択すればよい。すなわち

　　　元　 [1, 5, 6, 2, 1, 5, 3]

　　　(エ) [1, 5, 6, 2, 2, 5, 3]

(4) 設問文および図8の例から，データセットの組換えは，染色体の組換えと同様の方式で行われることがわかる。また，2回の組換えによって得られた新しいデータセットのうち，片方は [1, 5, 4, 2, 3, 3, 6, 2, 1]…(*)であることが示されている。したがって，求めるデータセットは，以下に示すように，元の2つのデータセットに含まれていながら，(*)のデータセットに現れていない部分であることがわかる。したがって，求めるデータセットは(ウ) [2, 7, 6, 2, 1, 5, 3, 2, 6] である。

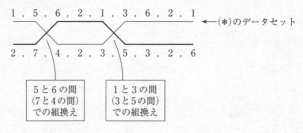

講 評

I　一遺伝子一酵素説を中心に幅広い範囲からの出題である。全体的に標準的な問題であるが，問1では物理的刺激も忘れてはならない。問4，問8は基本的な内容である。一遺伝子一酵素説の問題では，問7のアルギニン合成経路はやや複雑である。間違いを避けるためにも図をよく見て考察する必要がある。

II　発生や遺伝情報に関する問題で，複数の実験考察問題が含まれている。問1～問4は標準的であるが，問5のプラナリアの再生に関するタンパク質の働きは要注意である。また問6も気が抜けない。実験の図を見ながら，各条件で何が起こっているのかを深く考察する必要がある。問題文も熟読しながら解答に結び付けたい。

Ⅲ　遺伝情報から始まり，多方面に発展する総合的な問題である。問1の選択問題は基本的である。問2のニューラルネットワークに関する問題や，問5のAIとの対話の問題もユニークであるが，問6の遺伝的アルゴリズムに関する問題も目新しい。しかし，いずれも問題文をよく読みこめば解ける問題である。最後まであきらめずに解答したい。

　2024年度も大問3題で，幅広い分野から出題されている。先に標準的な問題を確実に解き，実験考察問題等に時間をかける必要がある。

//////////////// · memo · ////////////////

2023
年度

解答編

解答編

■英語■

I **解答** 1―C 2―B 3―B 4―B 5―C 6―A
7―D 8―B 9―C 10―A 11―C 12―D
13―D 14―C 15―B 16―A 17―D 18―A 19―D 20―D

◀解 説▶

1．「毎年，最優秀の生徒発表には賞が与えられる」 award「～を授与する，与える」 prize「賞，褒美」が主語であり受動態（be awarded）となる。

2．「私のプロジェクトでは，日本の学校における看護師の役割を調査することにした」 decide to *do*「～することに決める」 A．look up～「～（単語，情報）を探し出して調べる」 B．research「～を調べる，調査する，研究する」 C．search *A* for *B*「*B* を求めて *A*（場所）を捜索する，調べる」 D．search for～「～を探し求める」。以上よりBが正しい。

3．「彼は，以前はほぼ毎日来たのだが，最近は彼に会っていない」 B．lately「最近（は），近頃」 副詞であり，修飾する動詞部分は通常，現在完了形または現在完了進行形となる。D．latest「最新の，最近の」は限定用法の形容詞として用いる。

4．「私はその答えがわからなかったことが恥ずかしい」 embarrass「～（人）を当惑させる」の受動態に使われる過去分詞が，（人）の感情を示す分詞形容詞に転じる。B．embarrassed「当惑して，気恥ずかしい思いをして」

5．「どちらのスカートのほうが好きなのか決められなかったので2枚とも買ってしまった」 まず状況的に2枚のスカートが提示されている。代名詞にする場合は them または both が可能だが，並立させる場合は人称代名詞（them）を示したのち不定代名詞（both）を同格の位置に置く。

6．「私は地理を十分理解している」　A．a good＋名詞（understanding）
と並べると a good「十分な（理解）」という意味をもつ。

7．「私は寝過ごしてしまい本当に危うく試験を受けられないところだっ
た」　D．nearly は副詞で動詞部分を修飾し「危うく（もう少しで）～す
るところだ」という意味になり，ある動作または状況の間近となっている
ことを示す。

8．「私は弟に家の中で野球のボールを投げるなと言ったのだが，今では
窓は割れてしまっている」　tell *A* not to *do*「～しないよう *A*（人）に命
じる」　副詞の not は原則不定詞の直前に置く。

9．「私はその絵画にいたく感銘し，黙って数分間それを見つめていた」
静止しているものを，関心をもって見つめる場合は自動詞 gaze（at ～，
into ～）またはC．look（at ～）などを用いる。A．glance(d) at ～「～
をちらっと見る」　B．glimpse(d)「～がちらっと見える」
D．watch(ed)「（動いているものを注意を集中させて）見る」

10．「私は大学生活を始められるその日が待ち遠しい。わくわくする！」
be counting down the days「その日が来るのが待ち遠しい」　予定され
ている特定の時または出来事が来るまでの日々（the days）を逐一数える
イメージの熟語表現。

11．「あなたの言い訳にはうんざりだ。今あなたの計画を提出しなさい」
be tired of ～「～にうんざりしている」　be tired from とは異なり，通例
精神的疲労感を示す。

12．「最近勉強するのにとても忙しいので，ピアノの練習があまり追いつ
いていない」　keep up with「（～に）遅れない，ついていく」

13．「この試験の準備のために，私は何カ月も勉強に励んだ」　dedicate
oneself to＋名詞 ≒ devote *oneself* to＋名詞「～に専念する，励む」　与え
られている study は名詞で「研究，勉強」という意味。

14．「私の祖父は高齢なので庭の手入れができない。なので私はそれをし
てくれる人を見つける必要がある」　不定代名詞 someone を修飾するには
to *do* や関係代名詞節などが考えられるが，do it とあるので不定詞での修
飾となる。

15．「看護はきつい仕事である」　work「仕事」は不可算名詞なので不定
冠詞 a を用いることはできない。また状況的に特定化される文脈ではない

ので定冠詞 the も不適切。

16.「全体的には今年の収入は平均以下だ」　A．below と D．under は同様の意味をもつ前置詞であるが，below average「平均以下で」が定型句である。

17.「私は日中コーヒーを飲みすぎて眠れないことがある」　coffee「コーヒー」のような液体に関しては原則不可算名詞である。よって文脈より D. too much (coffee)「あまりに多くのコーヒー」が正しい。much は量が多いことを示す形容詞。

18.「ザ・ワイルドフラミンゴズは新曲を出したが，ほんの少しの人しかまだその曲を聞いていない」　people「人々」は人の集合を示す名詞（集合名詞の一種）である。漠然とした数を示す many や A. a few，または数詞で修飾することができる。only a few people「ほんの少数の人々」

19.「私が最初に日本に越してきたとき，私はこのような湿度の高い気候の中で生活することに慣れるのは難しいと思った」　get used to *doing*「〜するのに慣れる」　動名詞を用いた熟語表現。used は use の過去分詞。

20.「君たちの修学旅行での行動はひどかった。君たち全員自分のことを恥ずかしいと思うべきだ」　be ashamed of *oneself*「自身を恥ずかしく思う」　再帰代名詞を用いた熟語表現。

II　解答　1−C　2−B　3−C　4−A　5−B　6−D
　　　　　　7−C　8−C　9−C　10−A

━━━━━━◆全　訳◆━━━━━━━━━━━━━━━━━━━━━━━━━

≪パンデミックの中での友人関係≫

　友人が大勢いるわけではなかったのだが，このパンデミックが始まり，学校が閉鎖されあらゆる社会的行事が中止となったことは，私が友人を増やすことに役立つはずはなかった。廊下で何となく顔見知りだった人たちに挨拶する，また昼食のときに友人と一緒に成績やストレスについて語る機会が失われてしまったのだ。

　しかし，そもそも私には深い交友関係が多くなかったことは，多くの私の仲間には深刻であった一人で過ごす衝撃を確実に緩和してくれた。とはいえ孤独を何とかしなければと私は思った。当初，私はソーシャルメディアを見たりしていたがきりがなかった。それは浅くかつ一方通行的だと思

えた。そのうちに，このようにインスタグラムやフェイスブックといった
プラットフォームを何も考えずスクロールすることで，私は不安になり落
ち着かない気持ちになってしまった。

　しかしそのような全てを変えてくれたのがツイッターだった。そこで私
は様々な雑誌上で文化に関わる話題を扱っていたある著名ジャーナリスト
をフォローした。ある日，このジャーナリストから，開始予定のペンパル
プログラムについての発表があった。それを読んだとき，私は居間で座っ
て，書き心地のよい小綺麗な文房具を使い，書き物をしている自分を想像
した。このような空想は魅力的で心地よく，このパンデミックで破壊され
た世界の中でとにかく完璧なものに思えた。もちろん私はそれに参加した。

　手紙の相手となったのはカリフォルニアのケリーだった。全く何も知ら
ない相手に手紙を書くのは気が引けたが，私は彼女と彼女の生活について
たくさんの初歩的な質問をしてみた。私は自分についてもまた多少手紙に
書いた。

　2，3 週間後，ケリーの手紙だけでなくエマ（ニューヨーク出身），メ
ーガン（カリフォルニア出身），イザベラ（フロリダ出身）からも手紙が
届いた。このような女性たちが私に言葉で届けてくれたことを全て最後ま
で読み通すというのはなんと心温まることだろうか。私はすぐに返事を書
いた。心を吐露し，私の夢や目標や不満や一番すばらしい思い出について
書くことは恥ずかしいことではなかった。

　それはまさに魂の浄化であった。新たにできた友人に手紙を書くことで，
私は自分個人に，そして個々が集まった世界全体に何が生じているのかを
理解し始めることができた。他の人たちの苦しみや疑念を聞くことでまた，
私は私自身の物の見方を手に入れることができた。

◀解　説▶

1．空欄より前の people と I の間に関係代名詞の省略があると考えられ
るので people に接する節は不完全文になる。be familiar with ～「～と親
しい，～（人）のことをよく知っている」の直後の前置詞（with）の目的
語が脱落しており，その後に場所の副詞句 in the hallways「廊下で」が
続く。

2．to begin with「①第一に（＝in the first place）　②最初は，そもそ
も（＝at first）」　慣用表現の不定詞のひとつ。①は文頭に置き，理由を

列挙する場合に用いる。②は文末に置き，後の記述内容の変化を予測させる。

3．前文との関係より，「譲歩，逆接」を示す副詞が入ると予測できる。したがってC．Still「それでも（なお），にもかかわらず（≒however）」が適切。

4．空欄を含む一文は made を動詞（Ｖ）とする第五文型（SVOC）となっており，make O *do*（原形不定詞）の形が予測できる。文脈を加味し A．feel が適切。feel uneasy「不安に感じる」

5．B．pertaining を用いて pertaining to ～「～に関する，～についての」とするのが適切。A．as を用いて as to ～「～について（の）」も考えられるが，直前の名詞を説明する場合は通例 about などを用いるか，as to の直後に wh- 節が生じる。C．regarding「～に関する，～について」ならば to は不要。

6．前文に imagined「空想した」と書かれており，心の中で生じたイメージを表すのはD．vision「空想，心像」。A．imagination は一般的には「想像する力，想像する行為，想像する心」を示す。

7．空欄を含む段落は過去形で展開されていること，さらに文脈も加味してC．was が適切。なお，他の選択肢にある must, should は単独では過去のことを示せない。

8．過去を基準にし「2，3週間後に」とするときはC．later を副詞として使い，a couple of weeks later とするのが最も一般的な表現。

9．A．heartfelt「心のこもった」は通例，限定用法の形容詞。B．heartful は和製英語。C．heartwarming「心温まる，ほのぼのとした」D．well-hearted は通常使用しない単語。good-hearted なら「親切な，思いやりのある」という意味。文脈を加味しCが適切。

10．空欄を含む文の文意と単語の語法より，A．ashamed を用いて be ashamed of ～「～を恥じている，～を恥ずかしいと思う」とするのが適切。D．proud を用いると，be proud of ～「～を誇りにしている」となり文意に沿わない。

◆━◆━◆━◆━◆　●語句・構文●　━◆━◆━◆━◆━◆

（第2段）crave「～を切望する，渇望する」　browse「～をざっと見る，（ウェブサイト，ファイルなど）を閲覧する」　scroll「（表示画面を）ス

クロールする，動かす」

（第3段）stationery「文房具」 ravage「～を破壊する」 sign up「（正式手続きを経て）参加する」

（第5段）pour out ～「～（感情）をぶちまける，～（心情）を吐露する」

Ⅲ 解答 1—A 2—F 3—D 4—B

〰〰〰〰〰〰〰〰◆全　訳◆〰〰〰〰〰〰〰〰〰〰

《ピーナッツアレルギー増加の原因》

　ピーナッツアレルギーは 1990 年代半ばまでアメリカの子供たちには稀であり，当時のある研究によると，8 歳未満の子供 1000 人あたり 4 人だけだとわかった。しかし 2008 年までにはその割合は 3 倍以上となり，1000 人あたり 14 人となった。なぜアメリカの子供たちが突然ピーナッツに対して，よりアレルギーが生じるようになったのかは不明だったが，理屈的にまた情緒的にも答えは明らかだった。「子供はか弱い」のだ。ピーナッツ，ピーナッツ製品，そしてナッツ類なら何であれ，それに関係している物から子供たちを保護しなければならない。なぜそうしないのか？親が昼食を準備するのが少々煩わしくなるということを除いて，それは何か害を及ぼすというのだろうか？

　しかし結局，重大な害が生じたことがわかっている。ピーナッツアレルギーは，1990 年代にさかのぼり親や教師が子供をピーナッツにさらされないようにし始めてから明らかに急増したことが後にわかったのである。2015 年 2 月，ある権威ある研究が発表された。研究者たちはピーナッツアレルギーの発症リスクが高かった 640 人の幼児の親を募った。研究者たちは，その親たちの半数に対してピーナッツとピーナッツ製品にさらされるのを避けるよう伝えた。残りの半数にはピーナッツバターで作られたおやつが供給され，少なくとも週 3 回それを子供に与えるよう告げられた。研究者たちは全ての家族を注意深く追跡し，その子供たちが 5 歳になったときピーナッツに対するアレルギー反応の検査を受けた。

　結果は驚くべきものだった。ピーナッツから「保護され」ていた子供たちのうち 17％はピーナッツアレルギーを発症していた。意図的にピーナッツ製品にさらされていた集団の中でアレルギーを発症したのは 3％にす

ぎなかった。インタビューの中で研究者の一人が言ったように「何十年も前から，アレルギーの専門家は幼児のうちは食物アレルギーを防ぐためピーナッツのようなアレルギー性食品を摂取するのは避けるべきだと推薦してきた。私たちの研究結果では，このような忠告は誤りであり，ピーナッツなどの食物アレルギーの増加の一因となってしまった可能性があることを暗示している」のだ。

━━━━◀解　説▶━━━━

　それぞれの段落の大意を把握するとともに，枠内に示されている 1 ～ 4 の各文において談話標識，指示語，定冠詞，時制，キーワード，数字，全体の主旨などに注意する。

　1．「逆接」の接続詞 But，「2008 年までに」および「3 倍以上」，「1000 人中 14 人」という記述に留意する。直前の文の「1990 年代」，「1000 人中 4 人」（＝ 3 倍で 12 人＜14 人）と対比関係が生じるので空欄 A の位置が適切。

　2．「意図的にピーナッツ製品にさらされた集団」と「3 ％の人にアレルギーが生じた」という記述に留意する。直前の文の「ピーナッツから保護された子供たち」，「17 ％にピーナッツアレルギーが生じた」と対比関係が生じるので空欄 F の位置が適切。

　3．researchers「研究者たち」に定冠詞 the がついていること，また「その親たちの半数」という記述に留意する。直前の文に「ある権威ある研究」，直後の文に「その残りの半数」と書かれているので空欄 D の位置が適切。

　4．Why not?「なぜそうしないのか？」という表現は Why don't you *do* ～? の省略形である。空欄 B は，直前の文に「ピーナッツ…から子供たちを保護しなければならない」と書かれている。この箇所に 4 を入れることで，直後の文の the harm「その害」はピーナッツから子供たちを保護することを示すことになる。よって空欄 B の位置が適切。

◆━◆━◆━◆━●語句・構文●━◆━◆━◆━◆━◆━◆

（第 2 段）authoritative「権威のある，典拠が確かな」

（第 3 段）stunning「唖然とさせる，驚くべき，見事な」

Ⅳ 解答 1—D 2—D 3—A 4—B 5—C

━━━━━━◆全 訳◆━━━━━━

≪スマートフォンの使用と睡眠時間の関係≫

段落A 多くの青少年は，ソーシャルメディアに熱中しすぎ，その結果就寝すべきときに携帯電話を置いて眠りにつくことが困難になっていると思っている。「私は眠らずに携帯を一晩中見ていました」とニュージャージー出身の 13 歳の少女は認める。夜中，彼女はいつも布団の中に隠れてテキストを打つので，母親は彼女が起きていることを知らない。彼女は大抵疲れた状態で目が覚めるが，「レッドブルを飲めば大丈夫」と言う。「私の友達の中には例えば午前 2 時まで起きている人がいます」13 歳のアセナは私に同じことを言った。「夏の間だけでしょ？」と私は尋ねた。「ちがいます。学校があるときもです」と彼女は言った。「そして 6 時 45 分には起きなければならないのです」

スマートフォンの使用は青少年の睡眠時間を減らしてしまったのかもしれない。現在，大抵の晩に睡眠時間が 7 時間とれない青少年が増えている。しかし，睡眠の専門家は，青少年は一晩約 9 時間の睡眠をとる必要があると言う。したがって一晩 7 時間未満というのは相当な睡眠不足である。1991 年と比較し，2015 年では睡眠不足の青少年は 57 ％増えた。さらに悪いことには，2012 年から 2015 年までのたった 3 年間で 7 時間の睡眠をとることができない青少年は 22 ％増加した。

段落B 電子機器やソーシャルメディアは，以前のメディア形式と比較し睡眠への影響において類を見ないように思える。本や雑誌をより頻繁に読む青少年は，読書が睡眠をもたらすか，彼らが就寝時にその本を置くために，実際にはそれほど睡眠不足にはならない傾向がある。テレビの時間帯はほとんど睡眠時間帯とは関連しない。どうやら，テレビを多く視聴する青少年は，テレビを消して寝てしまうことが可能だが，携帯電話を利用している青少年はそうはならない。スマートフォンの魅力，暗がりの中で光るブルーライトという青い明かりはしばしば抗しがたいものがあるのだ。

━━━━◀解 説▶━━━━

段落Aでは，多くの青少年はソーシャルメディアに熱中し，翌日に学校があっても夜遅くまで起きていることを，例を挙げて示している。

　段落Bでは，スマートフォンは本，テレビなどのメディアとは異なり，睡眠不足を引き起こしてしまうような特性があることを示している。

　枠内の１から４の各文において，談話標識，指示語，定冠詞，時制，キーワード，具体例，数字などに留意するとともに，必要に応じて扱いやすい文から対応する。

　１において，Even worse「さらに悪いことには」という談話標識と「2012 年から 2015 年までの間に７時間睡眠を確保できない青少年が 22％増加した」という記述に留意する。直前には比較可能な事実が書かれていると予想でき，同様な事実が具体的データを伴って示されているのは２だけなので２→１の流れが決定する。全体を整理し，２では約 25 年（1991 年から 2015 年まで）かかっている睡眠不足の青少年の大幅な増加が１ではわずか３年で生じたという展開と，睡眠不足の基準は７時間であることがわかる。sleep deprived「睡眠不足の」

　３において，However「しかしながら」という談話標識と，専門家は９時間睡眠を推奨しており，７時間未満の睡眠はかなりの睡眠不足であるとする記述に留意する。一方，４においては「スマートフォンの使用が青少年の睡眠時間を減少させた可能性があり，実際，７時間の睡眠がとれない青少年が増加している」と書かれている。段落Aでは，例を挙げながら青少年が携帯電話を利用しソーシャルメディアに没頭することが述べられており，携帯電話とスマートフォンはほぼ同義であることからまず段落A→４の流れが，さらには７時間足らずの睡眠というキーワードより４→３の流れが決定する。

　なお，段落A→４→３→２→１では，スマートフォンを利用したソーシャルメディアへの没入が睡眠不足をもたらしたとする事実を示しているのに対し，段落Bは，スマートフォンがもつ睡眠不足を誘発する特性へと話が移っている。

◆━━━━━◆　●語句・構文●　◆━━━━━◆

（段落B）allure「～を魅惑する，魅惑，魅力」

V 解答

1. N　2. V　3. L　4. P　5. A　6. E
7. C　8. A　9. M　10. M　11. R　12. M
13. A　14. P　15. R　16. C　17. O　18. B　19. W　20. P

◀解　説▶

1. notwithstanding「〜にもかかわらず」（＝in spite of, despite, with all, for all）　通常，前置詞で用いる。

2. voice「声，（意見など）を表明する」　名詞だけでなく他動詞にも用いられる。

3. legacy「遺産，過去からの遺物」（≒inheritance, heritage）

4. party「①パーティー　②政党　③一行，一団　④当事者」　多義語であることに注意。

5. awesome「畏怖の念を呼ぶ，荘厳な，すさまじい」　名詞は awe「畏怖の念」。

6. exercise「①〜を実行する，行使する　②運動する　③運動　④遂行　⑤練習，鍛錬」　多義語であることに注意。名詞だけでなく自動詞，他動詞にも用いられる。

7. cunning「ずる賢い」　日本語の「カンニング」は cheat。

8. ahead「前方へ，前もって」　空間だけでなく時間的にも用いられることに注意。

9. minute「微細な，些細な，取るに足らない」　発音 [maɪn(j)úːt] に注意。

10. motto「モットー，座右の銘，標語，金言」　状況に応じて epigram, maxim, slogan などに書き換えられる。

11. rhetoric「修辞学」　アクセントの位置は第一音節。

12. metabolism「代謝」　meta- は「状態の変化」を表す。

13. almighty「全能の」　might は「力」を表す。

14. picture「①絵　②写真　③画像，映像　④〜を想像する，心に描く」　pict- は「描く」ことを表す。名詞だけでなく他動詞にも用いられる。

15. relatively「相対的に，比較して」　名詞は relativity。

16. cease「終わる，〜を終える」　名詞は cessation。

17. outlet「はけ口，コンセント」　日本語の「コンセント」は和製英語。

18. bouquet「花束，ブーケ」　発音 [boukéɪ] に注意。

19.　wrath「憤怒，天罰」　使用頻度は高くないので難単語。

20.　pension「年金，恩給」　日本語の「ペンション」は元々フランス語で別単語。

Ⅵ　解答　(1)—B　(2)—F　(3)—Z　(4)—Z　(5)—H

~~~~~~~◆全　訳◆~~~~~~~

≪食品が消費者に届くまでの CO_2 負荷≫

　フードマイルは，最終的に人々のフォークへと食品が届くまでの距離を測定する。当初それは，世界中から食品を空輸や海上輸送することで気候変動が生じ，地元の生産物を食べたほうがよいとする考え方を強調するために利用された。例えば，チョコレートのカーボンフットプリントは莫大であり，毎年 210 万トンの温室効果ガスを大気中に放出している。それは一つには，西アフリカやアメリカ大陸で生産されたカカオ豆が世界中のチョコレート製造会社に輸送されるからである。

　しかしフードマイルは単純に思えるが実際はそうではない。羊肉，牛肉，豚肉，チーズ，ツナ缶，卵，豆腐，米，そしてナッツ類を含め多くの食品を考えると，温室ガスの排出は，大方その食品が農場から出荷されるはるか以前にすでに生じている。もし地元の農場が大量の化学物質（土壌がそれほど適していないため），何ガロンもの水（気候が乾燥しすぎているため），あるいは多くの重機類を用いることでようやくある食品を生産できるとすれば，地元でその食品を購入しても他の場所でそれを生産し輸送するより大量の温室効果ガスを排出することにつながりかねないのである。

　一年のうちのある時期にケニアで栽培されたサヤインゲンやスペインで栽培されたレタスは，イギリスで加温されたトンネル内で栽培され，ディーゼル動力機材を使用して収穫された，または長期間冷凍された同じ食品ほど二酸化炭素を放出しない。チョコレートでさえ複雑であるとわかっている。ある研究によると，イギリスで製造されたミルクチョコレートの炭素排出の 60 ％は地元で生産されたミルクが原因であり，カカオ豆ではない。

　ではあなたは何をすることができるだろうか。アメリカのハーバード大学の科学者たちは，私たちは空間的だけでなく，時間的にも地元で食べる

ことを推奨する。食品距離を食品空間・食品時間に置き換えるとは一体どういうことなのか。説明するためにはアインシュタインが必要かもしれないと思えてしまうが，実際には非常に単純なことである。それは「旬」のとき，つまり一年のうちあなたの地域で収穫を迎えようとしているそのときに地元の食品を食べることである。この時期だと農業方法や貯蔵が環境により優しい可能性が高い。いつ何が旬なのかはあなたが住んでいる場所による。したがってインターネットで検索することでちょっとした捜索作業から始まるかもしれない。食品の写真を集め，何がその月に旬なのか忘れないよう，それをキッチンのカレンダーに貼り付けよう。あなたはまたいくつかの食品はその国で一年中全く採れないことがわかるだろう。したがってあなたはそのような食品を完全に回避しようとすることができるだろう。

◀━━━━ ◀解　説▶ ━━━━▶

下線部の単語の意味と語法，段落内および文章全体の文脈より，適・不適を判断する。

(1) counteract(s)「～に対して逆の行動をとる，～を阻止する」他動詞であることと文脈より不適。contribute(s) to ～「～の一因となる，～に寄与する」が適切。

(2) just before ～「～の直前に」文法的には可能だが，農産物の栽培は出荷される直前のことではないので不適。long before ～「～のずっと以前に」が適切。

(3) less は形容詞 little の比較級であり，文法的にも文脈的にも適切。

(4) more likely で形容詞 likely の比較級であり，文法的にも文脈的にも適切。

(5) always「いつも」副詞であり，文法的には可能だが，この国では採れない農産物の話をしているので不適。never「決して～ない」が適切。

◆━◆━◆━◆　●語句・構文●　◆━◆━◆━◆━◆━◆

(第1段) highlight「～を目立たせる，強調する」
(第2段) loads of「たくさんの，多数の，多量の」
(第3段) be down to ～「～の責任である，～にかかっている」

Ⅶ　解答　1－R　2－M　3－O　4－Q　5－L

◆━━━━━◆全　訳◆━━━━━━━━━━━━━━━

≪認知症の母と瞬間を共有する喜び≫

　認知症の人と生きるというのは，その場面ごとに生きていくことである。その場面ごとに生きることに関して知った最良の忠告は，自身の財団がパーキンソン病を患っている人々の生活に非常に大きな相違をもたらしたマイケル＝Ｊ＝フォックスによるものであった。その病気の日々の問題に対処できるようになる中で，フォックスはしばしば彼が俳優として最初に学んだ規則に言及する。俳優というのは，常に自身が存在しているその場面を演じることに集中しなければならない。俳優には台本があるので，その芝居がどのように終わるのかを知っているわけだが，それを心の中に抱きある特定の場面を演じてはならないのだ。それは，パーキンソン病，さらにそれ以外の障害がある生活環境とともに生きることに関しても当てはまるのである。脚本の結末を知っているつもりかも知れないが，私たちは今この瞬間にあらゆる注意を傾け，その中で行動すべきなのだ。そしてもしそうするのであれば，そのことで私たちはそれが何であろうと次の場面へと進んでいくことになる。

　私はある日母を海辺に連れていこうと決めたとき，彼の忠告に従おうとした。母はいつも海が好きだった。私たちは家族で 60 年間同じ自動車旅行をしていた。私が子供だったとき，私たちは誰が最初に海を見つけることができるかを競った。その日，昔からある雑貨屋まで近づいたとき，海が１マイルほどの距離のところに見えてきた。

　母にはそれが見えなかったので，私は言った。「お母さん，私はちゃんと道路を見て運転しないといけないから，海が見えたら教えてよ」

　海から 100 フィートほどのところで彼女は叫んだ。「海が見えるわ」　そして彼女は大きく相好を崩した。

　私が母とともに束の間の時を楽しみたいと思うその状況に私たちは存在していた。なぜならそのような瞬間は続かないのであり，瞬間瞬間を預けておくことはできないし，後で良い瞬間という名のお金がほしくなったときに取り戻したりはできないと，私が知っていたからに他ならない。私はこの旅行を思い出すだろうが，母はそうではないかもしれないとわかって

いた。実際，私はその日の後で彼女が長い間海辺に出かけていないと愚痴を言うかもしれないとわかっていた。以前これと同じようなやりとりがあったとき，私は躍起になって母に直前の私たちの行動を思い出させようとした。明らかに私は親にあなたが間違っていると納得させようとしている子供のようであった。おそらく私は親にあなたが間違っていると納得させようとしている子供そのものだったからである。

　しかし，私たちがその日自動車で海の方へと向かったとき，私は必ずやもっとうまくやろうと試みた。私が存在しているその場面をただ演じようとした。彼女の顔に浮かぶ喜びを受け入れようとした。それは正にそのときにしか経験できないからである。彼女が後でゆっくり味わうことはできないだろう。私は「後に残らないからこそ，瞬間を大切にすべきだ」ということを覚えていようとした。風によって流される雲のように，瞬間はその瞬間になると同時に離れてしまうのだ。

━━━━━━━◀解　説▶━━━━━━━

1・2．全文は以下の通り。We may think <u>we</u> know（how）the script will end（,）but we have to focus on the <u>present</u> moment and act（within it.）

日本語文を読んで，intend to *do*「～するつもりである」を使いたくなるが，これは「ある物事，計画を実行しようとする意志，意図」を表す表現でありこの文脈には不適。「～と思っているかも知れないが（，実はそうではない）」ということなので We may think …，but … とするとよい。present は形容詞で「現在の」。O．the は 2 回，R．we は 3 回用いる。使用しない選択肢は G．intend と K．must。

3・4．When similar exchanges had taken（place）in <u>the</u> past（,）I had pleadingly reminded her of <u>whatever</u> we（had）just done（.）

pleadingly「懇願して」　remind *A* of *B*「*A*（人）に *B*（事）を思い出させる」　C．had は 2 回用いる。使用しない選択肢は F．if と S．would。

5．I tried to remember that（moments）are <u>to</u> be treasured（because）they do not last（.）

be to *do*「～すべきだ，することになっている」　treasure「～を大事にする」　L．to は 2 回用いる。使用しない選択肢は F．long と I．remembering。

━◆━◆━◆━◆━◆━●語句・構文●━◆━◆━◆━◆━◆━◆━◆━◆━◆━

（第1段）dementia「認知症」 foundation「財団，基金」

（第4段）crease ⒟「～にしわをつける，折り目をつける，～（顔）にしわを寄せる」

（第5段）savor「～を味わう，じっくり楽しむ」 reclaim「～を再請求する」 good-moment credit「良い瞬間の預金」

（第6段）part「～を離れる，別れる」

❖講　評

　読解問題5題（そのうち1題は整序英作文）に関しては，それぞれ設問に特徴があるので時間配分に十分注意したい。読解文の内容自体に関する具体的設問は出題されていない。

　Ⅰ　文法・語法問題で，基本的文法を問う問題が中心だが，形容詞，副詞，前置詞を問う問題が多い（設問3，4，6，7，10，11，12，13，15，16，17，18）。

　Ⅱ　空所補充の読解問題で，文脈把握の中での文法・語彙の処理が問われている。5の pertaining の語法に気をつけたい。

　Ⅲ　欠文挿入箇所を問う読解問題。4の Why not? は省略語の見極めがポイント。

　Ⅳ　文整序の読解問題で4つの文を並べ替える。「7時間の睡眠時間」がキーワードになっていることに気づくのがポイント。

　Ⅴ　語彙問題であるが，思いつかない単語は余計な時間をかけず臨機応変に対応したい。19の wrath は難しい。

　Ⅵ　不適語を適語に代える読解問題で，語法と文脈を押さえるのがポイント。

　Ⅶ　読解問題の中で和文対照の英作文を作成する問題形式。選択肢に紛らわしい不要語が入っており，また語句の複数利用が可能なため，形式に慣れていないと解くのに時間を要するだろう。

■数学■

1

◇発想◇　(1)　向かい合う 2 辺が平行であるから，M が CD の中点より

$$DM : AB = 1 : 2, \quad PC : PA = 1 : 2$$

(2)　まず 2 つずつある k，a，g を並べる場所をそれぞれ選ぶ。後半は，子音の方が多いので，子音，母音の順で並べる。

(3)　与式を $\alpha + \beta$，$\alpha\beta$ の式で表し，解と係数の関係より求める。

(4)　$\log_3 x$ について解き，底を 3 に変換する。

(5)　剰余の定理を使う。後半は，$x^2 - 1 = (x-1)(x+1)$ から，$P(1)$，$P(-1)$ の値を求める。

解答　(1)(ア)$\dfrac{1}{2}\overrightarrow{AB} + \overrightarrow{AD}$　(イ)$\dfrac{2}{3}\overrightarrow{AB} + \dfrac{2}{3}\overrightarrow{AD}$

(2)(ウ)45360　(エ)360　(3)(オ)$-\dfrac{5}{3}$　(カ)$\dfrac{8}{3}$

(4)(キ)$2\sqrt{5}$　(5)(ク)210　(ケ)$100x + 110$

──────────◀解　説▶──────────

≪小問 5 問≫

(1)　$DM = MC$，$DC /\!/ AB$ であるから

$$DM : AB = 1 : 2, \quad PC : PA = 1 : 2$$

$$\overrightarrow{AM} = \overrightarrow{AD} + \overrightarrow{DM} = \frac{1}{2}\overrightarrow{AB} + \overrightarrow{AD} \quad (\to(ア))$$

$$\overrightarrow{AP} = \frac{2}{3}\overrightarrow{AC} = \frac{2}{3}\overrightarrow{AB} + \frac{2}{3}\overrightarrow{AD} \quad (\to(イ))$$

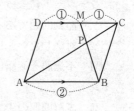

(2)　k，a，g を並べる場所を選び，残り 3 カ所に n，o，u を並べる。求める場合の数は

$${}_9C_2 \cdot {}_7C_2 \cdot {}_5C_2 \cdot 3! = 36 \cdot 21 \cdot 10 \cdot 6 = 45360 \quad (\to(ウ))$$

○□○□○□○□○　　　○…子音，□…母音

子音の場所に k，k，g，g，n を，母音の場所に a，a，o，u を並べ

る。求める場合の数は

$$({}_5C_2 \cdot {}_3C_2 \cdot 1) \times ({}_4C_2 \cdot 2!) = 30 \times 12 = 360 \quad (\to\text{(エ)})$$

(3) 解と係数の関係より $\alpha + \beta = -1$, $\alpha\beta = 3$ であるから

$$\frac{\beta}{\alpha} + \frac{\alpha}{\beta} = \frac{\alpha^2 + \beta^2}{\alpha\beta} = \frac{(\alpha+\beta)^2 - 2\alpha\beta}{\alpha\beta}$$

$$= \frac{1-6}{3} = -\frac{5}{3} \quad (\to\text{(オ)})$$

$$\frac{\beta^2}{\alpha} + \frac{\alpha^2}{\beta} = \frac{\alpha^3 + \beta^3}{\alpha\beta} = \frac{(\alpha+\beta)^3 - 3\alpha\beta(\alpha+\beta)}{\alpha\beta}$$

$$= \frac{-1+9}{3} = \frac{8}{3} \quad (\to\text{(カ)})$$

(4) 真数条件より $x > 0$ であることに注意する。与式を変形して

$$\log_3 x = \frac{2 + \log_2 5}{\log_2 9} = \frac{\log_2 20}{\log_2 9} = \frac{\log_3 20}{\log_3 2} \times \frac{\log_3 2}{\log_3 9} = \frac{1}{2}\log_3 20 = \log_3 \sqrt{20}$$

よって

$$x = \sqrt{20} = 2\sqrt{5} \quad (\to\text{(キ)})$$

(5) $P(x)$ を $x-1$ で割った余りは

$$P(1) = \sum_{n=1}^{20} n = \frac{20 \cdot 21}{2} = 210 \quad (\to\text{(ク)}) \quad \cdots\cdots\text{①}$$

整式 $Q(x)$ と実数 a, b を用いて, $P(x) = (x^2 - 1)Q(x) + ax + b \quad \cdots\cdots\text{②}$
とおく。

①, ②より

$$P(1) = a + b = 210 \quad \cdots\cdots\text{③}$$

$$P(-1) = \sum_{n=1}^{20}(-1)^n n = -1 + 2 - 3 + 4 - \cdots - 19 + 20$$

$$= (-1+2) + (-3+4) + \cdots + (-19+20)$$

$$= 1 + 1 + \cdots + 1 = 10 \quad \cdots\cdots\text{④}$$

②, ④より

$$P(-1) = -a + b = 10 \quad \cdots\cdots\text{⑤}$$

③, ⑤より

$$a = 100, \quad b = 110$$

よって, 求める余りは $\quad 100x + 110 \quad (\to\text{(ケ)})$

2

◇発想◇ (1)　三角関数の合成をして解く。

(2)　$\sqrt{A}$ が自然数となるのは，A が平方数のときである。

(3)　漸化式より順次 a_2, a_3, … を求めていけば，a_n が推定できる。

解答 (1)(コ) $\dfrac{\pi}{12}$, $\dfrac{7}{12}\pi$　(2)(サ) 4, 64, 2500, 40000

(3)(i)(シ) $\sqrt{2}$　(ス) $\sqrt{3}$　(セ) $\sqrt{n}$

(ii)　$a_n = \sqrt{n}$　……Ⓐ とおく。

[Ⅰ] $n=1$ のとき，$a_1 = 1$, $\sqrt{1} = 1$ であるから，$n=1$ のときⒶは成り立つ。

[Ⅱ] ある自然数 k について，$n=k$ のとき，Ⓐは成り立つとする。

すなわち

$$a_k = \sqrt{k}　……①$$

このとき

$$
\begin{aligned}
a_{k+1} &= \sqrt{a_k{}^2 + 1} \\
&= \sqrt{(\sqrt{k})^2 + 1}　（①より） \\
&= \sqrt{k+1}
\end{aligned}
$$

よって，$n=k+1$ のときもⒶは成り立つ。

[Ⅰ]，[Ⅱ]よりすべての自然数 n について，$a_n = \sqrt{n}$ である。

(証明終)

━━━━━◀解　説▶━━━━━

≪小問 3 問≫

(1)　与式を変形すると

$$2\sin\left(x + \dfrac{\pi}{6}\right) = \sqrt{2}$$

$$\therefore\quad \sin\left(x + \dfrac{\pi}{6}\right) = \dfrac{\sqrt{2}}{2}　……①$$

$\dfrac{\pi}{6} \le x + \dfrac{\pi}{6} \le \dfrac{7}{6}\pi$ であるから，①を満たす x は

$$x + \dfrac{\pi}{6} = \dfrac{\pi}{4},\ \dfrac{3}{4}\pi$$

よって

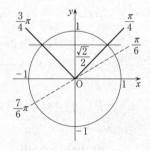

$$x = \frac{\pi}{12}, \ \frac{7}{12}\pi \quad (\to (\Box))$$

(2) $\dfrac{200}{\sqrt{n}} = k^2$ （k は自然数）とおくと

$$200 = k^2\sqrt{n}$$

平方数 k^2 は $200 = 2^3 \cdot 5^2$ の約数であるから

$$k^2 = 1^2, \ 2^2, \ 5^2, \ 2^2 \cdot 5^2$$

よって

$$\sqrt{n} = \frac{200}{k^2} = 200, \ 50, \ 8, \ 2$$

したがって

$$n = 4, \ 64, \ 2500, \ 40000 \quad (\to (\text{サ}))$$

(3)(i) $a_2 = \sqrt{1^2 + 1} = \sqrt{2} \quad (\to (\text{シ}))$

$\quad\quad a_3 = \sqrt{(\sqrt{2})^2 + 1} = \sqrt{3} \quad (\to (\text{ス}))$

a_n を推定すると

$$a_n = \sqrt{n} \quad (\to (\text{セ}))$$

別解 (ii) 次のようにして示すこともできる。

$a_n > 0$ ……Ⓑ とおく。

[Ⅰ′] $a_1 = 1$ より，　$n = 1$ のときⒷは成り立つ。

[Ⅱ′] ある自然数 k について，$n = k$ のとき，Ⓑは成り立つとする。

すなわち　$\quad a_k > 0$

$a_k{}^2 + 1 > 0$ であり　$\quad a_{k+1} = \sqrt{a_k{}^2 + 1} > 0$

よって，$n = k+1$ のときもⒷは成り立つ。

[Ⅰ′]，[Ⅱ′] より，すべての自然数 n について，$a_n > 0$ である。

問題の漸化式の両辺を 2 乗すると

$$a_{n+1}{}^2 = a_n{}^2 + 1$$

であるから，$\{a_n{}^2\}$ は公差 1，初項は $a_1{}^2 = 1$ の等差数列である。

よって　$\quad a_n{}^2 = 1 + (n-1) = n$

$a_n > 0$ より，$a_n = \sqrt{n}$ である。

3 ◇発想◇ 長さ，大きさのわかる辺，角を含む三角形に着目して，余弦・正弦定理を用いて求める。求めた値を用いると次の値が求められるような流れになっている。〔参考〕に示したように，初等的に解けないかまず考えてみる。

解答 (ソ)$120°$ (タ)$\sqrt{6}$ (チ)$\sqrt{3}-1$ (ツ)$\sqrt{2}$ (テ)3 (ト)1 (ナ)$2\sqrt{2}$

◀解 説▶

≪円に内接する四角形の計量≫

四角形 ABCD は円に内接するから

$$\angle ADC = 180° - \angle ABC$$
$$= 120° (\rightarrow(ソ))$$

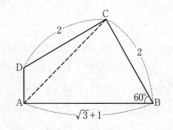

△ABC において余弦定理より

$$AC^2 = 2^2 + (\sqrt{3}+1)^2$$
$$-2\cdot2(\sqrt{3}+1)\cos60°$$
$$= 6$$

$AC>0$ より $AC = \sqrt{6}$ $(\rightarrow(タ))$

△ACD において余弦定理より

$$(\sqrt{6})^2 = AD^2 + 2^2 - 2\cdot2AD\cos120°$$
$$AD^2 + 2AD - 2 = 0$$
$$AD = -1 \pm \sqrt{3}$$

$AD>0$ より $AD = \sqrt{3}-1$ $(\rightarrow(チ))$

△ABC において正弦定理より

$$R = \frac{AC}{2\sin\angle ABC} = \frac{\sqrt{6}}{\sqrt{3}} = \sqrt{2} (\rightarrow(ツ))$$

四角形 ABCD の面積を S とすると

$$S = \triangle ABC + \triangle ACD$$
$$= \frac{1}{2}\cdot2(\sqrt{3}+1)\sin60° + \frac{1}{2}\cdot2(\sqrt{3}-1)\sin120°$$
$$= 3 (\rightarrow(テ))$$

$\angle BCD = 180° - \theta$ より

$$S = \triangle ABD + \triangle BCD$$

$$= \frac{1}{2}(\sqrt{3}-1)(\sqrt{3}+1)\sin\theta + \frac{1}{2}\cdot 2\cdot 2\cdot\sin(180°-\theta)$$

$$= 3\sin\theta$$

$S = 3$ であるから　　$\sin\theta = 1$　（→(ト)）

$0° < \theta < 180°$ より $\theta = 90°$ であり　　　$\angle BCD = 180° - \theta = 90°$

以上より　　$BD = \sqrt{2}\,BC = 2\sqrt{2}$　（→(ナ)）

参考　$\angle ADC = 180° - 60° = 120°$

C から直線 AB，AD へそれぞれ垂線 CH，

CG を引くと右図のようになり

$$AC = \sqrt{2}\,CH = \sqrt{6}$$

四角形 AHCG は一辺の長さが $\sqrt{3}$ の正方

形であるから

$$AD = \sqrt{3} - 1$$

$\theta = \angle DAB = 90°$ より　　$\sin\theta = 1$

$\angle BCD = 90°$ より　　$BD = 2\sqrt{2}$

また BD は外接円の直径であるから

$$R = \frac{1}{2}BD = \sqrt{2}$$

四角形 ABCD の面積は

$$\frac{1}{2}(\sqrt{3}-1)(\sqrt{3}+1) + \frac{1}{2}\cdot 2\cdot 2 = 3$$

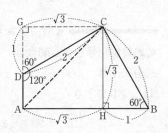

4　◇発想◇　(1)　絶対値記号を $x \geqq 0$，$x < 0$ で場合分けしてはずす。それぞれの式を平方完成して，軸，頂点の位置に注意してグラフをかく。

(2)　$x < 0$ のときの $f(x)$ を微分して，接線の傾き $f'(-3)$ を求める。(1)のグラフと l の交点，上下関係を調べ，面積を求める。

(3)　$x + y = k$ とおく。この方程式と領域 D が共有点をもつ中で，k が最大，最小となるときを図より判断する。

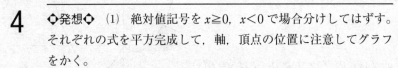

解答 (1) 右図。

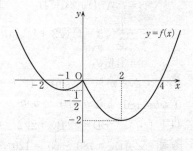

(2)(ニ)$\dfrac{1}{2}x+3$　(ヌ)(6, 6)　(ネ)$\dfrac{135}{4}$

(3)(ノ)$\left(2+\sqrt{7},\ \dfrac{3}{2}\right)$　(ハ)$\dfrac{7}{2}+\sqrt{7}$

(ヒ)$(-2,\ 0)$　(フ)-2

━━━━◀解　説▶━━━━

≪絶対値記号を含む関数≫

$x \geqq 0$ のとき，$f(x)=f_1(x)$，$x<0$ のとき $f(x)=f_2(x)$ とおく。

(1) $x \geqq 0$ のとき

$$f_1(x)=\dfrac{1}{2}(x^2-4x)=\dfrac{1}{2}x(x-4)=\dfrac{1}{2}(x-2)^2-2$$

$x<0$ のとき

$$f_2(x)=\dfrac{1}{2}(x^2+2x)=\dfrac{1}{2}x(x+2)=\dfrac{1}{2}(x+1)^2-\dfrac{1}{2}$$

(2) $f'_2(x)=x+1$ より　　$f'(-3)=-2$

また　　$f(-3)=\dfrac{3}{2}$

よって，l の傾きは $\dfrac{1}{2}$ で，l の方程式は

$$y=\dfrac{1}{2}(x+3)+\dfrac{3}{2}$$

$$\therefore\quad y=\dfrac{1}{2}x+3 \quad (\rightarrow(ニ))$$

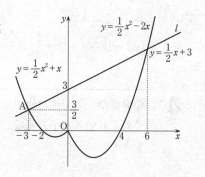

$y=f(x)$ のグラフより，l は $y=f_1(x)$ と共有点をもつ。

$$\dfrac{1}{2}x+3-\left(\dfrac{1}{2}x^2-2x\right)=-\dfrac{1}{2}x^2+\dfrac{5}{2}x+3$$

$$=-\dfrac{1}{2}(x-6)(x+1)=0$$

より

$$x=6,\ f_1(6)=6$$

であるので, 求める共有点の座標は　　(6, 6)　(→(ヌ))

上図より, 求める面積を S とすると

$$S=\int_{-3}^{0}\left\{\frac{1}{2}x+3-\left(\frac{1}{2}x^2+x\right)\right\}dx+\int_{0}^{6}\left\{\frac{1}{2}x+3-\left(\frac{1}{2}x^2-2x\right)\right\}dx$$

$$=\int_{-3}^{0}\left(-\frac{1}{2}x^2-\frac{1}{2}x+3\right)dx+\int_{0}^{6}\left(-\frac{1}{2}x^2+\frac{5}{2}x+3\right)dx$$

$$=\left[-\frac{1}{6}x^3-\frac{1}{4}x^2+3x\right]_{-3}^{0}+\left[-\frac{1}{6}x^3+\frac{5}{4}x^2+3x\right]_{0}^{6}$$

$$=\frac{27}{4}+27=\frac{135}{4}\quad(→(ネ))$$

(3)　領域 D は右図のようになる（境界線を含む）。

$x+y=k$ ……① とおく。$y=-x+k$ より①は傾き -1, y 切片 k の直線を表している。直線①と D が共有点をもつ中で, k が最大となるのは, ①が $y=\frac{3}{2}$ と $y=f_1(x)$ $(x\geqq0)$ の共有点を通るときである。

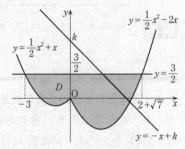

$$\frac{3}{2}=\frac{1}{2}x^2-2x\qquad x^2-4x-3=0$$

$$x=2+\sqrt{7}\quad(x\geqq0\ \text{より})$$

であるから, $(x,\ y)=\left(2+\sqrt{7},\ \frac{3}{2}\right)$　(→(ハ)) のとき, $x+y$ は最大値 $\frac{7}{2}+\sqrt{7}$　(→(ハ)) をとる。

k が最小となるのは, 直線①が $y=f_2(x)$ $(x<0)$ に接するときである。

$f'_2(x)=x+1$ より, $f'_2(x)=-1$ となるのは　　$x+1=-1$

よって, $x=-2$ のときであり, このとき, ①と $y=f_2(x)$ は接する。

$f_2(-2)=0$ であるから, $(x,\ y)=(-2,\ 0)$　(→(ヒ)) のとき, $x+y$ は最小値 -2　(→(フ)) をとる。

5　◆発想◆　(1)　15人のデータであるから，小さい順に並べたとき，四分位数 Q_1, Q_2, Q_3 はそれぞれ 4，8，12 番目の値である。これらの値と最大値・最小値を散布図より読み取り，最も適切な箱ひげ図を選ぶ。

(2)　和の記号 $\sum$ の性質より $S(a)$ の式を a の 2 次式としてまとめる。分散，共分散は

$$s_x{}^2 = \frac{1}{15}\sum_{i=1}^{15}(x_i - \bar{x})^2, \quad s_y{}^2 = \frac{1}{15}\sum_{i=1}^{15}(y_i - \bar{y})^2,$$

$$s_{xy} = \frac{1}{15}\sum_{i=1}^{15}(x_i - \bar{x})(y_i - \bar{y})$$

である。

解答　(1)(ヘ)—(C)　(2)(ホ) $15s_x{}^2$　(マ) $30s_{xy}$　(ミ) $\dfrac{s_{xy}}{s_x{}^2}$　(ム) $15s_y{}^2(1-r^2)$

(メ) 1.093

◀解　説▶

≪4，6 年生のときの身長の偏差の近似の評価≫

(1)　4，6 年生のときの身長の最小値 m，四分位数 Q_1, Q_2, Q_3，最大値 M はそれぞれおよそ

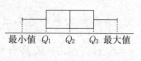
最小値　Q_1　　Q_2　　Q_3 最大値

　　　　4 年生：$m=123$, $Q_1=129$, $Q_2=135$, $Q_3=138$, $M=143$

　　　　6 年生：$m=137$, $Q_1=144$, $Q_2=147.5$, $Q_3=152.5$, $M=160$

である。

これらの値から，最も適切な箱ひげ図の組は　　(C)　(→(ヘ))

(2)　$\displaystyle S(a) = \sum_{i=1}^{15}\{a^2(x_i-\bar{x})^2 - 2a(x_i-\bar{x})(y_i-\bar{y}) + (y_i-\bar{y})^2\}$

$\displaystyle \qquad = a^2\sum_{i=1}^{15}(x_i-\bar{x})^2 - 2a\sum_{i=1}^{15}(x_i-\bar{x})(y_i-\bar{y}) + \sum_{i=1}^{15}(y_i-\bar{y})^2$

$\displaystyle \qquad = 15s_x{}^2 a^2 - 30s_{xy}a + 15s_y{}^2$　(→(ホ), (マ))

$\displaystyle \qquad = 15s_x{}^2\left(a - \frac{s_{xy}}{s_x{}^2}\right)^2 - 15\cdot\frac{s_{xy}{}^2}{s_x{}^2} + 15s_y{}^2$

であるから，$S(a)$ は $a = \dfrac{s_{xy}}{s_x{}^2}$ ……① のとき最小となる。　(→(ミ))

$r = \dfrac{s_{xy}}{s_x s_y}$ であるから，最小値は

$$15s_y{}^2\left(1 - \frac{s_{xy}{}^2}{s_x{}^2 s_y{}^2}\right) = 15s_y{}^2(1 - r^2) \quad (\rightarrow(\triangle))$$

$s_x{}^2 = 29.00$, $s_{xy} = 31.69$ のとき，$S(a)$ を最小にする a は，①より

$$a = \frac{31.69}{29.00} = 1.0927\cdots \fallingdotseq 1.093 \quad (\rightarrow(\times))$$

❖講　評

　大問 5 題の出題で，1・2 はさまざまな分野からの小問集合，3・4・5 は段階的に誘導される出題形式であった。2 の(3)が証明問題，4 の(1)がグラフの図示問題で，他はすべて空所補充形式である。

　1　(2)は同じものを含む順列 $\dfrac{9!}{2!2!2!}$ で計算してもよい。数が大きくなるので注意する。(5)$\sum_{n=1}^{20} nx^n$ は（等差数列）×（等比数列）の和であるが，$x = 1$，-1 のときなので簡単に計算できる。(1)～(4)は基本，(5)は標準レベルの問題である。

　2　(1)三角関数の合成をして，角の範囲に注意して解く。(2)$\sqrt{n}$ が 200 の約数として考えてもよいが，候補が多くなる。(3)a_2, a_3 で a_n が推定できる。確実に点が取れる問題なので，丁寧に証明する。(1)～(3)すべて基本レベルの問題である。

　3　誘導に従って求めていけば解けるが，〔参考〕として示したように，三角定規の直角三角形の辺の比と角を使って簡単に解ける。図形の問題は，幾何的にまず考えて，計算量を減らす工夫をしたい。標準レベルの問題である。

　4　(1)のグラフを(2)，(3)の問題で利用する。x の範囲によって $f(x)$ の式が異なることに注意して，微分，積分する。標準レベルの問題である。

　5　(1)四分位数が何番目の値か考える。(2)分散，共分散，相関係数の定義がわかっていれば解ける。基本レベルの問題である。

　全体として，基本と標準レベルが半々であり，やや易化している。問題量は多いので，計算の工夫や時間配分を考える必要がある。

化学

1 解答

設問1. あ. 固体 い. 液体 う. 気体 え. 超臨界流体 お. 融解 か. 蒸気 き. 昇華 く. 三重点 け. 臨界点 こ. 大気圧（標準大気圧） さ. 高い（大きい） し. 小さく す. 熱運動 せ. 比例 そ. 半透膜 た. 浸透圧 ち. 透析 つ. 高分子化合物（タンパク質も可） て. 帯電 と. 電気泳動 な. DNA（アミノ酸，タンパク質も可） に. 電解精錬 ぬ. イオン化傾向 ね. 小さい の. 陽極泥

設問2. 6.62×10^{-1} g

設問3. 希薄溶液の浸透圧は，溶液中のすべての溶質粒子のモル濃度と絶対温度とに比例する。（40字程度）

設問4. 2.77×10^5

設問5. 電気分解は外部から加えた電気エネルギーによって酸化還元反応を起こすのに対して，電池は酸化還元反応を利用して電流を取り出す。（60字程度）

◀解　説▶

≪状態図，気体の溶解度，浸透圧，コロイド溶液の性質，電解精錬≫

設問1. 純物質の状態は，温度と圧力で決まる。大気圧 1.01×10^5 Pa のもとで，ドライアイス（二酸化炭素の固体）は $-78.5℃$ で昇華し，気体へ変化する。圧力を 5.27×10^5 Pa よりも高くして温度を上げれば，ドライアイスは融解して液体となり，さらに蒸発して気体へと変化する。

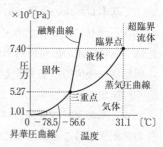

なお，温度 $-56.6℃$，圧力 5.27×10^5 Pa では，固体・液体・気体が共存する特殊な平衡状態となる。この点を三重点という。また，$31.1℃$，圧力 7.40×10^5 Pa（この点を臨界点という）を超えると，気体とも液体とも区別のつかない状態となり，この状態にある物質を超臨界流体という。

　気体の溶解度は，温度が低いほど大きい。これは，温度が低い方が，溶

液中の分子の熱運動が抑えられ，外に飛び出す気体分子が少なくなるからである。また，溶解度の小さい気体では，温度が一定ならば，一定量の溶媒に溶ける気体の質量は，その気体の圧力に比例する。これをヘンリーの法則という。

　半透膜で仕切ったU字管に，純水と水溶液を入れてしばらく放置すると，水の浸透が起こり，両液面の高さに差が生じる。この液面の高さの差をゼロにするためには，水溶液の液面に余分な圧力を加えなければならない。この圧力を溶液の浸透圧という。

　セロハン膜などの半透膜を利用してコロイド溶液中に含まれる不純物を除く操作を透析という。透析により，コロイド溶液を精製することができる。コロイド粒子は正または負の電荷を帯びていることが多く，コロイド溶液に電極を差し込み直流電圧をかけると，コロイド粒子は自身とは反対符号の電極の方へ移動する。この現象を電気泳動という。電気泳動は，アミノ酸や DNA などの分析に利用されている。

　電気分解を利用して，不純物を含んだ金属から純粋な金属を取り出すことを電解精錬という。銅の電解精錬では，金や銀などの銅よりもイオン化傾向の小さい金属は，単体のまま陽極の下に沈殿する。これを陽極泥という。

設問 2．溶けている酸素 O_2 の物質量は

$$1.38 \times 10^{-3} \times \frac{3.03 \times 10^5}{1.01 \times 10^5} \times \frac{5.00}{1.00} = 2.07 \times 10^{-2} \text{〔mol〕}$$

酸素のモル質量は $O_2 = 32.0 \text{g/mol}$ だから，溶けた酸素の質量は

$$2.07 \times 10^{-2} \times 32.0 = 6.624 \times 10^{-1} \fallingdotseq 6.62 \times 10^{-1} \text{〔g〕}$$

設問 3．希薄溶液の浸透圧 π〔Pa〕は，その溶液のモル濃度 C〔mol/L〕と絶対温度 T〔K〕に比例し，溶質や溶媒の種類には無関係である。気体定数を R〔Pa·L/(K·mol)〕とすると

$$\pi = CRT \quad \cdots\cdots ①$$

溶液の体積を V〔L〕，溶質の物質量を n〔mol〕とすると，モル濃度 C は $\frac{n}{V}$ に等しい。これを①式に代入して整理すると

$$\pi V = nRT \quad \cdots\cdots ②$$

浸透圧に関しても気体の状態方程式と全く同じ式になる。この関係をファ

ントホッフの法則という。

設問 4．溶質の質量を w〔g〕，モル質量を M〔g/mol〕とすると，②式より

$$\pi V = \frac{w}{M} RT$$

$$\therefore\ M = \frac{wRT}{\pi V} = \frac{5.00 \times 8.31 \times 10^3 \times 300}{3.00 \times 10^2 \times 0.150} = 2.77 \times 10^5 \,\text{〔g/mol〕}$$

設問 5．イオン化傾向の異なる金属を電解質水溶液に浸して導線で結ぶと，イオン化傾向の大きな金属は酸化され，生じた電子が導線を通って他方の金属へ流れて還元反応が起こる。このような，酸化還元反応を利用して，電気エネルギーを取り出す装置を電池という。また，電解質の水溶液に電極を入れ直流電流を流すと，電子が流れ込む陰極では電子を受け取る還元反応が起こり，電子が流れ出す陽極では電子を失う酸化反応が起こる。このような，外部エネルギーによって酸化還元反応を起こさせることを電気分解という。

2 解答

設問 1．ア．水素　イ．ヒドロキシ　ウ．アルコール
エ．ベンゼン環　オ．フェノール
カ．ナトリウムフェノキシド　キ．加水分解　ク．イオン
ケ．水のイオン積　コ．1.0×10^{-3}　サ．11　シ．遊離　ス．樹脂
セ．ホルムアルデヒド　ソ．カルボニル（ホルミル）　タ．付加
チ．縮合　ツ．ノボラック　テ．レゾール　ト．硬化　ナ．加熱
ニ．立体網目（立体網目状）

設問 2．イオン反応式 A：$C_6H_5O^- + H_2O \rightleftharpoons C_6H_5OH + OH^-$
イオン反応式 B：$H_2CO_3 \rightleftharpoons H^+ + HCO_3^-$
イオン反応式 C：$HCO_3^- \rightleftharpoons H^+ + CO_3^{2-}$
化学反応式 I：$C_6H_5ONa + H_2O + CO_2 \longrightarrow C_6H_5OH + NaHCO_3$

設問 3．① $\dfrac{[C_6H_5OH][OH^-]}{[C_6H_5O^-]}$　② $\dfrac{[C_6H_5OH][OH^-][H^+]}{[C_6H_5O^-][H^+]}$

③ $\dfrac{K_w}{K_a}$　④ $\dfrac{[OH^-]^2}{c}$　⑤ $\sqrt{c \dfrac{K_w}{K_a}}$

⑥ $\sqrt{\dfrac{1.4\times10^{-2}\times1.0\times10^{-14}}{1.4\times10^{-10}}}$

━━━━━◀ 解　説 ▶━━━━━

≪フェノール，塩の加水分解，フェノール樹脂≫

設問 1 ～設問 3．炭化水素の水素原子をヒドロキシ基 −OH で置換した化合物をアルコールという。一方，ベンゼン環にヒドロキシ基 −OH が直接結合した化合物をフェノール類という。フェノール類はあまり水に溶けないが，水酸化ナトリウム水溶液と反応し，ナトリウムフェノキシドという塩をつくって溶ける。この塩の水溶液では，フェノールは弱酸で電離度が小さいから，電離したフェノキシドイオン $C_6H_5O^-$ の一部は水の電離で生じた H^+ と結びついてフェノールを生じる。その結果，OH^- の濃度が大きくなり，水溶液は弱塩基性を示す。このような現象を塩の加水分解という。

$$C_6H_5O^- + H_2O \rightleftharpoons C_6H_5OH + OH^- \quad \cdots\cdots \text{イオン反応式 A}$$

この反応の平衡定数 K は次式で表される。

$$K = \frac{[C_6H_5OH][OH^-]}{[C_6H_5O^-][H_2O]}$$

水溶液中の水のモル濃度 $[H_2O]$ は十分に大きいので，一定とみなすことができる。そこで，$K[H_2O]$ を K_h（加水分解定数）で表すと

$$K_h = \frac{[C_6H_5OH][OH^-]}{[C_6H_5O^-]} \quad \cdots\cdots①$$

①式の分母，分子に $[H^+]$ をかけて整理すると

$$K_h = \frac{[C_6H_5OH][OH^-][H^+]}{[C_6H_5O^-][H^+]} \quad \cdots\cdots②$$

$$= \frac{[C_6H_5OH]\cdot K_w}{[C_6H_5O^-][H^+]} = \frac{K_w}{\dfrac{[C_6H_5O^-][H^+]}{[C_6H_5OH]}}$$

$$= \frac{K_w}{K_a} \quad \cdots\cdots③$$

また，$[OH^-] = [C_6H_5OH]$ および $[C_6H_5O^-] \fallingdotseq c$ だから，①式は次のようになる。

$$K_h = \frac{[C_6H_5OH][OH^-]}{[C_6H_5O^-]} = \frac{[OH^-]^2}{c} \quad \cdots\cdots④$$

したがって, 水酸化物イオン濃度 $[OH^-]$ は

$$[OH^-] = \sqrt{cK_h} = \sqrt{c\frac{K_w}{K_a}} \quad \cdots\cdots ⑤$$

$$= \sqrt{1.4 \times 10^{-2} \times \frac{1.0 \times 10^{-14}}{1.4 \times 10^{-10}}}$$

$$= 1.0 \times 10^{-3} \,[mol/L]$$

$$[H^+] = \frac{K_w}{[OH^-]} = \frac{1.0 \times 10^{-14}}{1.0 \times 10^{-3}} = 1.0 \times 10^{-11} \,[mol/L]$$

$$pH = -\log_{10}(1.0 \times 10^{-11}) = 11$$

炭酸 H_2CO_3 は極めて弱い2価の酸だから2段階で電離する。

$$H_2CO_3 \rightleftharpoons H^+ + HCO_3^- \quad \cdots\cdots \text{イオン反応式B}$$

$$HCO_3^- \rightleftharpoons H^+ + CO_3^{2-} \quad \cdots\cdots \text{イオン反応式C}$$

それぞれの電離定数が 7.8×10^{-7} mol/L および 1.4×10^{-10} mol/L である。また, フェノールの電離定数が 1.4×10^{-10} mol/L である。電離定数 K_a の値が大きい酸ほど同じ濃度では電離度が大きくなり, より強い酸である。したがって, 炭酸はフェノールよりも強い酸である。また, 炭酸の第2電離の電離定数とフェノールの電離定数はほぼ等しいから, ナトリウムフェノキシドの水溶液に二酸化炭素を通じると, 次のような反応によってフェノールが遊離する。

$$C_6H_5ONa + H_2O + CO_2 \longrightarrow C_6H_5OH + NaHCO_3 \quad \cdots\cdots \text{化学反応式I}$$

フェノール樹脂の合成では, 次のように付加反応と縮合反応を繰り返して重合が進行する (付加縮合という)。

(付加反応)

(縮合反応)

酸触媒を用いて, フェノールとホルムアルデヒドを付加縮合させると, ノボラックと呼ばれる軟らかい固体の中間生成物を生じ, これに硬化剤を加えて加熱するとフェノール樹脂となる。一方, 塩基触媒を用いてフェノールとホルムアルデヒドを付加縮合させると, レゾールと呼ばれる液体の

中間生成物を生じ，これは加熱するだけでフェノール樹脂となる。フェノール樹脂は，ベンゼン環の間をメチレン基 $-CH_2-$ で架橋した網目状の立体構造をとる。

3 解答

設問1．あ．グリセリン
　　　い．エタノール（エチルアルコール）
う．メタノール（メチルアルコール）　え．3　お．3　か．エステル
き．けん化　く．イオン交換（陰イオン交換）　け．乳酸ナトリウム
こ．再生

設問2．化合物A：

$$\left[\text{ベンゼン環} - CH_2 - \overset{\overset{\displaystyle CH_3}{|}}{\underset{\underset{\displaystyle CH_3}{|}}{N}} - C_{18}H_{37} \right]^{+} Cl^{-}$$

化合物C：$CH_3 - \overset{\overset{\displaystyle O}{\|}}{C} - O - \text{ベンゼン環} - \overset{\displaystyle N}{\underset{\underset{\displaystyle H}{|}}{}} - \overset{\overset{\displaystyle O}{\|}}{C} - CH_3$

化合物D：$CH_3 - \overset{\overset{\displaystyle O}{\|}}{C} - \overset{\displaystyle N}{\underset{\underset{\displaystyle H}{|}}{}} - \text{ベンゼン環（Br, OH, Br 置換）}$

設問3．$C_3H_5(OCOR)_3 + 3NaOH \longrightarrow C_3H_5(OH)_3 + 3RCOONa$

設問4．セッケンは親水基が陰イオンであるが，塩化ベンザルコニウムは親水基が陽イオンである。（40字程度）

設問5．さらし粉の組成式：$CaCl(ClO) \cdot H_2O$
さらし粉の作用：次亜塩素酸イオンの酸化作用
呈色したときの色：赤紫色

設問 6. 塩化鉄（Ⅲ）水溶液を加えたときの色の変化：有

さらし粉水溶液を加えたときの色の変化：無

━━━━━◀解　説▶━━━━━

≪アルコール，セッケン，イオン交換樹脂，アセトアミノフェン≫

設問 1. 炭化水素の水素原子をヒドロキシ基 −OH で置換した化合物をアルコールという。アルコールは分子中のヒドロキシ基の数によって，1 価アルコール，2 価アルコール，3 価アルコールなどという。1 価アルコールで分子量の小さいものからメタノール（メチルアルコール），エタノール（エチルアルコール）がある。メタノールは無色の有毒な液体である。

　3 価アルコールの代表的なものに 1,2,3-プロパントリオール（グリセリン）がある。2-プロパノールは第二級アルコールに分類されるが，乳酸は分子中にカルボキシ基とヒドロキシ基とをもつ化合物でヒドロキシ酸に分類される。また，ヨードホルム反応は，CH_3CO-R の構造をもつケトンやアルデヒド，$CH_3-CH(OH)-R$ の構造をもつアルコールでみられる（R は H または炭化水素基を表す）。したがって，1,2,3-プロパントリオールでは，ヨードホルム反応を示さない。

　油脂は，高級脂肪酸と 1,2,3-プロパントリオールのエステルである。油脂に水酸化ナトリウム水溶液を加えて熱すると，油脂はけん化されて，グリセリンと高級脂肪酸のナトリウム塩，すなわちセッケンを生じる。

　陰イオン交換樹脂は，スチレンと *p*-ジビニルベンゼンの共重合体に，$-N^+(CH_3)_3OH^-$ などの塩基性の官能基を導入したものである。この樹脂を詰めたカラムに電解質の水溶液を入れると，樹脂中の OH− と水溶液中の陰イオンが 1：1 の割合で交換される。したがって，4 種類の化合物のうち電解質は乳酸ナトリウムのみである。また，使用済みの陰イオン交換樹脂に濃い水酸化ナトリウム水溶液を流すともとの状態に再生させることができる。

設問 2. 化合物 A の分子式は $C_{27}H_{50}ClN$ であり，オクタデシル基 $C_{18}H_{37}-$，2 つのメチル基 CH_3-，一置換芳香族炭化水素基〈〉$-CH_2-$ が 1 つの窒素 N に結合した陽イオンと塩化物イオン Cl^- の塩であるから構造式は次のようになる。

$$\left[\begin{array}{c} \text{CH}_3 \\ \text{CH}_2\text{-N-C}_{18}\text{H}_{37} \\ \text{CH}_3 \end{array} \right]^{+} \text{Cl}^-$$

化合物 A

化合物 B に無水酢酸を加えて加熱すると，分子量 193 の化合物 C が生成する。

$$\text{HO}\underset{}{\bigcirc}\text{-NH}_2 + 2O\overset{\text{COCH}_3}{\underset{\text{COCH}_3}{}}$$

化合物 B

$$\longrightarrow \text{CH}_3\text{COO}\underset{}{\bigcirc}\text{-NHCOCH}_3 + 2\text{CH}_3\text{COOH}$$

化合物 C

−OH も −NHCOCH₃ もベンゼン環に電子を与える性質（電子供与性）があるから，オルト・パラ配向性であるが，−OH の方が相対的に電子供与性が強い。したがって，ベンゼンの −OH と −NHCOCH₃ の二置換体の配向性は，−OH を基点としたオルト・パラ配向性となり，化合物 D は次のようになる。

$$\text{CH}_3\text{-CONH}\underset{}{\bigcirc}\overset{\text{Br}}{\underset{\text{Br}}{\text{-OH}}}$$

化合物 D

設問 3． 油脂 C₃H₅(OCOR)₃ に水酸化ナトリウム NaOH 水溶液を加えて熱すると，油脂はけん化されて，グリセリン C₃H₅(OH)₃ と高級脂肪酸のナトリウム塩（セッケン）RCOONa を生じる。

設問 4． セッケンは，水になじみやすい親水基と，油になじみやすい疎水基（親油性）をもつ。一般にセッケンは陰イオン界面活性剤で，親水基が陰イオンであり，洗浄力に優れている。一方，逆性セッケンは陽イオン界面活性剤で，親水基が陽イオンであり，洗浄作用は小さいが，殺菌作用がある。塩化ベンザルコニウムは，陽イオン界面活性剤の一種で，示性式が $\text{C}_6\text{H}_5\text{CH}_2\text{N}^+(\text{CH}_3)_2\text{R}\cdot\text{Cl}^-$ と表される第四級アンモニウム塩であり，医療現場や日常生活でも多く利用される消毒液の一つである。

設問 5・設問 6． さらし粉は，塩素を水酸化カルシウムに吸収させると得られる。

$$\text{Cl}_2 + \text{Ca(OH)}_2 \longrightarrow \text{CaCl(ClO)}\cdot\text{H}_2\text{O}$$

アニリンなど芳香族アミンにさらし粉 CaCl(ClO)·H$_2$O 水溶液を加えると次亜塩素酸イオン ClO$^-$ により酸化され，赤紫色に呈色する。

また，フェノール類に塩化鉄(Ⅲ) FeCl$_3$ 水溶液を加えると，青〜赤紫色に呈色する。アセトアミノフェンには，フェノール性ヒドロキシ基が存在するから塩化鉄(Ⅲ)水溶液を加えると呈色するが，アミノ基が存在しないから，さらし粉水溶液を加えても，色の変化はない。

❖講　評

　2023 年度も例年通り大問 3 題の出題であり，理論が 1 題，有機と理論の融合問題が 1 題，有機が 1 題出題された。標準的な問題が多く，難易度も例年並みであった。

　1．状態図，気体の溶解度，浸透圧，コロイド溶液の性質，電解精錬に関する基本的な問題である。設問 2 の気体の質量および設問 4 の溶質の分子量を求める問題は基本的な計算問題である。また，設問 3 のファントホッフの法則および設問 5 の電気分解と電池の違いに関する論述問題もしっかりと解答したい。

　2．フェノール，塩の加水分解，フェノール樹脂に関する標準的な問題である。設問 1 は空欄に適切な語句を答える問題であるが，フェノール樹脂についての知識があるかどうかがポイントになる。設問 3 は，加水分解定数からナトリウムフェノキシドの pH を求める問題であるが，文意をしっかり理解すれば答えを導き出せる。

　3．アルコール，セッケン，イオン交換樹脂，アセトアミノフェンに関するやや難しい問題である。設問 1 は，陰イオン交換樹脂についての知識があるかどうかがポイントになる。設問 2 は，塩化ベンザルコニウムを知らなくても，文意から化合物 A は導き出せる。化合物 D はアセトアミノフェンの配向性から考えるが，難しい問題である。設問 4 は逆性セッケンの知識が必要である。設問 6 は，芳香族アミンのさらし粉反応およびフェノール類と塩化鉄(Ⅲ)水溶液との反応から考えればよい。

■生物■

I　**解答**　問 1．(1) AA：メチオニン　CC：トリプトファン
GG：システイン

(2)チロシン

(3)

		2 つ目の塩基			
		A	C	G	U
1 つ目の塩基	A		グルタミン	トレオニン	
	C	セリン		終止コドン	ロイシン
	G	アラニン	グルタミン酸		フェニルアラニン
	U	アスパラギン	(アスパラギン酸)	ヒスチジン	(グリシン)

問 2．リシン，バリン，プロリン，アルギニン，イソロイシン（順不同）

問 3．ア．突然変異　イ．ミスセンス変異（非同義置換）

ウ．フレームシフト　エ．一塩基多型（SNP，スニップ）

問 4．(c)・(d)・(e)

◀解　説▶

≪遺伝暗号表の作成，突然変異，DNA の遺伝情報≫

問 1．(1)　1 番目の実験では，AA・AA・AA…の連続であり，AA はメチオニンとわかる。3 番目の実験では，GG・GG・GG…の連続であり，GG はシステインとわかる。4 番目の実験では，CC・CC・CC…の連続であり，CC はトリプトファンとわかる。

(2)　5 番目の実験では，AA・UA・AU がアスパラギン，チロシンまたはメチオニンであり，11 番目の実験では，AU・GA・UG がアラニン，チロシン，またはヒスチジンであるから，共通しているのは AU でチロシンとなる。

(3)　6 番目の実験では，GG・CG・GC…，GC・GG・CG…，あるいは CG・GC・GG…が連続して，グルタミン酸とシステインが結合したペプチドになった。

9 番目の実験では，UC・GU・CG…，CG・UC・GU…，あるいは GU・

CG・UC…が連続して，アスパラギン酸とフェニルアラニンが結合したペプチドになった。

終止コドンの可能性のある配列で，両者に共通する配列は CG である。よって，CG が終止コドンである。その際，6 番目の実験では，GC・GG・CG でグルタミン酸とシステインのペプチドができる。

9 番目の実験では，UC・GU・CG でアスパラギン酸とフェニルアラニンが結合したペプチドになった。UC がアスパラギン酸であることがわかっているから，GU はフェニルアラニンである。

また，6 番目の実験では，GC・GG・CG がグルタミン酸とシステインが結合したペプチドとなるが，3 番目の実験で GG がシステインとわかっているので，GC はグルタミン酸である。

次に，その他の実験を考察する。

7 番目の実験では，CC・AC・CA…よりグルタミン・セリン・トリプトファンからなるポリペプチドができるが，CC はトリプトファンであるので，AC・CA はグルタミンかセリンである。……⑦

8 番目の実験では，AA・GA・AG…よりアラニン・トレオニン・メチオニンからなるポリペプチドができるが，AA はメチオニンであるので，GA・AG はアラニンかトレオニンである。……⑧

10 番目の実験では，UG・CU・GC…よりグルタミン酸・ヒスチジン・ロイシンからなるポリペプチドができるが，GC がグルタミン酸であるので，UG・CU はヒスチジンかロイシンである。……⑩

11 番目の実験では，AU・GA・UG…よりアラニン・チロシン・ヒスチジンからなるポリペプチドができるが，AU がチロシンであるから，GA・UG はアラニンかヒスチジンである。……⑪

12 番目の実験では，AC・UA・CU…よりアスパラギン・グルタミン・ロイシンからなるポリペプチドができる。⑦と共通する AC から，AC はグルタミンとなる。したがって，UA・CU はアスパラギンかロイシンである。……⑫

⑩と⑫より，共通しているのは CU でロイシンである。CU がロイシンであれば，⑩より UG はヒスチジンとなる。UG がヒスチジンであれば，⑪より，GA はアラニンである。GA がアラニンであれば，⑧より AG はトレオニンである。残った UA はアスパラギン，CA はセリンとなる。表に

すべての情報を入れると以下のようになる。

		2つ目の塩基			
		A	C	G	U
1つ目 の塩基	A	メチオニン	グルタミン	トレオニン	チロシン
	C	セリン	トリプトファン	終止コドン	ロイシン
	G	アラニン	グルタミン酸	システイン	フェニルアラニン
	U	アスパラギン	アスパラギン酸	ヒスチジン	グリシン

問2．ヒトや動物が体内で合成できない必須アミノ酸としては，イソロイシン・ロイシン・バリン・ヒスチジン・リシン・メチオニン・フェニルアラニン・トレオニン・トリプトファンがあり，体内で合成できる非必須アミノ酸には，アスパラギン・アスパラギン酸・アラニン・アルギニン・システイン・グルタミン・グルタミン酸・グリシン・プロリン・セリン・チロシンがある。

問3．ア．問題文には染色体の数や構成，さらに DNA の塩基配列とあるから，大きく分類して突然変異でよいだろう。

イ．1つの塩基が置換して生じる変異を点突然変異という。置換によっても同じアミノ酸を指定する場合（同義置換），異なるアミノ酸を指定する場合（ミスセンス変異，非同義置換），終止コドンとなる場合がある。

ウ．フレームシフト変異は，挿入，欠失，重複により，遺伝子の読み枠が変化して起こる。3塩基のトリプレットがずれることにより，適切なアミノ酸への翻訳がなされず，つくられたタンパク質はほとんど機能しないものになる。

エ．ある生物集団において，DNA の塩基配列中の1塩基が変異した多様性が見られ，それが集団の1%以上の頻度であるとき，一塩基多型（SNP，スニップ）と定義される。この差異により形質に個体差が出るとされる。

問4．(a)誤文。ミトコンドリア DNA は，16,569 塩基で構成された環状 DNA で，その中に 37 個の遺伝子が存在し，エネルギー生成に関わる重要な遺伝情報をもっている。

(b)誤文。小胞体は袋状の膜構造をもち，リボソームが付着する粗面小胞体と付着しない滑面小胞体があるが，いずれも DNA は含まない。脂質やステロイドの合成，タンパク質の折りたたみや成熟化，カルシウム貯蔵や解

毒を担う細胞小器官である。

(c)正文。真核生物の翻訳は細胞質のリボソーム上で行われる。

(d)正文。原核細胞も DNA をもつ。ただし，核膜がなく DNA 分子がほとんど裸のまま細胞の中心部にあり，構造的には細胞質から区別できない。一方，ウイルスには DNA をもたない RNA ウイルスが存在する。

(e)正文。RNA ウイルスは逆転写酵素によって DNA を合成する。

(f)誤文。DNA ポリメラーゼはラギング鎖でも 5'側から 3'側へはたらいて複製する。ラギング鎖では多くのプライマーが用意され，DNA 鎖の断片（岡崎フラグメント）をつくりながら，それらが DNA リガーゼで結合されていく。

Ⅱ **解答** 問1．適応免疫（獲得免疫）

問2．い―(g)　う―(q)　え―(h)　お―(f)　か―(e)
き―(o)　く―(1)

問3．パターン認識受容体（TLR，トル様受容体）

問4．(a)・(d)

問5．抗原抗体反応

問6．(d)

問7．傷口に集まって結合した血小板と組織から血液凝固因子が放出，血しょう中のプロトロンビンがトロンビンになる。トロンビンの酵素活性によりフィブリノーゲンは繊維状のフィブリンに変化し，フィブリンは血球を絡めて血ぺいを形成する。

問8．(d)・(g)

問9．(1)ナトリウムイオンと正の電荷をもつタンパク質が陽イオン交換樹脂上で拮抗することになり，タンパク質が樹脂から遊離して溶出する。

(2)―(c)

(3)―(e)

◀解　説▶

≪免疫と免疫細胞，抗体，血液凝固，アミノ酸，タンパク質の分離≫

問1．自然免疫は，免疫細胞が自己と非自己を認識することで，非自己である病原体をいち早く認識し，攻撃することで病原体の排除を行う。具体的には，マクロファージや好中球が細菌を貪食することで処理する。それ

でも排除しきれなかった異物に対してはたらく免疫が適応免疫（獲得免疫）である。

問2．い．樹状細胞は異物を認識するとそれを取りこんで分解し，一部を細胞表面に提示する。これを抗原提示という。

う・え．多様なT細胞のうち提示された抗原と適応したものだけが活性化されてキラーT細胞やヘルパーT細胞に分化する。その結果，感染細胞への攻撃や食作用の増強などが起こる免疫応答を細胞性免疫という。

お．ヘルパーT細胞はリンパ節内でB細胞にも作用する。活性化されたB細胞は形質細胞となり，抗体（免疫グロブリン）を生産する。抗体は抗原と特異的に結合し無毒化する。これを体液性免疫という。

か．適応免疫のはたらきのなかで，増殖したT細胞とB細胞の一部は，記憶細胞として体内に保存される。

き．初めて異物が侵入したときの免疫応答を一次応答というが，同じ異物が再び侵入したときに記憶細胞が引き起こすすばやい免疫応答を二次応答という。このような記憶細胞による免疫応答のしくみを免疫記憶という。

く．細胞表面には，主要組織適合遺伝子複合体（MHC，ヒトの場合はHLA）と呼ばれるタンパク質があるが，T細胞はこれも認識するので，自己とは異なるMHCについては攻撃対象となる。臓器移植の際も移植を受ける側（レシピエント）のT細胞が移植臓器を攻撃する反応を拒絶反応という。

問3．免疫細胞は，病原認識に関わる複数の受容体をもつ。パターン認識受容体は，多くの病原体に幅広く共通する分子（パターン）を認識するもので，TLR（トル様受容体）が代表的である。その他の受容体としては，Fc受容体（抗体のFc領域を認識）や貪食受容体（病原体の分子や補体を認識）などもある。

問4．造血幹細胞は骨髄系幹細胞とリンパ系肝細胞に分かれるが，その後以下のように分類される。

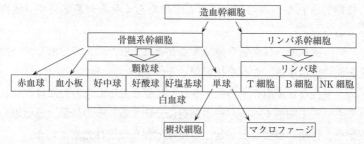

問5．B細胞が生産する抗体（免疫グロブリン）が特異的に抗原と結合する反応を抗原抗体反応という。

問6．右図で黒い部分が可変部，白い部分が定常部と呼ばれる。それぞれ同一のH鎖とL鎖が2本ずつで計4本のポリペプチドからなる。それぞれのポリペプチドどうしの間にみられる線はS-S結合を示している。

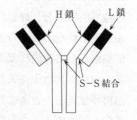

問7．血管が損傷すると，最初に血管の破れを血小板がふさぎ，一次止血が完了する。次に，血小板や組織から血液凝固因子が次々に反応してプロトロンビンがトロンビンに変化し，トロンビンの酵素活性によってフィブリノーゲンから繊維状のフィブリンが形成され，血球と絡みあうことで血ぺいができる。これを二次止血という。

問8．選択肢のアミノ酸は，(a)アスパラギン酸，(b)バリン，(c)システイン，(d)リシン，(e)アスパラギン，(f)チロシン，(g)ヒスチジン，(h)グルタミン酸である。

酸性アミノ酸は，側鎖中にカルボキシ基を含み，負の電荷を帯びやすい。選択肢では(a)アスパラギン酸，(h)グルタミン酸である。また，アルカリ性アミノ酸は，側鎖中にアミノ基を含み正の電荷を帯びやすい。選択肢では，(d)リシン，(g)ヒスチジンであり，その他にも，アルギニンがある。

問9．(1)リード文にあるように，陽イオン交換樹脂は負の電荷を有しており，正の電荷をもつタンパク質を吸着している。そこに塩化ナトリウムを加えると，塩化ナトリウムの Na^+ が負の電荷をもつ交換樹脂に結合し，結合していた正の電荷をもつタンパク質が交換樹脂から離れ，溶出される。
(2)カラムクロマトグラフィーの移動相の塩化ナトリウム濃度を徐々に高くしていくと，塩化ナトリウムのイオンと樹脂に結合したタンパク質成分が

拮抗してタンパク質成分が溶離し始め，カラム内を移動する。イオン強度が高くなるにつれて，樹脂との吸着度が小さい方から順に溶出すると考えられる。タンパク質Fを構成しているアミノ酸の多くは酸性の側鎖をもっており，負の電荷を帯びている。そのためタンパク質Fは，負の電荷をもつ樹脂とは吸着しにくく先に溶出する。それに対してタンパク質Eは正の電荷を帯びているため樹脂と吸着しやすく，溶出には長い時間を要する。したがって，本問では，タンパク質F，タンパク質Eの順でピークとなる(c)を選ぶ。

(3) L鎖は1種類で変化はないが，H鎖は H_A 鎖と H_B 鎖があるので，H_A 鎖と H_B 鎖の量が同じならば，その構成と分離比は

$$(H_A 鎖 + H_A 鎖):(H_A 鎖 + H_B 鎖):(H_B 鎖 + H_B 鎖) = 1:2:1$$

となる。酸性の強い抗体（負の電荷を帯びた抗体）から順に溶出するので，時間軸に沿ってグラフの左から，$(H_B 鎖 + H_B 鎖) \rightarrow (H_A 鎖 + H_B 鎖) \rightarrow (H_A 鎖 + H_A 鎖)$ となる。

III 解答

問 1 ．A―(い)　B―(し)　C―(き)　D―(ぬ)　E―(す)

問 2 ．(a)

問 3 ．(c)

問 4 ．頂芽優勢

問 5 ．(1)明反応：(な)　暗反応：(あ)

(2)リブロース 1,5-ビスリン酸カルボキシラーゼ／オキシゲナーゼ
(RubisCO，ルビスコ)

(3)―(c)　(4)―(d)

問 6 ．(1) 16,384 個　(2)―(e)　(3)―(b)

問 7 ．(1)―(c)　(2)―(え)

問 8 ． 1 回目：種子の形成を阻害する。

2 回目：受粉による植物ホルモンDの増加を補い，果実になる部分の成長を促進する。

問 9 ．(c)

◀解　説▶

≪植物ホルモンのはたらきと代謝，発芽の条件，光合成，細胞の増殖≫

問 1 ．植物ホルモンA，B：頂芽で合成されるオーキシンは側芽のついて

いる茎の部分（節）に下降して，側芽の成長を促進するサイトカイニンの合成を抑制している。

植物ホルモンＣ：気孔の開閉については，フォトトロピンが青色光を受容することで開き，アブシシン酸が孔辺細胞に作用することで閉じる。

植物ホルモンＤ：ジベレリンは，種子の休眠打破，花粉や胚珠の形成阻害，受粉なしの果実の肥大，細胞の縦方向への伸長，長日植物の開花促進などのはたらきがある。

植物ホルモンＥ：下線部⑧のように，エチレンは果実の成熟にはたらく。また，落果，落葉の促進（離層形成の促進），開花の調節，細胞の横方向の伸長などにもはたらく。

問2．レタスは光発芽種子であり，スイカは暗発芽種子である。スイカのような大きな種子はある程度十分な水分がないと，種全体に水分が吸収されないので発芽しない。また，逆に大きな種子は栄養分を多く蓄えているので，発芽後すぐに光合成できなくても成長できる。したがって，大きな種子では土は深い方が発芽しやすい。一方，レタスの種子は薄く小さいので，浅くて水分が少ない場所でも発芽に必要な水分を吸収できる。また，深く植えてしまうと地上に出て光合成ができるまでに時間がかかる。よって，土中の浅い所で発芽できるしくみをもつことが生存に有利になった。このように，光発芽種子と暗発芽種子の発芽に適した条件は，種子の大きさと密接な関係がある。

問3．選択肢の下に光の波長と光の色の関係が示された図がある。黄色の光の波長は570〜580nm付近である。黄色い葉は黄色い光を反射しているので，吸収スペクトル（作用スペクトル）は，その付近の波長の光を吸収していないグラフ(c)となる。

問4．頂芽と側芽ではオーキシンに対する最適濃度が異なり，頂芽の成長が促進されるオーキシン濃度の状態では，側芽の成長が抑制されて頂芽優勢がおこる。また，リード文にあるように，側芽の成長を促進するはたらきをもつサイトカイニンの合成をオーキシンが抑制すると考えられている。

問5．(1)葉緑体は二重膜構造の細胞小器官であり，その内部にはチラコイドと呼ばれる扁平な膜構造が多数存在する。それがいくつか縦に積み重なったものをグラナという。また，チラコイドと内膜の間をストロマという。チラコイド内には光合成のためのアンテナタンパク質複合体・光化学系

Ⅰ・光化学系Ⅱ・電子伝達系，および ATP 合成酵素などが組み込まれており，明反応を行う。一方，ストロマにはカルビン・ベンソン回路に関わる全酵素が含まれており，暗反応が行われる。

(2)葉緑体のストロマにおいて，ルビスコによって6分子のリブロース 1,5-ビスリン酸（RuBP：C5）に6分子の二酸化炭素（CO_2）が付加されて，12分子の 3-ホスホグリセリン酸（PGA：C3）が生じる。

(3)リード文にあるように，C4 植物では取りこんだ二酸化炭素が最初に PEP（ホスホエノールピルビン酸）と呼ばれる化合物と結合し，オキサロ酢酸（C4 化合物）が合成される。したがって，選択肢では炭素が4つある(c)を選択すればよい。この経路を C4 回路というが，初期産物であるオキサロ酢酸が C4 化合物であることに由来する。C4 植物では，維管束鞘細胞にも発達した葉緑体が存在するのが特徴である。

(4)照度と光合成速度のグラフからは，C4 植物は照度が約 20 キロルクス以上で C3 植物よりも有利であり，温度と光合成速度のグラフからは，C4 植物は約 7℃以上で C3 植物よりも有利である。したがって，C4 植物は，高温で光がよく当たる環境で C3 植物よりも有利に育つといえる。

問6．(1)　1回分裂すると2個になり，2回で4個になる。したがって，14回の分裂では

$$2^{14} = 16,384 \text{ 個}$$

(2)　容器のなかで単細胞を培養するのであるから，増殖に伴い，環境抵抗が増えることが考えられる。一般には，生息空間の狭小化，食物（栄養）の不足，環境の汚染などがあるが，選択肢では(e)が当てはまる。選択肢(a)，(d)については，単細胞生物の遺伝情報や体内時計で分裂回数が規定されるという現象はない。選択肢(b)については単細胞生物が多細胞生物に変わることはない。また，選択肢(c)については，大腸菌も酵母もウイルスではないので誤りである。

(3)(a)誤文。インベルターゼの濃度に比例する反応であり，指数関数的な増幅はない。

(b)正文。1人のヒトが複数名に感染させると考えられるので，指数関数的な増幅がある。

(c)誤文。限られた集団では遺伝子プールの変化は少ない。他集団との交流で遺伝子が多様化する。

(d)誤文。資源が限られた環境での酵素反応であり，指数関数的な増幅はない。

問7．(1)アブシシン酸は，器官離脱，気孔の閉鎖，種子の成熟や休眠にかかわる。特にストレス応答にはたらくホルモンであり，乾燥，塩分，低温などに応答して細胞内で合成される。

(2)フォトトロピンが青色光を吸収して活性化すると，一連の反応が起こり，細胞の浸透圧が上昇して気孔が開口する。

問8．問題文では，植物ホルモンDは，①果実になる部分の成長を促進，②種子の形成を阻害する。また，③植物ホルモンDで処理された花芽は受粉しても植物ホルモンDの増加が起きない。とある。したがって，1回目のジベレリン処理は，②の種子をつくれないようにするためであり，2回目のジベレリン処理は，③に代わり①をおこなうためとなる。実際に②では，ジベレリンは胚珠の成長を抑制することで花粉管の伸長や受精を阻害する。また，2回目のジベレリン処理は，子房の成長を促進することであり，果粒の肥大や成熟につながる。

問9．植物ホルモンEは，以下のような過程で生産される。

　　　メチオニン　→　→　→　植物ホルモンE
　　　　　　　　　　　　↑
　　　遺伝子Z ── ACC酸化酵素

遺伝子Zを破壊しても植物ホルモンEが合成されたという事実から，その環境にACC酸化酵素が存在すると考えられる。遺伝子Zを破壊してもACC酸化酵素が存在したとすると，以前につくられたACC酸化酵素が細胞内に存在していた可能性がある。またACC酸化酵素がなくても，触媒作用が類似した他の酵素が植物ホルモンEの生産にはたらいたことも考えられる。それらの観点から選択肢(c)を選ぶ。

　選択肢(a)は，ACC酸化酵素そのものが存在しないと触媒作用が起こらないので誤り。(b)は，植物ホルモンEが生産される過程に反するので誤り。(d)は，遺伝子が光合成によって合成されることはないので誤りである。

❖講　評

　2023 年度も大問 3 題で，幅広い分野から出題されている。先に標準的な問題を確実に解き，実験考察問題等に時間をかける必要がある。

　Ⅰ　遺伝情報に関連する出題である。問 1 は仮想生物 X の遺伝暗号表を作成するユニークな問題である。実験結果や問題文を読みこなし，時間はかかっても着実に解答したい。問 3 は突然変異に関する基本的な問題，問 4 も遺伝情報についての選択問題で，基本的な内容である。

　Ⅱ　体内環境に関する長いリード文から免疫を中心に問う問題である。問 1～問 6 は一部を除いて標準的な内容である。問 7 の論述は語句指定と行数制限があり，適切な表現が必要である。問 8 はアミノ酸の性質を理解している必要があり，難しい。さらに，問 9 のカラムクロマトグラフィーの実験考察問題に続き，化学の知識も必要となる。難問ではあるが，リード文と問題文を熟読し，最後まであきらめずに解答したい。

　Ⅲ　植物に関連するリード文から，多方面に発展する総合的な問題である。問 1 の選択問題は基本的である。問 2 は光発芽種子を思い出すとよい。問 3，問 4 も標準的な問題である。問 5 では，(3)が難しそうに見えるが，問題文にヒントがある。(4)はグラフを読み解けば解答はたやすい。問 6 の計算問題は基本的。必ず正答したい。問 7 と問 8 は知識問題であるが，問 8 の論述は注意したい。問 9 の考察問題は標準的である。

2022
年度

解

答

編

解答編

■英語■

Ⅰ　**解答**
1－B　2－B　3－B　4－C　5－C　6－A
7－D　8－B　9－B　10－B　11－C　12－C
13－D　14－A　15－C　16－D　17－B　18－A　19－B　20－C

◀解　説▶

1．「授業に遅れてすみません。電車が遅延したのです」 because of ～「～のせいで，のために」〈理由〉を表す句前置詞。for も〈理由〉を表せるが，because とは違い補語となることはできない。It is because S V「それは～だからである」が構文化されているように，一般的には because of ～を用いる。

2．「たばこは健康に多くの悪影響を及ぼしている」 effect(s)「影響，効果」 influence「影響，作用」も類似した意味をもつが，effect はあるものが直接的に変化を引き起こす影響（the effect of hot spring「温泉の効能」）であるのに対し，influence は間接的に変化を引き起こす影響（the influence of TV「テレビによる影響」）であるため，ここでは不適。

3．「16 歳のとき私はテニスをして足を骨折し，選手権に出場できなかった」 break *one's* leg「足を骨折する」 had my leg broken としても文法的には許容されるが，例えば故意に骨折させられたような意味を含ませるのでなければ，一般的な表現とは言えない。

4．「私はたいていほぼ毎日母から e メールをもらうが，1 週間連絡がない」「ここ 1 週間一度も連絡がなかった」ということなので現在までの経験を表す現在完了形である C が適切。in a week は for a week でもよいが，in の場合 hear from ～「～から連絡がある」を瞬間的なものと捉えている。

5．「その生徒たちはお互いの宿題を照らし合わせた」 each other「お互い」は代名詞であり，所有格は each other's となる。

6．「ご承知のように，このプロジェクトは我が校では最優先事項である」as you know「ご存じのように，ご承知のように」 as は関係代名詞。

7．「夢を達成するためには私は懸命に取り組む必要がある」 work hard「懸命に取り組む」 attempt は他動詞のため不可。try hard であれば可。また do one's best は do my best とすれば可。

8．「ばかみたいだとはわかっているけど，私はこの歌がどうしても好きなんだ」 can't help *doing*「〜せずにはいられない」 情動や情動から生じる動作などを抑えられない場合に用いることが多い表現。

9．「私は本当に北海道が好きです。あそこは美しいですね」 Hokkaido を代名詞に置き換えることになるので具体的な何かを指す人称代名詞である It が適切。That も代名詞（指示代名詞）であるが，心理的な距離感を印象づけるのでこのような単純な文脈では適切ではない。

10．「天気予報は雨を予想していたにもかかわらず，私たちはハイキングに行くことに決めた」 despite「〜にもかかわらず」 despite は前置詞。したがって後に続く call for 〜「〜を予測する」は動名詞 calling for となり，その直前に意味上の主語として the weather forecast が入る。

11．「シノザキ教授は既婚で子供は 2 人いる」 with two kids 部分は and has two kids と同様の意味である。結婚の当事者同士であれば be married with 〜ではなく be married to 〜となる。

12．「3 日の休息の後，その患者は回復した」 get better「体調がよくなる，回復する」 better は形容詞 well「体調がよい」の比較級。fine「大丈夫だ，元気で」は必ずしも病気にかかっていない，体調を崩していないということだけを示すわけではないので，この状況では標準的な表現ではない。

13．「もし私の立場ならあなたはどうしますか」 文意より If S V（仮定法過去），S' would *do*「もし〜ならば…だろう」の形式になる。

14．「その委員会の学生代表は毎年選出される」 主語が a student representative「学生代表」なので select「〜を選ぶ，選出する」は受動態になる。

15．「看護師になったら患者とその家族の人々を支えたい」 patients「患者」が複数なので，標準的には集合名詞 family「家族」も families になる。もし複数の患者が一つの家族の中にいるなら their family になる。

16.「時が経つにつれ日本の若者の割合は減少している」 As time goes on「時が経つにつれて」より，主節の動詞は変化を表すことになるので decrease は進行形になる。

17.「私たちの集団にはこの話題に関する専門家は 1 人しかいない」 数字の 1 を強調する必要があるので数詞の one が適切。There is 構文では通例主語に定冠詞 the はつかない。

18.「その教授は，今日は体調がよくないので授業は休講になった」 主語が class「授業」なので call off ～「～を中止する」を受動態にすることで「休講になる」となる。

19.「私は，今朝はとても疲れている。今日学校に行かなくてよければいいのだが」 文意より I wish S V（仮定法過去）「～であればいいのに」の形式になる。don't have to *do*「～しなくていい，する必要がない」

20.「その飛行機は遅れているので現時点では 2 時 30 分ではなく 4 時 30 分に到着予定である」 be due to *do*「～する予定である」 be about to *do*「まさに～するところだ」，be bound to *do*「～するにちがいない，必ず～する」はそれぞれ状況的に不適。

Ⅱ　解答　　1—D　2—C　3—A　4—B　5—D　6—D
　　　　　　　7—D　8—A　9—A　10—B

◆全　訳◆

≪イメージや学歴に付帯する先入観≫

　私が仏教の僧衣をまといニューヨーク市街を歩いていると，少林寺の中国人僧侶のようにカンフーを知っているかと尋ねてくる小さな少年たちによく出会う。最初私は彼らが何を聞いているのかわからなかったが，すぐ理解した。彼らは，剃髪し僧衣をまとった人は誰でも武術を知っているだろうと思ったのだ。

　大人たちは私が仏教の僧侶であることがわかると好奇心で「毎朝何時間座っているのですか。あなたの心はきっと穏やかなのでしょうね」と尋ねてくる。西洋の多くの大人にとり，仏教の師は日々の瞑想のおかげで静かで心が落ち着いている人であるようだ。

　子供と大人の憶測は異なっているが，根底には類似性がある。子供も大人も僧侶とは一体何をしているのかに関心があるのだ。言い換えると，僧

侶らしさを想像するということになると，西洋の人々は彼の行動に照準を合わせる傾向がある。

　韓国にいると「あなたの仏教区はどこですか」とか「どのお寺に今お住まいですか」といった違う類いの質問が私を待ち構える。多くの韓国人にとり，自分らしさとはその人が今何をしているかというより，その人の故郷と密接につながっている。

　私はまた，韓国人はなぜ出身校にそれほどまでにこだわりが強いのかと思う。もちろん仕事を見つけることとなれば名門大学を卒業したというのは有利ではある。しかし学位だけでは不十分なことが多い。たとえよい仕事に就けたとしても，どこで学んだかということより技術と経験のほうが一層重要である。

　よい例はアップルの共同設立者であるスティーブ=ジョブズだ。ジョブズはリード大学に通ったが1学期で退学した。アイビーリーグしか聞いたことがない平均的な韓国人にとって，リード大学は標準以下だとみなされるだろう。もしジョブズが韓国人だったなら，彼の教育上の背景は彼の成功したキャリアにとって巨大な障害となっただろう。誰も彼の考えを深刻には受け止めず，彼の会社に投資をする人もいなかっただろう。彼はアイビーリーグの大学に行けるほど頭がよくなかったとみなされただろう。

　このようなことは私を心配にさせる。もしその人らしさをまず故郷とか出身校に基づくものだとみなすなら，私たちは結局その人の過去しか見ておらず，その人の現在の技術や将来的展望は見ていないということになってしまう。適正な教育的背景をもった良家生まれの人々しか成功する機会がなく，一方潜在能力に恵まれていてもそれほど理想的ではない境遇をもつ人々は機会を与えられないのである。

━━━━━━━━━━ ◀解　説▶ ━━━━━━━━━━

1．推量の will「〜である（する）だろう」が assumed に基づく時制の一致により would となる。

2．西洋の人々にとっての仏僧のイメージを，仏僧である筆者が推測しているので it seems that 〜「〜のようだ」となる C．that が適切。B．granted は It is taken for granted that 〜 の形で用いられ，「〜であることは当然だと考えられている」という意味になる。

3．第3段最終文（In other words, …）に「西洋の人々は彼（=仏僧）

の行動に照準を合わせる傾向がある（＝行動に非常に関心をもっている）」
とあることから，A．does を入れて what S does「S は何をするのか」
とするのが適切。what を強調構文に入れて強調すると what it is（that）
S does となる。

４．await「～を待つ」（＝wait for ～）　a set「1 セット，1 組」が主語
になるので B. awaits が適切。

５．第 5 段第 2 文（Of course, when …）以降で出身校にこだわる理由が
示されているので wonder why S V「なぜ～なのかと思う」が適切。

６．graduate from ～「～を卒業する」 having graduated from ～ と完
了動名詞の形にすることで「～を卒業したこと」となる。

７．第 5 段第 1 文（I also wonder …）に「私はまた，韓国人はなぜ出身
校にそれほどまでにこだわりが強いのかと思う」とあることから，「出身
校」つまり「どこで学んだか」が重要だと考え，D. where を入れて
「たとえよい仕事に就けたとしても，どこで学んだかということより技術
と経験のほうが一層重要である」とするのが文脈上適切。

８．文意より「標準的な人」となるので an average か a standard に絞ら
れるが，standard は通例「人」に関しては用いられないので an average
が適切。

９．最終段第 2 文（If we consider …）以降で懸念されることが具体的に
示されているので concern「～を心配させる」が適切。

10．deny A B「A に B を与えない」 目的語を 2 つもつことができるの
で，間接目的語 those … が主語になり those … are denied opportunities
となる。deprive を用いるなら deprive A of B「A から B を奪う」より
those … are deprived of opportunities となる。

━━━━━━●語句・構文●━━━━━━

（第 1 段）monk「修道士，僧」
（第 2 段）serene「落ち着いた，穏やかな」 collected「冷静な」
（第 3 段）zero in on ～「～に照準を合わせる」
（第 5 段）be obsessed with ～「～に取りつかれている」
（最終段）brim with ～「～でいっぱいになる」

III　解答　1－E　2－B　3－C　4－A

◆━━━━━━━━◆全　訳◆━━━━━━━━◆

≪ネット社会が完全主義に及ぼす影響≫

　研究によれば，完全主義は 1980 年代以降大学生の間で増加している。現在 20 代の人々は今まで以上に自他を問わず人々に対して厳しい。彼らは完全であることを期待し，前の世代の人々より誤りに対しはるかに寛大さをもち合わせない。

　この完全主義は外を向いて絶えず比較する社会の副産物である。あなたは自分の作る夕食についてインスタグラムを見るまでは，満足していることだろう。ピンタレストのようなソーシャルメディアサイト上では，私たちにもっとよくできるだろうしすべきであると確信させるイメージを絶え間なく流し続けている。若い女性に関する本の著者であるレイチェル=シモンズは「今やピンタレストにより，人々は自分のベットシーツが思っていたほどよいものではないし，カップケーキは他の人々と比較するとおそろしく出来が悪いと思ってしまいます」と述べている。

　完全主義の増加は約 40 年前に始まったようだ。したがって，これらの初期の高度な達成者たちの多くは現在親となり，気づかないうちにその完全主義を子供たちに伝えているのである。「子供たちは私たち親が子供に関して抱いている不安を感じ取ることができます」とシモンズは私に言う。「子供たちは自分たちの姿に対する我々親の不満を感じることができます。なぜ自分の子供は物を作りたがらないのか。なぜ自分の娘にはたくさんの友達ができないのか。私たちがそのようなメッセージを彼らに送ることで初めて彼らはこのままではよくないと気づくわけなのです」 親は彼らをクラスのトップに，そして彼らがすることが何であっても最良であるようにさせてやることにより子供が成功するのを助けていると思っているかもしれないが，彼らは実際には勝利するか負けて家に戻るかという圧力を増加させているのかもしれないのだ。

　これは不健全な比較の危険な点である。私たちが自分自身を非現実的な，あるいはゆがんだ理想に照らして推し量るとき，私たちはそれらに適合しようとすることでまさに心理的に傷ついてしまいかねない。私たちは絶え間ない比較というこの有害な習慣をやめることができる。まずは他人がど

のようにしているのかを見るためにインターネットを確かめるのをやめよう。もしあなたがカップケーキを作りたいなら，レシピを手に取りそれを作ってみよう。「究極のカップケーキのレシピ」を求めピンタレストを探しまくり，それらを完全に飾り付けるための特別な道具を買い，実際にカップケーキを作ることに対する関心を使い果たしてしまって，引き出しのどこかにそれらの道具のことを忘れてしまう，などということがないようにしよう。

■━━━━ ◀解　説▶ ━━━━■

　それぞれの段落の大意を把握するとともに，枠内に示されている 1 〜 4 の各文において談話標識，指示語，定冠詞，時制，キーワード，全体の主旨などに注意する。

　1．談話標識 for one「ひとつには，他はともかくとして」に注目する。人のやり方を見るためにインターネットを確認するな，ということを述べているので，「カップケーキを作りたいならレシピを見て作ってみる。最良のものを作ろうとピンタレストを探してはいけない」と続く空欄Eの位置が適切。

　2．キーワード perfectionism, parents, children に注目する。完全主義が高まりだしたのは約 40 年前で，その成功者たちは親になり，子供に完全主義を伝えているということを述べているので，「子供たちは私たち親が子供に関して抱いている不安を感じ取ることができる」と続く空欄Bの位置が適切。Bに続く文の代名詞 they, our それぞれが指している対象がわかりにくいが，they が their children, our が筆者を含む大人である parents である。unknowingly「知らないで，知らずに」

　3．2 と同様に代名詞 they と we が指している対象がわかりにくいが，they が children, we が parents であると考えると，入るのに適切な箇所は空欄Cであることがわかる。

　4．キーワードは Instagram であり，「インスタグラムを見るまでは」と述べている。インスタグラムとピンタレストという 2 種類の SNS が並列されていると考え，ピンタレストを見ればもっとうまくできると思ってしまうという内容が続く空欄Aの位置が適切。

◆━◆━◆━◆━ ●語句・構文● ━◆━◆━◆━◆

（第 1 段）demanding「骨が折れる，きつい」　forgiving「寛大な」

Ⅳ 解答 1—B 2—C 3—A 4—D 5—C

◆全 訳◆

≪生きる意味を与える物語の力≫

段落Ａ 私は誰なのか。私は人生で何をするべきなのか。人生の意味とは何なのか。まさに人類誕生以来，人はこれらを問い続けている。あらゆる世代が新たな答えを必要とする。なぜなら私たちが知り，そして知らないことは，変わり続けているからである。私たちが科学について，神について，政治と宗教について，既知でありまた未知であるあらゆることを考えてみると，今日私たちが出せる最良の答えは何なのか。どのような種類の答えを人々は期待しているのか。

ほとんど全ての場合，人生の意味を問うとき人々は物語を語ってもらうことを期待する。ヒトというのは，世界そのものが物語のような仕組みになっており，英雄と悪役，紛争と解決，クライマックスとハッピーエンドであふれているのだと信じる，物を語る動物だからである。人生の意味を探すとき，私たちは現実とは一体何なのか，そして広大なドラマの中で私の特別な役割は何なのかを説明する物語を求める。この役割は，私が何者であるかを明確にし，自分のあらゆる経験と選択に意味を与える。

段落Ｂ よい物語というのは私に役割を与え，私の限界を超えて広がらなければならないが，真実である必要はない。物語とは純粋な作り話であっても，私に自分らしさを与え，私に自分の人生には意味があると感じさせることができる。実際に科学的にわかる限りでは，様々な文化，宗教，種族が歴史の中で作り出した数千もの物語のどれ一つとして真実ではない。それらは全て単に人間の発明したものにすぎない。もしあなたが人生の真の意味を問い，ある物語を答えとしてもらうなら，これは誤った答えだと思いなさい。正確な詳細は実際には重要ではない。どんな物語であれ単に物語であるという理由で誤りなのだ。世界はまったく物語のようにはなっていないのだ。

◀解 説▶

段落Ａでは，自分（Ｉ）について，また人生の意味（the meaning of life）などについてどのような答えを期待するのか，と問いかけている。

段落Ｂでは，すぐれた物語は自分に役割を与えてくれるが，その物語は

事実である必要はない，ということを述べている。

　枠内の１〜４の各文において，談話標識，指示語，定冠詞，時制，キーワード，問いかけと答えなどに留意するとともに，必要に応じて扱いやすい文から対応する。

　１において，理由としてヒトは世界が物語のように機能していると信じる動物だからだ，と述べられている。storytelling「物語る」がキーワードである。villain「悪役」

　２において，「人生の意味について問うとき，物語を話してもらうことを期待する（expect）」と述べられている。the meaning of life「人生の意味」が問われ，story「物語」が答えとして示されていることに注目すると，段落Ａの第３文（What is the …）の問いとしての the meaning of life，また最終文（What kind of …）の「どんな答えを期待するか（expect）」との関連性が見えてくる。よって段落Ａ→２の流れが決定する。また「物語を話してもらうことを期待する」理由が１で示されていると考えられるので（段落Ａ→）２→１の流れが決定する。

　３において，This role「この役割」が示す内容を考える。また４において，「人生の意味を探すとき，現実とは何なのか，そしてドラマの中での自分の特別な役割（my particular role）が説明できる物語を求める」と述べられている。よって This role が my particular role を示していると考えられるので４→３の流れが決定する。

　以上より，段落Ａ→２→１→４→３→段落Ｂという順序が想定できる。１→４の流れが見えにくいが，「人生の意味を問うとき物語を期待する（２）→それはヒトが物語を期待する動物だからである（１）→人生の意味を問うときドラマの中での自分の役割を説明できる物語を求める（４）→役割がわかると自分が定まり人生に意味が生じる（３）」という流れである。

◆◇◆◇◆　●語句・構文●　◆◇◆◇◆◇◆◇◆

（段落Ｂ）beyond *one's* horizons「視界を超えて，限界を超えて」

V　解答

1. M　2. A　3. G　4. S　5. N　6. F
7. M　8. C　9. W　10. Q　11. L　12. E
13. T　14. C　15. I　16. A　17. S　18. M　19. P　20. G

━━━━◀解　説▶━━━━

1．mansion「豪邸，大邸宅」 日本語の「マンション」は apartment (building)。

2．apart「離れて，隔たって」(≒aloof)

3．glance「一瞥する，ざっと目を通す」 glimpse は「～をちらっと見る」。

4．sound「健全な，堅実な」 sound「音，～のように聞こえる」とは別単語。

5．neat「こぎれいな，きちんとした」 動詞は neaten「～をきちんと整える」。

6．forth「前へ，先へ，前方へ」(≒forward)

7．mute「無言の，沈黙の」(≒dumb)

8．chaos「無秩序，混乱」 発音 [kéɪɑːs] に注意。

9．wreck「～を難破させる，～を破壊する，難破船，残骸」(≒wreckage)

10．quota「ノルマ，割り当て」 quote「～を引用する」とのスペリングと発音（quota [kwóʊtə]，quote [kwóʊt]）の相違に注意。

11．leaflet「パンフレット」(≒brochure) 英語の pamphlet は「小冊子，論文」。

12．exile「流罪に付す，国外追放する」 第 1 音節にアクセント。

13．temper「性向，かんしゃく」 lose *one's* temper「かんしゃくをおこす，かっとなる」

14．claim「～と主張する，補償を求める」 claim には「文句を言う」という意味はない。

15．install「～を据え付ける，設置する」 名詞は installation「設置」と installment「分割払い」。

16．altogether「全てまとめて，全体的に見て」(≒in all)

17．scan「～を精査する，読み込む」「拾い読みする」は skim。

18．meantime「その間，一方」(≒meanwhile)

19．project「～を投影する，見積もる，計画」 動詞なら第 2 音節に，名詞なら第 1 音節にアクセント。

20．gradually「漸次，徐々に」(≒little by little)

Ⅵ 解答 (1)—J　(2)—Z　(3)—F　(4)—Z　(5)—D

◆━━━━━━━◆全　訳◆━━━━━━━◆

≪性格を類型化することの問題点≫

　性格類型は社会的または心理的構成概念であり，本当の現実ではない。性格類型といったものは存在しない。その概念は人間であることの複雑さを考察するための表面的，差別的，非人間的しかも不正確なひとつの視点にすぎない。

　類型に基づく性格テストは非科学的であり，実際よりあなたの性格が本質的には限定されたものだと信じさせるだろう。そのようなテストは単純化されすぎた人間像を描き出し，大雑把で広範囲に及ぶ一般化ばかりなのだ。

　ソーシャルメディアの「パーソナリティ・エクスパート」は，あなたが誰と付き合い結婚するかから始まり仕事で何をすべきかまで，あなたに関し所定のテストの得点に基づき何でも全て教えてくれるかもしれない。それは科学的であると感じられるが，科学に見せかけた迷信にすぎない。

　戦略的に実行されれば，あなたをある「類型」の人間だとはっきりさせる，つまりあなた自身に特定のラベルを付与することは役立つかもしれない。ラベルは目標に役立つことはあっても，目標がラベルの役に立つことがあってはならない。目標がラベルの役に立つようなとき，あなたはそのラベルを自分の究極的な現実にしてしまい，あなたはそのようなラベルを証明するため，あるいは支えるために人生を作り出している。誰かが「私は外向的だからこれを追求しているのだ」と言うときにこのことがわかる。このような目標設定の形式は，あなたが今のあなた自身を発展させ，変える目標設定をするよりむしろ，あなたの現在の性格に基づいて目標を設定するときに生じる。

　あなたはただ一つの偏狭な「類型」の人間なのではない。様々な状況で，あなたは相違する。その上，あなたの性格は人生を通じて変化する。したがってあなたが当てはめる「類型」として性格を見るのではなく，性格を柔軟かつ背景に基づく行動と姿勢の連続体とみなすべきである。

　私たちは自分自身を首尾一貫していると思うだろうが，私たちの行動と姿勢はよく変化する。一貫しているのは私たちの行動ではなく，むしろ行

動を一貫していると思わせるその視点なのである。私たちは選択的に私た
ちが同一視しているものに焦点を当て，そうではないものは無視してしま
う。その過程において，私たちは性格に適合しない行動をとっている多く
の場合においてそれを見逃す，あるいは意図的に無視してしまうことが多
いのだ。

■■■■■■■■■◀解　説▶■■■■■■■■■

(1) scientific「科学的な」は文脈上不適切である。第 2 段第 2 文（They
portray an …）で「類型に基づいた性格テストは過度に単純化された像
を描き出す」と書かれているので unscientific が適切。
(2) scientific「科学的な」は文脈上適切。
(3) goal「目標」は文脈上不適切である。「目標（goal）がラベル（label）
に役立つようなとき，目標ではなくラベルが究極的な真実になる」となる
はずだと推定できる。したがって label が適切。
(4) narrow「狭い，偏狭な」は文脈上適切。
(5) inconsistent「首尾一貫していない」は文脈上不適切である。同文の中
で not *A* but rather *B*「*A* ではなくむしろ *B*」という構文が使用されて
いるので behavior「行動」と *our view of our behavior*「行動に関する視
点」が対比され，「首尾一貫しているのは行動ではなく，そのように見え
るようにさせるその視点である」となるはずだと推定できる。したがって
consistent が適切。

◆■◆■◆■◆■　●語句・構文●　■◆■◆■◆■◆■◆■◆■◆
（第 3 段）superstition「迷信」　be dressed up as 〜「〜としてよく見え
るようにする，粉飾する」
（最終段）out of character「柄に合わない，（性格に）調和しないで」

Ⅶ　解答　1－B　2－A　3－K　4－E　5－K

◆全　訳◆

≪高校時代に友人をもつことの大切さ≫

　高校で友人をもつことは重要である。新たな研究によると，高校での親
密な友情は精神衛生上，長期的によい影響を及ぼす。高校の間に親密な関
係を作り上げることを優先したそのような 10 代の若者は，25 歳頃には他

の人々と比べ社会的不安が少なく，また高い自尊心をもっていることが判明した。高校で人気があるとみなされていた若者の場合は，親密な友情を育んだ若者より社会的不安が大きく，またうつ的症状を呈していることがわかった。多くの人に好かれることは良質な友情を得ることほど有益ではないようだ。

　高校への移行期というのは古い友人を捨て，新たな友人を作ることを意味する可能性がある。中学と違い，社会圧だけでなく勉強圧がかかるので高校での競争はより厳しい。そのようなわけで高校では支えてくれる友人の存在が非常に重要である。研究によれば，このような段階での重要な保護要因とは同じような移行時期にいる友人をもつことなのだ。

　高校に入ると大人へと成長し，中学時にはなかったかもしれない新たな好き嫌いができてくるだろう。あなたの中学2年時の親友はあなたが陸上チームに参加するのに，ロボット工学を選ぶかもしれない。友人間の違いがより明確になり，友情の終わりという結末を迎えることがよく起きる。410人の中学1年生を追跡し，高校の3年まで彼らと連絡をとったフロリダアトランティック大学が実施した研究によれば，友人同士のままでいたのはたった1組だけだった。この研究から，中学1年時に親しかった友人と友人のままでいられる可能性が実際にはどれほど低いものなのかわかるだろう。

　それでもやはり，10代後半に手に入れたり手放したりする友情は何ものにも代え難く大切だ。なぜならばこのような友情は，自分はどのような人間かということを明確にする手助けとなるだけでなく，恋愛関係のような，他の人間関係をうまく進める助けにもなるからだ。高校では，友人はデートの機会を得る重要な手段となる。高校時代を思い返すとわかるが，何と多くのカップルが相互の友人を介して紹介されたことか。片思いの相手について友人に語り，何とかそのことをあなたの片思いの相手が耳にしてくれればと願ったのを思い出してみてもらいたい。あるいはあなたが失恋してそばに誰かいる必要があったときのことを忘れてはいけない。そこにいて助けてくれたのは一体誰だっただろうか。

■■■■■◀解　説▶■■■■■

1．全文は，(It seems) <u>being</u> well-liked by many people is not as beneficial as having quality (friendships.) となる。being は動名詞とし

て用いる。not as ＋形容詞＋ as ～「～ほど…（形容詞）ではない」　A. as は二度用いる。使用しない選択肢は I. of。

2・3. 全文は，(The) differences between friends <u>become</u> more pronounced (and often) result in <u>the</u> friendship (ending.) となる。pronounce「目立つ，はっきりした」は分詞形容詞。result in ～「結果的に～になる」　the friendship は動名詞 ending の意味上の主語。使用しない選択肢は C. clearer。

4・5. 全文は，(Nonetheless, those) friendships <u>gained</u> (and) discarded (in the later teenage years) are unique and important (as they) not only help us identify who <u>we</u> are, but also help us (navigate other relational needs, such as romantic relationships.) となる。「自分はどのような人間か」は who we are。A. are と F. help us はそれぞれ二度用いる。使用しない選択肢は I. of。

◆━◆━◆━◆━◆　●語句・構文●　◆━◆━◆━◆━◆

（第1段）symptomology「症状学，総合的症状」　cultivated「洗練された，教養のある，耕作された」

（第2段）shed「～を落とす，切り捨てる，流す，発散させる」　stake「杭，掛け金，配当金，関与，競争」

（第3段）check in with ～「～と連絡をとる」

❖講　評

　読解問題5題（そのうち1題の設問は整序英作文）に関しては英文のテーマが多岐にわたり，設問に特徴があるので時間配分に十分注意したい。読解文の内容を具体的に問う設問は出題されていない。

　Ⅰ　文法・語法問題で，基本的文法を問う問題が中心だが，学校で習う文法だけでは判断できない問題も多い（例えば1，2，12 など）。

　Ⅱ　空所補充の読解問題で，文脈把握の中での文法・語彙の処理が問われている。10 の deny の語法に気をつけたい。

　Ⅲ　欠文挿入箇所を問う読解問題。枠内3の they と we, them, 同じく第3段の they, them が何を指示するのかすぐには見えてこない。

　Ⅳ　文整序の読解問題で4つの文を並べ替える。内容が哲学的であり，かつ目立ったディスコースマーカーが少ないので，単語のつながりを追

っていくことになる。

　Ⅴ　語彙問題であるが，思いつかない単語には余計な時間をかけず臨機応変に対応したい。

　Ⅵ　不適語を適語に代える読解問題で，順接，逆接，対比，原因・結果など文脈をしっかり押さえたい。

　Ⅶ　読解問題の中で和文対照の英作文を作成する問題形式である。選択肢に紛らわしい不要語が入っていて，語句の複数利用も可能なため，形式に慣れていないと余計な時間をかけてしまうことになりそうだ。

■数学■

I ◇発想◇ (1) 対数の性質により 1 つの対数にまとめる。

(2) 式を変形して，代入する。

(3) $t=\cos\theta$ とおいて，t の範囲に注意して，$f(\theta)$ を t の 2 次関数として考える。

(4) 条件付き確率は定義 $P_E(F)=\dfrac{P(E\cap F)}{P(E)}$ に従って，E，F の事象をはっきりと認識して計算する。

(5) $\bar{\alpha}=\dfrac{1+\sqrt{3}\,i}{4}$ も解となる。$f(x)$ を x^2+ax+b で割った余りを利用して $f(\alpha)$ を計算する。

解答 (1) (ア)$\dfrac{3}{2}$　(2) (イ)$\dfrac{2\sqrt{3}}{3}$　(3) (ウ)$\dfrac{2}{3}\pi$　(エ)0

(4) (オ)$\dfrac{125}{216}$　(カ)$\dfrac{61}{216}$　(キ)$\dfrac{6}{61}$　(5) (ク)$-\dfrac{1}{2}$　(ケ)$\dfrac{1}{4}$　(コ)$-\dfrac{\sqrt{3}}{8}i$

◀解　説▶

≪小問 5 問≫

(1)　(与式) $=\log_3\left(\sqrt{6}\times\dfrac{3}{2}\times\sqrt{2}\right)=\log_3 3\sqrt{3}=\log_3 3^{\frac{3}{2}}=\dfrac{3}{2}$　(→(ア))

(2)　$\dfrac{(a^p)^2-(a^{-p})^2}{a^p+a^{-p}}=a^p-a^{-p}=a^p-\dfrac{1}{a^p}$

$a^p>0$ であるから　$a^p=\sqrt{3}$

よって　(与式) $=\sqrt{3}-\dfrac{1}{\sqrt{3}}=\dfrac{2\sqrt{3}}{3}$　(→(イ))

(3)　$t=\cos\theta$ とおく。

$0\leqq\theta\leqq\pi$ より　　$-1\leqq t\leqq 1$　……①

$f(\theta)=2\cos^2\theta-1+2\cos\theta$

$=2t^2+2t-1=2\left(t+\dfrac{1}{2}\right)^2-\dfrac{3}{2}$

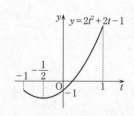

①より $y = 2\left(t + \dfrac{1}{2}\right)^2 - \dfrac{3}{2}$ のグラフは上図のようになる。

よって，$f(\theta)$ が最小値をとるのは $t = -\dfrac{1}{2}$，$\cos\theta = -\dfrac{1}{2}$ であるから，

$\theta = \dfrac{2}{3}\pi$ のときである。　(→(ウ))

また，$f(\theta)$ が最大値をとるのは $t = 1$，$\cos\theta = 1$ であるから，$\theta = 0$ のとき

である。　(→(エ))

(4)　出た目の最小値が 2 以上となるのは 3 個とも 2 以上の目が出るときで

あるから，求める確率は

$$\dfrac{5^3}{6^3} = \dfrac{125}{216} \quad (\to(\text{オ}))$$

E：最小値が 2 とする。

E が起こるのはすべての目が 2 以上で，かつすべての目が 3 以上とはな

らないときである。

よって　$P(E) = \dfrac{5^3 - 4^3}{6^3} = \dfrac{61}{216} \quad (\to(\text{カ}))$

F：どの 2 つの目も互いに素とする。

求める確率は，$P_E(F) = \dfrac{P(E \cap F)}{P(E)}$　……① である。

$E \cap F$ となるのは，2 と 2 以上の互いに素な奇数の目が出るとき，すなわ

ち 2，3，5 の目が 1 つずつ出るときである。

よって　$P(E \cap F) = \dfrac{3!}{6^3}$

したがって，①より

$$P_E(F) = \dfrac{6}{6^3} \times \dfrac{216}{61} = \dfrac{6}{61} \quad (\to(\text{キ}))$$

(5)　$x^2 + ax + b = 0$　……① は実数係数の方程式であるから，α の共役複素

数 $\bar\alpha = \dfrac{1 + \sqrt{3}i}{4}$ も①の解である。解と係数の関係より

$$\alpha + \bar\alpha = \dfrac{1 - \sqrt{3}i}{4} + \dfrac{1 + \sqrt{3}i}{4} = \dfrac{1}{2} = -a$$

$$\alpha \cdot \bar\alpha = \dfrac{1 - \sqrt{3}i}{4} \cdot \dfrac{1 + \sqrt{3}i}{4} = \dfrac{1 + 3}{16} = \dfrac{1}{4} = b$$

よって　　$a=-\dfrac{1}{2}$, $b=\dfrac{1}{4}$　（→(ク)・(ケ)）

したがって，α は $x^2-\dfrac{1}{2}x+\dfrac{1}{4}=0$ の解である。……②

$$f(x)=\left(x^2-\dfrac{1}{2}x+\dfrac{1}{4}\right)\left(4x^2-x+\dfrac{1}{2}\right)+\dfrac{1}{2}x-\dfrac{1}{8}$$
$$……③$$

② より $\alpha^2-\dfrac{1}{2}\alpha+\dfrac{1}{4}=0$ であるから，③より

$$f(\alpha)=\dfrac{1}{2}\alpha-\dfrac{1}{8}=\dfrac{1-\sqrt{3}\,i}{8}-\dfrac{1}{8}=-\dfrac{\sqrt{3}}{8}i\quad（→(コ)）$$

```
                4   -1   1/2
          ┌─────────────────────────
1  -1/2  1/4 │ 4  -3   2   0   0
             │ 4  -2   1
             ├─────────────────────
             │    -1   1   0
             │    -1  1/2  -1/4
             ├─────────────────────
             │         1/2  1/4   0
             │         1/2  -1/4  1/8
             ├─────────────────────
             │              1/2  -1/8
```

別解　(1)　対数を分解して計算すると

$$（与式）=\dfrac{1}{2}(\log_3 3+\log_3 2)-(\log_3 2-\log_3 3)+\dfrac{1}{2}\log_3 2$$
$$=\dfrac{1}{2}(1+\log_3 2)-(\log_3 2-1)+\dfrac{1}{2}\log_3 2$$
$$=\dfrac{3}{2}$$

参考　(5)の前半は次のように求めてもよい。

$\alpha=\dfrac{1-\sqrt{3}\,i}{4}$ より　　$4\alpha-1=-\sqrt{3}\,i$

両辺平方すると　　$(4\alpha-1)^2=-3$　　$16\alpha^2-8\alpha+4=0$

よって　　$\alpha^2-\dfrac{1}{2}\alpha+\dfrac{1}{4}=0$

α は $x^2-\dfrac{1}{2}x+\dfrac{1}{4}=0$ の解の 1 つより　　$a=-\dfrac{1}{2}$, $b=\dfrac{1}{4}$

Ⅱ　◇発想◇　(1)　図形的に解く。線分 AB は円の弦なので，線分 AB の垂直二等分線は円の中心を通る。

(2)　不等式 $\sum_{n=1}^{l}a_n\geqq 20$ は，l が自然数であるから，必要条件より l

の候補を絞って，具体的な数値を代入して考える。

(3)　(ⅱ)は(ⅰ)を利用して背理法で示す。

解答　(1)　(サ)$(1,\ -3)$　(シ)$\sqrt{10}$　(ス)$\sqrt{30}$　(セ)$-\dfrac{1}{3}x-\dfrac{8}{3}$

(2)　(ソ)$\dfrac{5}{2^n}+\dfrac{3}{2}$　(タ)11

(3)(ⅰ)　$n=3k\pm1$（k は整数）とおく。

　　　　　$n^2=9k^2\pm6k+1=3(3k^2\pm2k)+1$　（複号同順）

$3k^2\pm2k$ は整数であるから，n^2 を3で割った余りは1である。

(証明終)

(ⅱ)　$x,\ y$ がともに3の倍数でないとすると，(ⅰ)より $x^2,\ y^2$ を3で割った余りはともに1である。

よって x^2+y^2 を3で割った余りは，$1+1=2$ である。

また z^2 を3で割った余りは，z が3の倍数のときは0，z が3の倍数でないときは(ⅰ)より1である。これは $x^2+y^2=z^2$ に矛盾する。

したがって，$x,\ y$ の少なくとも一方は3の倍数である。　　　(証明終)

◀解　説▶

≪小問3問≫

(1)　$C:(x-1)^2+(y+3)^2=10$ より　　中心 $(1,\ -3)$，半径 $\sqrt{10}$

(→(サ)・(シ))

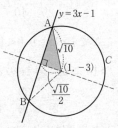

直線 $y=3x-1$，すなわち $3x-y-1=0$ と C の中心 $(1,\ -3)$ の距離を d とすると

$$d=\dfrac{|3+3-1|}{\sqrt{10}}=\dfrac{5}{\sqrt{10}}=\dfrac{\sqrt{10}}{2}$$

より

$$\left(\dfrac{\mathrm{AB}}{2}\right)^2=(\sqrt{10})^2-\left(\dfrac{\sqrt{10}}{2}\right)^2=\dfrac{15}{2}\qquad \mathrm{AB}^2=30$$

よって　　$\mathrm{AB}=\sqrt{30}$　（→(ス)）

線分 AB の垂直二等分線は円 C の中心 $(1,\ -3)$ を通り，直線 AB：$y=3x-1$ に垂直であるから

$$y+3=-\frac{1}{3}(x-1) \qquad y=-\frac{1}{3}x-\frac{8}{3} \quad (\rightarrow(\text{セ}))$$

(2) $a_{n+1}=\frac{1}{2}a_n+\frac{3}{4}$ より

$$a_{n+1}-\frac{3}{2}=\frac{1}{2}\left(a_n-\frac{3}{2}\right)$$

よって，$\left\{a_n-\frac{3}{2}\right\}$ は公比 $\frac{1}{2}$，初項 $a_1-\frac{3}{2}=\frac{5}{2}$ の等比数列である。

したがって $\quad a_n-\frac{3}{2}=\frac{5}{2}\cdot\left(\frac{1}{2}\right)^{n-1}$

$$a_n=\frac{5}{2^n}+\frac{3}{2} \quad (\rightarrow(\text{ソ}))$$

また $\quad \displaystyle\sum_{n=1}^{l}a_n=\sum_{n=1}^{l}\left\{\frac{5}{2}\cdot\left(\frac{1}{2}\right)^{n-1}+\frac{3}{2}\right\}$

$$=\frac{5}{2}\cdot\frac{1-\left(\frac{1}{2}\right)^l}{1-\frac{1}{2}}+\frac{3}{2}l$$

$$=5\left(1-\frac{1}{2^l}\right)+\frac{3}{2}l$$

$\displaystyle\sum_{n=1}^{l}a_n\geqq20$ ……① となるのは

$$\left(1-\frac{1}{2^l}\right)+\frac{3}{10}l\geqq4 \quad ……②$$

ここで $l\geqq1$ より $0<1-\frac{1}{2^l}<1$ であるから，$\frac{3}{10}l>3$ でなければならない。

$l>10$ より，$l=11$ のとき②の左辺は

$$1-\frac{1}{2^{11}}+\frac{33}{10}=\frac{43}{10}-\frac{1}{2^{11}}>\frac{43}{10}-\frac{1}{2^2}=4.3-0.25=4.05$$

となり②は成り立つ。

したがって，①が成り立つ最小の自然数 l は $\quad l=11 \quad (\rightarrow(\text{タ}))$

(3)(i) n が 3 の倍数でないのは，$n=3k+1$，$3k+2$（k は整数）であるが，$3k+2=3(k+1)-1$ であるから，$n=3k\pm1$ とした。

(ii) 「少なくとも一方は 3 の倍数である」の否定は「両方とも 3 の倍数ではない」であるから，(i)で示したことが利用できる。

Ⅲ　◆発想◆　(1)　ヒストグラムより各得点の度数分布表を作る。平均値は仮平均を考えて，数値を小さくして計算する。
(2)　変量の変換式より $\overline{x_\mathrm{B}}$, $s_\mathrm{B}{}^2$ がどのようになるかを考える。

解答　(1)　(チ) 95　(ツ) 94.5　(テ) 94　(ト) 2.6

(2)　(ナ) $\dfrac{s_\mathrm{A}}{s_\mathrm{B}}$　(ニ) $\overline{x_\mathrm{A}} - \dfrac{s_\mathrm{A}}{s_\mathrm{B}}\overline{x_\mathrm{B}}$

━━━━━━━◀解　説▶━━━━━━━

≪テストの得点の代表値，変量の変換と平均値，分散≫

(1)　ヒストグラムより，得点 x に対する度数を f とした度数分布表は右のようになる。

得点を x_i $(i=1,\ 2,\ \cdots,\ 10)$，$x_1 \leqq x_2 \leqq \cdots \leqq x_{10}$ とする。

平均値 $\overline{x}$ は仮平均を 95 として

x	f	$x-95$	$(x-95)f$	$(x-95)^2f$
93	2	-2	-4	8
94	3	-1	-3	3
95	1	0	0	0
96	2	1	2	2
97	1	2	2	4
98	1	3	3	9
計	10		0	26

$$\overline{x} = 95 + \frac{1}{10}\sum_{i=1}^{10}(x_i - 95)$$

$$= 95 + \frac{1}{10}\{(-2)\times 2 + (-1)\times 3 + 0 + 1\times 2 + 2 + 3\}$$

$$= 95 \quad (\to(チ))$$

分布表より $x_5 = 94$, $x_6 = 95$ であるから，中央値は

$$\frac{x_5 + x_6}{2} = 94.5 \quad (\to(ツ))$$

最頻値は度数が最も多い　94　(→テ)

偏差は $x_i - \overline{x} = x_i - 95$ であるから，分散は

$$\frac{1}{10}\sum_{i=1}^{10}(x_i - 95)^2 = \frac{1}{10}\{(-2)^2\times 2 + (-1)^2\times 3 + 0 + 1^2\times 2 + 2^2 + 3^2\}$$

$$= 2.6 \quad (\to(ト))$$

(2)　y の平均値，分散は，それぞれ $a\overline{x_\mathrm{B}} + b$, $a^2 s_\mathrm{B}{}^2$ となるから

$$a\overline{x_\mathrm{B}} + b = \overline{x_\mathrm{A}} \quad \cdots\cdots① , \quad a^2 s_\mathrm{B}{}^2 = s_\mathrm{A}{}^2 \quad \cdots\cdots②$$

$a>0$, $s_\mathrm{B}>0$, $s_\mathrm{A}>0$ であるから, ②より $\qquad a=\dfrac{s_\mathrm{A}}{s_\mathrm{B}}$ $\quad(\to\text{(ナ)})$

①より $\qquad b=\overline{x_\mathrm{A}}-\dfrac{s_\mathrm{A}}{s_\mathrm{B}}\overline{x_\mathrm{B}}$ $\quad(\to\text{(ニ)})$

IV

◇発想◇ $\overrightarrow{\mathrm{AB}}$, $\overrightarrow{\mathrm{AC}}$, $\overrightarrow{\mathrm{AD}}$ を基本ベクトルとするベクトル表示で考える。図形の特徴や対称性に注意する。$\overrightarrow{\mathrm{AB}}$ と $\overrightarrow{\mathrm{AD}}$, $\overrightarrow{\mathrm{AC}}$ と $\overrightarrow{\mathrm{AD}}$ の関係は等しい。

解答 (ヌ)$\dfrac{1}{2a}$ (ネ)$\overrightarrow{\mathrm{AB}}-\dfrac{1}{2}\overrightarrow{\mathrm{AD}}$ (ノ)$\dfrac{\sqrt{a^2+2}}{2}$ (ハ)$\dfrac{a^2}{4}$ (ヒ)$\dfrac{1}{3}$ (フ)$\sqrt{2}$

━━━━━◀解　説▶━━━━━

≪四面体と空間ベクトル≫

△DAB は DA＝DB の二等辺三角形であるから, 辺 AB の中点をMとすると

$\qquad$ DM⊥AB

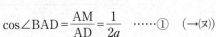

よって

$$\cos\angle\mathrm{BAD}=\dfrac{\mathrm{AM}}{\mathrm{AD}}=\dfrac{1}{2a}\quad\cdots\cdots①\quad(\to\text{(ヌ)})$$

また

$$\overrightarrow{\mathrm{EB}}=\overrightarrow{\mathrm{AB}}-\overrightarrow{\mathrm{AE}}=\overrightarrow{\mathrm{AB}}-\dfrac{1}{2}\overrightarrow{\mathrm{AD}}\quad(\to\text{(ネ)})$$

$$|\overrightarrow{\mathrm{EB}}|^2=\left|\overrightarrow{\mathrm{AB}}-\dfrac{1}{2}\overrightarrow{\mathrm{AD}}\right|^2=\left(\overrightarrow{\mathrm{AB}}-\dfrac{1}{2}\overrightarrow{\mathrm{AD}}\right)\cdot\left(\overrightarrow{\mathrm{AB}}-\dfrac{1}{2}\overrightarrow{\mathrm{AD}}\right)$$

$$=|\overrightarrow{\mathrm{AB}}|^2-\overrightarrow{\mathrm{AB}}\cdot\overrightarrow{\mathrm{AD}}+\dfrac{1}{4}|\overrightarrow{\mathrm{AD}}|^2$$

ここで①より

$$\overrightarrow{\mathrm{AB}}\cdot\overrightarrow{\mathrm{AD}}=\mathrm{AB}\cdot\mathrm{AD}\cdot\cos\angle\mathrm{BAD}=1\cdot a\cdot\dfrac{1}{2a}=\dfrac{1}{2}\quad\cdots\cdots②$$

であるから

$$|\overrightarrow{\mathrm{EB}}|^2=1-\dfrac{1}{2}+\dfrac{a^2}{4}=\dfrac{a^2+2}{4}$$

$|\overrightarrow{EB}|>0$ より　　$|\overrightarrow{EB}|=\dfrac{\sqrt{a^2+2}}{2}$　……③　（→(ノ)）

$\overrightarrow{EC}=\overrightarrow{AC}-\overrightarrow{AE}=\overrightarrow{AC}-\dfrac{1}{2}\overrightarrow{AD}$ より

$\quad\overrightarrow{EB}\cdot\overrightarrow{EC}=\left(\overrightarrow{AB}-\dfrac{1}{2}\overrightarrow{AD}\right)\cdot\left(\overrightarrow{AC}-\dfrac{1}{2}\overrightarrow{AD}\right)$

$\qquad=\overrightarrow{AB}\cdot\overrightarrow{AC}-\dfrac{1}{2}\overrightarrow{AB}\cdot\overrightarrow{AD}-\dfrac{1}{2}\overrightarrow{AD}\cdot\overrightarrow{AC}+\dfrac{1}{4}|\overrightarrow{AD}|^2$

ここで　　$\overrightarrow{AB}\cdot\overrightarrow{AC}=1\cdot1\cdot\cos60°=\dfrac{1}{2}$　（△ABC は正三角形より）

対称性より　　$\overrightarrow{AC}\cdot\overrightarrow{AD}=\overrightarrow{AB}\cdot\overrightarrow{AD}=\dfrac{1}{2}$　（②より）

よって

$\quad\overrightarrow{EB}\cdot\overrightarrow{EC}=\dfrac{1}{2}-\dfrac{1}{4}-\dfrac{1}{4}+\dfrac{a^2}{4}=\dfrac{a^2}{4}$　……④　（→(ハ)）

対称性より $|\overrightarrow{EC}|=|\overrightarrow{EB}|=\dfrac{\sqrt{a^2+2}}{2}$（③より）であるから，④より

$\quad\cos\angle BEC=\dfrac{\overrightarrow{EB}\cdot\overrightarrow{EC}}{|\overrightarrow{EB}||\overrightarrow{EC}|}=\dfrac{\dfrac{a^2}{4}}{\left(\dfrac{\sqrt{a^2+2}}{2}\right)^2}=\dfrac{a^2}{a^2+2}$　……⑤

⑤より，$a=1$ のとき　　$\cos\angle BEC=\dfrac{1}{3}$　（→(ヒ)）

$\angle BEC=60°$ のとき　　$\dfrac{1}{2}=\dfrac{a^2}{a^2+2}$

$a^2=2,\ a\geqq1$ より　　$a=\sqrt{2}$　（→(フ)）

V

◆発想◆　$F'(x)=f(x)$ であるから，$y=f(x)$ のグラフより $F'(x)=0$ となる x の値，$F'(x)>0$，$F'(x)<0$ となる x の範囲がわかる。

解答　(1)　右図。

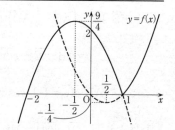

(2)　(ヘ)$0<k<\dfrac{9}{4}$

(3)　(ホ)$-x+2$　(マ)$\sqrt{2}$　(ミ)$\dfrac{4}{3}\sqrt{2}-\dfrac{4}{3}$

(4)　(ム)-2, 1　(メ)-2　(モ)$-\dfrac{10}{3}$

◀解　説▶

≪絶対値を含む関数のグラフ，接線，面積，不定積分≫

(1)　$x<1$ のとき

$$f(x)=(x+1)(-x+1-1)+2=-x^2-x+2$$

よって　$f(x)=-(x+2)(x-1)=-\left(x+\dfrac{1}{2}\right)^2+\dfrac{9}{4}$

$x\geqq1$ のとき

$$f(x)=(x+1)(x-1-1)+2=x^2-x$$

よって　$f(x)=x(x-1)=\left(x-\dfrac{1}{2}\right)^2-\dfrac{1}{4}$

以上より，$y=f(x)$ のグラフは〔解答〕の図のようになる。

(2)　方程式 $f(x)=k$ の実数解は，曲線 $y=f(x)$　……① と直線 $y=k$ ……②の共有点の x 座標に等しいから，(1)のグラフより①，②が 3 点で交わるときを求めて　$0<k<\dfrac{9}{4}$　(→(ヘ))

(3)　$x<1$ のとき，$f(x)=-x^2-x+2$，$f(0)=2$，$f'(x)=-2x-1$，$f'(0)=-1$ であるから，接線 l の方程式は

$$y=-x+2　(→(ホ))$$

直線 l は曲線 $y=f(x)$ $(x<1)$ の接線であるから，点 Q は直線 l と曲線 $y=f(x)$ $(x\geqq1)$ との共有点である。

$-x+2=x^2-x$ より　$x^2=2$

$x\geqq1$ より，Q の x 座標は　$x=\sqrt{2}$　(→(マ))

求める図形の面積は右図の網かけ部分より

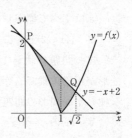

$$\int_0^1 \{-x+2-(-x^2-x+2)\}\,dx$$

$$+\int_1^{\sqrt{2}} \{-x+2-(x^2-x)\}\,dx$$

$$=\int_0^1 x^2\,dx+\int_1^{\sqrt{2}} (-x^2+2)\,dx$$

$$=\left[\frac{x^3}{3}\right]_0^1+\left[-\frac{x^3}{3}+2x\right]_1^{\sqrt{2}}$$

$$=\frac{4}{3}\sqrt{2}-\frac{4}{3}\quad(\rightarrow(ミ))$$

(4)　$F'(x)=f(x)$ であるから，$y=f(x)$ のグラフより $F'(x)=0$ となる x は

$$x=-2,\ 1\quad(\rightarrow(ム))$$

また，$F(x)$ の増減表は右のようになり，
$F(x)$ は $x=-2$ で極小かつ最小となる。

$(\rightarrow(メ))$

x	$\cdots$	-2	$\cdots$	1	$\cdots$
$F'(x)$	$-$	0	$+$	0	$+$
$F(x)$	$\searrow$	極小	$\nearrow$		$\nearrow$

最小値は

$$F(-2)=\int_0^{-2}(-x^2-x+2)\,dx=\left[-\frac{x^3}{3}-\frac{x^2}{2}+2x\right]_0^{-2}=-\frac{10}{3}\quad(\rightarrow(モ))$$

❖講　評

　大問 5 題の出題で，Ⅰ・Ⅱはさまざまな分野からの小問集合，Ⅲは独立した小問，Ⅳ・Ⅴは段階的に誘導される出題形式であった。Ⅱの(3)が証明問題，Ⅴの(1)がグラフの図示問題で，他はすべて空所補充形式である。

　Ⅰ　(4)条件付き確率では，問題にしている事象が 2，3，5 の目が出る場合とわかれば解ける。(5)実数係数の方程式は，共役複素数も解になることを使う。後半は〔解説〕で示したように，整式の割り算を利用して，計算量を減らす。(1)〜(3)は基本，(4)・(5)は標準レベルの問題である。

　Ⅱ　(1)方程式で解くより図形の性質を考えて解くほうが簡単である。(2)不等式は数値を代入して解を見つける。(3)(ii)は(i)からの流れを考えれば，両辺を 3 で割った余りに注目することで簡単に矛盾が示せる。(1)

〜(3)はすべて標準レベルの問題である。

Ⅲ (1)・(2)ともに基本レベル。ここは確実に解きたい。

Ⅳ 問題の誘導で $\overrightarrow{AB}$, $\overrightarrow{AC}$, $\overrightarrow{AD}$ で考えるようになっているが，図形が正三角錐で二等辺三角形，正三角形が現れるので，余弦定理などを使い平面図形の問題として解くことができる。標準レベルの問題である。

Ⅴ (1)の $y=f(x)$ のグラフが，後の設問に関係しているので，慎重に解きたい。(4)先に $F(x)$ の導関数 $f(x)$ の正負が(1)のグラフからわかっているので，すぐに $F(x)$ の増減表が作れる。標準レベルの問題である。

全体として，標準レベルの問題が中心である。計算量の多い問い，答えの示しにくい問いがなく，例年よりはやや易化している。ただし問題の分量は多いので，計算の工夫が必要である。

■化学■

1 **解答**　設問1．あ．反比例　い．ボイル　う．絶対温度
え．比例　お．シャルル　か．状態方程式
き．分子間力　く．溶解度　け．再結晶　こ．緩衝　さ．活物質
し．放電　す．起電力　せ．充電　そ．酸化　た．還元
設問2．ア．Pb　イ．PbO_2　ウ．H_2SO_4　エ．$PbSO_4$　オ．Cl^-
カ．Cl_2　キ．H_2O　ク・ケ．H_2, OH^-（順不同）　コ．NaOH
設問3．156 g
設問4．反応式：$CO_2 + H_2O \rightleftharpoons H^+ + HCO_3^-$
説明：炭酸水素イオンと取り込まれた水素イオンが結合して H_2CO_3 となるため，pH がほとんど変化しない。（50字以内）
設問5．$Pb + PbO_2 + 2H_2SO_4 \rightleftharpoons 2PbSO_4 + 2H_2O$
設問6．1.93×10^2 秒

◀解　説▶

≪気体の法則，固体の溶解度，緩衝液，鉛蓄電池，電気分解≫
設問1・設問2．温度一定のとき，一定量の気体の体積が圧力に反比例する関係をボイルの法則という。また，圧力一定のとき，一定量の気体の体積が絶対温度に比例する関係をシャルルの法則という。物質量 n〔mol〕の気体について，圧力を P，体積を V，気体定数を R，絶対温度を T とすると，気体の種類に関係なく，気体の状態方程式 $PV=nRT$ が得られる。実在気体では，分子自身に体積があり，分子間に分子間力がはたらくため，厳密には気体の状態方程式には従わない。

　一定の溶媒に溶ける溶質の量には限度がある。この限度の量を溶解度という。温度による溶解度の違いなどを利用して，固体物質を精製する操作を再結晶という。

　弱酸とその塩，あるいは弱塩基とその塩の混合水溶液は，少量の酸や塩基が加えられても pH があまり変化しない。このように水溶液の pH をほぼ一定に保つ作用を緩衝作用という。

　鉛蓄電池は二次電池で，負極活物質に鉛 Pb，正極活物質に酸化鉛（Ⅳ）

PbO_2, 電解液に希硫酸 H_2SO_4 を用いる。放電させると, 両極の表面に硫酸鉛 (Ⅱ) $PbSO_4$ が生じ, 起電力はしだいに低下する。放電時とは逆向きに電流を流せば, 鉛蓄電池を充電でき, 起電力は回復する。

炭素電極を用いて塩化ナトリウム水溶液を電気分解すると, 陽極では, Cl^- が酸化されて, 塩素 Cl_2 が発生する。一方, 陰極では H_2O が還元されて H_2 と OH^- が生じる。電気分解によって, 水溶液中の Cl^- が減少し, その分 OH^- 濃度が増加するので, 陰極側の水溶液を濃縮すると水酸化ナトリウム $NaOH$ が得られる。

設問 3. 60℃の硝酸カリウムの飽和水溶液 210 g を 20℃に冷却すると, 溶解度の差, すなわち $110-32=78$〔g〕の結晶が析出する。したがって, 飽和水溶液 420 g を冷却したときの析出量を x〔g〕とすると

$$\frac{78}{210} = \frac{x}{420} \qquad \therefore \quad x = 156 〔g〕$$

設問 4. ヒトの血液は, 主に細胞の呼吸で放出された二酸化炭素が血液中に溶け込み, さらに炭酸が炭酸水素イオンとなって緩衝溶液をつくり, pH は約 7.4 に保たれている。体内の水素イオンの濃度が上昇したとき, 炭酸水素イオンと反応して炭酸に変化するため, pH はほとんど変化しない。

$$CO_2 + H_2O \rightleftarrows H_2CO_3 \rightleftarrows H^+ + HCO_3^-$$

設問 5. 鉛蓄電池は, 負極で鉛 Pb が酸化され, 正極で酸化鉛 (Ⅳ) PbO_2 が還元される。したがって, 両極の反応は次のようになる。

〔負極〕 $Pb + SO_4^{2-} \longrightarrow PbSO_4 + 2e^-$

〔正極〕 $PbO_2 + 4H^+ + SO_4^{2-} + 2e^- \longrightarrow PbSO_4 + 2H_2O$

〔全体の反応〕 $Pb + PbO_2 + 2H_2SO_4 \longrightarrow 2PbSO_4 + 2H_2O$

設問 6. 電流を流した時間を x〔s〕とすると, 流れた電子の物質量は

$$\frac{15.0 \times x}{9.65 \times 10^4} 〔mol〕$$

塩化ナトリウム水溶液を電気分解すると, 陽極では Cl^- が酸化されて Cl_2 が生じ, 陰極では H_2O が還元されて H_2 と OH^- が生じる。

〔陽極〕 $2Cl^- \longrightarrow Cl_2 + 2e^-$

〔陰極〕 $2H_2O + 2e^- \longrightarrow H_2 + 2OH^-$

$\qquad\qquad 2OH^- + 2Na^+ \longrightarrow 2NaOH$

したがって，電子 1 mol が流れると，NaOH が 1 mol 生成するので

$$\frac{15.0 \times x}{9.65 \times 10^4} = 3.00 \times 10^{-2} \qquad \therefore \quad x = 193 \text{〔秒〕}$$

2 解答

設問 1．ア．鎖式　イ．価　ウ．炭素原子　エ．高級
オ．低級　カ．定数　キ．加水分解
ク．水酸化物イオン　ケ．グリセリン（1,2,3-プロパントリオール）
コ．エステル　サ．飽和　シ．不飽和　ス．ヨウ素　セ．平均
ソ．分子量　タ．度　チ．融点　ツ．ニッケル　テ．水素　ト．硬化油
ナ．マーガリン　ニ．けん化　ヌ．水酸化カリウム　ネ．式量

設問 2．I：$CH_3COOH + H_2O \rightleftharpoons CH_3COO^- + H_3O^+$

　　　　　$(CH_3COOH \rightleftharpoons CH_3COO^- + H^+)$

　　　　II：$CH_3COO^- + H_2O \rightleftharpoons CH_3COOH + OH^-$

設問 3．(a) 酢酸の初濃度を c〔mol/L〕，電離定数を K_a〔mol/L〕とすると

$$[H^+] = \sqrt{cK_a} = \sqrt{3.7 \times 10^{-2} \times 2.7 \times 10^{-5}} \fallingdotseq 1.0 \times 10^{-3} \text{〔mol/L〕}$$

$[H^+]$ の値から pH を求める式は　　$pH = -\log_{10}[H^+]$

したがって　　$pH = -\log_{10}(1.0 \times 10^{-3}) = 3.0$ ……（答）

(b) 油脂を構成する脂肪酸が全てリノール酸の場合　　$M = 878$，$n = 6$

$$\text{ヨウ素価} = \frac{100}{878} \times 6 \times 254 = 173.5 \fallingdotseq 174 \quad \text{……（答）}$$

(c) 油脂 1.00 mol 中に含まれる各脂肪酸の物質量は，
　　ステアリン酸：0.75 mol，オレイン酸：1.44 mol，
　　リノール酸：0.81 mol
　　必要な水素の物質量 $= 1 \times 1.44 + 2 \times 0.81 = 3.06$〔mol〕 ……（答）

◀解　説▶

≪脂肪酸，電離平衡，油脂≫

設問 1．鎖式の 1 価のカルボン酸を，特に脂肪酸という。脂肪酸のうち，炭化水素基がすべて単結合のものを飽和脂肪酸，不飽和結合を含むものを不飽和脂肪酸という。また，炭素原子の数の多い脂肪酸を高級脂肪酸，炭素原子の数が少ない脂肪酸を低級脂肪酸という。

　電離平衡における平衡定数を電離定数という。また，酢酸ナトリウムの

ような強塩基と弱酸の塩を水に溶かすと，水溶液が弱塩基性を示す。このような現象を塩の加水分解という。

　油脂は，高級脂肪酸とグリセリン（1,2,3-プロパントリオール）のエステルである。油脂 100 g に付加するヨウ素 I_2（分子量 254）の質量（g 単位）の数値をヨウ素価という。油脂中の C=C 結合 1 個（1 mol）にヨウ素分子 1 個（1 mol）の割合で付加するので，油脂の平均分子量を M，油脂の不飽和度を n とすると，次のような式になる。

$$ヨウ素価 = \frac{100}{M} \times n \times 254$$

　一般に，油脂の融点はヨウ素価が大きくなるほど，つまり C=C 結合が多いほど低くなる。ヨウ素価が大きな油脂に，ニッケルなどを触媒として水素を付加させると固化する。こうしてできた油脂を硬化油といい，植物性油脂からつくった硬化油はマーガリンの原料となる。

　油脂 1 g をけん化するのに必要な水酸化カリウムの質量〔mg〕の数値をけん化価という。油脂 1 mol を完全にけん化するには，3 mol の KOH（式量 56）が必要で，油脂の平均分子量を M とすると，次のような式になる。

$$けん化価 = \frac{1}{M} \times 3 \times 56 \times 10^3$$

設問 2．酢酸は弱電解質であるので，酢酸を水に溶かすと，水溶液中でその一部の分子だけが電離し，残りの大部分は分子のままで存在している。電離によって生じたイオンと電離していない分子との間には，次のような平衡が成立している。

$$CH_3COOH + H_2O \rightleftharpoons CH_3COO^- + H_3O^+$$

　酢酸ナトリウムを水に溶かすと，次のように電離する。

$$CH_3COONa \longrightarrow CH_3COO^- + Na^+$$

このとき，酢酸は弱酸で溶解度が小さいので，電離した CH_3COO^- の一部は，水と反応して CH_3COOH になる。

$$CH_3COO^- + H_2O \rightleftharpoons CH_3COOH + OH^-$$

設問 3．(a)　酢酸は次のような電離平衡が成立する。

$$CH_3COOH \rightleftharpoons CH_3COO^- + H^+$$

酢酸の初濃度を c〔mol/L〕，電離度を α とすると，電離定数 K_a〔mol/L〕

は

$$K_{a} = \frac{[CH_3COO^-][H^+]}{[CH_3COOH]} = \frac{c\alpha \times c\alpha}{c(1-\alpha)} = \frac{c\alpha^2}{1-\alpha}$$

酢酸は弱酸なので，$1-\alpha \fallingdotseq 1$ と近似できる。

よって　　$K_a = c\alpha^2$ となり，$0 < \alpha < 1$ より　　$\alpha = \sqrt{\dfrac{K_a}{c}}$

水素イオン濃度 $[H^+] = c\alpha = c\sqrt{\dfrac{K_a}{c}} = \sqrt{cK_a}$ より

$$[H^+] = \sqrt{3.7 \times 10^{-2} \times 2.7 \times 10^{-5}} \fallingdotseq 1.0 \times 10^{-3} [mol/L]$$

したがって　　$pH = -\log_{10}(1.0 \times 10^{-3}) = 3.0$

(b)　リノール酸 $C_{17}H_{31}COOH$ の 1 分子中に C=C 結合は 2 個存在するから，すべてリノール酸で構成される油脂 $(C_{17}H_{31}COO)_3C_3H_5$（分子量 878）の不飽和度 n は 6 である。したがって，この油脂のヨウ素価は次のようになる。

$$ヨウ素価 = \frac{100}{M} \times n \times 254 = \frac{100}{878} \times 6 \times 254 = 173.5 \fallingdotseq 174$$

(c)　油脂 1.00 mol は 3.00 mol の脂肪酸を含むから，油脂 1.00 mol 中に含まれる各脂肪酸の物質量は，ステアリン酸：$3 \times 0.25 = 0.75$ [mol]，オレイン酸：$3 \times 0.48 = 1.44$ [mol]，リノール酸：$3 \times 0.27 = 0.81$ [mol] である。また，ステアリン酸は飽和脂肪酸であり，C=C 結合はオレイン酸 $C_{17}H_{33}COOH$ の 1 分子中に 1 個存在し，リノール酸 $C_{17}H_{31}COOH$ の 1 分子中に 2 個存在する。したがって，付加するのに必要な水素の物質量は次のようになる。

$$必要な水素の物質量 = 0 \times 0.75 + 1 \times 1.44 + 2 \times 0.81$$
$$= 3.06 [mol]$$

3　**解答**　設問 1．あ．疎水　い．凝析　う．弾性　え．架橋
お．1,3-ブタジエン（ブタジエン）　か．水溶（親水）
き．ヨードホルム　く．2

設問 2．化合物 A：$CH_3-C\overset{CH_2-CH_2}{\underset{CH-CH_2}{\big\langle}}CH-C\overset{CH_3}{\underset{CH_2}{\big\langle}}$

化合物 B：$CH_3-CO-CH_2-CH_2-\underset{\underset{CO-CH_3}{|}}{CH}-CH_2-CHO$

設問3.

$$\cdots\text{-CH}_2\underset{\text{CH}_3}{\diagdown}\text{C=C}\overset{\text{H}}{\diagup}\text{CH}_2\text{-CH}_2\underset{\text{CH}_3}{\diagdown}\text{C=C}\overset{\text{CH}_2\text{-}\cdots}{\diagup}_{\text{H}}$$

設問4. i) ポリイソプレンの質量：$2.5 \times 68.0 = 170$〔g〕

加硫%：$\dfrac{56.1}{170} \times 100 = 33$〔%〕

ii) 黒色の硬いゴム（10字以内）

設問5. ⬡-CHO

設問6. アンモニア性硝酸銀水溶液中の銀イオンがアルデヒドによって還元され，銀が析出する。(40字程度)

━━━━━━━ ◀解　説▶ ━━━━━━━

≪ゴム，炭化水素の構造決定≫

設問1. 天然ゴムのラテックスは，炭化水素からなるポリマーが水中に分散したコロイド溶液である。これに酢酸などを加えると電気的な反発力が失われて，ゴムのコロイド粒子は凝析され沈殿する。天然ゴムのポリイソプレン鎖は，C=C 結合の部分がすべてシス形である。ゴム中の高分子は平均的には丸まった形をしており，引っ張ると伸びた形となる。しかし，伸びた形は不安定で，もとの丸まった形へと自然に戻っていく。こうしてゴム特有の弾性が現れる。生ゴムに硫黄を数%加えて加熱すると，ゴム分子のところどころに硫黄原子による架橋構造が生じて，ゴムの弾性，強度，耐久性などが向上した弾性ゴムになる。ブタジエンに少量のスチレンを加えて共重合させると，スチレン-ブタジエンゴム（SBR）が得られる。SBR は機械的な強度が大きく，自動車のタイヤなどに用いられる。

　ポリ酢酸ビニルを水酸化ナトリウム水溶液で加水分解すると，ポリビニルアルコール（PVA）が得られる。PVA は，親水性のヒドロキシ基を多く含む鎖状高分子のため，水によく溶け親水コロイド溶液となる。

　$CH_3CO\text{-}R$ の構造をもつケトンやアルデヒド，$CH_3CH(OH)\text{-}R$ の構造をもつアルコールはヨウ素と水酸化ナトリウム水溶液を反応させると，特有の臭気をもつヨードホルム CHI_3 の黄色沈殿を生じる。

　化合物Aに水素を付加させると，分子式が $C_{10}H_{20}$ の化合物Cが得られる。したがって，炭素Cの数より化合物Aはイソプレン分子 C_5H_8 が2個

結合してできた構造を有するとわかる。また，化合物Ａをオゾン分解すると，ホルムアルデヒド HCHO 1mol と分子式 $C_9H_{14}O_3$ の化合物Ｂが得られることからも，化合物Ａはイソプレン分子 C_5H_8 が２個結合した，分子式が $C_{10}H_{16}$ のものであることがわかる。

設問２．化合物Ｃの分子式が $C_{10}H_{20}$ で，化合物Ａの分子式が $C_{10}H_{16}$ であるから，化合物Ａは化合物Ｃの単結合が２カ所で C＝C 結合になった化合物である。オゾン分解するとアルケンからアルデヒドまたはケトン（カルボニル化合物）が生成する。

$$\begin{matrix} R_1 \\ R_2 \end{matrix} C=C \begin{matrix} R_3 \\ H \end{matrix} \longrightarrow \begin{matrix} R_1 \\ R_2 \end{matrix} C=O + O=C \begin{matrix} R_3 \\ H \end{matrix}$$

化合物Ａ 1mol をオゾン分解すると，ホルムアルデヒド 1mol と化合物Ｂが生じるから，化合物Ａは側鎖に CH_2=C 結合が存在する。化合物Ｂは還元性を有するからホルミル（アルデヒド）基 −CHO をもつ。また，ヨードホルム反応するとヨードホルムが 2mol 生じるから，化合物Ｂには CH_3CO−R の構造が２カ所存在する。

したがって，化合物Ａは下図の化合物Ｃの２位と３位のＣ原子間と６位と７位のＣ原子間に二重結合が存在する。

$$CH_3-\overset{2}{C} \overset{\overset{CH_2-CH_2}{}}{\underset{\underset{CH_2-CH_2}{}}{}} \overset{5}{CH} - \overset{6}{C} \overset{\overset{CH_3}{}}{\underset{\underset{CH_3}{}}{}}$$

設問３．イソプレンの付加重合では，両端の１，４位の炭素原子どうしで付加重合し，中央部の２，３位の炭素原子間に新たな二重結合が形成される。二重結合に対して置換基が同じ側に結合したものをシス形という。

$$n \overset{1}{CH_2} \overset{2}{\underset{CH_3}{C}} = \overset{3}{C} \overset{4}{\underset{H}{CH_2}} \xrightarrow{1,4 付加} \left[\overset{1}{CH_2} \overset{2}{\underset{CH_3}{C}} = \overset{3}{C} \overset{4}{\underset{H}{CH_2}} \right]_n$$

イソプレン　　　　シス-1,4-ポリイソプレン

設問４．ｉ）同じ量のポリイソプレンを乾留すると，イソプレン C_5H_8（分子量 68.0）が 2.5mol 得られるから，ポリイソプレンの質量は $2.5 \times 68.0 = 170$〔g〕になる。したがって，加えた硫黄の質量パーセントは

$$\frac{56.1}{170} \times 100 = 33〔\%〕$$

ｉｉ）生ゴムに硫黄を 30〜50 ％加えて長時間加熱すると，エボナイトとよ

ばれる黒色の硬いプラスチック状の物質が得られる。

設問 5．スチレンをオゾン分解すると，ホルムアルデヒドとベンズアルデヒド（化合物 D）が生成する。

設問 6．アルデヒドをアンモニア性硝酸銀水溶液に加えて穏やかに加熱すると，銀イオンが還元されて銀が析出する。

$$RCHO + 2[Ag(NH_3)_2]^+ + 3OH^-$$
$$\longrightarrow RCOO^- + 2Ag + 4NH_3 + 2H_2O$$

❖講　評

　2022 年度も例年通り大問 3 題の出題であり，理論が 1 題，有機が 2 題出題された。標準的な問題が多く，難易度も例年並みであった。

　1．気体の法則，固体の溶解度，緩衝液，鉛蓄電池，電気分解に関する基本的な問題である。設問 3 は溶解度を利用した再結晶の計算問題であるが，基本的な問題である。設問 4 は血液中での電離平衡に関する問題であるが，血液中で炭酸水素イオンと炭酸が緩衝作用をすることを知らないと難しい。設問 5 は鉛蓄電池に関する基本的な問題である。設問 6 は電気分解に関する計算問題であるが，流れた電子と生成する水酸化ナトリウムの物質量の関係がわかれば基本的な問題である。

　2．脂肪酸，電離平衡，油脂に関する標準的な問題である。設問 1 は空欄に当てはまる適切な語句を答える問題であるが，1 つの単語を 2 つの空欄に分けて表しているものがある点には戸惑うかもしれない。設問 3 は，水素イオン濃度，ヨウ素価，水素の付加反応に関する計算問題である。ヨウ素価は問題文通りにすれば，基本的な問題である。水素の付加反応の計算問題では，油脂 1 mol に含まれる各脂肪酸の物質量がわかるかどうかが鍵になる。

　3．ゴム，炭化水素の構造決定に関するやや難しい問題である。設問

　2は炭化水素の構造決定問題である。オゾン分解やヨードホルム反応に関する知識が必要であり，問題文を理解し，化合物Aの構造式を化合物Cより推理していくことが求められる，思考力を要する問題である。設問3のポリイソプレンの構造はシス形に留意する。設問4は生ゴムに加える硫黄の量による違いを理解することが必要である。設問6は銀鏡反応に関する論述問題である。銀鏡反応の試薬はアンモニア性硝酸銀水溶液を用いる。

生物

I 解答

問1. あ. クエン酸　い. 基質レベルのリン酸化
う. NADH　え. $FADH_2$　お. 電子伝達

問2. (1)名前：ナトリウムポンプ（ナトリウム-カリウム ATP アーゼ）
輸送のしくみ：能動輸送

(2)名前：カリウムチャネル（カリウム漏洩チャネル）　膜電位：(d)

(3)脱分極

問3. (1)ピルビン酸　(2)消費：2分子　生産：4分子

問4. (d)

問5. (1)ア. 6　イ. 12　ウ. 2　エ. 2　(2)207 mg

問6. (1)遺伝子Xの発現には，タンパク質Aが受容体Bに結合することで
活性化されたタンパク質Cと，正常なタンパク質Dが必要である。（2行
以内）

(2)活性化されたタンパク質Cはタンパク質Dに結合して遺伝子Xの発現を
促進する。
（1行以内）

◀解　説▶

≪細胞の構造と代謝，膜電位，電子伝達，シグナル伝達経路≫

問1. あ. クエン酸回路ではアセチル CoA のアセチル基を酸化し，2分
子の CO_2 に変換するが，アセチル基の C-C 結合を直接切断するのは困難
であるため，最初の反応でアセチル CoA をオキサロ酢酸（C_4 化合物）と
縮合させてクエン酸（C_6 化合物）に変換し，その後，1つずつ CO_2 を切
り離して C_4 化合物にする。

い. 基質レベルのリン酸化とは，高エネルギー化合物からアデノシン二リ
ン酸（ADP）へリン酸基を転移させてアデノシン三リン酸（ATP）をつ
くる酵素反応である。一方，酸化的リン酸化とは，NADH や $FADH_2$ を
介した電子伝達と H^+ の濃度勾配による ATP の合成である。

う. ニコチンアミドアデニンジヌクレオチドは酸化型（NAD^+）と還元型
（NADH）の2つの状態をとる。

$$NAD^+ + 2e^- + 2H^+ \rightleftharpoons NADH + H^+$$

え．フラビンアデニンジヌクレオチドも酸化型（FAD$^+$）と還元型
（FADH$_2$）の 2 つの状態をとる。

$$FAD^+ + 2e^- + 2H^+ \rightleftharpoons FADH_2$$

お．電子伝達系は，電子供与体（NADH，FADH$_2$）と電子受容体となる
一連の酵素群からなる。電子供与体から電子受容体に電子が渡されるとエ
ネルギーが放出されてプロトンポンプが働き，ミトコンドリア内膜の内外
にプロトン勾配が形成される。この勾配を用いて ADP が ATP にリン酸
化されるので，酸化的リン酸化と呼ばれる。

問 2 ．(1)　ナトリウムポンプは細胞膜に埋め込まれたタンパク質のポンプ
で，ATP を 1 分子消費するごとに 3 個の Na$^+$ を細胞外に排出し，2 個の
K$^+$ を細胞内に取り込む。

(2)　K$^+$ は細胞内の濃度が高く，常に開いているカリウム漏洩チャネルを
介して常に細胞の外に流れ出ようとしている。この K$^+$ の流出により，細
胞内に負の電位が発生し，その電位差は約 -70 mV である。

(3)　ニューロンが刺激を受けると細胞膜のイオン透過性が変化し，細胞内
に Na$^+$ が流入して膜電位は正方向に変化する。これを脱分極という。こ
れに対して，脱分極後に膜電位が再び負の方向に変化することを再分極，
また静止電位を超えてさらに負の電位となることを過分極という。

問 3 ．(1)　解糖系の反応式は以下のようになる。

$$C_6H_{12}O_6 + 2NAD^+ \longrightarrow 2C_3H_4O_3 \text{（ピルビン酸）} + 2NADH + 2H^+$$

(2)　1 分子のグルコースからフルクトース-1,6-ビスリン酸までのリン酸
化に ATP が 2 分子消費される。次に，2 分子の 1,3-ビスホスホグリセリ
ン酸から 2 分子のピルビン酸になるまでに 4 分子の ATP が生産される。

問 4 ．マトリックスのクエン酸回路で生じた還元型補酵素はクリステ上
（ミトコンドリア内膜上）に並ぶ電子伝達系に電子を渡し，その際，水素
イオンがマトリックス側から膜間腔（クリステ内腔）へ汲み出されるので，
(d)が正しい。(b)は，前述の酸化的リン酸化が起こるときの H$^+$ の移動であ
る。

問 5 ．(2)　呼吸とアルコール発酵の各反応式とともに，グルコース 1 mol
（180 g）あたりの反応に関する各物質の量的関係を下に示した。二酸化
炭素の放出は，呼吸によるものとアルコール発酵によるものがあるので，

それぞれ x〔mg〕, z〔mg〕とおくと, 放出された二酸化炭素量は, $x+z=330$〔mg〕と表せる。また, 求めるエタノールは y〔mg〕とする。

$$C_6H_{12}O_6 + 6O_2 + 6H_2O \longrightarrow 6CO_2 + 12H_2O$$

180g	6×32g		6×44g	
	96mg		x〔mg〕	

$$C_6H_{12}O_6 \longrightarrow 2C_2H_5OH + 2CO_2$$

180g　　　　　　　　　　　　2×46g　　2×44g
　　　　　　　　　　　　　　y〔mg〕　z〔mg〕

呼吸の反応式から x を比例計算で求めると

$$x = \frac{6 \times 44 \times 96}{6 \times 32} = 132 \,〔mg〕$$

よって, アルコール発酵で発生した二酸化炭素量は

$$z = 330 - 132 = 198 \,〔mg〕$$

アルコール発酵の反応式を利用して, y を比例計算で求めると

$$y = \frac{2 \times 46 \times 198}{2 \times 44} = 207 \,〔mg〕$$

問6. 各実験の結果からわかる内容をまとめると,

実験①：タンパク質Aが存在していても, 受容体Bが欠損していると遺伝子Xが発現しない。

実験②：受容体Bが欠損していても, 活性化されたタンパク質Cがあれば遺伝子Xは発現する。

実験③：受容体Bが欠損している状態でも, タンパク質Dと活性化されたタンパク質Cがあれば, 遺伝子Xが発現するが, タンパク質Dが機能を失えば遺伝子Xは発現しない。したがって, 遺伝子Xが発現するには活性化されたタンパク質Cと正常なタンパク質Dが必要である。

実験④：タンパク質Dと特異的に結合する抗体をつけたビーズに, タンパク質Dとタンパク質Cが結合していた。タンパク質Cはタンパク質Dと結合することで, ビーズに結合したと考えられる。

(1) 本問のシグナル伝達系は, 実験①②から, タンパク質A→受容体B→タンパク質Cの順序であることがわかる。また, 実験③から, タンパク質C→タンパク質D→遺伝子Xの順序であることがわかる。

(2) 実験③④から, タンパク質Dに活性化されたタンパク質Cが結合することで, 遺伝子Xの発現が促進されることがわかる。

Ⅱ　**解答**　問１．A—(ス)　B—(タ)　C—(ヒ)　D—(ア)　E—(ソ)
　　　　　　　F—(ウ)　G—(ト)　H—(チ)　I—(サ)　J—(フ)

問２．水温が高くなって海水の体積が膨張する。

問３．(1)—(ウ)　(2)—(イ)　(3)—(イ)

問４．(1)キーストーン種

(2)生物群集における種多様性は，大規模でも小規模でもなく，中間的な規模のかく乱を受ける場合に最大になるとする仮説。（2行以内）

(3)個体群の遺伝的多様性が大きいほど，環境変動が起こっても生存できる個体の割合が大きくなり，子孫を残しやすいという利点がある。（2行以内）

問５．(1)体外へ排出されにくい　(2)富栄養化

問６．プラスチックごみが詰まり本来の消化機能が衰えたり，消化管が傷ついたりした。また，蓄積したプラスチックごみにより常に満腹感を抱き，摂食せずに栄養失調となった。（2行以内）

━━━━━━━━━◀解　説▶━━━━━━━━━

≪地球温暖化，かく乱，絶滅危惧種，生物濃縮，系統分類≫

問１．B．メタン（CH_4）は二酸化炭素に次ぐ温室効果ガスで，全ての温室効果ガスが地球温暖化に与える影響のうち約 23 ％分を担っているといわれている。

C．環境省が作成したレッドリストは，絶滅の危険度の高さによって，絶滅種，野生絶滅種，絶滅危惧種，準絶滅危惧種などに分けられている。

D．ワシントン条約には，2022 年 1 月現在で 184 カ国・地域が締約国になっている。保護が必要と考えられる野生動植物を附属書Ⅰ，Ⅱ，Ⅲの3つの分類に区分し，それぞれの必要性に応じて国際取引の規制をしている。

E．外来生物の中でも，移入先の地域の自然環境に大きな影響を与え，生物多様性を脅かすおそれのあるものを侵略的外来生物といい，この中で法律に基づき環境省が指定した生物を特定外来生物という。環境省および農林水産省が 2015 年に侵略的外来種 429 種類を生態系被害防止外来種リストとして公表している。

F．独立栄養生物の有機物の合成方法には，エネルギー源として光エネルギーを用いる光合成と，無機物の酸化によって生じるエネルギーを利用する化学合成がある。これに対し，動物や寄生植物，菌類などはエネルギー

源を他種生物に依存しており，これを従属栄養という。

G．同化には炭酸同化と窒素同化がある。同化とは反対に，分子の大きい複雑な化合物を消化・代謝してより簡単な化合物に分解する反応を異化という。

H．純生産量は以下のように示すことができる。

　　　純生産量＝総生産量－呼吸量＝植物体増加量＋枯死量＋被食量

I．硝化細菌による硝化によって得られた NO_3^- を植物が取り込み，同化的硝酸還元（$NO_3^- \longrightarrow NH_4^+$）を行ったのち，窒素同化を行う。

問2．水温が高くなって海水の体積が膨張することも海面上昇の原因の1つである。20℃の海水が1℃上昇すると，体積が約 0.025 ％膨張する。

問3．(1)　(ア)カイメンは海綿動物，(イ)プラナリアは扁形動物，(エ)ワムシは輪形動物である。

(2)　片利共生は共生関係の2種の生物のうち，どちらか一方のみが利益を受ける場合である。(ア)，(ウ)，(エ)は相利共生である。

(3)　刺胞動物は，(ア)内胚葉と外胚葉からなる二胚葉性の動物である。また，(ウ)散在神経系（神経網）で，(エ)刺胞をもつが，(イ)消化管は貫通しておらず，口と肛門の区別はない。

問4．(1)　例えば，大量のウニを捕食するラッコによりウニの増殖は抑えられるが，ラッコがいなくなるとウニ個体群が大きくなり，海藻が過剰に採食されて海底が裸地化する。その結果，海藻を採食しているウニ以外の生物も生息できなくなる。この場合のラッコがキーストーン種であり，キーストーン種は食物連鎖の上位捕食者であることが多い。

(2)　生物群集においてかく乱の程度が小さいときは，優占種による他種の競争的排除が起こり，優占種が群集の大部分を占めることになる。一方，かく乱の程度が大きいときは，ストレスに対して寛容性をもつ特定の種のみが存続することになり，どちらの場合も結果的に種多様性は低くなる。

(3)　遺伝的多様性の小さな個体群は，特定の病気や天敵に対して弱く，また，近親交配による近交弱勢の影響を受けやすい。そのため，環境変動に際して生き残ることができず，死滅する可能性が高くなる。

問5．(1)　生物濃縮に関与する物質を，残留性有機汚染物質といい，ダイオキシン類や PCB（ポリ塩化ビフェニル），DDT といった化学物質が挙げられる。体外に排出されにくいのは，親油性であるために脂肪組織に蓄

積されやすいからである。

⑵　富栄養化の原因となるのは，水中の植物プランクトンの栄養となる窒素やリンである。窒素は食品や排泄物，金属加工において使用するアンモニアガスに多く含まれ，リンは洗剤に含まれる。家庭や工場などから出る排水は下水処理場で処理を行うが，通常の方法ではこれらを十分に除去することはできない。

問6．すぐに思いつくのは消化機能の低下や胃などが傷つくストレスである。マッコウクジラはハクジラの仲間で，プランクトンなどを食すヒゲクジラの仲間とは異なり，魚やイカ，タコ等を主食とする。マッコウクジラはビニール袋等の海洋に浮かぶプラスチックごみをエサと誤認し捕食したと考えられる。プラスチックは食べても消化されず胃にとどまり，満腹感を常に覚え，摂食しなくなったと考えられる。実際にクジラの死骸が見つかったケースで，死因が餓死と推定される例も多い。

Ⅲ　**解答**　問1．あ．アーキア　い．カンブリア　う．中胚葉
　　　　　　　　　え．ホメオティック

問2．⑴全球凍結（スノーボールアース）　⑵種小名　⑶—(a)

問3．アポトーシスにより，131 個の細胞が特定の時期と部位で消滅するから。（1行以内）

問4．⑴適している分子系統樹：DNA 配列

理由：塩基配列の変異があってもアミノ酸が変化しない場合があるから。
　（1行以内）

⑵(a)D　(b)D/K　(c)D/E　(d)D　⑶—(b)

問5．⑴—(a)　⑵—(a)　⑶—(d)

⑷

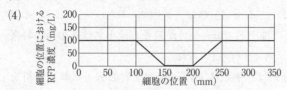

問6．⑴ヘテロ接合　⑵—(b)

■━━ ◀解 説▶ ━━■

≪生物進化の歴史と系統，動物の系統と発生，転写の誘導≫

問1．あ．ドメインは界よりも上の分類である。3ドメイン説においては，細菌（バクテリア）ドメイン，古細菌（アーキア）ドメイン，真核生物（ユーカリア）ドメインの3つの分類群がある。

い．古生代カンブリア紀の5億4200万年前から5億3000万年前の間に，現在見られる動物の門がほぼ出そろったとされている。これをカンブリア大爆発と呼ぶ。

う．胚の植物極側には VegT と呼ばれる調節タンパク質が局在しており，背側ではディシェベルドタンパク質の働きによってβカテニンの濃度が上昇する。VegT とβカテニンは予定内胚葉域にノーダル遺伝子を発現させ，ノーダルタンパク質の濃度勾配ができる。この濃度勾配により中胚葉が誘導される。

え．生物が発生，分化していくためのカギとなる遺伝子をホメオティック遺伝子という。例えば，ショウジョウバエでは，ある体節の構造が別の体節の構造に変異するホメオーシス（ホメオティック突然変異）という現象があるが，このような変異の原因となる遺伝子がホメオティック遺伝子である。

問2．(1) 南オーストラリアの約7億年前の地層から発見された氷河堆積物が，堆積時にはほぼ赤道直下に位置していたことがわかり，地球でもっとも暑いはずの赤道が氷に覆われていたということは，地球全体が氷に覆われていたということになり，スノーボールアース仮説が提唱された。全球凍結は，これまで約22億2千万年前，約7億年前，約6億5千万年前の少なくとも3回生じたと考えられている。

(2) 生物の二名法による学名では，ニホンコウジカビは属名（*Aspergillus*）のあとに種小名（*oryzae*）が続く。種小名はその種の特徴を表し，ラテン語化した形容詞が用いられる。

(3) ドメインによる分類は，選択肢(a)の rRNA 配列の分子系統樹解析をもとにして行う。ドメイン内では遺伝の仕組みや生化学的性質に共通性が見られる。選択肢の(b)と(d)はバクテリアとアーキア，(c)と(e)はユーカリアに当てはまり，アーキアと判断できる情報ではない。アーキアの代表例はメタン菌や高度好塩菌，高度好熱菌などであるが，イントロンの有無やプ

ロモーターの特徴から，アーキアは，バクテリアよりもユーカリアに近縁とされる。

問3．設問の実験は，ジョン=サルストンが行ったもので，彼は顕微鏡下で線虫の発生における細胞の挙動を1つずつ追いかけ，最終的にどの器官の細胞になるのかを観察し，線虫の細胞系譜を解明した。彼はさらに，この線虫の発生過程で1090個の細胞ができること，そのうち131個は決まった時期に，決まった部位で消滅することを発見した。これはプログラムされた細胞死（アポトーシス）である。動物の発生過程や器官形成ではアポトーシスの例が多く発見されている。

問4．(1)　DNAの変異が起こっても，同じアミノ酸を指定する同義置換が起こることがある。そのため，アミノ酸配列による分子系統樹であれば，近縁種に起こった変異は反映されない可能性が高い。

(2)　①～③の説明から，その定義に従って，祖先系のアミノ酸を推定すればよい。

(a)分枝のアミノ酸はDとD/Eであるので，③から祖先系はDと決まる。

(b)分枝のアミノ酸はDとKであるので，②から祖先系はD/Kと決まる。

(c)・(d)については，下図に全体を示した。

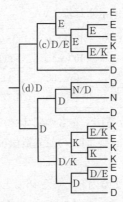

(3)　(a)誤文。適応と個体数だけでは進化の説明にならない。

(c)誤文。用不用説に近いが，個体の能力差の中立とは関係がない。

(d)誤文。中立進化説では，生存に有利でも不利でもない中立的な突然変異が蓄積するとしている。

(e)誤文。ハーディー・ワインベルクの法則が成り立つ条件では突然変異が

起こらず，遺伝子頻度が変化しないとされる。

問5．(1)　モルフォゲンとは，発生を誘導するオーガナイザー（形成体）の役割を果たす細胞から放出される物質で，胚の中を拡散して周囲の細胞の発生運命を導く役割をもつ。本問では人工モルフォゲンとして GFP を用いるわけであるから，その役割は(a)の誘導物質である。

(2)　図2を利用して右に抗体の構造を示した。可変部は(a)とその右側の破線で囲った部位である。それ以外が定常部となる。

(3)　最初に，図3の②から細胞の位置における GFP 濃度を確認する。次に，図3の③からその GFP 濃度における RFP 濃度を読み取ればよい。例えば細胞位置が 0→100 ならば GFP 濃度が 0→100 と変化するが，③のグラフから GFP 濃度が 0→100 と変化する際の RFP 濃度を読み取ると，0 のままである。順に細胞位置 100→150，150→200，200→250，250→350 と確認していく。その結果が下表の(3) RFP 濃度〔mg/L〕である。このとき，細胞位置 150→200 はレシーバー細胞が存在しないため，RFP 濃度は 0 になるので注意する（※）。

(4)　(3)と同様のやり方で RFP 濃度を求めると，下表の(4) RFP 濃度〔mg/L〕になる。これを図示すればよい。

細胞の位置〔mm〕	0→100	100→150	150→200	200→250	250→350
GFP 濃度〔mg/L〕	0→100	100→150	150	150→100	100→0
(3)RFP 濃度〔mg/L〕	0	0→200	0（※）	200→0	0
(4)RFP 濃度〔mg/L〕	100	100→0	0（※）	0→100	100

問6．(1)　同一でない対立遺伝子をもつ個体をヘテロ接合体，その状態をヘテロ接合という。これに対し同一の対立遺伝子をもつ状態をホモ接合という。

(2)　リード文および問題文の内容をまとめると，Hsp90 はタンパク質の立体構造形成を助けるシャペロンであり，ATP および ADP と結合し，ADP 結合時には様々なタンパク質と結合する。また，ゲルダマイシンは，ATP が Hsp90 に結合する強さを低下させ，反対に ADP と結合する強さを上昇させる。これにより，ゲルダマイシンはガン細胞のみを死滅させることができる。これらのことから，ガン細胞は通常の細胞よりも Hsp90

がシャペロンとして機能する標的タンパク質への依存度が高いことが予想される。ゲルダマイシンを投与するとそれらのタンパク質が正常に産生されないために，ガン細胞は死滅すると考えられる。

(a)誤文。Hsp90 が ATP と結合すると，シャペロンとしての正常な働きが起こると考えられる。

(b)正文。ガン細胞内で Hsp90 が ADP と結合すると，多くのタンパク質と結合し，蓄積すると考えられる。それらは機能せず自己消化で分解されると考えられる。

(c)誤文。Hsp90 はシャペロンであり，タンパク質の立体構造形成に関与するが，遺伝子の重複には関与しないと考えられる。

(d)誤文。ATP と結合する Hsp90 が少なくなることで X 染色体を不活性化する機構については特に示唆がなく，関係がないと考えられる。

(e)誤文。Hsp90 は，ATP を ADP へと変換する過程でシャペロンとしての機能を果たすと考えられるが，モータータンパク質とは関係がない。

❖講　評

Ⅰ　細胞と膜輸送，さらには代謝に及ぶ広い範囲からの出題である。問 1 は基本的な問題である。問 2 の(2)はカリウムイオンに着目したい。問 3 も基本的な問題である。問 4 は誤って(b)を選ばないようにする。問 5 の計算問題は標準的で，計算ミスに注意したい。問 6 の考察問題は要注意。各実験の内容を的確に考察し，論述表現にも注意したい。

Ⅱ　生態系に関する長いリード文から環境問題を中心に問う問題である。問 1 は時事的な内容も含まれていて要注意。問 2 は海水の膨張に気づきたい。問 3 は系統分類に関する標準的な問題である。問 4 では 2 行以内での論述が 2 問あり，それぞれかく乱や遺伝的多様性に関連する内容を要領よくまとめる必要がある。問 5 は基本的である。問 6 はやや難しい。「餓死」に気づけるかどうかがポイントである。

Ⅲ　進化と発生に関連するリード文から，多方面に発展する総合的な問題である。問 1 の空所補充問題や問 2 は標準的な問題である。問 3 はアポトーシスがキーワードとなる。問 4 の(2)は図 1 の説明文にある原理から判断して冷静に解答したい。問 5 の(3)・(4)は複数のグラフを冷静に読み取る考察力が求められる。問 6 も問題文を十分に読み取って考察す

る必要がある。

　2022 年度も大問 3 題であるが，幅広い分野からの出題である。先に標準的な問題を確実に解き，実験考察問題等に時間をかけたい。

解答編

■英語■

I　解答

1－D　2－D　3－C　4－C　5－C　6－D
7－B　8－C　9－B　10－C　11－C　12－C
13－C　14－B　15－C　16－B　17－A　18－B　19－C　20－C

◀解　説▶

1．「多大なストレスのもとで長い時間過ごすと髪の毛は抜けてしまうかもしれない」 fall out「（髪，歯が）抜ける」 fall off も同様の意味で使うことができるが，hair「髪の毛」が主語のときは fall out が標準的である。

2．「そのコンテストは始まって二週間になるが，参加者は一人もいない」 as yet「今のところはまだ」 否定文で用いる。将来のことはわからない，という含意がある。

3．「私はパーティーに出かける前に誕生日プレゼントを買い忘れた。しかしパーティー会場にはとても多くのプレゼントがあったため誰も気づかなかった」 however「しかし，しかしながら」 接続副詞であり語の直後に通例「，」（コンマ）を伴う。though にも接続副詞の用法があるが，文頭ではなく文中，文末に生じる。

4．「ザ・ワイルド・フラミンゴズというバンドの新曲を聞きましたか？とてもすばらしいですよ」 utterly「全く，完全に」 否定的な意味をもつ語を修飾することが多いが reliable, delicious, perfect, breathtaking といった形容詞を修飾することもできる。fantastic「すばらしい」は段階を示せないので very は不可。

5．「イノウエ先生を探しています。どこに行かれたかご存じですか？」 where she has gone の短縮形である where she's gone が適切。she is gone も完了・結果を示せるが，to～，where「どこへ」という向かう方向を示す副詞（句）を伴わない。

6．「家に帰ったら冷蔵庫のドアが開いているのがわかりびっくりしてし

まった」 shock「〜（人）に衝撃を与える」 人が主語になっているので受動態。when 節が過去形なので主節も同じ時を示す。

7．「私は以前ペットとして金魚を飼っていたがもう死んでしまった。ある日，その金魚は金魚鉢の中で逆さになって浮かんでいたのだ」 die「死ぬ」 過去形は died。dead「死んでいる」は形容詞。

8．「出るときにごみを持ち帰っていただければありがたいのですが」 主節の I'd appreciate it は仮定法過去の帰結節の形なので，if 節中の動詞は過去形になる。

9．「階段の照明は何カ月も前から壊れていた。修理してもらうのにあまりにも時間がかかってしまった」 get *A*（人）to *do*「*A*（人）に〜してもらう」 have *A*（人）*do* と意味はほぼ同じだが，get は立場が上である人に対し依頼する場合にも用いられる。

10．「その事故が起きたとき私は 13 歳だった」 happen「起きる，生じる」は自動詞。

11．「私は困っている人たちの面倒をみるのが好きなので看護師になりたいと思っている」 care for 〜「〜の面倒をみる」 care about 〜 は「〜について関心がある，気にかける」という意味になる。

12．「超高齢社会のため高齢の患者数が増加している」 the number「数」が主語であり単数形なので，動詞部分は is increasing となる。

13．「私は小児科の分野で働きたい」 in the field of 〜「〜という分野で」 field が「競技場」という意味ならば on も可。

14．「年をとると自宅で日々を過ごしたいと思う人が多くなる」 spend「〜（時間，金，労力）を費やす」 want to *do*「〜したいと思う」

15．「患者が苦しんでいるとき，優しい言葉と微笑みで体調が大いに改善されることがある」 suffer「苦しむ」 tough は主語が人であるときは「丈夫である」という意味になるので不可。

16．「入試に備えて勉強することは大変な作業である」 work は「仕事，作業，勉強」という意味では不可算名詞。work 自体は特定化されていないので the は不要。

17．「私は日本における医療を改善したい」 improve「〜を改善する」 progress「前進する」および succeed「成功する」はともに自動詞。

18．「その少年たちは喫煙しているのが見つかり学園祭に参加する機会を

失った」 lose the chance to *do*「〜する機会を失う」 get rid of 〜「〜
（いやなもの，不快なものなど）を取り除く」は状況的に不適切。

19.「私は中学のときから看護に関心があり，その科目を勉強することを
楽しみにしている」 nursing「看護，看護学」 名詞の nurse は「看護師，
保育士」。

20.「極端に大きな目を用いるのは日本アニメの様式では一般的なことで
ある」 be typical of 〜「〜に特徴的である，〜の典型である」

II　解答　1—A　2—C　3—D　4—B　5—C　6—A
7—C　8—C　9—C　10—B

◆━━━━◆全　訳◆━━━━◆

≪家庭内暴力の影響≫

　家庭内暴力は身体と精神だけでなく経済的にも悪影響を及ぼす。多くの
被害者は働けなくなったり，遅刻したりする。職場で近寄られることを恐
れる人もいる。2018 年，ニュージーランドでは家庭内暴力の被害者に 10
日分の有給休暇を与える法律を可決した。その法律の目標は，仕事を失う
ことを恐れずに，彼らが住居を変える，法的援助を求める，あるいは連絡
先情報を変えるといった緊急支援に注意を向けるのを可能にすることであ
る。それはいかに家庭内暴力が社会的だけでなく経済的問題になっている
かを示す一例である。

　ニュージーランドの法律にはほとんど先例がない。フィリピンは家庭内
暴力での有給休暇を認めている唯一の例外国である。カナダでは家庭内暴
力による有給休暇を与えている州もあるが，国家水準ではない。オースト
ラリア労働組合評議会は同様な対策を目指したが，5 日分の無給休暇だけ
でよしとせざるをえなかった。

　ニュージーランドの規定が有給であるということは大きな相違をもたら
す。ニュージーランドのある慈善団体による調査では，虐待的関係が始ま
ったとき 60％の人は正社員で仕事をしていたが，その半数はその関係が
進行するにつれもはや就業しなくなるということがわかった。被害者の多
くは金銭的保障のため虐待的パートナーとともに暮らしているのである。

　ニュージーランドの法律は 63 対 57 という僅差で可決されたが，論議を
呼んでいる。被害者は虐待されていることを証明する必要がないのだ。休

んだ時間に対して支払うのは政府ではなく雇用者である。ある国会議員は，そのような対策は雇用者が「家庭内暴力をめぐるリスクを示すかもしれない人（原文どおり）」を雇うことをためらわせる可能性がある，と警告する。

　オーストラリア研究所では，もしそのような法律がオーストラリアで可決されるとすれば，それを利用するのは女性で1.5％，男性で0.3％というごく少数であり，国全体で一年当たり5900万ドルから8900万ドル程度だろうと見積もっている。しかし家庭内暴力自体は一層高い対価を要する。ニュージーランドは先進国の中で家庭内暴力の割合が最も高い国のひとつであり，そのコストは27億ドルから47億ドルに及ぶのである。

━━━━━━━━◀解　説▶━━━━━━━━

1．A．being が適切。fear *doing*「〜するのを恐れる」 stalk「〜にそっと忍び寄る」 fear の直後の動名詞は受動態（being *done*）になる。

2．C．giving が適切。空所のあとに二つの目的語 victims と the right が存在していることに注意する。他の選択肢の admit, assist, help はいずれも目的語を二つ配置できない。

3．D．to attend to が適切。allow *A* to *do*「*A* が〜するのを許す」 attend to〜「〜に注力する，注意する，〜の面倒をみる」と attend「〜に出席する」の意味の相違に注意する。

4．次の文の the only other country との関係性より，B．few（precedents）「ほとんど（先例が）ない」が適切。

5．Canada「カナダ」が主語になっているので provinces「州」との対比としてC．national (level)「国家の（水準）」が適切。

6．A．a big (difference) が適切。同段最終文（Many victims stay …）の記述より，有給であることが重要であることがわかる。

7．C．were no longer が適切。no longer「もはや〜ではない」は意味的に not any longer と等しいが，通例 any longer は文末に生じる。

8．that S V が直後に存在していることと文脈より判断し，C．prove「〜であることを証明する」が適切。A．admit that S V「〜であることを認める」 B．pretend that S V「〜であると偽って言い張る，〜である振りをする」

9．直後の文（One MP warned …）の記述よりC．Employers「雇用者，

雇用主」が適切。

10. 直前に仮定法過去の帰結節の形が示されていることと文脈より判断し

B. if it were が適切。it は such a law を指している。

◆━━━━━●語句・構文●━━━━━◆

（第 1 段）paid leave「有給休暇」 logistics「①物流，輸送　②後方支援

（業務）」 move house「引っ越す（イギリス用法）」

（第 2 段）precedent (s)「①先例，前例　②判例，決例」 province (s)

「①州（カナダ，オーストリアなど）　②地方」

（第 3 段）provision「①提供　②用意，準備　③食糧　④規定，条項」

abusive「①無礼な　②暴力的な，虐待的な　③乱用される，悪用される」

Ⅲ　解答　1－B　2－E　3－C　4－F

◆━━━━━全　訳━━━━━◆

≪数と文化的多様性≫

　数はすべての文化の中に存在しているわけではない。アマゾンの奥地には数をもたない狩猟・採集生活者が存在している。このような人々は正確な量を示す言葉を使わず，もっぱら a few や some に類似した用語をあてにしている。対照的に，私たちの生活は数に支配されている。この文章を読みながらも，あなたはおそらく今何時なのか，自分の年齢，自分の体重などに気づいている。私たちがそれを用いて思考する正確な数というのは，私たちのスケジュールから自尊心まであらゆるものに影響を及ぼしている。しかし，歴史的な意味では，私たちのように数的に執着している人々は普通ではない。私たちのほぼ 20 万年におよぶ種としての存続期間の大半は，正確に量を表す手段をもっていなかった。そのうえ，現存している 7000 程度の言語は，数の利用の仕方において大いに相違がある。数をもたない言語の話者は，どのように数の発明が人間の経験を作り変えたのかを知る手段を与えてくれる。

　それでは一体どのようにして私たちは最初に数を発明したのだろうか。答えは文字通り指先にある。世界の大半の言語は，10 進法，20 進法，5 進法を用いている。大抵の記数法は，二つの重要な要因，つまり人の言語能力と手や指に集中する傾向性の副産物である。このような手への執着は

ほとんどの文化において数を生み出すのに役立ったが，すべてというわけではない。

　数の言語に関する調査からわかるのは，私たちの種としての重要な特徴の一つとして，言語と認識が途方もなく多様であるということだ。疑いなく認知に関しあらゆる人間集団に共通しているものは存在しているが，大きく多様化している私たちの文化は認知経験の深い相違を生み出している。もし認知的観点からの私たちの暮らしがどれほど異文化間で相違しているかを真に理解しようとするのであれば，私たちの種としての言語的多様性の深さを絶えず調べなければならないのである。

◀解　説▶

　それぞれの段落の大意を把握するとともに，枠内に示されている 1 ～ 4 の各文において談話標識，指示語，定冠詞，時制，キーワード，全体の主旨などに注意する。

　1．正確な数があらゆることに影響を及ぼしていることが具体的に記されていることに注目する。空欄 A 直後の In contrast 以下で私たちの生活が数に支配されていると記されている。さらに空欄 B 直後の But 以下で逆接の論が展開されていることより空欄 B の位置が適切である。

　2．This manual fixation「この手への執着」に注目する。手について記されているのは第 2 段である。また，2 の but 以下の展開も考慮し，空欄 E の位置が適切である。

　3．What's more「そのうえ」という談話標識と，現存する 7000 もの言語において数の使い方は多様であるという記述に注目する。20 万年におよぶ人類史的観点から述べた空欄 B 直後 2 文の後に 3 が入ると，追加情報として現時点的観点から述べたことになり，さらに第 1 段最終文（Speakers of anumeric, …）にもつながる。よって空欄 C の位置が適切である。

　4．二カ所で使われているキーワードの cognitive「認知的な，認知の」に注目する。最終段第 1 文（Research on the …）で私たちの種において重要な特徴の一つは認知的多様性であると記されている。最終文（If we are …）も cognitive がキーワードとして使われており，最終段全体の主旨も加味し空欄 F の位置が適切である。

◆━◆━◆━◆━◆　●語句・構文●　◆━◆━◆━◆━◆━◆━◆━◆━◆━◆

（第1段）exclusively「排他的に，独占的に，もっぱら」 analogous「類似した，類似の」 self-esteem「自尊心」 bulk「①大部分，大半　②大きさ，容積」

（第2段）at *one's* fingertips「①手元にある，すぐに使える　②精通して」

（第3段）foster「①～（才能など）を育成する，促進する　②～の里親となる」 cross-culturally「文化相互間に，異文化交流で」 sound「①～のように聞こえる　②～のように思える　③～を鳴らす　④～の音を聞く，～を聴診する　⑤～を丁寧に調べる」

IV　解答　1－D　2－B　3－D　4－B　5－A

━━━━━━◆全　訳◆━━━━━━━━━━━━━━━━━━━━━━━

≪遺伝子的観点からの精神障害≫

　段落A 私たちの50％は一生のうちに診断可能な精神的問題を抱えることになり，また20％は過去一年以内で何らかの精神的問題を経験しただろう。患者と友人および親族にとり，苦痛という観点からのコストとさらに経済的コストは，精神病理を今日で最も差し迫った問題の一つにしている。かかる問題は現実的なものではあるが，争点とすべき点は精神的問題が罹患しているか否かの疾患であるかのごとく診断されているということである。このような見方は精神科で非常に根深く残っており，その科では病気の医学モデルに倣い，まるで単純で単一の原因をもつ感染症のような身体疾患のごとく精神障害を取り扱ってしまっている。しかし遺伝子研究によれば，そのような医学モデルは，精神的問題のこととなると全くの誤りである。私たちが障害とよんでいるものは，その集団の多くにすでに存在しているのと同じ遺伝子の異常にすぎない。つまり，精神障害「独自」の遺伝子が存在しているわけではなく，私たちは皆，障害に関わる多くのDNA変異をもっている。重要な問題は，これらの変異をどの程度私たちがもっているのかということだ。遺伝子の変動範囲は少数の変動から多数におよび，多ければ多いほど私たちに問題が生じる可能性が高いのである。

　段落B 換言すれば，いわゆる障害の遺伝子的原因は質的なものではなく，その集団の他の構成員との量的な相違である。それは多寡（量的）の

問題であり，二者択一的（質的）な問題ではない。つまり，障害というのは存在しているのではなく，それらは単に量的側面での異常なのである。「異常は正常である」という標語で言いたかったことはそのことである。

■■■■■■ ◀解　説▶ ■■■■■■

　段落Ａでは，psychological problem「精神的問題」を主題として，その精神的問題が disease「疾患」であるかのごとく診断されていることを問題視する。さらに最終文で，遺伝子的観点からでは精神的問題は感染症のような身体疾患のようには扱うことができない，と展開する。

　段落Ｂでは，遺伝子的観点からでは障害は質的な問題ではなく量的問題であり，障害自体が存在しているわけではない，と結論づける。

　枠内の１〜４の各文において，談話標識，指示語，定冠詞，時制，キーワードなどに留意するとともに，必要に応じて扱いやすい文から対応する。

　１において，that is「すなわち，つまり（換言，要約の談話標識）」と instead「そうではなく（逆接の談話標識）」，また psychological disorder「精神的障害」と DNA differences「DNA の相違」というキーワードに注目する。

　２において，the genetic spectrum「遺伝子の変動範囲」というキーワードと「遺伝子の変動が多ければ多いほど問題が生じる可能性が高い」という記述に注目する。

　３において，how many of these differences の指示形容詞 these に注目する。these は，１の the DNA differences を指していると考えられるので，１→３の流れが決定する。また，２は３の how many of these differences を受けて論を展開していると考えられるので，３→２の流れが決定する。

　４において，disorder「障害」が定義されていることに注目する。１は disorder の定義を受けて遺伝子的観点から説明しているので，４→１の流れが決定する。

　以上より，段落Ａ→４→１→３→２→段落Ｂという順序になる。

◆◆◆◆ ●語句・構文● ◆◆◆◆

（段落Ａ）psychopathology「精神病理（学）」　psychiatry「精神科，精神医学」　infection「感染（症）」　when it comes to 〜「〜のこととなると」　extreme(s)「極端」

（段落Ｂ）dimension(s)「①次元　②規模，大きさ　③寸法　④観点，局面」

Ⅴ 解答
1．Q　2．V　3．E　4．S　5．E　6．C
7．F　8．S　9．T　10．B　11．R　12．D
13．A　14．J　15．C　16．L　17．A　18．I　19．B　20．G

◀解　説▶

1．questionnaire「アンケート（用紙）」　スペリングに注意。

2．valve「弁，弁膜」（例）mitral valve「僧帽弁」

3．eternally「永遠に，永久に」　形容詞は eternal「永遠の」。

4．solemn「厳粛な，荘厳な」　スペリングに注意。

5．embody「～を具現化する，具体化する」　em- は動詞を作る接頭辞。

6．cult「狂信的集団」　cult- は「耕すこと」が元の意味。

7．frontier「辺境地，新しい領域」　スペリングに注意。

8．somewhat「幾分，やや」　副詞として使われる。

9．tablet「錠剤，平板，タブレット端末」「錠剤」という意味では pill の同意語。

10．blink「瞬く，～を点滅させる」　名詞「瞬き（まばたき）」の意味にもなる。

11．respectively「それぞれ，めいめいに」　形容詞は respective。

12．dilemma「難題，板挟み，ジレンマ」　スペリングに注意。

13．ashore「陸上へ，浜へ」　a- は名詞の前につくと on, in, to などの意味になり，全体で副詞または形容詞となる。

14．jealous「嫉妬深い，焼きもちやきの」　名詞は jealousy「嫉妬」。

15．complication「厄介事，複雑さ，合併症」　動詞は complicate「～を複雑にする」。

16．layout「設計，配置」　名詞として使われる。

17．aisle「通路」　スペリングに注意。

18．incredible「とてつもない，信じがたい」　形容詞で in- は打ち消しの接頭辞。credible「信用できる，確実な」

19．bypass「～を迂回する，飛び越す」　名詞「迂回，バイパス」の意味にもなる。

20. guarantee「～を請け合う，保証する，確約する」 名詞「保証」の意味にもなる。

Ⅵ 解答 (1)—X (2)—L (3)—X (4)—C (5)—E

◆全 訳◆

≪社交としてのヒュッゲの勧め≫

　内向的な人はエネルギーを内部から引き出し，外向的な人は外の刺激からそれを引き出すことが知られている。内向的な人々は孤独な人間だとみなされることが多いのに対し，外向的な人たちはあなたが楽しく過ごしたいと思うなら周りにいてもらうような人たちである。内向は誤って内気と結びつけられることが多く，また社会的行事は万人向きではなく内向的な人々を過剰に刺激し消耗させてしまうかもしれないが，内向的でも社交的な人というのは実際に存在している（おとなしい外向的人物が存在しているように）。内向的な人は自身の「社交時間」を気心の知れた人々と過ごしたり，有意義な会話を交わしたり，または椅子に座り温かいものでも飲みながら本を読む方を好む。内向的な人は社会的ではあってもそのあり方がちがうのである。

　社会的であるあり方は一つしかないのではなく，適切なあり方と適切でないあり方が存在しているように感じられるかもしれない。内向的な人は，過剰な外的刺激で消耗してしまうからといって他の人々と交わりたくないわけではない。ヒュッゲ（温かく心地よい雰囲気）は，内向的な人に向いている社交方法であり，彼らは大勢の人々や多くの活動を伴うことなく数人の友人とくつろいだ快適な夜を過ごすことができるのである。内向的な人は見知らぬ人が大勢いる大きなパーティーに出席せずそのまま家にいたいと思うかもしれないが，ヒュッゲは社会的に交わることとくつろぐことの中間にある選択肢となる。これは内向的および外向的人物の双方にとり良い話といえる。というのは，それはちょっとした歩み寄りとなるからである。つまり，その場にいるすべての内向的な人にとっては，ヒュッゲ的なことがより好きであることで気まずい思いをしたり，自分をつまらない人間だと感じることはないということだ。またすべての外向的な人にとっては，その夜はろうそくを灯し，穏やかな音楽をかけ，あなたの内なる内

向的なるものを大事にするということだ。

━━━━━◀解　説▶━━━━━

⑴ yourself は適切。the ones to surround <u>yourself</u> with if you want … の the ones は不定詞（形容詞的用法）内の前置詞 with の目的語となっている。また，if 節内の主語 you より不定詞の意味上の主語も you であると推測できる。

⑵ refuse「～を拒否する」は文脈上不適切であり，want「～したいと思う」に代える。Just because ～ doesn't mean (that) …「～だからといって…というわけではない」 mean の直後に don't があることに注意する。don't がなければ refuse は適切であろう。

⑶ introvert「内向的な人」は適切。直後の might want to stay at home は，内向的な人の特徴を示している。

⑷ bad は文脈上不適切であり，good に代える。同文の理由を表す since 節中の compromise「妥協，歩み寄り」という言葉に留意する。また，後続する 2 文（So, to all …）より introverts「内向的な人」と extroverts「外向的な人」双方にとり精神的に利益があることがわかる。

⑸ extrovert「外向的な人」は文脈上不適切であり，introvert「内向的な人」に代える。同文中の light some candles「ろうそくを灯す」，soothing music「穏やかな音楽」といった表現より embrace your inner introvert「あなたの内なる内向的な人を抱きしめる（大事にする）」となるのが適切。

━◆━◆━●語句・構文●━◆━◆━

（第 1 段）derive *A* from *B*「*B* から *A* を引き出す」 from within「内部から」 devote *A* to *B*「*A* を *B* に捧げる，*A*（時間，空間など）を *B* に充てる」

（第 2 段）drain「①～を排水させる，～を流出させる ②～を消耗させる ③～を飲み干す」 hang out「外でぶらぶら時間を過ごす，外へと遊びに出かける」 cosy「（イギリス英語）居心地が良い，くつろいだ」（= cozy） something of a ～「ちょっとした～」 compromise「①妥協（案），歩み寄り ②妥協する ③～（主義など）を曲げる ④～を危うくする，～に不正アクセスする」 embrace「①～を抱きしめる，～を抱擁する ②～（考えなど）を受け入れる」

Ⅶ 解答 1－B 2－D 3－G 4－B 5－J

◆全 訳◆

≪心肺手術を受ける少年への看護の現場≫

　私が見た最初の手術は心肺移植手術である。私は 19 歳でまだ看護実習生である。私は 14 歳のアーロンという名の嚢胞性線維症に罹っている少年の面倒をずっとみている。私は彼が手術の準備をする手伝いをする。

　私たちは何事も起きていないかのようにおしゃべりをするが，患者移動係らが，私がアーロンを麻酔室に移すのを助けにくると，アーロンは母親をつかまえる。「眠らないうちは出ていかないでね」と彼は言う。彼は私を見る。「それからお姉さんはずっといるんでしょう？」

　「ずっといるわ。準備できたの？」

　彼はできていないと首を振る。それでも私が患者移動係に向かって頷くと，彼らはアーロンのベッドを病室の外に押し出し始め，病棟を出てさらに廊下を進む。患者移動係の一人は絶えず口笛を吹く。アーロンはまた首を振る。彼の母親は手を握る。私は血液中の酸素を測定するモニターを絶えず気にかける。私はそれが下がらないことを願う。私は心の中でつぶやく，「落ち着いて，落ち着いて」。私は壊れたエレベーターの中で子供たちの容態が悪化し，酸素はなくなり，完全な心停止になすすべもなく，最後についにエレベーター技師が見つかるといった話を聞いたことがある。私は不安ではあるが，看護師が一番よく知っている表情をすでに身につけている。私は呼吸と動作を整え，ゆったりしたボディランゲージと穏やかな微笑みを浮かべることに集中する。かつて看護学の講師の一人がこう私たちに言った――ベテラン看護師が不安げな顔をしているのを，患者が万が一見るようなことでもあったら，その患者はすでに死んだも同然だ。

　私は手術室で起きる可能性があること，悪い方へと進むかもしれない，そしてかつてそうなってしまったあらゆることを考えまいとする。私は内心はパニックになりながら見た目はゆったりした様子を装い，ついに麻酔室に到着する。見た目が大変落ち着いており笑みを浮かべた麻酔医が自己紹介し，アーロンにアイコンタクトをとる。私は，複雑でリスクの高い患者を一人で任されながら冷静で穏やかで安心感を与えるその麻酔医に畏敬の念を覚える。

　アーロンの母親と一緒に歩いて病棟に戻ると，そこで彼女が泣き始める。私は何もしゃべらず彼女としばらく一緒に座る。ついに彼女は時計を見る。「姉（妹）に会うわ」と彼女は言う。「彼女につきあってもらうつもりよ」

　私は彼女に微笑む。私は彼女が聞きたいと思っていることを話さない。私はアーロンの母親に，アーロンはきっと大丈夫ですよ，とは言わない。だれも実際にはわからないので，私はどの親族であろうがそのようなことは言わないだろう。

━━━━━━━◀解　説▶━━━━━━━

１．全文は，I nod to the porters anyway and they begin pushing his bed through room doors となる。nod「うなずく」 anyway「とにかく，それでも」は通例，文頭または文尾に生じる副詞。使用しない選択肢はC. because，F. but，J. push。

２・３．全文は，if the patient ever sees an experienced nurse looking worried, it means the patient is likely dead already. となる。see *A doing*「*A* が〜するのを見る」 if S ever *do*「もし一度でも〜するなら，もしとにかく〜するなら」 ever は動詞部分を強調する副詞。be likely dead は「死んでいるのも同然だ」の意味であり，直後に副詞 already「すでに」があるので「死んだも同然だ」の意味になる。might as well を使うなら…the patient might as well be dead already. となるが，be は選択肢にはない。よって使用しない選択肢はJ. might as well。

４・５．全文は，I walk with Aaron's mum back to the ward, where she begins to cry. となる。where は非制限用法の関係副詞。where を等位接続詞 but に代え，…but she begins sobbing there. とすることもできるが，与えられている和文から判断すると but は不適切と言える。使用しない選択肢はD. but，G. sobbing，I. there。

◆◇◆◇◆◇　●語句・構文●　◇◆◇◆◇◆

（第１段）transplant「移植（手術）」
（第４段）portray「〜を描く，〜の役を演じる」

❖講　評

　読解問題５題（そのうち１題の設問は整序英作文）に関しては英文の
テーマが多岐にわたり，設問に特徴があるので時間配分に注意する必要
がある。

　Ⅰ　文法・語法問題で，幅広く基本的文法を問う問題が中心だが，１
は判断に迷う。他にも４，５あたりは選択肢が紛らわしい。

　Ⅱ　空所補充の読解問題で，文脈把握の中での文法・語彙の処理が問
われている。３の attend の語法に気をつけたい。

　Ⅲ　欠文挿入の読解問題。談話標識，指示語はわかりやすいが，２の
manual，４の cognitive といったキーワードを見過ごすと適切な位置が
見えなくなってしまう。

　Ⅳ　文整序の読解問題で４つの文を並べ替える。この大問もⅢと同様
にキーワードを意識できるかどうかがポイントである。

　Ⅴ　語彙問題であるが，難しくはないにせよ思いつかない単語に時間
をかけている余裕はないので，試験時間の中で臨機応変に対応するのが
よいだろう。

　Ⅵ　不適語を適語に代える読解問題で，(1)，(2)は文構造を把握するの
がやや難しい。

　Ⅶ　読解問題の中で和文対照の英作文を作成する問題形式である。選
択肢が多く紛らわしい不要語が入っているのと，語句の複数利用が可能
なため，手際よく処理する必要がある。

■数学■

I ◆発想◆　(1)　二項定理を用いて，$(a+b)^{21}$ の展開式の一般項を
考える。

(2)　$(\cos\theta-\sin\theta)^2$ を展開して，2 倍角の公式を用い $\sin2\theta$ の式
にする。

(3)　$2^a\cdot2^{-a}=1$ であるから，2^a-2^{-a} の 2 乗を利用して，4^a+4^{-a}
を求める。

(4)　$\{a_n\}$ が等比数列であれば，$a_2{}^2=a_1\cdot a_3$ が成り立つ。

(5)　n は正の約数を 6 個もつ。よって，$n=p^5$，または p^2q（p，q
は素数）という形になる。

(6)　実数係数の方程式であるから，$\overline{1+i}=1-i$ も解である。

解答　(1)　(ア)1330　(2)　(イ)$\dfrac{1}{12}\pi$，$\dfrac{5}{12}\pi$　(3)　(ウ)$\dfrac{3+\sqrt{13}}{2}$　(エ)11

(4)　(オ)$\dfrac{2}{3^{n-1}}$　(カ)-3　(キ)$-\dfrac{1}{3^{n-2}}$　(5)　(ク)12　(ケ)45

(6)　(コ)2　(サ)3　(シ)$1-i$，$-3\pm\sqrt5$

◀解　説▶

≪小問 6 問≫

(1)　$(a+b)^{21}$ の展開式の一般項は ${}_{21}\mathrm{C}_r a^{21-r}b^r$（$r=0$，1，2，…，21）であ
るから，$a^{18}b^3$ の項は $r=3$ のときで，その係数は

　　　${}_{21}\mathrm{C}_3=1330$　（→(ア)）

(2)　$(\cos\theta-\sin\theta)^2=\cos^2\theta-2\cos\theta\sin\theta+\sin^2\theta=1-\sin2\theta$

であるから

　　　$2(1-\sin2\theta)=1$　　$\sin2\theta=\dfrac{1}{2}$

$0\le\theta\le\pi$ より $0\le2\theta\le2\pi$ なので

　　　$2\theta=\dfrac{1}{6}\pi$，$\dfrac{5}{6}\pi$

$\therefore \quad \theta = \dfrac{1}{12}\pi, \ \dfrac{5}{12}\pi \quad (\to (\text{イ}))$

(3) $2^{a} - 2^{-a} = 3$ の両辺に 2^{a} を掛けて

$\qquad (2^{a})^{2} - 3\cdot 2^{a} - 1 = 0$

$2^{a} > 0$ より

$\qquad 2^{a} = \dfrac{3 + \sqrt{13}}{2} \quad (\to (\text{ウ}))$

また

$\qquad \begin{aligned} 4^{a} + 4^{-a} &= (2^{a})^{2} + (2^{-a})^{2} \\ &= (2^{a} - 2^{-a})^{2} + 2 \cdot 2^{a} \cdot 2^{-a} \\ &= 9 + 2 = 11 \quad (\to (\text{エ})) \end{aligned}$

(4) $\quad b_{n} = 2 \cdot \left(\dfrac{1}{3}\right)^{n-1} = \dfrac{2}{3^{n-1}} \quad (\to (\text{オ}))$

$\{a_{n}\}$ が等比数列のとき，$a_{2}{}^{2} = a_{1} \cdot a_{3}$ が成り立つ。

$\qquad a_{2} = a_{1} + b_{1} = a_{1} + 2$

$\qquad a_{3} = a_{2} + b_{2} = a_{1} + 2 + \dfrac{2}{3} = a_{1} + \dfrac{8}{3}$

より

$\qquad (a_{1} + 2)^{2} = a_{1}\left(a_{1} + \dfrac{8}{3}\right)$

$\quad \therefore \quad a_{1} = -3$

このとき，$n \geqq 2$ について

$\qquad \begin{aligned} a_{n} &= -3 + \sum_{k=1}^{n-1} 2 \cdot \left(\dfrac{1}{3}\right)^{k-1} \\ &= -3 + 2 \cdot \dfrac{1 - \left(\dfrac{1}{3}\right)^{n-1}}{1 - \dfrac{1}{3}} \\ &= -3 \cdot \left(\dfrac{1}{3}\right)^{n-1} \\ &= -\dfrac{1}{3^{n-2}} \quad \cdots\cdots\text{①} \end{aligned}$

①は $n = 1$ のときも成り立つ。よって，$\{a_{n}\}$ は等比数列であることを満たす。

したがって

$$a_1 = -3, \quad a_n = -\frac{1}{3^{n-2}} \quad (\to(\mathrm{カ}) \cdot (\mathrm{キ}))$$

(5)　n は正の約数を 6 個もつ。n を素因数分解したとき

$$n = p^{\alpha} q^{\beta} r^{\gamma} \cdots \quad (p, \ q, \ r \text{ は素数})$$

であれば，正の約数の個数は

$$(\alpha+1)(\beta+1)(\gamma+1)\cdots$$

である。$\alpha \geqq 1$，$\beta \geqq 1$，$\gamma \geqq 1$，… に注意すると

$$\alpha+1=6 \quad \text{または} \quad (\alpha+1)(\beta+1)=6$$

であり，このとき n は

$$n = p^5 \ \cdots\cdots① \quad \text{または} \quad n = p^2 q \ \cdots\cdots②$$

という形になる。よって，最小の n は

①のとき　　　$n = 2^5 = 32$

②のとき　　　$n = 2^2 \cdot 3 = 12$

したがって，最小の n は　　12　　$(\to(\mathrm{ク}))$

また，最小の奇数 n は

①のとき　　　$n = 3^5 = 243$

②のとき　　　$n = 3^2 \cdot 5 = 45$

したがって，最小の奇数 n は　　45　　$(\to(\mathrm{ケ}))$

(注)　約数は正の約数のみを考えるとした。

(6)　与えられた方程式の係数は実数であるから，$\overline{1+i} = 1-i$ も解である。

$$P(x) = x^4 + (a+2)x^3 - (2a+2)x^2 + (b+1)x + a^3$$

とおくと，$P(x)$ は

$$\{x-(1+i)\}\{x-(1-i)\} = x^2 - 2x + 2$$

を因数にもつ。右の割り算より

$$P(x)$$
$$= (x^2 - 2x + 2)$$
$$\times \{x^2 + (a+4)x + 4\}$$
$$+ (-2a+b+1)x + a^3 - 8$$
$$\cdots\cdots①$$

$$
\begin{array}{r}
1 \quad a+4 \qquad 4 \\
1\ {-2}\ 2\overline{)1 \quad a+2 \quad -2a-2 \qquad b+1 \qquad a^3} \\
\underline{1 \quad -2 \qquad 2} \\
a+4 \quad -2a-4 \qquad b+1 \qquad a^3 \\
\underline{a+4 \quad -2a-8 \qquad 2a+8} \\
4 \quad -2a+b-7 \qquad a^3 \\
\underline{4 \qquad -8 \qquad 8} \\
-2a+b+1 \quad a^3-8
\end{array}
$$

余りは 0 であるから

$$-2a+b+1 = 0 \quad \cdots\cdots②$$

$$a^3 - 8 = 0 \qquad \cdots\cdots ③$$

a は実数であるから，③より

$$a = 2 \quad (\to \text{(コ)})$$

②より

$$b = 3 \quad (\to \text{(サ)})$$

このとき，①より

$$P(x) = (x^2 - 2x + 2)(x^2 + 6x + 4)$$

$P(x) = 0$ の解は $x^2 - 2x + 2 = 0$, $x^2 + 6x + 4 = 0$ より

$$x = 1 \pm i, \quad -3 \pm \sqrt{5}$$

したがって，求める解は

$$1 - i, \quad -3 \pm \sqrt{5} \quad (\to \text{(シ)})$$

別解 $x = 1 + i$ を与式に代入する。

$$x^2 = (1+i)^2 = 2i, \quad x^3 = 2i(1+i) = -2 + 2i, \quad x^4 = (2i)^2 = -4$$

より

$$-4 + (a+2)(-2+2i) - (2a+2) \cdot 2i + (b+1)(1+i) + a^3 = 0$$

整理すると

$$(a^3 - 2a + b - 7) + (-2a + b + 1)i = 0$$

$a^3 - 2a + b - 7$, $-2a + b + 1$ は実数より

$$\begin{cases} a^3 - 2a + b - 7 = 0 \\ -2a + b + 1 = 0 \end{cases}$$

これを解くと

$$a^3 = 8$$

a は実数より

$$a = 2$$

$-2a + b + 1 = 0$ に代入して

$$b = 3$$

II

◇発想◇　(1)　1 または 2 の目の出た回数が点 P の x 座標である。点 P の位置は全部で 4 通りである。

(2)　共通接線と円の図では，直角二等辺三角形が現れる。半径についての関係式をそこから求める。

(3)　$|x^2 - ax + 3| \leqq 1 \Longleftrightarrow -4 \leqq x^2 - ax \leqq -2$ であるから，グラフ $y = x^2 - ax,\ y = -2,\ y = -4$ の位置関係を調べる。

解答　(1)　(ス)$\dfrac{2}{9}$　(セ)$\dfrac{7}{9}$　(ソ)$\dfrac{4}{7}$

(2)　(タ)$\sqrt{p^2-1}\,x + p$　(チ)$-\sqrt{p^2-1}\,x + p$　((タ), (チ)は順不同)

(ツ)$\sqrt{2}$　(テ)$3 - 2\sqrt{2}$　(ト)$3 + 2\sqrt{2}$　((テ), (ト)は順不同)

(3)　(ナ)$2\sqrt{2}$　(ニ)4

(ヌ)$\dfrac{a - \sqrt{a^2-8}}{2} \leqq x \leqq \dfrac{a - \sqrt{a^2-16}}{2},\ \ \dfrac{a + \sqrt{a^2-16}}{2} \leqq x \leqq \dfrac{a + \sqrt{a^2-8}}{2}$

◀解　説▶

≪小問 3 問≫

(1)　1 または 2 の目が 3 回中ちょうど x 回だけ出たとき，点 P の座標は，$(x,\ 2(3-x))$ となる。

点 P は直線 $y = -2x + 6$ 上の格子点で右下の図のようになる。

1 または 2 の目がちょうど i 回出る事象を E_i ($i = 0,\ 1,\ 2,\ 3$) とすると，求める確率はそれぞれ，$P(E_2)$，$P(\overline{E_2})$，$P_{\overline{E_2}}(E_1)$ である。

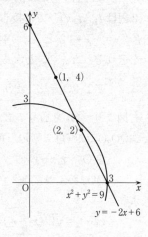

$$P(E_2) = {}_3C_2\left(\frac{1}{3}\right)^2\left(\frac{2}{3}\right) = \frac{2}{9} \quad (\to(ス))$$

$$P(\overline{E_2}) = 1 - P(E_2) = 1 - \frac{2}{9} = \frac{7}{9} \quad (\to(セ))$$

$$P_{\overline{E_2}}(E_1) = \frac{P(\overline{E_2} \cap E_1)}{P(\overline{E_2})} = \frac{P(E_1)}{P(\overline{E_2})}$$

$$= \frac{{}_3C_1\dfrac{1}{3}\cdot\left(\dfrac{2}{3}\right)^2}{\dfrac{7}{9}} = \frac{4}{7} \quad (\to(ソ))$$

(2) 直線 $x=0$ は円 C に接しない。点 P を通り C に接する直線の傾きを m とする。直線 $y=mx+p$, すなわち $mx-y+p=0$ と原点 O との距離が 1 より

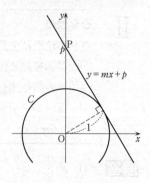

$$\frac{|p|}{\sqrt{m^2+1}}=1 \qquad p^2=m^2+1$$

$$\therefore \quad m=\pm\sqrt{p^2-1}$$

よって，接線 l_1, l_2 の方程式は

$$y=\sqrt{p^2-1}\,x+p, \quad y=-\sqrt{p^2-1}\,x+p$$

$$(\rightarrow(\text{タ})\cdot(\text{チ}))$$

l_1, l_2 が直交するのは

$$(\sqrt{p^2-1})(-\sqrt{p^2-1})=-1$$

より

$$p^2=2$$

$p>1$ より

$$p=\sqrt{2} \quad (\rightarrow(\text{ツ}))$$

以下，問題の 2 つの円は中心が y 軸上にあると考える。中心が y 軸上にあり，l_1, l_2 を接線にもち，互いに外接する 2 つの円の中心を O_1, O_2, 半径を r_1, r_2 $(r_1<r_2)$ とする。

l_1, l_2, 2 円は y 軸に関して対称であるから，2 円は l_1, l_2 の一方に接していればよい。

$l_2 : y=-x+\sqrt{2}$ とし，円 O_1, O_2 と l_2 の接点をそれぞれ T_1, T_2 とすると

$$\angle T_1PO_1=\angle T_2PO_2=\frac{\pi}{4}$$

右図より，O_1 を通り l_2 に平行な直線と線分 O_2T_2 の交点を Q とすると，$\triangle QO_1O_2$ は直角二等辺三角形になる。このとき

$$O_1O_2=r_1+r_2$$

$$QO_2=r_2-r_1$$

より

$$r_1+r_2=\sqrt{2}\,(r_2-r_1)$$

$$(\sqrt{2}-1)\,r_2=(\sqrt{2}+1)\,r_1$$

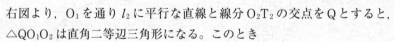

が成り立つ。よって，$r_2=1$ のとき

$$r_1=\frac{\sqrt{2}-1}{\sqrt{2}+1}=(\sqrt{2}-1)^2=3-2\sqrt{2}$$

$r_1=1$ のとき

$$r_2=\frac{\sqrt{2}+1}{\sqrt{2}-1}=(\sqrt{2}+1)^2=3+2\sqrt{2}$$

したがって，求める円の半径は

$$3-2\sqrt{2},\ 3+2\sqrt{2}\quad(\rightarrow\text{(テ)}\cdot\text{(ト)})$$

(3)　$|x^2-ax+3|\leqq1\Longleftrightarrow-1\leqq x^2-ax+3\leqq1$

より

$$-4\leqq x^2-ax\leqq-2\quad\cdots\cdots\text{①}$$

$$x^2-ax=\left(x-\frac{a}{2}\right)^2-\frac{a^2}{4}\quad\cdots\cdots\text{②}$$

②より

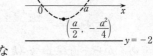

$$-\frac{a^2}{4}>-2\qquad a^2<8$$

$a>0$ より，$0<a<2\sqrt{2}$ のとき①は解をもたない。（$\rightarrow$(ナ)）

①の解が $p\leqq x\leqq q$ となるのは，②より

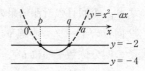

$$-4\leqq-\frac{a^2}{4}\leqq-2$$

$$8\leqq a^2\leqq16$$

のとき。よって

$$2\sqrt{2}\leqq a\leqq4\quad(\rightarrow\text{(ニ)})$$

次に，$a>4$ のとき

$$x^2-ax=-2$$

すなわち　　$x^2-ax+2=0$

$$\therefore\quad x=\frac{a\pm\sqrt{a^2-8}}{2}$$

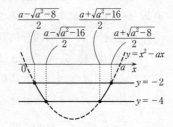

$$x^2-ax=-4$$

すなわち　　$x^2-ax+4=0$

$$\therefore\quad x=\frac{a\pm\sqrt{a^2-16}}{2}$$

であるから，①の解は

$$\frac{a-\sqrt{a^2-8}}{2} \leqq x \leqq \frac{a-\sqrt{a^2-16}}{2}, \quad \frac{a+\sqrt{a^2-16}}{2} \leqq x \leqq \frac{a+\sqrt{a^2-8}}{2}$$

$$(\rightarrow(\text{ヌ}))$$

Ⅲ

◆発想◆　散布図より，最小値，最大値，四分位数を求める。1
回目，2 回目の合計が k であるデータは，直線 $x+y=k$ 上にある。

解答　(1) (ネ)—(F)　(ノ)—(D)　(2) (ハ)—(J)　(3) (ヒ)$\dfrac{13}{31}$　(フ)0

◀解　説▶

≪50m 走のタイムの分布≫

(1)　1 回目のデータを小さい順に並べたものを x_1, x_2, …, x_{30}, その四分
位数を順に Q_1, Q_2, Q_3 とする。

$$Q_1 = x_8, \quad Q_2 = \frac{x_{15}+x_{16}}{2}, \quad Q_3 = x_{23}$$

であるから，直線 $x=k$ ($k=6.4$, 6.8, …, 12.0) 上の点を数えて

最小値 6.4, $Q_1=7.6$, $Q_2=8.0$, $Q_3=9.6$, 最大値 12.0

より，1 回目の計測結果の箱ひげ図は　　(F)　($\rightarrow$(ネ))

2 回目のデータも直線 $y=k$ ($k=6.4$, 6.8, …, 10.4) 上の点を数えて，
その四分位数を順に Q_1', Q_2', Q_3' とすると

最小値 6.4, $Q_1'=7.2$, $Q_2'=8.4$, $Q_3'=9.6$, 最大値 10.4

より，2 回目の計測結果の箱ひげ図は　　(D)　($\rightarrow$(ノ))

(2)　1 回目と 2 回目の計測結果の合計が k であるものは，散布図において，
直線 $x+y=k$ 上にある。よって，直線 $x+y=k$ ($k=13.6$, 14, …, 22.0)
上の点を数えて，その四分位数を順に Q_1'', Q_2'', Q_3'' とすると

最小値 13.6, $Q_1''=15.2$, $Q_2''=16.8$, $Q_3''=18.8$, 最大値 22.0

より，1 回目と 2 回目の計測結果の合計の箱ひげ図は　　(J)　($\rightarrow$(ハ))

(3)　平均値はデータの合計を考えて

$$\overline{x_{31}} = \frac{1}{31} \times (\overline{x_{30}} \times 30 + 30.0) = \frac{30}{31}(\overline{x_{30}}+1)$$

よって

$$\overline{x_{31}} - \overline{x_{30}} = \frac{1}{31}(30 - \overline{x_{30}}) = \frac{13}{31} \quad (\rightarrow(\text{ヒ}))$$

30 人の 2 回の計測結果の合計のデータを小さい順に並べたものを z_1, z_2, …, z_{30} とすると，(2)のときの考察より $z_{14} = z_{15} = z_{16} = 16.8$ である。31 人目のデータは 30.0 であるから，z_{15}, z_{16} の値は変化しない。よって

$$m_{30} = \frac{z_{15} + z_{16}}{2} = 16.8, \quad m_{31} = z_{16} = 16.8$$

より

$$m_{31} - m_{30} = 0 \quad (\rightarrow(\text{フ}))$$

IV

◆発想◆　3 点 P，Q，R の座標の特徴に注目すると，△PQR は正三角形とわかる。3 点 P″，Q″，R″ は xy 平面上の点であるから，xy 座標で処理する。

解答 (ヘ)$\dfrac{\sqrt{3}}{2}$　(ホ)$\left(\dfrac{a}{3},\ \dfrac{a}{3},\ 0\right)$　(マ)$\left(\dfrac{2}{3}a,\ \dfrac{2}{3}a+1,\ 0\right)$　(ミ)$\left(\dfrac{2}{3}a+1,\ \dfrac{2}{3}a,\ 0\right)$

(ム)$\dfrac{-3 \pm 3\sqrt{3}}{2}$　(メ)$-\dfrac{3}{2}$　(モ)$\dfrac{1}{3}a+\dfrac{1}{2}$

◀解　説▶

≪空間における 3 本の直線と xy 平面との交点の図形≫

$\overrightarrow{PQ} = (0,\ 1,\ -1)$, $\overrightarrow{PR} = (1,\ 0,\ -1)$, $\overrightarrow{QR} = (1,\ -1,\ 0)$ より

$$|\overrightarrow{PQ}| = |\overrightarrow{PR}| = |\overrightarrow{QR}| = \sqrt{2}$$

であるから，△PQR は一辺の長さが $\sqrt{2}$ の正三角形である。よって

$$\triangle PQR = \frac{1}{2} \times \sqrt{2} \times \sqrt{2} \times \sin 60° = \frac{\sqrt{3}}{2} \quad (\rightarrow(\text{ヘ}))$$

$\vec{v}$ を加えると，z 成分が 3 だけ増える。点 P，Q，R の z 座標より考えて，$z = 0$ となるとき

$$\overrightarrow{OP''} = \overrightarrow{OP} + \frac{1}{3}\vec{v} = \left(\frac{a}{3},\ \frac{a}{3},\ 0\right) \quad (\rightarrow(\text{ホ}))$$

$$\overrightarrow{OQ''} = \overrightarrow{OQ} + \frac{2}{3}\vec{v} = \left(\frac{2}{3}a,\ \frac{2}{3}a+1,\ 0\right) \quad (\rightarrow(\text{マ}))$$

$$\overrightarrow{OR''} = \overrightarrow{OR} + \frac{2}{3}\vec{v} = \left(\frac{2}{3}a+1,\ \frac{2}{3}a,\ 0\right) \quad (\rightarrow(\text{ミ}))$$

3 点 P″, Q″, R″ は xy 平面上の点であるから, xy 座標で考える。

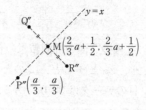

$$P''\left(\frac{a}{3}, \frac{a}{3}\right), \ Q''\left(\frac{2}{3}a, \frac{2}{3}a+1\right),$$

$$R''\left(\frac{2}{3}a+1, \frac{2}{3}a\right)$$

より, P″ は直線 $y=x$ 上にあり, 2 点 Q″, R″ は直線 $y=x$ に関して対称である。

△P″Q″R″ が正三角形となるのは, P″Q″＝P″R″＝Q″R″ のときで, Q″R″＝$\sqrt{2}$ であるから

$$P''Q''^2 = \left(\frac{2}{3}a-\frac{a}{3}\right)^2 + \left(\frac{2}{3}a+1-\frac{a}{3}\right)^2 = \left(\frac{a}{3}\right)^2 + \left(\frac{a}{3}+1\right)^2 = (\sqrt{2})^2$$

$$2\left(\frac{a}{3}\right)^2 + 2\left(\frac{a}{3}\right) - 1 = 0$$

$$\frac{a}{3} = \frac{-1\pm\sqrt{3}}{2}$$

$$\therefore \quad a = \frac{-3\pm3\sqrt{3}}{2} \quad (\rightarrow\text{(ム)})$$

P″, Q″, R″ が一直線上の点となるのは, P″ が Q″R″ の中点 M $\left(\frac{2}{3}a+\frac{1}{2}, \frac{2}{3}a+\frac{1}{2}\right)$ と一致するときで

$$\frac{a}{3} = \frac{2}{3}a + \frac{1}{2}$$

$$\therefore \quad a = -\frac{3}{2} \quad (\rightarrow\text{(メ)})$$

$a > -\dfrac{3}{2}$ のとき

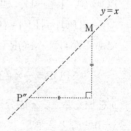

$$\triangle P''Q''R'' = \frac{1}{2}P''M \cdot Q''R''$$

$$= \frac{1}{2} \times \sqrt{2}\left|\frac{2}{3}a+\frac{1}{2}-\frac{a}{3}\right| \times \sqrt{2}$$

$$= \left|\frac{a}{3}+\frac{1}{2}\right| = \frac{1}{3}a + \frac{1}{2} \quad (\rightarrow\text{(モ)})$$

V

◆発想◆　$F'(x) = f(x) = k(x-1)(x-2)$ と書けることと，

$F(2) - F(1) = \int_1^2 f(t)\, dt = \int_1^2 k(t-1)(t-2)\, dt = -\dfrac{k}{6}$ を使う。

解答　(1)　(ヤ) 0　(コ) $f(x)$

(2)　$F(x)$ が $x=1$, 2 で極値をとり，$F'(x) = f(x)$ であり，$f(x)$ は 2 次関数であるから

$$f(x) = k(x-1)(x-2) \quad (k は定数，かつ，k \neq 0) \quad \cdots\cdots①$$

と書ける。

$$F(1) = 5 \quad かつ \quad F(2) = 4$$

$$\Longleftrightarrow F(2) - F(1) = -1 \quad \cdots\cdots② \quad かつ \quad F(1) = 5 \quad \cdots\cdots③$$

である。

$$\begin{aligned}
F(2) - F(1) &= \int_d^2 f(t)\, dt - \int_d^1 f(t)\, dt \\
&= \int_1^2 f(t)\, dt \\
&= k\int_1^2 (t-1)(t-2)\, dt \\
&= k \times \left\{ -\frac{(2-1)^3}{6} \right\} \\
&= -\frac{k}{6}
\end{aligned}$$

②より

$$-\frac{k}{6} = -1$$

よって　　$k = 6$

①より

$$f(x) = 6(x-1)(x-2) = 6x^2 - 18x + 12 \quad \cdots\cdots④$$

このとき

$$\begin{aligned}
F(1) &= \int_d^1 (6t^2 - 18t + 12)\, dt \\
&= \left[2t^3 - 9t^2 + 12t \right]_d^1 \\
&= 5 - (2d^3 - 9d^2 + 12d)
\end{aligned}$$

③より

$$2d^3 - 9d^2 + 12d = 0$$

$$d(2d^2 - 9d + 12) = 0$$

d は実数であるから

$$d = 0 \quad \cdots\cdots ⑤$$

また，④より $F(x)$ の増減表は右のように
なり，$F(x)$ は $x=1$ で極大，$x=2$ で極小
となる。

x	$\cdots$	1	$\cdots$	2	$\cdots$
$F'(x)$	+	0	−	0	+
$F(x)$	↗	極大	↘	極小	↗

したがって，④，⑤は条件を満たす。求め
る $f(t)$，d は

$$f(t) = 6t^2 - 18t + 12, \quad d = 0 \quad \cdots\cdots (答)$$

━━━━◀解　説▶━━━━

≪定積分で表された関数≫

(1)　$F(d) = \displaystyle\int_d^d f(t)\,dt = 0 \quad (\to (ヤ))$

$f(t)$ の不定積分を $G(t)$ とすると，$G'(t) = f(t)$ であるから

$$F'(x) = \frac{d}{dx}\int_d^x f(t)\,dt$$

$$= \frac{d}{dx}\left\{ \Big[G(t) \Big]_d^x \right\}$$

$$= \frac{d}{dx}\{G(x) - G(d)\}$$

$$= G'(x) = f(x) \quad (\to (ユ))$$

(2)　$f(1) = 0$，$f(2) = 0$ より，$f(x)$ は $(x-1)(x-2)$ を因数にもつ。3 次
関数のとき，極小値 − 極大値は

$$\int_\alpha^\beta (x-\alpha)(x-\beta)\,dx = -\frac{(\beta-\alpha)^3}{6}$$

を使って計算できる。$F(x)$ が $x=1$ で極大ならば $F'(1) = 0$ は成り立つが，
$F'(1) = 0$ ならば $F(x)$ は $x=1$ で極大は必ず成り立つわけではないから，
$F(x)$ が $x=1$ で極大，$x=2$ で極小となることの十分性を増減表で確認す
る。

❖講　評

　大問 5 題の出題で，Ⅰ・Ⅱはさまざまな分野からの小問集合，Ⅲは独立した小問，Ⅳ・Ⅴは段階的に誘導される出題形式であった。Ⅰ～ⅣとⅤの(1)が空所補充形式，Ⅴの(2)が記述式である。

　Ⅰ　(4)階差数列が等比数列のとき，もとの数列が等比数列となる条件を求める問題である。少し答え難いが〔解説〕に示したように必要条件から求めればよい。(5)正の約数の個数が 6 個となるのは，a^5, a^2b の形のときであることがわかれば解ける。(6)$1+i$ の共役複素数 $1-i$ も解であることを用いて，4 次式を 2 次式を割って，因数分解を考える。(1)～(3)は基本的なレベル，(4)～(6)は標準的なレベルの問題である。

　Ⅱ　(1)点 P の位置は 4 カ所である。図より判断して反復試行の確率で求める。(2)後半の共通接線の問題は，直角三角形の辺の比を利用して，2 つの円どちらにも使える関係式を求める。(3)絶対値記号のついた，文字係数を含む不等式であるから，グラフを利用して解く。(1)～(3)すべて標準的なレベルの問題である。

　Ⅲ　(2)50m 走の 2 回のタイムの散布図より，2 回の合計を直線 $x+y=k$ 上の点を数えて読み取る。基本～標準レベルの問題である。

　Ⅳ　$\overrightarrow{PQ}$, $\overrightarrow{PR}$, $\overrightarrow{QR}$ の成分より△PQR は正三角形とわかる。P″, Q″, R″ を xy 座標で考えると，△P″Q″R″ は直線 $y=x$ に関して対称な二等辺三角形とわかる。

　Ⅴ　(2)条件より $f(x)=k(x-1)(x-2)$（k は 0 でない定数）とし，

$$F(2)-F(1)=\int_1^2 k(t-1)(t-2)\,dt=-\frac{k}{6}$$ から，k を決める。〔解説〕にも書いたように，必要条件だけで $f(t)$ は求まるが，増減表などで，十分条件を満たすことを確認する。

　Ⅴ(1)は基本的なレベル，Ⅳ・Ⅴ(2)は標準的なレベルの問題である。

　全体として，標準的なレベルの問題が中心ではあるが，典型問題ではないものも含まれていて，しっかり考えないと解けない。問題の分量は多く，試験時間 80 分で解くのはかなり難しい。図形の性質を用いて見通しよくするなど，計算を少なくする工夫が必要である。

■化学■

1 **解答**
設問1．あ．体心立方格子　い．面心立方格子
　　う．六方最密構造　え．ダイヤモンド

お．黒鉛（グラファイト）　か．正四面体　き．正六角形

く．分子間力（ファンデルワールス力）　け．イオン化傾向　こ．大き

さ．電子　し．小さ　す．負　せ．赤褐

設問2．a．4　b．4　c．3　d．3

設問3．X．Zn　Y．Cu

ア．$ZnSO_4$　イ．$CuSO_4$　ウ．Zn^{2+}　エ．HCl　オ．AgCl

カ．H_2S　キ．CuS　ク．HNO_3　ケ．$Fe(OH)_3$

設問4．$r = \dfrac{\sqrt{3}}{4} l$

設問5．黒鉛は各炭素原子に残った1個の価電子が平面構造に沿って動く
ことができるから。（40字以内）

設問6－1．$Fe^{2+} \longrightarrow Fe^{3+} + e^-$

設問6－2．反応物の結合エネルギーの和：$928 + 3 \times 432 = 2224$〔kJ〕
　　　　生成物の結合エネルギーの和：$2 \times 3(\text{N–H})$〔kJ〕
　　　　アンモニアの N–H の結合エネルギー：$92 = 2 \times 3(\text{N–H}) - 2224$
　　　$(\text{N–H}) = 386$〔kJ〕　……（答）

設問6－3．K^+

◀解　説▶

≪金属結晶の構造，共有結合の結晶，ダニエル電池，金属イオンの分離・
確認≫

設問1～設問3．金属結晶の構造は体心立方格子，面心立方格子，六方最
密構造などがある。面心立方格子と六方最密構造は最密構造であり，いず
れも配位数は12である。また，体心立方格子はやや空間に隙間がある構
造で，配位数は8である。単位格子中に含まれる原子の数は，体心立方格
子が2個，面心立方格子が4個，六方最密構造が2個である。

　炭素の同素体にはダイヤモンド，黒鉛などがある。ダイヤモンドでは，

各炭素原子は 4 個の価電子を使って隣接する 4 個の炭素原子と共有結合しており，正四面体を基本単位とする立体構造を形成している。黒鉛では，各炭素原子は 3 個の価電子を使って隣接する 3 個の炭素原子と共有結合しており，正六角形を基本単位とする層状の平面構造を形成している。この平面構造どうしは弱い分子間力で積み重なっている。

　ダニエル電池は，亜鉛 Zn 板を硫酸亜鉛 $ZnSO_4$ の水溶液に浸したものと，銅 Cu 板を硫酸銅（Ⅱ）$CuSO_4$ の水溶液に浸したものとを，素焼き板を隔てて組み合わせた電池である。ダニエル電池では，イオン化傾向の大きな Zn が Zn^{2+} となり，生じた電子が導線を通って銅板に達すると，溶液中の銅（Ⅱ）イオンが電子を受け取り銅が析出する。また，亜鉛 Zn が負極活物質としてはたらく。

　Ag^+ を含む水溶液に希塩酸 HCl を加えると，白色の AgCl の沈殿が生じる。また，酸性溶液中で H_2S を通じると Cu^{2+} は黒色の CuS の沈殿を生じるが，Fe^{2+} は沈殿を生じない。Fe^{3+} を含む水溶液にアンモニア水を加えると，赤褐色の $Fe(OH)_3$ の沈殿が生じる。

設問 4．体心立方格子の立方体の対角線上で原子が接するから，原子の半径を r とすると，立方体の対角線の長さは $4r$ になる。また，単位格子 1 辺の長さを l とすると，立方体の対角線の長さは $\sqrt{3}l$ になるから

$$4r=\sqrt{3}\,l$$

したがって　　$r=\dfrac{\sqrt{3}}{4}l$

設問 5．ダイヤモンドは，結晶内に自由電子が存在しないから，電気を通さない。黒鉛は，4 個の価電子のうち 3 個の価電子が共有結合に使われるが，残る 1 個の価電子は，結晶の平面構造内を動くことができるから，電気をよく通す。

設問 6 －1．Fe^{3+} は H_2S により還元されて Fe^{2+} になっているから，希硝酸（酸化剤）を加えて Fe^{3+} に戻した。

設問 6 －2．与えられた熱化学方程式より，H–H の結合エネルギーは 432 kJ/mol で，N–N の結合エネルギーは 928 kJ/mol である。求める N–H の結合エネルギーを X〔kJ/mol〕とおくと

　　（反応熱）

　　＝（生成物の結合エネルギーの和）－（反応物の結合エネルギーの和）

だから，N_2（気）$+3H_2$（気）$=2NH_3$（気）$+92\,kJ$ より

$\qquad 92 = (2 \times 3X) - (928 + 3 \times 432)$

$\qquad \therefore\quad X = 386\,〔kJ/mol〕$

設問6－3．アルカリ金属，アルカリ土類金属はアンモニア水を加えても沈殿しないから，炎色反応の色 Li（赤色），Na（黄色），K（赤紫色），Ca（橙赤色），Sr（紅色），Ba（黄緑色）によって検出する。

2 解答

設問1．ア・イ．α-, β-（順不同）
ウ．ホルミル（アルデヒド）　エ．鎖　オ．異性体
カ．平衡　キ．アルドース　ク．還元　ケ．アンモニア性硝酸銀
コ．酸化銅(Ⅰ)　サ．凝固　シ．点　ス．低い　セ．過冷却　ソ．開始
タ．終了　チ・ツ．氷（固体），水（液体）（順不同）　テ．降下　ト．度
ナ．非　ニ．電解質　ヌ．質量モル濃度　ネ．モル　ノ．電離　ハ．粒子
ヒ．大きく

設問2．グルコースのモル質量 $= 12.0 \times 6 + 1.0 \times 12 + 16.0 \times 6$

$\qquad\qquad\qquad\qquad = 180\,〔g/mol〕$

グルコースの水溶液の〔ヌ〕$= \dfrac{10.8}{180} \times \dfrac{1000}{100} = 0.600\,〔mol/kg〕$

〔サ〕〔シ〕〔テ〕〔ト〕$= 1.85 \times 0.600 = 1.11\,〔K〕$

よって　　$\mathbf{X} = -1.11$　……（答）

塩化ナトリウムのモル質量 $= 23.0 + 35.5 = 58.5\,〔g/mol〕$

同じ〔サ〕〔シ〕〔テ〕〔ト〕となるための塩化ナトリウム水溶液の〔ヌ〕

$\qquad\qquad\qquad\qquad = 0.600 \times \dfrac{1}{2} = 0.300\,〔mol/kg〕$

水100gに溶解させる塩化ナトリウムの質量

$\qquad\qquad\qquad\qquad = 58.5 \times 0.300 \times \dfrac{100}{1000} = 1.755 \fallingdotseq 1.76\,〔g〕$

よって　　$\mathbf{Y} = 1.76$　……（答）

設問3．グルコースの水溶液を冷却すると，まず水のみが凝固するので，残った溶液の濃度が上昇し，凝固点降下度が大きくなるから。（60字以内）

━━━━ ◀解　説▶ ━━━━

≪単糖類の性質，凝固点降下≫

設問 1 ～設問 3．グルコース $C_6H_{12}O_6$ は，水溶液中では α-グルコース，β-グルコースおよび鎖状構造のグルコースの 3 種類の異性体が平衡状態で存在する。鎖状構造の中にホルミル（アルデヒド）基が存在するため，グルコースの水溶液は還元性を示す。グルコースをアンモニア性硝酸銀溶液に加えて温めると，銀鏡反応が起こる。また，フェーリング液に加えて加熱すると，酸化銅（ I ）Cu_2O の赤色沈殿が生じる。グルコースのようにホルミル基をもつ単糖をアルドース，フルクトースのようにカルボニル基をもつ単糖をケトースという。

　水（液体）を冷却していくと，液体の状態を保ったまま，温度が凝固点（0℃）よりも下がることがある。これを過冷却という。過冷却（点 **A**）の状態から凝固が始まると，温度は凝固点で一定になり，氷（固体）と水（液体）が共存した状態となる。点 **C** において固体のみになると温度は低下する。

　一方，グルコース溶液の凝固点は，水（純溶媒）の凝固点より低くなる。この現象を凝固点降下という。また，溶液では，溶媒の結晶と溶液が共存した状態において温度が徐々に下がり続ける。これは，溶液を冷却すると，まず溶媒のみが凝固するので，残った溶液の濃度が上昇し，凝固点降下度が大きくなるためである。

　グルコースのような非電解質の希薄溶液の凝固点降下度 Δt は，溶質の種類に無関係で，溶液の質量モル濃度 m〔mol/kg〕だけに比例する。モル凝固点降下を K とすると

　　　$\Delta t = Km$

　一方，溶質が電解質の場合，凝固点降下度 Δt は，電離して存在するすべての溶質粒子（分子，イオン）の質量モル濃度に比例する。塩化ナトリウムの m〔mol/kg〕水溶液では，NaCl はすべて電離して Na^+ と Cl^- を生じるので，そのイオン全体の質量モル濃度は $2m$〔mol/kg〕である。

設問 2．凝固点降下度 Δt は溶液の質量モル濃度 m〔mol/kg〕に比例する。モル凝固点降下を K とすると，グルコース（$C_6H_{12}O_6$）の分子量は 180 なので

$$\Delta t = Km = 1.85 \times \frac{10.8}{180} \times \frac{1000}{100} = 1.11 \, [K]$$

グルコース水溶液の凝固点 $T_1 = 0 - 1.11 = -1.11 \, [℃]$

∴ **X** = -1.11

　溶質が電解質の場合，凝固点降下度 Δt は，電離して存在するすべての溶質粒子の質量モル濃度に比例する。塩化ナトリウム水溶液では，NaCl はすべて電離しているから，求める NaCl の質量 **Y**〔g〕は，NaCl = 58.5 より

$$1.11 = 1.85 \times 2 \times \frac{Y}{58.5} \times \frac{1000}{100}$$

∴ **Y** = 1.755 ≒ 1.76

3 解答 設問1．あ．上　い．酸化　う．2　え．同一
　　　　　　 お．タンパク質　か．陰　き．ペプチド（アミド）
く．紫

設問2．C_6H_9O

設問3．
$$\begin{array}{c} \vdash CH-CH_2-CH_3 \\ | \\ CH_3 \end{array}$$

設問4．化合物A：

化合物C：HOOC-CH₂-CH₂-C=CH-CH₂-CH₂-CH₂-CH₃
　　　　　　　　　　　　 |
　　　　　　　 HOOC-CH-COOH

化合物D：HOOC-CH₂-CH₂-CH-NH-CO-CH₂-NH₂
　　　　　　　　　　　　 |
　　　　　　　　　　 COOH

設問5．グルタミン酸は，カルボキシ基を2個もつ酸性アミノ酸で，酸性側に等電点があるから。（40字程度）

━━━━━━━◀解　説▶━━━━━━━

≪元素分析，有機化合物の構造決定，アミノ酸≫
設問1．抽出に用いたジエチルエーテルは，水より軽いから，ジエチルエーテルが上層，水が下層となる。過マンガン酸カリウムは酸化剤で，アル

ケンを酸化するとカルボン酸やケトンが生成する。

化合物Bは不斉炭素原子 *C を 2 個もつ。

$$HOOC-CH_2-CH_2-\overset{*}{C}H-\overset{*}{C}H(OH)-CH_2-CH_2-CH_2-CH_3$$
$$|$$
$$HOOC-CH-COOH$$

同じ炭素原子に $-NH_2$ と $-COOH$ が結合したものを α-アミノ酸といい，タンパク質を加水分解すると，約 20 種類のアミノ酸を生じる。グリシン H_2N-CH_2-COOH は最も単純なアミノ酸で，pH3.2 の溶液では，等電点が 6.0 のグリシンは陽イオン $H_3N^+-CH_2-COOH$ になっているから，電気泳動をおこなうと陰極へ移動する。1 つのアミノ酸の $-COOH$ と，別のアミノ酸の $-NH_2$ との間で脱水縮合が起こると，アミド結合 $-CO-NH-$ ができる。アミノ酸どうしから生じるアミド結合を，特にペプチド結合という。アミノ酸にニンヒドリン水溶液を加えて温めると，紫色に呈色する。この反応をニンヒドリン反応という。

設問 2．化合物Aの組成式を $C_xH_yO_z$ とすると

$$x:y:z=\frac{74.2}{12.0}:\frac{9.3}{1.0}:\frac{16.5}{16.0}=6.18:9.3:1.03\fallingdotseq6:9:1$$

よって，組成式は　　　　C_6H_9O

設問 3．不斉炭素原子を *C で表すと，不斉炭素原子が存在するアルキル基は $-\overset{*}{C}H(CH_3)C_2H_5$ になる。

設問 4．エステル $R^1-COO-R^2$ を水酸化ナトリウム水溶液で加水分解するとカルボン酸の塩 $R^1-COONa$ とアルコール R^2-OH が生じるから，化合物Bを加水分解する前の生成物をEとすると次のようになる。

$$
\begin{array}{c}
\qquad\qquad\qquad CO \\
\qquad\quad HOOC-CH \quad\ O \\
HOOC-CH_2-CH_2-CH-CH-C_4H_9
\end{array}
$$
加水分解する前の生成物E

$$
\xrightarrow{\text{加水分解}}
\begin{array}{c}
\qquad\qquad\qquad COOH \\
\qquad\quad HOOC-CH\qquad OH \\
HOOC-CH_2-CH_2-CH-CH-C_4H_9
\end{array}
$$
化合物B

アルケン $R^1-CH=CHR^2$ を硫酸酸性の過マンガン酸カリウムで酸化すると，C=C 結合が完全に切れて，カルボン酸 R^1-COOH と R^2-COOH が生成するから，化合物A（分子式 $C_{12}H_{18}O_2$）を過マンガン酸カリウムで

酸化した生成物Eは次のようになる。

$$
\begin{array}{c}
\text{O} \\
\parallel \\
\text{HC}=\text{CH} \quad \text{CH} \quad \text{C} \\
\text{H}_2\text{C} \quad \text{CH} \quad \text{O} \\
\text{CH}_2 \quad \text{CH}-\text{C}_4\text{H}_9
\end{array}
$$
化合物 A

$\xrightarrow[\text{よる酸化}]{\text{KMnO}_4 \text{に}}$
$$
\begin{array}{c}
\text{O} \\
\parallel \\
\text{HOOC}-\text{CH} \quad \text{C} \\
\text{HOOC}-\text{CH}_2-\text{CH}_2-\text{CH}-\text{CH}-\text{C}_4\text{H}_9 \quad \text{O}
\end{array}
$$
生成物 E

化合物Bを分子内脱水してできた化合物Cが不斉炭素原子をもたないから，化合物Bの不斉炭素原子 *C のところで脱水が起こる。

$$
\text{HOOC}-\text{C}_2\text{H}_4-\overset{*}{\text{CH}}-\overset{*}{\text{CH}}(\text{OH})-\text{C}_4\text{H}_9
$$
$$
\text{HOOC}-\text{CH}-\text{COOH}
$$
化合物 B

$\xrightarrow{\text{脱水}}$
$$
\text{HOOC}-\text{C}_2\text{H}_4-\text{C}=\text{CH}-\text{C}_4\text{H}_9
$$
$$
\text{HOOC}-\text{CH}-\text{COOH}
$$
化合物 C

グリシン $\text{CH}_2(\text{NH}_2)\text{COOH}$ のカルボキシ基 $-\text{COOH}$ とグルタミン酸 $\text{HOOC}-\text{CH}_2-\text{CH}_2-\text{CH}(\text{NH}_2)\text{COOH}$ のアミノ基 $-\text{NH}_2$ との間で脱水縮合するとペプチド結合 $-\text{NH}-\text{CO}-$ をもったジペプチド（化合物D）が得られる。

$$
\text{HOOC}-\text{CH}_2-\text{CH}_2-\text{CH}(\text{COOH})-\text{NH}-\text{CO}-\text{CH}_2-\text{NH}_2
$$
化合物 D

設問5．等電点とは，水溶液中で，陽イオン，双性イオン，陰イオンの電荷の総和が全体として0になる pH である。

グルタミン酸 $\text{HOOC}-\text{CH}_2-\text{CH}_2-\text{CH}(\text{NH}_2)\text{COOH}$ はカルボキシ基を2個もつ酸性アミノ酸である。中性溶液中では，

$^-\text{OOC}-\text{CH}_2-\text{CH}_2-\text{CH}(\text{NH}_3{}^+)\text{COO}^-$ となり，pH3.2 の溶液中では，$\text{HOOC}-\text{CH}_2-\text{CH}_2-\text{CH}(\text{NH}_3{}^+)\text{COO}^-$ の双性イオンになる。

❖講　評

　2021 年度も例年通り大問 3 題の出題であり，教科書をしっかり学習しておけば解ける標準的な問題が多く，難易度も例年並みであった。

　1．金属結晶の構造，共有結合の結晶，ダニエル電池，金属イオンの分離・確認，結合エネルギーに関する問題で基本的な問題である。金属結晶の構造は，配位数と原子数から考えればよい。ダイヤモンドと黒鉛の構造の違いから電気伝導性に関する論述問題が出題されている。金属イオンの分離・確認についてきちんと整理しておきたい。特に，希硝酸を加える理由も理解しておく必要がある。結合エネルギーと反応熱との関係も基本的な問題なので確実に得点したい。

　2．単糖のグルコースの性質，凝固点降下に関する標準的な問題である。一つの単語を二つ以上の空欄で表しているのは戸惑うかもしれない。溶質が電解質と非電解質の場合の凝固点降下の違いをきちんと押さえておきたい。また，溶液の冷却曲線の場合，温度が徐々に低下する理由に関する論述問題が出題されている。

　3．元素分析，有機化合物の構造決定，アミノ酸に関するやや難しい問題である。有機化合物の構造決定では，過マンガン酸カリウムでアルケンを酸化するとカルボン酸がつくられ，また，エステルを加水分解することにより環状構造が鎖状構造になることに気づくかどうかがポイントになる。グルタミン酸の等電点に関する論述問題が出題されている。

生物

I **解答** 問1．(1)分子：水　膜タンパク質：アクアポリン
(2)半透性

(3)リポソーム内部の水が外部に浸透し，リポソームの体積が減少する。

(4)NADH（還元型ニコチンアミドアデニンジヌクレオチド）

(5)ミトコンドリア

問2．(1)染色体 ⟶ クロマチン ⟶ ヌクレオソーム ⟶ ヒストン

(2)基本転写因子　(3)—(d)　(4)5'-TAGCTA-3'

問3．(1)UUU　(2)—(c)　(3)リボソーム　(4)シャペロン　(5)変性

問4．(1)—(b)　(2)—(iv)　(3)—(c)

(4)ゲノム DNA とは違い，cDNA にはイントロンが含まれないから。

◀解　説▶

≪細胞の構造と代謝，DNA と転写，サンガー法と PCR 法≫

問1．(1)　細胞を構成する成分で最も多いのは水であり，次いでタンパク質となる。

(2)　半透性とは，溶媒または一部の溶質は通すが，他の溶質は通さない性質をいうが，その度合は興奮などの生理状態に応じ変化する。

(3)　問題文から，脂質二重層で構成されたリポソームは半透性をもつと考えられる。内部のスクロース濃度が 0.1 mol/L で，外部のスクロース濃度が 0.2 mol/L と高張であるので，リポソーム内部の水が外部に移動すると考えられる。

(4)　NAD^+ は，ニコチン酸アミドアデニンジヌクレオチドの略号であり，乳酸脱水素酵素がはたらくことによって還元型の NADH となる。

$$NAD^+ + 2e^- + H^+ \longleftrightarrow NADH$$

の反応で酸化還元反応を行う。問題文では，乳酸発酵を解糖系で生じたピルビン酸を乳酸に変換する反応とし，乳酸発酵における乳酸脱水素酵素の反応に使用される補酵素の名前が問われている。また，酸化還元状態を区別して答えよとあるので，名称で答える際には，「還元型」をつけなければならない。この補酵素は，基質が酸化・還元される際に水素の授受に関

わり，多くの脱水素酵素の共通の補酵素となっている。

⑸　細胞共生説によって知られるように，原始好気性細菌の共生によって
ミトコンドリアが，原始光合成細菌（シアノバクテリア）の共生によって
葉緑体が生じたと考えられており，それぞれ独自の DNA をもつ。したが
って，ヒトの場合であれば，核以外ではミトコンドリアとなる。

問2．⑴　右図参照。

⑵　転写の際には，基本転写因子がプロ
モーターにある転写調節領域を認識して
結合する。さらに他の転写調節因子や
RNA ポリメラーゼが結合して転写複合
体を形成する。

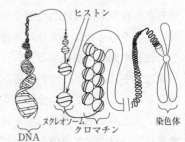
ヒストン
ヌクレオソーム　クロマチン　染色体
DNA

⑶　問題文には，薬剤Bによって転写量
が減少するとあり，図1を見ると，薬剤Bがある条件では，分子Cの有無
にかかわらず結果は同じである。しかし，薬剤Bがない条件で，分子Cを
50ng 添加すると6塩基部分が欠ける。これは，分子Cが転写領域に結合
して，DNaseⅠがはたらかなかったためと考えられる。すなわち，分子C
は薬剤Bが存在しないときに転写を促進するアクチベーターであると考え
られる。

⑷　図1の左4レーンはサンガー法によるシーケンス像とある。DNA 合
成反応では，一本鎖 DNA を鋳型として DNA ポリメラーゼがプライマー
をもとに塩基配列を1個ずつ伸長させていくが，DNA 鎖の伸長を停止さ
せる ddN（ddA，ddG，ddC，ddT）を少量加えておくと，ddN が取り込
まれた時点で DNA の伸長末端にあるヌクレオチドの3'末端が −OH 基で
はなく −H となってしまうために，次の塩基が結合できず合成反応が停
止する。図で欠損している6塩基部分を，分子量小の下側から上側に読む
と，5'-TAGCTA-3' となる。

問3．⑴　RNA を構成する塩基は，A，U，C，Gであり，DNA を構
成する塩基は，A，T，C，Gであるので，ニーレンバーグが使用した塩
基はU（ウラシル）である。

⑵　オルニチンは塩基性アミノ酸の一つで，一般にタンパク質中には認め
られないが，ある種の抗菌性ペプチド中などに存在する。アルギニンをア
ルカリなどで分解すると生じる。また，尿素回路において尿素産生に関係
し，代謝上重要な役割をもっている。

⑶　リボソームは，数種類のリボソーム RNA と多数のリボソームタンパク質の複合体である。細胞質内に散在する遊離型と膜結合型がある。

⑷　シャペロンとはタンパク質や核酸の折りたたみ（フォールディング）や複合体形成に関与するタンパク質の総称である。最初に見いだされたシャペロンはヌクレオプラスミンであり，DNA とヒストンからクロマチンが形成される際に補助的役割を果たすことがわかった。

⑸　解答そのものは，タンパク質が高温や酸，アルカリで立体構造が変化し，性質や機能が変化するということから「変性」とわかる。

　問題文中にある液―液相分離とは，2 つの液体が混ざり合わずに互いに排除しあうことで 2 相に分離する現象のことである。例えば，サラダドレッシングが水と油の 2 相に分かれる状態も液―液相分離である。最近の研究では，細胞内でも核酸やタンパク質が液―液相分離を起こして周囲とは異なる液相を形成し，水に浮かぶ油滴のように細胞内で液滴を形成することがわかってきた。すなわち，タンパク質の液滴が，膜のないオルガネラ（細胞小器官）としてさまざまな役割を担っていることが明らかになりつつある。

　その例として天然変性タンパク質がある。生理的条件下で決まった三次元構造をとらないが，転写や翻訳といった細胞過程では重要な役割を果たしている。このようなタンパク質は，小さな領域が結合に際して折りたたまれることによって標的と相互作用することが知られている。

問 4．⑴　増幅曲線のシグナルが 2 倍になると，DNA の個数が 2 倍になるとある。また，Ct 値は，シグナルの強さが一定の濃度を超えたときの PCR サイクル数である。1 回の PCR サイクルで DNA 数は 2 倍になり，2 回では 4 倍になる。DNA の個数が 100 個であれば，400 個のときに比べ Ct 値は 2 大きくなる。また，800 個のときに比べ 3 多くなる。この関係を満たすのは(b)である。

⑵　次の定量的 PCR では cDNA の一部を増幅させるとあり，それが(ii)と(iv)である。新生 cDNA は 5′→3′ 方向に合成される。よって，(ii)と(iv)を含むように cDNA を合成するためには，(iv)をプライマーとして使用すればよい。

⑶　特定のウイルスの検出を行うのであるから，そのウイルスの特徴を示す部分を検出しなければならない。よって，(a)～(c)の中では(c)が正しい。

(d)の 3′ 末端にポリ A 配列が付加されるのは，一般の転写によって作製される mRNA のことであり，プライマー設計には関係がない。(e)の制限酵素で切断可能な配列を含むというのは，取り出した DNA を大腸菌等に導入してクローニングをする際には必要であるが，単に特定のウイルス検出を行うには必要がない。また，(f)も単に特定のウイルス検出を行うには必要がない。

(4)　転写された RNA は，スプライシングによってイントロンが除かれ mRNA となる。cDNA は mRNA を逆転写して合成されるので，イントロンを含まない。そのため，鋳型 DNA の場合の増幅される DNA の長さ ＞cDNA の場合の増幅される DNA の長さの関係が成り立つ。

II　解答

問 1．(1)同義置換（サイレント変異）
(2)①—(お)　②—(あ)　③—(う)
(3)年代：2020 年 6 月　学説：中立説（分子時計も可）
問 2．(1)トル様受容体（TLR）　(2)サイトカイン
(3)あ—(c)　い—(k)　う—(d)　え—(a)　お—(f)　か—(h)　き—(o)
(4)—(c)　(5)ホルモン
問 3．(1)あ—(i)　い—(b)　う—(h)　お—(k)
(2)味蕾（味覚芽）　(3)中枢
問 4．(1)あ 140 名　い 998 名
(2) 988 名　(3)い 7 名　う 59 名

◀解　説▶

≪COVID-19，ゲノム解析，免疫応答，嗅覚と味覚，PCR 検査≫

問 1．(1)　トリプレットコードを見ると，複数種類のコドンが同一のアミノ酸を指定する場合がある。コドンの 3 番目の塩基が他の塩基に置換しても元と同じアミノ酸を指定する場合があり，このような突然変異を，同義置換（サイレント変異）という。

(2)　①について考えるとき，ゲノム N409 は系統樹でみると，ゲノム M933 からは T24034C の置換で枝分かれしている。すなわち，部位 24034 が T から C に置換している。それを満たすのは お である。
②については，ゲノム L973 はゲノム N409 と枝分かれするが，それは部位 2662 が，C から T に置換していることを示しているので，あ となる。

③については，ゲノム M933 から T24034C で枝分かれし，さらに T29095C で枝分かれし，さらに C18060T の置換があって T880 になっている。すなわち，M933 を基準にすると，N409 のタイプ(お)からさらに部位 29095 が T から C に置換し，さらに部位 18060 が C から T に置換したものである。これを満たすのは(う)である。

(3) 12 塩基の変異の置換に要する時間は

$$12 \div 24 = \frac{1}{2} \text{年} = 6 \text{カ月}$$

すなわち，2020 年 6 月に採取されたことになる。

　木村資生は，ヘモグロビン α 鎖のアミノ酸の置換数に関して各動物のアミノ酸置換数の平均値を算出し，置換数の平均値が分岐年代（化石記録）と比例することを示した。すなわち DNA で起きる変異は中立で，それに従うタンパク質のアミノ酸置換も一定速度で生じるという中立説を唱えた。分子時計は，この仮説から遺伝子の変化を時計として分岐年代を推定する方法である。

問 2. (1) 自然免疫の担当細胞は，好中球やマクロファージ，樹状細胞といった食細胞である。これらの細胞は，特定のグループの病原体に共通した分子や構造を認識する「パターン認識受容体」を介して病原体の侵入を感知し，貪食を促したり，細胞内シグナル伝達を起動させるはたらきをする。パターン認識受容体は細胞表面，細胞質基質，エンドソームなどの各所に数十種類存在するが，教科書や図表などではトル様受容体（TLR）の例が多い。また，NK 細胞は感染細胞などを攻撃するリンパ球で，感染の初期からはたらき，自然免疫を担っている。

(2) サイトカインは細胞間の情報伝達を媒介し，造血系，免疫系，神経系，発生，形態形成，生殖系など生命現象のさまざまな局面においてはたらく。それぞれのサイトカインは，特異的な受容体に結合したり，細胞内の多様なシグナル伝達経路を活性化することで，遺伝子の発現，細胞増殖，細胞分化と機能発現，細胞運動などを制御している。問題文にあるインターロイキンは，リンパ球を含む白血球から分泌され，主に免疫系の機能調節に関与するサイトカインである。

(3) あ・い. キラー T 細胞やマクロファージが直接細胞を攻撃する免疫反応を細胞性免疫という。

う～き．ヘルパーT細胞は，B細胞，樹状細胞，マクロファージなどが提示する抗原を認識するとサイトカインを産生する。サイトカインによりB細胞が刺激されると形質細胞へと分化して大量の抗体を産生し，抗体は体液中を循環して全身に広がる。また，B細胞の一部は抗原の情報を記憶している免疫記憶細胞となって，再度の感染の際には，抗体を迅速かつ大量に産生することができる。

(4)　ペプチド結合を加水分解により切断する酵素をプロテアーゼという。さらに，ペプチドのN末端あるいはC末端からアミノ酸を遊離させるプロテアーゼをエキソペプチダーゼといい，N末端から分解するものをアミノペプチダーゼ，C末端から分解するものをカルボキシペプチダーゼという。問題文にはアンジオテンシンⅡのC末端の1鎖アミノ酸を切断するとあるので，カルボキシペプチダーゼである。

(5)　アンジオテンシンは，肝臓で合成された前駆体アンジオテンシノゲンが，血液中で種々の酵素のはたらきを受けることにより生成されるペプチドの総称である。アンジオテンシノゲンは，腎臓から分泌されるレニンの作用によりアミノ酸10個からなるアンジオテンシンⅠとなり，血液中の酵素によってC末端の2個のアミノ酸が切断されてアンジオテンシンⅡとなる。このホルモンは血管の平滑筋を収縮させて血圧を上昇させるほか，水やナトリウムの摂取を促進するはたらきがある。

問3．(1)　い．嗅細胞は表面の粘膜中に繊毛（嗅繊毛）を出し，粘液に溶け込んだ化学物質を受容する。

う．味細胞は上皮細胞が転化した二次感覚細胞で，味神経の末端のシナプスを受けている。味細胞は味蕾の味孔から入る水に溶けた化学物質を刺激として受容する。

お．味物質の種類によって異なる受容体が存在し，その受容体をもつ特定の味細胞に電気的変化が生じると，それにつながる味神経が興奮する。

(2)　味蕾（味覚芽）は花のつぼみのような形をしている。多くは舌乳頭の表面に存在するが，口蓋，咽頭，喉頭にも分布する。味蕾は味細胞と支持細胞からなり，味細胞の底部で味神経線維とシナプスを形成して接合している。

(3)　「外界からの刺激に対して効率よく反応して行動する」や，「受容器で受け取った多くの情報を統合し」という表現，また，「処理するところ」

とあるので,「中枢」と考えられる。脳や単純な行動である反射行動の反射中枢も含まれると考えればよい。

問 4. 問題文中に「指定感染症の分類で二類相当」とある。感染症法では,症状の重さや病原体の感染力などから感染症を一類〜五類の 5 種の感染症と指定感染症, 新感染症の計 7 種類に分類している。新型コロナウイルス感染症は, 結核や SARS, MERS などの二類感染症相当の措置がとられている。

(1) 感染者の数は

$$（あ）+（う）=100000 \times 0.002 = 200 \quad \cdots\cdots ①$$

健常者の数は

$$（い）+（え）=100000 - 200 = 99800 \quad \cdots\cdots ②$$

感度が 70 %, 特異度が 99 %であるから

$$\frac{（あ）}{（あ）+（う）} \times 100 = 70 \quad \cdots\cdots ③$$

$$\frac{（え）}{（い）+（え）} \times 100 = 99 \quad \cdots\cdots ④$$

①と③より

$$（あ）= 70 \div 100 \times 200 = 140$$

$$（う）= 200 - 140 = 60$$

②と④より

$$（え）= 99 \div 100 \times 99800 = 98802$$

$$（い）= 99800 - 98802 = 998$$

以上をまとめると以下の表になる。

	感染者数	非感染者数			
陽性→	(真)陽性　140	偽陽性　　998	←陽性的中率	12 %	140/140＋998
陰性→	偽陰性　　60	(真)陰性　98802	←陰性的中率	99.9 %	98802/98802＋60
	感度　70 %	特異度　99 %			

罹患率 0.2 %で 10 万人の集団があれば, 200 人の感染者に PCR 検査を行うと, 140 人が陽性と判定され, 60 人が陰性（偽陰性）と判定される。また, 99800 名の非感染者に PCR 検査を行うと 998 名が陽性（偽陽性）となる。表では偽陽性者が多い（陽性的中率が低い）が, 罹患率が大きくなると偽陽性者の確率は低くなる（陽性的中率は高くなる）。

⑵　1回目の検査で陰性の結果が出た健常者は 98802 名であり，これが 2
回目の検査を受けるとき，㈄偽陽性＋㈈陰性＝98802 名より

$$\frac{㈈}{98802} \times 100 = 99$$

よって

㈈＝97813.98 ≒ 97814 名

したがって

㈄＝98802 − 97814 ＝ 988 名

⑶　900 名の検査で陽性者が 16 ％であったことから陽性者は 144 名。
すなわち

㈂陽性＋㈄偽陽性＝144 名

陰性者は

900 − 144 ＝ 756 名

すなわち

㈅偽陰性＋㈈陰性＝756 名

さらなるゲノム解析や抗体検査で真の感染者㈂が 137 名であるから

㈄＝144 − 137 ＝ 7 名

感度が 70 ％であるから，$\frac{137}{137 + ㈅} \times 100 = 70$ より

㈅＝58.7 ≒ 59 名

Ⅲ 解答　問1．A―㈄　B―㈎　C―㈭　D―㈪　E―㈾
問2．① ・ ⑤

問3．旧口動物は原口が成体の口になり，新口動物は原口が成体の肛門に
なる。

問4．生物群 d：㈅　生物名 j：㈄　特徴②：(D)

問5．•一生の少なくとも一時期に脊索
をもつ。

•脊索の背方に管状の神経管をもつ。

模式図は右の通り。

問6．筋肉，心臓，腎臓，血管，骨格などから2つ

問7．(1)母性因子（母性効果因子）

(2)①—(け)　②—(お)　③—(か)　④—(さ)　⑤—(こ)　⑥—(え)　⑦—(う)　⑧—(く)
⑨—(き)

(3)

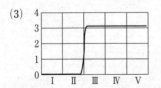

━━━━━━◀解　説▶━━━━━

≪生物進化の歴史と系統，動物の系統と発生，転写の誘導≫

問1．A・B．5億4千万年以前は先カンブリア紀であり，その末期のエ
ディアカラ生物群は有名である。しかし，この生物群は硬い組織をもたな
い扁平な動物群であり，現生生物との類縁関係はよくわかっていないので
注意したい。リード文には，「現在見られる動物のほぼすべての門」が出
現とあるので，ここではカンブリア紀のバージェス動物群が該当する。硬
い組織をもち攻撃と防御の器官が発達しており，被食—捕食関係が成立し
ていたと思われる。

C．発生反復説からもヘッケルとわかる。ヘッケルは生物の系統的類縁を
想定して系統樹を作り，個体発生と系統発生の関係について発生反復説
（生物発生原則）を立てた。

D．えり鞭毛虫は，一般に単細胞性であるが，群体を形成するものもいる。
細胞後端から生じる1本の鞭毛をもち，それを取り囲むようにアクチン繊
維で支持された微絨毛からなる襟をもつ。

E．原腸胚は胞胚につぐ発生段階にある胚で，胞胚が1層の壁からなるの
に対し，それが原腸形成により，内外2層の胚葉をもつようになった胚で
ある。

問2．①誤文。動物のすべては従属栄養生物である。

②正文。二界説〜五界説における動物界はすべて真核生物。ドメインでは
ユーカリア（真核生物）に動物は含まれる。

③正文。海綿動物は最も祖先的な多細胞動物であり，消化系のほか，神経
系，循環器系，筋肉系の組織や器官がほとんど分化しない。

④正文。海綿動物は他の後生動物には見られない水溝系が発達しており，

えり細胞の連動した鞭毛運動によって水流を引き起こして，水中の有機物
をろ過して摂食している。

⑤誤文。現在の分類体系ではドメインである。

⑥正文。多くの生物は水中から陸上へ進化したが，イルカやクジラは陸上
から再び水中へと生活の場を変えたと考えられている。祖先は同じであり
ながら，水中から陸上に適応したのが偶蹄目（ウシ目）であり，水中生活
を選択したのがクジラ目である。したがって，これらの上位をクジラ偶蹄
目と呼ぶ。

問3．新口動物は後口動物とも呼ばれる。左右相称動物を二大別するとき
に旧口動物と対峙する。原口が成体の肛門となり，口は原腸の末端に新た
に形成され，脊椎動物，棘皮動物，脊索動物がある。

問4．問題文の模式図に解答を書き込むと以下のようになる。

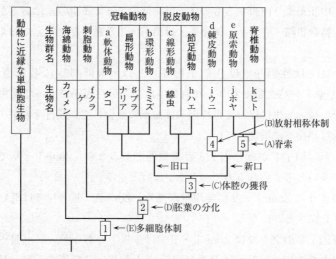

生物群名と生物名は，上下の関係からすぐわかる a ，b ，c ，f ，g ，h ，
k から埋めていくとよい。次に特徴リストだが，①は単細胞から分かれて
いるので，(E)多細胞体制と判断できる。次の②は海綿動物から分かれてい
るので，(D)胚葉の分化となる。ただし，刺胞動物は二胚葉動物である。そ
の後③は(C)体腔の獲得としたが，線形動物（輪形動物）は偽体腔，その
他は真体腔となり，扁形動物は無体腔である。次の枝分かれは，問3でも
あった旧口動物と新口動物の分化である。さらに新口動物の分化の④と⑤

を考えるが，脊椎動物—ヒトが右端なので，ｅは脊椎動物に最も近い原索動物とし，ｊはホヤを選べばよい。両者は脊索をもつ脊索動物であるので，⑤は(A)脊索を選べばよい。④はそれ以外の新口動物であるから(B)放射相称体制を選択し，ｄ—ｉは棘皮動物—ウニとすればよい。放射相称とは，3つ以上の相称面をもつものである。

問5．脊索動物は，一生の少なくとも一時期に脊索とその背方を走る管状の神経管をもつ。ナメクジウオなどをイメージして模式的に描けばよい。また，鰓裂（鰓孔）をもつので，それを図示してもよい。脊索動物のうち，脊椎動物は個体発生の途上で脊索の周囲に脊椎骨が形成されるが，原索動物は脊索だけを終生，体全長にわたりもち続ける頭索動物（ナメクジウオ類）と，終生あるいは一時期尾部にもつ尾索動物（ホヤ類，タリア類，オタマボヤ類）に分類される。

問6．中胚葉より由来するものは，動物群によって多少の差はあるが，筋肉・結合組織・骨格系・循環系・排出系・生殖系などと覚えておくとよい。

問7．(1) 母性因子（母性効果因子）とは，卵母細胞に蓄積されたmRNAやタンパク質であり，初期発生はこの母性因子によって制御される。その後，発生に伴って母性因子は徐々に減少して，胚自身のゲノムからの転写が徐々に増加していく。

(2) ①転写因子Ｆが転写因子Ｉと排他的であるなら，Zone Ⅰ・Ⅴでの発現量が多いと考えられるので，グラフは(け)となる。

②(け)のように Zone Ⅰ・Ⅴで発現量が高く，Zone Ⅱ・Ⅲ・Ⅳでは低い形のグラフを探すと(お)になる。

③転写因子Ｃのグラフは Zone Ⅰ・Ⅱでは1以下であるが，Zone Ⅲ～Ⅴでは1以上なので，転写因子Ｂの発現量は Zone Ⅰ・Ⅱで高く，Ⅲ～Ⅴでは抑制されて0になる。したがって，グラフは(か)となる。

④転写因子Ｃの発現量が2以上となるのは Zone Ⅴであるから，転写因子Ｋのグラフは(さ)となる。

⑤転写因子Ｃの発現量が1.5以上となるのは Zone Ⅳ・Ⅴであるから，転写因子Ｅのグラフは(こ)となる。

⑥転写因子Ｄが転写因子Ｉから誘導されるのは Zone Ⅱ～Ⅳである。また，転写因子Ｂからの抑制がないのは Zone Ⅲ～Ⅴであり，転写因子Ｅからの

抑制がないのは Zone Ⅰ～Ⅲである。したがって，この条件を満たすのは
ZoneⅢだけであるので，転写因子Dの発現量のグラフは(え)となる。

⑦転写因子Aが1以上となって誘導するのは　　　Zone Ⅰ・Ⅱ・Ⅳ・Ⅴ

転写因子Bが1以上となって誘導するのは　　　Zone Ⅰ・Ⅱ

転写因子Dが1以上となって抑制するのは　　　ZoneⅢ

転写因子Fが2以上となって抑制するのは　　　Zone Ⅰ・Ⅴ

転写因子Ⅰが1以上となって誘導するのは　　　Zone Ⅱ・Ⅲ・Ⅳ

以上から，転写因子Gのグラフは(う)となる。

⑧転写因子Eが1以上となって抑制するのは　　　ZoneⅣ・Ⅴ

転写因子Gが1以上となって誘導するのは　　　Zone Ⅱ・Ⅳ

以上から，転写因子Jのグラフは(く)となる。

⑨転写因子Eが3以上となって誘導するのは　　　ZoneⅣ・Ⅴ

転写因子Gが1以上となって誘導するのは　　　Zone Ⅱ・Ⅳ

転写因子Jが抑制するのは　　　Zone Ⅱ

転写因子Kが1以上となって抑制するのは　　　Zone Ⅴ

以上から，転写因子Hのグラフは(き)となる。

⑶　転写因子Cの発現量が1.5以上になるのは ZoneⅢ～Ⅴであるから，
転写因子Eが ZoneⅢ～Ⅴで発現するグラフを描けばよい。

❖講　評

　Ⅰ　細胞と分子遺伝に関するリード文から，多方面に発展する総合的
な問題である。問1は基本的な問題である。問2はサンガー法や
DNaseⅠフットプリント法を活用した実験考察問題である。説明文をよ
く読解して解答したい。問3の翻訳やタンパク質に関する問題は，生物
学用語のやや詳しい知識が必要とされる。問4のPCR法についての問
題は知識も必要だが，⑴・⑵などは実験の内容を十分にくみ取って解答
したい。

　Ⅱ　新型コロナウイルス感染症に関連する問題である。問1はウイル
スのゲノム解析に関するデータから考察する問題であるが，問題文を十
分読み取れば解答できるであろう。問2は免疫に関する標準的な問題で
ある。取りこぼしは許されない。問3も味覚と嗅覚に関する標準的な問
題である。問4は疫学調査に関連する目新しい問題である。「感度」や

「特異度」などの用語があるが，それらの意味を理解した上で計算をしたい。

Ⅲ　進化に関連するリード文から，多方面に発展する総合的な問題である。問1の空所補充選択問題では，多細胞生物の起源が難しい。問2の選択問題もウシ偶蹄目などの知識が必要である。問3・問6は基本的な問題である。問4・問5は脊索動物や放射相称体制の動物群を明確に理解しておきたい。問7の転写の発現制御の問題もユニークである。落ち着いて図とグラフを読み取れば完答できるであろう。

2021 年度も大問3題であるが，幅広い分野からの出題である。先に標準的な問題を確実に解き，実験考察問題等に時間をかけたいものである。

//////////////// · **memo** · ////////////////

/////////////////// · **memo** · ///////////////////

慶應義塾大学

看護医療学部

別冊問題編

2025

矢印の方向に引くと
本体から取り外せます　→

教学社

目　次

問題編

問題編

一 般 選 抜

問 題 編

▶試験科目・配点

	教　科	科　　　目	配　点
第1次試験	外 国 語	コミュニケーション英語基礎・Ⅰ・Ⅱ・Ⅲ, 英語表現Ⅰ・Ⅱ	300 点
	数　　学 あるいは 理　　科	「数学Ⅰ・Ⅱ・Ａ・Ｂ」,「化学基礎・化学」,「生物基礎・生物」から1科目選択	200 点
	小 論 文	知識, 理解力, 分析力, 構想力, 表現力を問う	―
第 2 次 試 験	面接		

▶備　考

- 数学Ａは「場合の数と確率」・「整数の性質」・「図形の性質」を, 数学Ｂ は「数列」・「ベクトル」を出題範囲とする。
- 小論文は第1次試験の選考では使用せず, 第2次試験の選考に使用する。
- 最終合否は第1次試験および第2次試験の成績により総合的に判定する。

英　語

(90分)

（注意）　解答欄に数字や記号を入れる場合には，１マスに１字だけ明確に記入
　　してください。

Ⅰ.　以下の各文の（　　）内の選択肢から，最適な語句をそれぞれ１つずつ選び，
　　解答欄のその記号を○で囲みなさい。

1. I need to schedule an (A. appoint　B. appointed　C. appointing
   D. appointment) with my dentist.

2. I have been (A. tire　B. tired　C. tiring　D. tiresome) lately, so I think I need
   to get more sleep.

3. Saiko Lake in Yamanashi Prefecture is at the foot of (A. a Mt. Fuji
   B. Mt. Fuji　C. that Mt. Fuji　D. the Mt. Fuji).

4. I need (A. far　B. farther　C. further　D. furthest) information before I
   choose a university.

5. You have been practicing outside all day; you (A. can　B. can't　C. must
   D. mustn't) be exhausted.

6. My nephew (A. has studied　B. is studied　C. studies　D. will study) at
   university for one semester so far.

7. I'm so glad that I (A. could　B. had　C. have　D. were) finished shutting
   down my computer before the electricity went out.

8. The teacher asked the class to work in (A. a pair　B. pair　C. pairs
   D. the pair) on the assignment.

9．The Wild Flamingos concert was sold (A. down　B. off　C. out　D. up) within minutes of the tickets being released.

10.　(A. Although　B. Despite　C. However　D. Regardless) the rain, the outdoor concert continued as planned.

11.　I need to buy new clothes because my old ones are worn (A. down　B. off C. out　D. up).

12.　I have been working on this project for weeks, and I'm almost (A. doing B. done　C. done with　D. to do) it.

13.　The movie was so scary that I (A. couldn't　B. hadn't　C. shouldn't D. wouldn't) sleep that night.

14.　I can't decide (A. among　B. between　C. from　D. within) these two options. They both seem appealing.

15.　I love that café's coffee. I go there (A. every day　B. every days　C. everyday D. everydays).

16.　When is the weather going to change? Yesterday it rained (A. all　B. almost C. every　D. some) day!

17.　I stopped (A. eat　B. eaten　C. eating　D. to eat) white rice. It's just empty calories.

18.　When you finish the assignment, (A. you　B. you may　C. you might D. you will) leave.

19.　A good student always hands (A. in　B. off　C. over　D. up) her homework on time.

20.　Plug the USB cable (A. in　B. into　C. to　D. with) the computer.

2
0
2
4
年
度

一
般
選
抜

英
語

II. 下記文中の空欄（　1　）〜（　10　）に入れるのに最適な語句を，選択肢の中からそれぞれ1つずつ選び，解答欄のその記号を○で囲みなさい。

I am a chronically late person. I am not proud of this. It is a flaw in my character and, I am certain many of you reading will agree, a significant one. Some people don't（　1　）to mind tardiness*. I am lucky to know quite a few such people. Others understandably find chronic lateness the height of rudeness and that an individual values their own time（　2　）that of everyone else.

　My main issue is that I am easily distracted. I am somewhat childlike in my facility to have my attention captured by, well, literally anything. Most people grow out of this, but I seem to have grown further（　3　）it. A diagnosis of ADHD, long suggested by colleagues, has finally been confirmed by a psychiatrist.

　Also, I sometimes find it difficult to gear myself up to leave the house and（　4　）deeply that my presence will only ruin any social event. So sometimes there are genuine reasons. Although I feel citing the studies that suggest lateness is associated with intelligence might be going too（　5　），I think, with me, it has something to do with insecurity.

　It is a contented bliss, then, to be early. Habitual early birds** probably will not experience that high. But I have a theory that one of the purest forms of happiness is relief.（　6　）has a lightness that unlocks carefreeness, which speaks to freedom, and freedom is happiness.

　The extreme tension I feel when rushed and（　7　），despite it being self-inflicted and a social form of self-harm, means that when I do manage to be on time, or, even better, early, it's a felicity*** to savour. As an individual who will sometimes forget keys（　8　）a paperback, any unexpected portion of time for reading is exciting.（　9　）also offers the opportunity for observation; seeing the things one misses when flitting**** between modes of public transport and walking fast. Or I'll just think about who I am meeting and how pleasing it will be to spend time with them.（　10　），it will take a little more time for earliness to stick.

注

* tardiness ＝ 遅刻

** early bird ＝ 定刻より早く来る人

*** felicity ＝ 至福

**** flit ＝ 飛び移る

1．A. act	B. prefer	C. pretend	D. seem
2．A. beyond	B. for	C. over	D. than
3．A. into	B. of	C. with	D. without
4．A. doubt	B. feel	C. not question	D. to feel
5．A. far	B. fast	C. late	D. much
6．A. Earliness	B. Happiness	C. Optimism	D. Relief
7．A. belated	B. delay	C. late	D. tired
8．A. along with	B. and	C. but never	D. or even
9．A. Earliness	B. Freedom	C. Intelligence	D. Reading
10．A. By doing so	B. Still	C. Therefore	D. With those thoughts

【出典】Parkinson, H. J. (2021). *The joy of small things*. Guardian Faber.

III. 次の枠内に示された 1 ～ 4 の各文を入れるのに最適な箇所を，下記文中の空欄 A ～ F から 1 つずつ選び，解答欄のその記号を○で囲みなさい。ただし 1 つの空欄には 1 文しか入らない。

---

1. Cooking, they say, is a modern bastardization* of the human diet.

2. However, cultural differences, which are often based in geography, may well affect your optimal diet, and those cultural differences may have moved into your genes.

3. Many of us have tried diets that are supposed to be "what our ancestors ate."

4. This may well be a healthy diet for some people.

What is the best diet for humans?

People have been preoccupied with this question for a long time. 　A　 But the way we think about this tends to be oversimplified. Let's take just two diets that are popular in some circles: the raw diet and paleo**.

Those who advocate for a raw diet suggest that it is the healthiest, "most natural" way to eat. 　B　 This is simply wrong. Not only is cooking ancient in the human lineage***, it also allows us to get more calories from food. And while it may be true that cooking can reduce some of the vitamins in the food that has been cooked, the benefits far outweigh this small cost. 　C　 People on entirely raw food diets are often undernourished, especially if those diets are also vegan. They are generally thin, but that thinness is not inherently healthy.

Others argue for the health of the so-called paleo diet: a diet free of grains and most carbohydrates, and high in fat. 　D　 But those who come from lineages whose cuisine is rich in carbohydrates—people from the northern Mediterranean, for instance—may not be best served or most healthy on such a diet. 　E　 Furthermore, there is growing evidence that early humans were eating a diet rich in carbohydrates from starchy underground vegetables as much as 170,000 years ago. This suggests that, while healthy for some, the "paleo diet" is not particularly reflective of paleo ways of life.

These are only two of today's many modern approaches to diet, but they imply that there is a fixed and universal answer to the question of what one should eat. 　F

注

* bastardization ＝ 質を下げたり改悪したりする行為

** paleo ＝ 古人類学の

*** lineage ＝ 種族

【出典】Heying, H., & Weinstein, B. (2021). *A hunter-gatherer's guide to the 21st century: Evolution and the challenges of modern life.* Penguin.

IV.　下記枠内の１〜４の文を，文意から考えて最適な順に並べ替えなさい。その上で，下記各問の答えとして最適な記号を○で囲みなさい。

　　Becky Richards was part of a special team tasked with developing ways to save lives by fixing the medication-error problem at a hospital in San Francisco. As a registered nurse, Richards knew many of the mistakes occurred when people made human errors that were often a result of a work environment filled with distracting external triggers. In fact, studies found nurses experienced five to ten interruptions each time they dispensed medication.

　　段落A　One of Richards' solutions did not go over particularly well with her nursing colleagues, at least at first. She proposed nurses wear brightly colored vests (the equivalent of high-visibility sleeveless jackets) to let others know they were dispensing medication and should not be interrupted. After initial resistance, she found one group of nurses in an oncology unit whose error rate was particularly high and who were desperate for a solution.

1 . For one, the orange vests looked silly, and some complained they were uncomfortably hot.

2 . However, despite these nurses' initial willingness, the test was met with more objections than Richards anticipated.

3 . They also brought interruptions from doctors who wanted to know what the vests were about.

> 4．"We were really thinking about abandoning the whole idea, because the nurses did not like it," Richards said.

　　段落B　It wasn't until the hospital administration provided Richards with the results of her experiment four months later that the impact of the trial became clear. The unit recruited for Richards' experiment saw a 47 percent drop in errors, all thanks to nothing more than wearing the vests and learning about the importance of an interruption-free environment.

設問

1．段落Aの後にすぐ続く文
　　A. 1　　　　　　B. 2　　　　　　C. 3　　　　　　D. 4

2．文1の後にすぐ続く文または段落
　　A. 2　　　　　　B. 3　　　　　　C. 4　　　　　　D. 段落B

3．文2の後にすぐ続く文または段落
　　A. 1　　　　　　B. 3　　　　　　C. 4　　　　　　D. 段落B

4．文3の後にすぐ続く文または段落
　　A. 1　　　　　　B. 2　　　　　　C. 4　　　　　　D. 段落B

5．文4の後にすぐ続く文または段落
　　A. 1　　　　　　B. 2　　　　　　C. 3　　　　　　D. 段落B

【出典】Eyal, N., & Li-Eyal, J. (2020). *Indistractable: How to control your attention and choose your life*. Bloomsbury.

V.　以下の各組の＿にアルファベット各1文字を入れると，【　】内に示す品詞
　　および後に続く日本語と合致する英単語1語になる。各語の1文字目として
　　最適なアルファベット1文字を選び，解答欄のその記号を○で囲みなさい。

《例》 ＿ｕｒ＿＿　　　　　【名詞】　　看護師　　　　　正解：N

1．＿ｄｌ＿　　　　　　【動詞】　何もしないで過ごす，空転する

2．＿ｏｔ＿　　　　　　【動詞】　気付く，言及する

3．＿ｅｌ＿＿＿＿＿　　【名詞】　分娩，出産，配達

4．＿ｅａ＿　　　　　　【動詞】　密閉する，封印する

5．＿ｅａ＿　　　　　　【形容詞】卑劣な，浅ましい

6．＿ｏｓ＿　　　　　　【動詞】　主催する，司会する

7．＿ｒａ＿＿　　　　　【動詞】　訓練を受ける，鍛える

8．＿ｍａ＿＿　　　　　【名詞】　像，印象

9．＿ｌｏ＿＿　　　　　【動詞】　曇らせる，暗くする

10．＿ｅｍ＿＿＿＿＿　　【名詞】　雛型，定型書式例

11．＿ｈｒ＿＿＿　　　　【名詞】　糸，脈絡

12．＿ｔｒ＿＿＿　　　　【動詞】　〜を強調する，〜に圧力を加える

13．＿ａｌ＿＿＿　　　　【名詞】　逸材，才能

14．＿ｅｎ＿＿＿＿　　　【動詞】　危険を冒して行く，思い切って〜する

15．＿ｉｎ＿＿　　　　　【名詞】　窮地，ひとつまみ

16．＿ｈｒ＿＿＿＿　　　【副詞】　通して，終わりまで，全く

17．＿ａｒ＿＿＿＿　　　【動詞】　駆け引きをする，値切る

18．＿ｅｎ＿＿＿＿　　　【名詞】　緊張，不安，緊迫感

19．＿ｏｍ＿＿＿＿　　　【形容詞】複雑な，複合体の

20．＿ｏｎ＿＿＿＿　　　【動詞】　同意する，承諾する

VI.　下記文中の下線部 (1) 〜 (5) には，文脈から考えて不適切な語が 3 つ含まれて
いる。各下線部の番号と対応する解答欄において，① その語が適切であれば
Z を，② その語が不適切であれば，それに代わる語を下記の語群からそれぞれ
1 つずつ選び，その記号を○で囲みなさい。

Representing 149 countries, diplomats to the United Nations in New York
City were immune from having to pay parking tickets until November 2002:
they could park (1)anywhere and even block driveways without having to pay
fines. The effect of this immunity was big: between November 1997 and the end
of 2002, UN diplomatic missions accumulated over 150,000 unpaid parking
tickets totaling about $18 million in fines.

This situation created a (2)natural experiment for two economists, Ted
Miguel and Ray Fisman. Because nearly 90 percent of UN missions are within
one mile of the UN complex, most diplomats faced the same crowded streets,
rainy days, and snowy weather. This allowed Ted and Ray to compare the
accumulation of parking tickets for diplomats from different countries.

The differences were big. During the five years leading up to the end of
immunity in 2002, diplomats from the UK, Sweden, Canada, Australia, and a
few other countries got a total of zero tickets. Meanwhile, diplomats from
Egypt, Chad, and Bulgaria, among other countries, got the most tickets,
accumulating over 100 for each member of their respective diplomatic
delegations. Looking across nations, the higher the international corruption
index for a delegation's home country, the more tickets those delegations
accumulated. The relationship between corruption back home and parking
behavior in Manhattan holds (3)dependent of the size of a country's UN mission,
the income of its diplomats, the type of violation (e.g., double-parking), and the
time of day.

In 2002, diplomatic immunity for parking violations ended and the New
York Police Department clamped down, stripping the diplomatic license plates
from vehicles that had accumulated more than three parking violations. The
rate of violations among diplomats plummeted*. Nevertheless, despite the new
enforcement and overall much (4)higher violation rates, the diplomats from the
most corrupt countries still got the most parking tickets.

Based on real-world data, this study suggests that the delegations from
diverse countries brought certain psychological tendencies or motivations with
them from home that manifested in their parking behavior, especially when
there was (5)real threat of external sanctions.

注
* plummet ＝ 急落する

語群

A. accumulated　B. actual　　　C. conditional　D. every where　E. independent
F. lower　　　　　G. national　H. no　　　　　　 I. reliant　　　　J. unrelated

【出典】Henrich, J. (2020). *The WEIRDest people in the world: How the West became psychologically peculiar and particularly prosperous.* Penguin Random House.

VII. 以下は，顔面神経麻痺（Bell's palsy）と共に生きる脚本家の文章である。文中
空欄　A 　〜　 C 　に入れるのに最適な文となるように，各日本語文の
下に示された語群中の語句を選んで並べ替え，各 ＿＿ に１つずつ入れなさい。
このうち 1 〜 5 に入る語句の記号を，解答欄ごとに○で囲みなさい。
ただし以下の点に注意すること。

１）語群中の語句は，文頭に来るべきものも小文字で始まっている
２）各文内において，同じ語句が複数回使用される場合がある
３）各語群には，必要でない語句も含まれている場合がある

　　My best friend from childhood, Sarah, is a pediatrician*, and she is both
practical and kind. We were talking about my face one day. "It's not a tragedy,"
she said, "but it must be disappointing." I suppose this helpful distinction
between the disappointing and the tragic sheds light on why I resisted writing
about Bell's palsy for such a long time. Disappointing things were not for the
written word, disappointing things were for the stiff upper lip**. Tragic things
are for the written word, because in tragedy there is catharsis***, not slow,
almost invisible progress.

　　The partial recovery is not terribly dramatic. It is the stuff of life, not art.
But the partial recovery is very much like life. 　A 　 A childhood burn, a
childhood trauma, a broken bone, a broken heart... How rare is it for someone

2
0
2
4
年
度

一
般
選
抜

英
語

to hear proclaimed about their heart or their body: "You have made a full recovery." Who, after all, is fully recovered from life? Our bodies are resilient**** but always in the process of dying, even as they sometimes have the grace to regenerate*****.

　　I listened for way too long to the wrong story about my face. I listened to a neurological****** expert who said that after six months my nerves would no longer grow, and that it didn't matter if I did anything to help my face. He turned out to be wrong on both counts. ☐ B ☐ Not only was I listening to the wrong narrative, I was writing the wrong narrative about my illness inside my own mind, a narrative full of shame and blame. ☐ C ☐

　　As a writer I should have been aware that the shape of a story can make things worse. It took me a decade to change my narrative about my face. Or to leave the story alone. To let the muscles be merely the muscles on my face, and to use my ability to make up stories in the service of making up other, different stories.

注

* pediatrician ＝ 小児科医

** a stiff upper lip ＝ 不屈の精神

*** catharsis ＝ カタルシス

**** resilient ＝ 回復力のある

***** regenerate ＝ 再生する

****** neurological ＝ 神経学の

空欄A　　大抵の人には，部分的にしか立ち直れていないことがある。

＿＿＿ ＿＿＿ ＿＿＿ 1 ＿＿＿ ＿＿＿ ＿＿＿.

語群

A．experienced　B．from　　　C．have　　　D．many　　　E．matters

F．most　　　　　G．of　　　　H．part　　　I．partially　J．people

K．recovered　　L．recovery　M．restricted　N．something　O．us

空欄B　　女性が，自らの顔に関する誤った話に耳を傾け，それを信じてしまうのは珍しいことではない。

It's not uncommon ___ ___ ___ ___ 2 ___ ___ the ___ 3 about ___ own ___.

語群

A. a　　　　B. and　　　C. believe　　D. face　　　E. faces
F. for　　　G. hears　　H. her　　　I. listen　　J. mistaken
K. stories　L. story　　M. their　　N. to　　　　O. woman
P. women　　Q. wrong

空欄C　（病気に関する）適切な専門家を見つけるだけでなく，自らの物語の
　　　　専門家としての自分自身を信頼するにも10年を要した。

___ ___ 4 ___ ___ ___ ___ ___ ___ ___ right experts but also 5 myself as the expert of my own story.

語群

A. believe　B. cost　　　C. find　　　D. it　　　E. me
F. not　　　G. only　　　H. required　I. ten　　J. the
K. to　　　L. took　　　M. trust　　N. years

【出典】Ruhl, S. (2022). *Smile: A memoir.* Penguin Random House.

数　学

（80 分）

注　意　　問題 1，2，3，4，5 の解答を，**解答用紙**の所定の欄に記入しなさい。
空欄 ⬜ については，分数は分母を有理化するなど最もふさ
わしいもの（数，式など）を**解答用紙**の所定の欄に記入しなさい。

1

（1）　4 個のさいころを同時に投げるとき，出た目の積が偶数になる確率は ⬜（ア）⬜

であり，出た目の積が 4 の倍数になる確率は ⬜（イ）⬜ である。

（2）　$0 \leqq x < \pi$ のとき，方程式 $\cos 3x + \cos x = 0$ の解は $x =$ ⬜（ウ）⬜ である。

（3）　不等式 $(\log_4 x)^2 - \log_8 x^2 + \dfrac{1}{3} < 0$ を解くと ⬜（エ）⬜ である。

（4）　円 $x^2 + y^2 - 4x + 10y + 11 = 0$ を C とするとき，円 C の中心の座標は

⬜（オ）⬜ であり，半径は ⬜（カ）⬜ である。また，この円 C には点 P(3, 2)

から 2 本の接線を引くことができるが，その接点の 1 つを A とする。このとき，

線分 AP の長さは AP = ⬜（キ）⬜ である。

2

（1）　1辺の長さが2の正六角形 ABCDEF において，辺 CD の中点を M とし，直線 BE と直線 AM の交点を P とする。このとき，$\overrightarrow{BC}$，$\overrightarrow{AM}$，$\overrightarrow{BP}$ をそれぞれ $\overrightarrow{AB}$，$\overrightarrow{AF}$ を用いて表すと $\overrightarrow{BC} = \boxed{}$ ，$\overrightarrow{AM} = \boxed{}$ ，$\overrightarrow{BP} = \boxed{}$ である。また，$\overrightarrow{AM}$ と $\overrightarrow{BP}$ の内積 $\overrightarrow{AM} \cdot \overrightarrow{BP}$ の値は $\boxed{}$ である。

（2）　m を実数とする。x の2次方程式

$$x^2 + mx + m + 3 = 0$$

が異なる2つの虚数解をもつような m の値の範囲は $\boxed{}$ であり，異なる2つの正の解をもつような m の値の範囲は $\boxed{}$ である。

（3）　$\sqrt{2}$ が無理数であることの証明を解答欄（3）に記述しなさい。

3

数列

$$\frac{0}{1},\ \frac{1}{1},\ \frac{0}{2},\ \frac{1}{2},\ \frac{2}{2},\ \frac{0}{3},\ \frac{1}{3},\ \frac{2}{3},\ \frac{3}{3},\ \frac{0}{4},\ \frac{1}{4},\ \frac{2}{4},\ \frac{3}{4},\ \frac{4}{4},\ \frac{0}{5},\ \cdots\cdots$$

の第 n 項を a_n とする。

（1） 約分することで $a_n = 1$ を満たす自然数 n のうち，k 番目に小さいものを N_k で表す。例えば，$N_1 = 2$，$N_2 = 5$ である。このとき，自然数 k に対して，N_k を k を用いて表すと $N_k =$ 　(セ)　 である。また，自然数 k に対して，数列 $\{a_n\}$ の初項から第 N_k 項までの和を k を用いて表すと 　(ソ)　 である。

（2） 約分することで $a_n = \dfrac{1}{4}$ を満たす自然数 n のうち，k 番目に小さいものを M_k で表す。例えば，$M_1 = 11$，$M_2 =$ 　(タ)　 である。このとき，自然数 k に対して，M_k を k を用いて表すと $M_k =$ 　(チ)　 である。

（3） a_{200} を約分した形で表すと $a_{200} =$ 　(ツ)　 である。また，数列 $\{a_n\}$ の初項から第 200 項までの和は 　(テ)　 である。

4

関数 $f(x)$ を

$$f(x) = x^2(x-3)$$

で定める。以下に答えなさい。

（1）　関数 $f(x)$ は $x =$ ┌─(ト)─┐ で極小値 ┌─(ナ)─┐ をとる。

（2）　曲線 $y = f(x)$ を C とする。点 A $(0,\ 1)$ から曲線 C へは 2 本の接線が引ける。

そのうち，傾きが正の接線を l とし，傾きが負の接線を m とするとき，直線 l の

方程式は $y =$ ┌─(ニ)─┐ であり，直線 m の方程式は $y =$ ┌─(ヌ)─┐ である。

（3）　曲線 C と直線 l の接点 P の x 座標は ┌─(ネ)─┐ である。また，曲線 C と

直線 l は 2 つの共有点をもつが，点 P とは異なる共有点 Q の x 座標は ┌─(ノ)─┐

である。さらに，曲線 C と直線 l で囲まれた図形の面積は ┌─(ハ)─┐ である。

5

　　下図は，あるクラスの 40 人の生徒の数学と理科の試験得点の散布図である。データ

点の近くの数値はそのデータ点の生徒の出席番号である。

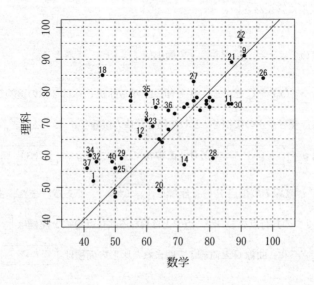

（ 1 ）　数学と理科の合計得点が最も高い生徒の出席番号は　　（ヒ）　　である。また，

　　　　数学と理科の得点差の絶対値が最も大きい生徒の出席番号は　　（フ）　　である。

（ 2 ）　数学と理科それぞれの得点の平均値を $\overline{x}$，$\overline{y}$，標準偏差を s_x，s_y，数学と理科

　　　　の得点の共分散を s_{xy} と表すと，これらの数値は以下であった。

$$\overline{x} = 67.7,\quad \overline{y} = 70.9,\quad s_x = 14.9,\quad s_y = 11.5,\quad s_{xy} = 115.7$$

　　　　数学の得点と理科の得点の相関係数は　　（ヘ）　　である。なお，答えは小数

　　　　第 3 位を四捨五入し，小数第 2 位まで求めなさい。

（3）　各生徒の数学の得点を x_1, x_2, ……, x_{40}，理科の得点を y_1, y_2, ……, y_{40} で

表す。数学と理科の合計得点 $x_1 + y_1$, $x_2 + y_2$, ……, $x_{40} + y_{40}$ の平均値は，

$\overline{x}$, $\overline{y}$ を用いると　　(ホ)　　と表せる。合計得点の分散は，

$$\frac{1}{40} \sum_{i=1}^{40} \left(x_i + y_i - \boxed{(ホ)} \right)^2$$

であるから，これを式変形すると，合計得点の分散は，s_x, s_y, s_{xy} を用いて

　　(マ)　　と表せる。これらの式に（2）で与えられた数値を入れて計算すると，

数学と理科の合計得点の平均値は　　(ミ)　　，分散は　　(ム)　　である。

なお，答えは小数第 2 位を四捨五入し，小数第 1 位まで求めなさい。

化　学

（80 分）

（注意）必要があれば，次の値を用いなさい。

原子量：H = 1.0，C = 12.0，N = 14.0，O = 16.0

平方根：$\sqrt{2} = 1.4$，$\sqrt{3} = 1.7$，$\sqrt{5} = 2.2$

アボガドロ定数：6.0×10^{23} /mol

[1] 次の文章を読み，設問に答えなさい。

◆ 金属の単体の固体では，それぞれの金属原子が ①金属結合によって結合している。金属結合によって原子が規則正しく配列した結晶を金属結晶という。金属結晶の多くは，面心立方格子，[あ]，[い] のいずれかの構造をとる。面心立方格子，[あ]，[い] のそれぞれの結晶格子において，配位数は順に [ア]，12，8であり，単位格子中に含まれる原子数は順に [イ]，2，2である。

◆ 周期表の 17 族に属する元素を [う] 元素という。[う] 元素の原子は [え] を [ウ] 個もち，[エ] 価の [お] になりやすい。また，[う] 元素の単体は他の物質から電子を [か] 力が大きいので，[き] が強い。[う] 元素の [き] の強さは [く] が小さいほど [け]。

◆ 周期表の 14 族に属する元素の水素化合物（CH_4，SiH_4，GeH_4，SnH_4）の沸点を比較すると，分子量が大きくなるほど沸点が高い。一方，16 族に属する元素の水素化合物（H_2O，H_2S，H_2Se，H_2Te）では分子量が最も小さい水の沸点が著しく高い。これは，酸素原子と水素原子の [こ] の差が大きく，[さ] が大きいため，水分子の間に [し] が生じるためである。

◆ 緑色植物は光を吸収して，二酸化炭素と水からグルコースやデンプンなどの ［ す ］ を合成する。このようなはたらきを ②［ せ ］ という。緑色植物には ［ そ ］ があり，その中の ［ せ ］ ［ た ］ で光エネルギーを吸収して ［ せ ］ を行っている。

◆ アルカリ金属元素の化合物は，さまざまな分野で利用されている。炭酸ナトリウムは，工業的には，次のような ③［ ち ］ ［ つ ］ 法で製造される。第 1 段階では，塩化ナトリウムの飽和水溶液に ［ ち ］ を吸収させた後，二酸化炭素を通じて比較的溶解度の小さい ［ て ］ を析出させる。なお，［ て ］ は ［ と ］ ともよばれ，［ な ］ などに利用される。第 2 段階では，第 1 段階で得られた ［ て ］ を熱分解して，炭酸ナトリウムを生成させる。

設問 1　［ あ ］～［ な ］ にあてはまるもっとも適切な語句を答えなさい（同じ語句は 2 回以上使用しないこと）。また，［ ア ］～［ エ ］ にあてはまる数字を答えなさい。

設問 2　下線 ① について，金属結合と共有結合の違いを 50 字程度で記述しなさい。

〔解答欄〕55 マス

設問 3　面心立方格子の結晶構造をとる金属を考える。単位格子の一辺の長さが 5.0×10^{-8} cm，密度が 11.4 g/cm^3 であるとき，この金属原子の半径と原子量を求めなさい。

設問 4　下線 ② について，二酸化炭素と水からグルコースが生成するときの熱化学方程式を完成させ，反応熱を解答欄の誘導に従って計算しなさい。なお，必要に応じて以下の熱化学方程式を用いなさい。

$$C \text{（黒鉛）} + O_2 \text{（気）} = CO_2 \text{（気）} + 394 \text{ kJ}$$

$$H_2 \text{（気）} + \frac{1}{2}O_2 \text{（気）} = H_2O \text{（液）} + 286 \text{ kJ}$$

$$6C \text{（黒鉛）} + 6H_2 \text{（気）} + 3O_2 \text{（気）} = C_6H_{12}O_6 \text{（固）} + 1273 \text{ kJ}$$

〔解答欄〕

　熱化学方程式

　　　　　　　　　　　　＝　　　　　　　　　　　　　＋Q〔kJ〕

　反応熱

　　$Q=$

　解答

設問5　下線③について，〔　ち　〕〔　つ　〕法が工業的に優れている点を50字程度で記述しなさい。

〔解答欄〕55マス

〔2〕 次の文章を読み，設問に答えなさい。

　化学反応の速さは，単位時間に減少する反応物の変化量，あるいは増加する生成物の変化量で表し，これを反応速度という。温度一定の状態での過酸化水素H_2O_2の分解反応の速度vは，数式①のようにH_2O_2のモル濃度$[H_2O_2]$に〔　ア　〕する。数式①のように，反応物の濃度$[H_2O_2]$と反応速度vの関係を表す式を〔　イ　〕といい，数式①中のkを〔　ウ　〕という。また，水素H_2とヨウ素I_2が反応してヨウ化水素HIが生じる反応ならば，その反応速度vは，数式②のように，この反応の〔　ウ　〕kおよびこの反応にかかわる化合物のモル濃度の関数となる。しかしながら，H_2とI_2の両分子が衝突しても，必ず反応するわけではない。化学反応においては，原子どうしの組み合わせが組みかわるとき，反応物が〔　エ　〕の高い不安定な〔　オ　〕となり，この〔　オ　〕を〔　カ　〕〔　オ　〕とよぶ。このような〔　カ　〕〔　オ　〕になるために必要な最小の〔　エ　〕を，〔　カ　〕〔　エ　〕とよぶ。また，温度が高くなると反応速度は急速に大きくなるが，これは粒子の〔　キ　〕が活発となり衝突回数が増加するだけでなく，大きな〔　エ　〕を持つ粒子の割合が増加し，粒子が衝突して〔　カ　〕〔　オ　〕になりやすくなるためである。〔　ウ　〕kと絶対温度Tとの間には〔　ク　〕という名称の数式③の関係が成り立ち，数式③中で，Aは比例定数，Rは気体定数，Eは〔　カ　〕〔　エ　〕である。

　［ ケ ］は反応物と作用し，［ ケ ］がない場合とは別の［ カ ］［ オ ］を形成して異なる経路で反応が進行する。その結果，［ カ ］［ エ ］は［ ケ ］がない場合より小さくなり，反応は速く進むが，［ ケ ］を用いた反応でも［ ケ ］を用いない反応でも［ コ ］は変化しない。

　生物の体内で起こる化学反応の［ ケ ］としてはたらくタンパク質を［ サ ］という。［ サ ］であるEが［ シ ］であるSに作用すると［ ス ］であるESを生じ，この変化は［ セ ］変化である。ついで，この［ ス ］であるESから［ ソ ］であるPが生じて［ サ ］であるEは再生され，この変化はゆっくりと進む［ タ ］［ セ ］変化である。これら一連の変化をまとめると，化学反応式①のように表される。［ サ ］であるEの濃度が一定のとき，その反応の反応速度vと［ シ ］であるSのモル濃度である[S]との間には，ミカエリス・メンテンの式という名称の数式④の関係が成り立つ。数式④中のKは［ サ ］と［ シ ］の種類によって決まる定数であり，Vはこの反応の［ チ ］である。Kに比べて[S]がきわめて小さい場合，数式④右辺の分母はKとみなすことができ，数式④は数式⑤のように近似できるので，反応速度vは[S]にほぼ［ ア ］する。一方，［ シ ］の濃度が大きくなり，Kに比べて[S]がきわめて大きくなると，数式④右辺の分母は[S]とみなすことができ，数式④は数式⑥のように近似できる。したがって，さらに[S]を大きくした場合，反応速度vは［ ツ ］。

　［ サ ］は特定の物質の特定の反応に対してだけ作用し，このような特性を［ サ ］の［ シ ］［ テ ］という。例えば［ ト ］は［ ナ ］の加水分解には作用するが，同じく多糖であり植物の細胞壁の主成分である［ ニ ］には作用しない。このような特性は，［ サ ］には［ ケ ］として作用を示す特定の［ ヌ ］があり，この［ ヌ ］にうまくはまりこむ構造をもつ物質のみが［ シ ］として［ ケ ］作用を受けるためである。［ シ ］に似た構造の物質が［ サ ］の［ ヌ ］に結合すると［ シ ］が［ ヌ ］に結合できなくなり，このようにして［ サ ］反応を妨げる物質を［ サ ］［ ネ ］という。

設問1　［ ア ］～［ ネ ］にあてはまるもっとも適切な語句を書きなさい。

設問2　E，S，ES，およびPの一連の変化をまとめた化学反応式①を書きなさい。

設問3 数式 ① ～ 数式 ⑥ について解答欄に書き込んで，それぞれの数式を完成させなさい。

〔解答欄〕各ヨコ約11cm×タテ約2cm
数式①②④⑤⑥の書き出し：$v=$
数式③の書き出し：$k=$

[**3**] 次の文章を読み，設問に答えなさい。

（1）自然界のタンパク質を構成する主要な α-アミノ酸には，不斉炭素原子をもたない α-アミノ
酸 ［ あ ］ など，約20種類が知られている。2つの α-アミノ酸が2か所のアミド結合で結合
した環状化合物をジケトピペラジンという。ジケトピペラジン A と B は，同じ分子量234で
互いに構造異性体である。それらを構成する α-アミノ酸は，いずれも自然界のタンパク質を
構成している窒素原子を1つ含む α-アミノ酸である。ジケトピペラジン A と B それぞれに対し，
①濃硝酸を加えて加熱すると黄色になり，冷却後にアンモニア水を加えて塩基性にすると橙黄
色になった。よって，ジケトピペラジン A と B には，α-アミノ酸 ［ い ］ または ［ う ］ の
どちらかが含まれている。次に，ジケトピペラジン A と B の混合物のエーテル溶液に対し，
水酸化ナトリウム水溶液を加えて，よく振り混ぜ静置したところ，二層に分離した。下層の水溶
液を取り出し，これに塩酸を加えるとジケトピペラジン A のみ存在していた。よって，ジケト
ピペラジン A は α-アミノ酸 ［ い ］ と ［ え ］ から，ジケトピペラジン B は α-アミノ酸
［ う ］ と ［ お ］ から構成されていることが
確認された。また，上層のエーテル溶液の
エーテルを蒸発させ，残った化合物に酸を加え
て加熱すると，ジケトピペラジン B から分子内
脱水反応が起こった分子量216の化合物 C が
生じた。

ジケトピペラジンの構造式の例

（2）化合物 D をオゾン分解すると，3つの化合物 E, F, G が生成した。化合物 E は，実験室では，
酢酸カルシウムを乾留すると得られ，工業的には ［ か ］ 法でフェノールと同時に合成される
［ き ］ であった。分子量100である化合物 F 15.0mg を完全燃焼させたところ，二酸化炭素
33.0mg と水 10.8mg が生成した。化合物 F は，アンモニア性硝酸銀水溶液を加えても銀は

析出しなかった。化合物 F を還元すると，分子量 104 である 3 つの立体異性体が生成した。
このうち，2 つは鏡像異性体の関係にあり，もう 1 つはメソ体の化合物 H であった。化合物 D を
酸性の過マンガン酸カリウム水溶液中で熱したところ，二酸化炭素の発生が確認されたため，
化合物 G は ［ く ］ である。化合物 E と H を酸性条件で縮合するとアセタール化合物 I が
生成した。この反応は平衡反応であり，反応で生じる ［ け ］ を取り除くと，化合物 I が生成
する向きに平衡が移動した。

設問1　［ あ ］〜［ け ］の化合物名を答えなさい。

設問2　下線 ① の反応名と，化合物 F の分子式を答えなさい。

設問3　化合物 C，D，F の構造式を答えなさい。

設問4　化合物 H，I の構造式を，次の例にならって立体配置がわかるように書きなさい。

は紙面から手前側に向かう結合，

は紙面から奥側に向かう結合，

は紙面と同じ平面にある結合をそれぞれ表す。

生　物

（80 分）

〔Ⅰ〕　次の文章を読んで設問に答えなさい。

　　1つの遺伝子が1種類のタンパク質と対応していることは，次のようなアカパンカビを使用した実験で解明された。通常，野生のアカパンカビは成長に必要な最少の栄養素を含む培地（最少培地）で生育させることができる。このカビの胞子に ①突然変異を起こさせると，最少培地では生育できずアミノ酸の1つであるアルギニンを加えないと生育できない株（アルギニン要求株）が生じることがある。さらに詳細に解析すると，アルギニン要求株は次の ① から ③ の3種類に分類できることがわかった（図1）。

　①　アルギニンを加えない時，オルニチンを含む培地では生育せず，シトルリンを含む培地であれば生育する。

　②　オルニチンやシトルリンを加えても生育せず，アルギニンを加えないと生育しない。

　③　アルギニンを加えなくても，シトルリンかオルニチンを含む培地であれば生育する。

　　この3つの株を調べたところ，アカパンカビにおけるアルギニンの合成経路において，① の株では酵素 ア，② の株では酵素 イ，そして ③ の株では酵素 ウ がそれぞれ1つだけ働かなくなっていた。ビードルらは，これらの結果をもとに「 ②一遺伝子一酵素説」を提唱した。

　　このように，野生のアカパンカビからアルギニン要求株を得ることができるが，③同様に物質 K を加えないと生育できない「物質 K 要求株」，および別の要求株である「物質 Q 要求株」などを取得することもできる（物質 K や物質 Q などは架空の物質である）。

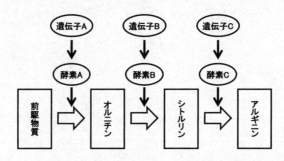

図1　アカパンカビにおけるアルギニン合成経路

問1　下線部 ① について，突然変異を誘発させる原因としていくつか考えられるが，以下の選択肢の中から突然変異を誘発しないと思われるものを記号で1つ選びなさい。

[選択肢]

(ア) 紫外線　　　　　(イ) グルコース　　　　(ウ) X線　　　　(エ) 熱などの物理的刺激

(オ) 電離放射線

問2　① から ③ のアルギニン要求株における，加える物質と生育の関係を示したのが図2である。 ア ～ ウ に入る酵素を図1中の「酵素A」，「酵素B」，「酵素C」の中から選んでそれぞれ1つだけ答えなさい。

	オルニチン	シトルリン	アルギニン
① (酵素アの変異)	×	○	○
② (酵素イの変異)	×	×	○
③ (酵素ウの変異)	○	○	○

図2　それぞれの物質の添加で「○」は生育できることを，「×」は生育できないことを示す。つまり，① のアルギニン要求株はオルニチンだけの添加では生育できないが，シトルリンだけ，またはアルギニンだけを添加することで生育できる。

問3　下線部 ② について，現在では，選択的 エ によって1つの遺伝子から複数のタンパク質が作られることが分かっており，一遺伝子一酵素説をそのまま適用することはできない。 エ に入る語句をカタカナで書きなさい。

問4　以下の (ア) から (オ) の5つのタンパク質の中で，酵素であるものを全て選び記号で答えなさい。

[選択肢]

(ア) 免疫グロブリン　　　(イ) カドヘリン　　　　(ウ) アミラーゼ

(エ) インスリン　　　(オ) DNA ポリメラーゼ

問5　図1で示したアルギニン合成経路のように，生体内では様々な代謝経路で必要な生体物質が合成される。下線部 ③ について，得られた2種の「物質K要求株」① と ② が図3の条件で生育する。それぞれの物質Kと物質Fはどのような関係か，解答用紙に前駆物質 → 物質X → 物質Y のように矢印でそれぞれの関係を書きなさい。出発物質は前駆物質とする。

	物質 K	物質 F
物質 K 要求株①	○	×
物質 K 要求株②	○	○

図3　それぞれの物質の添加で「○」は生育できることを,「×」は生育できないことを示す。

問6　「物質 K 要求株」①と②だけでなく同様に③と④の株を取得し, さらに詳細に検討を行った。その結果, それぞれの物質 K 要求株は図4の条件で生育した。それぞれの物質 K, 物質 F, 物質 H, および物質 L はどのような関係か, 解答用紙に前駆物質 → 物質 X → 物質 Y のように矢印でそれぞれの関係を書きなさい。出発物質は前駆物質とする。

	物質 K	物質 F	物質 H	物質 L
物質 K 要求株①	○	×	×	○
物質 K 要求株②	○	○	○	○
物質 K 要求株③	○	○	×	○
物質 K 要求株④	○	×	×	×

図4　それぞれの物質の添加で「○」は生育できることを,「×」は生育できないことを示す。

問7　図1のようにアルギニンの合成経路は, 前駆物質からアルギニンまで逐次的に（A から B, そして B から C のように順を追って）進行する。しかし, 生体内の合成経路は複雑であり, 図5のように「物質 Q 要求株」は物質 W と物質 T から物質 N ができ, また物質 V から物質 G と物質 T が生成する場合もある。「物質 Q 要求株」は①から⑤の5種類得られた。物質 Q, 物質 W, 物質 G, 物質 T, 物質 V, および物質 N だけを添加した時, それぞれの変異体で生育可能か解答用紙の表に, 生育できるときは「○」を生育できないときは「×」を, 物質 Q 要求株④の例にならって書きなさい。　〔解答欄〕下の表と同じ。

	物質 Q	物質 W	物質 G	物質 T	物質 V	物質 N
物質 Q 要求株①						
物質 Q 要求株②						
物質 Q 要求株③						
物質 Q 要求株④	○	×	×	×	×	×
物質 Q 要求株⑤						

図5　得られたデータから推測した物質 Q の合成経路。①から⑤はそれぞれの変異していた酵素を示す。右の表の物質 Q 要求株④はそれぞれの物質の添加で「○」は生育できることを,「×」は生育できないことを示す。

問8　アカパンカビは培養が容易であることなどから，昔から真核生物のモデル生物として実験で使用されてきた。真核生物細胞の例として<u>ヒトの細胞</u>，また原核生物細胞の例として<u>大腸菌</u>において，それぞれの細胞に存在しないものを全て選び記号で書きなさい。

[選択肢]

(ア) DNA　　　　(イ) RNA　　　　(ウ) タンパク質　　　　(エ) 核膜

(オ) ミトコンドリア　(カ) 細胞壁　　　(キ) 小胞体　　　　　(ク) 細胞膜

〔II〕　次の文章を読んで設問に答えなさい。

　動物の成体は，多くの場合，左右対称の形をしている。その形は，<u>体軸と呼ばれる軸</u>①によって定義されている。動物の場合，体軸は発生の過程で決まっている。カエルの卵母細胞内に精子が入ると，卵母細胞の中心体から微小管が伸びることにより，図6のように表層が約30度傾くことが知られている。これを　あ　と呼ぶ。それに伴い，<u>タンパク質ディシェベルドは移動する</u>②。一方，タンパク質βカテニンは卵母細胞の細胞質のどの領域にもあるが，通常はすぐに分解されている。ディシェベルドはこのβカテニンの分解を阻害する働きがあり，安定化されたβカテニンは蓄積され，その濃度勾配が　い　軸の情報となる。

　個体の一部が失われたとき，失われた部分が復元される現象を再生という。　う　動物のプラナリアは，体が切断されても再生できる再生能力の高い動物である。プラナリアを2つに切断しても，頭部から尾部が，尾部から頭部が再生し，完全な2匹のプラナリアになる。プラナリアの体には，幹細胞が全身に存在しており，目や脳，尾などの組織を再生することができる。近年，<u>この前後の位置情報をコードしている2つのタンパク質</u>③が見いだされた。これらの活性の高さや濃度勾配により，頭や尾が正しい方向に再生される。

問1　　あ　，　い　にあてはまる語句をそれぞれ漢字で答えなさい。

問2　下線部①に関して，左右対称動物の成体の体軸の基本的なもので，　い　軸以外のものを2つ答えなさい。それぞれ漢字で答えること。

問3　下線部②に関して，以下の設問に答えなさい。

　(1) 図6は受精前後のカエルの卵母細胞を示している。左図のア，イの極の名前をそれぞれ漢字で書きなさい。

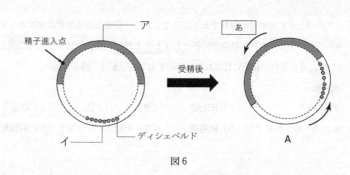

図6

（2）　あ　が起こり，図6の右図Aになった後，安定化されたβカテニンは，卵母細胞内に
　　　どのように蓄積するか。次の図の（ア）〜（カ）から最も近いものを記号で答えなさい。
　　　黒色の部分は蓄積したβカテニンを示している。

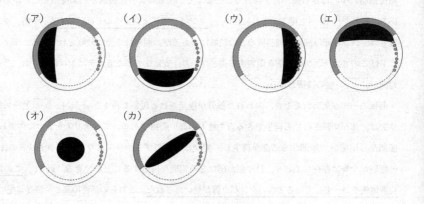

問4　　う　にあてはまる語句を以下の選択肢の中から1つ選びなさい。

　　［選択肢］

　　（ア）軟体　　　　（イ）環形　　　　（ウ）脊椎　　　　（エ）線形

　　（オ）扁形　　　　（カ）刺胞　　　　（キ）海綿

問5　下線部③に関して，以下の設問に答えなさい。

　　　プラナリアを次の図の切片Aのように切断すると，中央の小さな体の部分において，前方の
　　（頭部に面する）切断面から正常な頭部を，また後部の切断面から尾部を再生する。タンパク質
　　Wの濃度勾配がこの極性を制御することが発見された。タンパク質Wはプラナリアにおいて，
　　尾部から頭部に向け濃度勾配があり，そして切断された体片ではおもに後方の切断面側で生成

する。対照的に，タンパク質 N は前方の切断面側で産生され，タンパク質 W の生成を阻害する。

　一方で，RNA 干渉とは，真核生物において転写された mRNA を分解したり，mRNA からの翻訳を抑制したりすることで遺伝子発現を調節する機構のことである。特定の mRNA の翻訳を阻害するような短い RNA を阻害性 RNA と呼ぶこととする。このような阻害性 RNA を用いて目的のタンパク質の発現を抑制することができる。

　切断された中央の切片 A 全体に，以下で示す阻害性 RNA を人工的に導入すると，生成するプラナリアは図の（ア）〜（エ）中のどれに最も近くなるか。それぞれ 1 つずつ記号で答えなさい。

（1）タンパク質 W の mRNA に特異的な阻害性 RNA

（2）タンパク質 N の mRNA に特異的な阻害性 RNA

（3）タンパク質 W の mRNA に特異的な阻害性 RNA と，タンパク質 N の mRNA に特異的な
　　阻害性 RNA

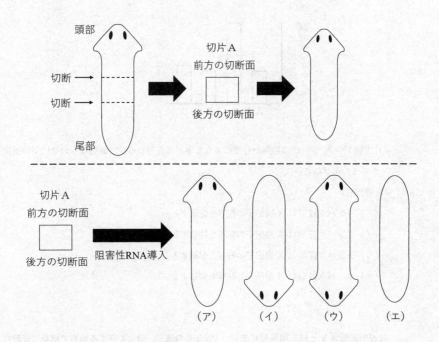

問 6　動物の発生や再生には，多くの遺伝子の発現が関わっている。興味のある遺伝子の代わりに発光タンパク質をコードする遺伝子（レポーター遺伝子）を用いることで，遺伝子の発現制御機構を調べることができる。X 遺伝子の発現制御を調べるために以下の実験を行った。それぞれの実験についての設問に答えなさい。

（実験1）

　　　X遺伝子の転写促進に必要な発現調節領域Yと，X遺伝子の代わりにレポーター遺伝子を
つなぎ合わせた人工DNAを作製した。このDNAをヒト培養細胞に導入したところ，レポーター
の発光量は次の図のAとなった。次に，この人工DNAに加え，タンパク質Pを発現するDNA
を細胞に導入し発現させたところ，レポーターの発光量はBとなった。一方，人工DNAとタン
パク質Qを発現するDNAを導入したところ，発光量はCとなった。次に，人工DNAと，タン
パク質Pを発現するDNA，さらにタンパク質Qを発現するDNAを同時に細胞に導入したところ，
レポーターの発光量はDとなった。ただし，タンパク質Pとタンパク質Qはもともとのヒト培養
細胞には存在しないものとする。

細胞に導入した発現調節領域Yを含むレポーター遺伝子（人工DNA）

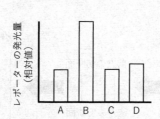

（1）実験1のA，B，Cの結果からどのような事が考えられるか，適切なものを以下の選択肢
　　から1つ選びなさい。

　　［選択肢］

　　（ア）タンパク質PはX遺伝子の転写を促進する。

　　（イ）タンパク質PはX遺伝子の転写を抑制する。

　　（ウ）タンパク質QはX遺伝子の転写を促進する。

　　（エ）タンパク質QはX遺伝子の転写を抑制する。

（実験2）

　　　発現調節領域Yと同じ塩基配列をもつDNAを合成し，蛍光を発する物質で標識した配列Y
を作製した（標識配列Yとする）。標識配列Yのみ（レーン1），標識配列Yとタンパク質P
を混合したもの（レーン2）をポリアクリルアミドゲルで電気泳動した。このゲルでは，核酸や
タンパク質を分子のサイズで分離でき，サイズの小さいものが先に泳動される。また，DNAは
2本鎖のままであり，タンパク質は変性しない。泳動後に蛍光を観察したところ，次の図のように

レーン1はa，またレーン2はaとbの位置にバンドが検出された。標識配列Yとタンパク質Q
を混合したものでは，aのみにバンドが検出された（レーン3）。標識配列Yとタンパク質Pの
混合物に抗体Ⅰ（タンパク質Pの特定のアミノ酸配列に結合する抗体）を加えると，aとdの
位置にバンドが検出された（レーン4）。標識配列Yとタンパク質Pの混合物にタンパク質Q
を加えると，aとcの位置にバンドが検出された（レーン5）。標識配列Yとタンパク質PとQ
の混合物に，抗体Ⅱ（タンパク質Qの特定のアミノ酸配列に結合する抗体）を加えると，aとb
の位置にバンドが検出された（レーン6）。

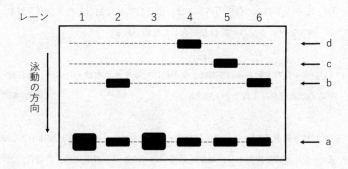

（2）標識配列Yとタンパク質Pの混合物（レーン2の条件）に，非標識配列Y（蛍光を発し
ないもの）を過剰に加えた。電気泳動では，どの位置にバンドが検出されるか。a～dのうち
適切なものを1つ答えなさい。

（3）レーン4の結果で，dの位置のバンドとして現れる物質はどのような状態か。もっとも適切
なものを，以下の選択肢から1つ選びなさい。

［選択肢］

（ア）標識配列Yのみである。

（イ）標識配列Yに抗体Ⅰが結合している。

（ウ）標識配列Yにタンパク質Pが結合し，さらにタンパク質Pに抗体Ⅰが結合している。

（エ）標識配列Yに抗体Ⅰが結合し，さらに抗体Ⅰにタンパク質Pが結合している。

（4）タンパク質Pを固体ビーズに結合させ，そこにタンパク質Qを加えて混合した後，緩衝液
でビーズを洗浄し，遠心分離機でビーズを回収した。次に回収したビーズにタンパク質を変
性させる処理を行い，タンパク質を大きさで分離できる電気泳動を行い，タンパク質を染色
したところ，タンパク質Pとタンパク質Qのバンドを検出した。この実験事実と実験1

および2の結果に合うものを，以下の選択肢からすべて選びなさい。ただし，電気泳動では
タンパク質Pは固体ビーズから解離するものとする。

［選択肢］

（ア）タンパク質Qは標識配列Yに結合する。

（イ）タンパク質Pとタンパク質Qは結合する。

（ウ）レーン5のcの位置のバンドは，標識配列Yに結合したタンパク質Q，さらにタン
　　　パク質Qにタンパク質Pが結合した状態である。

（エ）レーン5のcの位置のバンドは，標識配列Yに結合したタンパク質P，さらにタン
　　　パク質Pにタンパク質Qが結合した状態である。

（5）上記（4）の実験および実験1，2の結果をふまえ，実験1のDが，Bに比べ発光が減少
するのはなぜか，1行で答えなさい。　　　　　　　〔解答欄〕1行：約17cm

（6）タンパク質Pを固体ビーズに結合させ，そこにタンパク質Qと抗体Ⅱを加えて混合した
後，（4）と同じ操作をし，電気泳動を行ってタンパク質を染色した場合，どのタンパク質
が検出されるか。実験2のレーン6の結果をふまえ，最も適切なものを，以下の選択肢から
1つ選びなさい。ただし，電気泳動ではタンパク質Pは固体ビーズから解離するものとする。

［選択肢］

（ア）タンパク質Pとタンパク質Q

（イ）タンパク質P

（ウ）タンパク質Q

（エ）どのタンパク質も検出されない

〔Ⅲ〕　次の文章を読んで設問に答えなさい。

　　生物学の研究は，生物が①RNAやタンパク質を合成する仕組みや，神経細胞が情報を伝える原理，多様な生物が出現するための進化の原理などを明らかにしてきた。このような生物学における発見は，実はコンピュータを用いた研究にも波及している。たとえば，②神経細胞の仕組みを真似てつくられたニューラルネットワークと呼ばれる計算の手法は，機械学習という分野で用いられ，人工知能の開発に関係してきた。また，③遺伝的アルゴリズムとよばれる計算の手法は，生物の進化メカニズムを模倣したもので，手計算ではとても解けないような複雑な計算を行うときに用いられるときがある。このように，生物学の研究は生命の理解を通した医学や看護学への貢献だけではなく，物理学や工学における科学技術の発展にもつながっている。

問1　下線部①に関し，RNAやタンパク質の合成において正しいものを次の選択肢の中から1つ選びなさい。

　　［選択肢］

　（ア）リボソームによってrRNAが折りたたまれ，mRNAが合成される。

　（イ）リボソームはDNAと結合し，開始コドンを認識する。

　（ウ）mRNAの情報をもとに，シャペロンがタンパク質を合成する。

　（エ）タンパク質の合成には分子モーターであるミオシンやキネシンが使われる。

　（オ）一般的な遺伝暗号表において，終止コドンはUAG，UAA，UGAの3つである。

問2　次の文章を読み，（1）から（5）に答えなさい。

　　　下線部②に関し，ニューラルネットワークは神経細胞の接続や刺激に対する応答を真似て計算処理をする方法である。図7はニューラルネットワークを非常に簡単に表した模式図である。図7の【記述法1】に示すように，1つ1つの丸は神経細胞，矢印の向きは軸索の向きに相当する。丸の中の数字は，A軸索を通してその神経細胞が接続しているときに与える電気パルスの強さを示す。また，図7の【記述法2】のように丸の中に縦線が入っている場合，B左側の数字より大きい数字の電気パルスを受けたときにのみ右側の数字の電気パルスを発生し，左側の数字より小さい数字の電気パルスを受けたときは電気パルスを発生しない。さらに，複数の矢印がつながっている神経細胞は，それぞれの神経細胞からの電気パルスを足した値の電気パルスを受け取るとする。電気パルスは矢印の向きに伝わり，逆側には伝わらないとする。具体的な例は図7に示す【具体例1】～【具体例4】の通りである。

生物

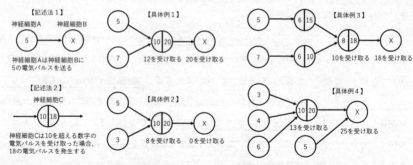

図7　簡易なニューラルネットワーク

（1）実際の神経細胞の場合，下線部Aのような神経細胞同士の接続部位のことを一般になんと呼ぶか，カタカナで答えなさい。

（2）実際の神経細胞も，下線部Bのように刺激により膜電位が一定の値を超えた場合にのみ応答し，一定の値の興奮を示す。このような刺激応答に該当するグラフを次の図の（ア）～（オ）から1つ選びなさい。縦軸は応答（興奮）の強さ，横軸は神経細胞が受け取る刺激の強さ（膜電位の強さ）とする。

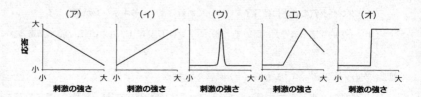

（3）次の図のニューラルネットワークにおいて，【問題1】と【問題2】それぞれについて，丸の中にそれぞれX，Yと書かれた神経細胞が受け取る電気パルスの大きさを数字で解答欄に書きなさい。

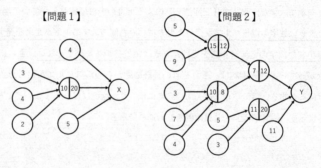

（4）図7のモデルでは，以下の選択肢（ア）～（オ）の神経細胞の性質のうち，1つの性質だけ
　　が取り入れられている。その1つに該当する最も適切なものを選択肢から1つ選びなさい。

　　［選択肢］

　　（ア）慣れ　　　（イ）脱慣れ　　　（ウ）鋭敏化　　　（エ）空間的荷重　　　（オ）時間的荷重

（5）図7の簡易なニューラルネットワークでは，実際にはニューロンの周りに存在する細胞の
　　存在も無視されている。たとえば，ヒトの脳の中には神経細胞の機能を助けるさまざまな
　　支持細胞が存在する。このような神経細胞の機能を助けるさまざまな支持細胞は総称として
　　何と呼ばれるか，答えなさい。

問3　神経細胞に関係する以下の文章を読み，（あ）と（い）に当てはまる適切な用語を選択肢
　　（ア）～（サ）から1つずつ選びなさい。

　　　特定の波長の光をあてた場合にのみ分子を通過させる膜タンパク質を神経細胞に発現させ，光で
　　神経活動を制御する技術を光遺伝学と呼ぶ。たとえば，青色の光をあてた場合にカリウムやナト
　　リウムのイオンを通過させるチャネルロドプシン2を神経細胞に導入することで，青い光をあてた
　　神経細胞を（　あ　）させることができる。（　あ　）は青色の光で活性化されたチャネルロド
　　プシン2が，ナトリウムイオンを細胞内に流入させることによって生じる。チャネルロドプシン2
　　は，視細胞におけるロドプシンと同様に，（　い　）が光によってシスからトランスに変化する
　　ことを利用して光を感知している。光遺伝学により，脳における特定の神経細胞の活動を光で制御
　　し，その応答から脳活動を理解する研究が可能になっている。

　　［選択肢］

　　（ア）クロロフィル　　　（イ）跳躍伝導　　　（ウ）フォトトロピン　　　（エ）オプシン

　　（オ）過分極　　　（カ）形成体　　　（キ）レチナール　　　（ク）脱分極

　　（ケ）分化　　　（コ）自己組織化　　　（サ）プロリン

問4　脳の活動部分を測定するために，fMRIと呼ばれる方法がある。この方法では，活動している
　　脳の周辺で酸素と結合していないヘモグロビンの量が減ることにともない，部分的に磁場が変化
　　することを利用している。ではなぜ活動している脳の周辺では酸素が過剰になるのか。最も適切な
　　説明を次の選択肢から1つ選びなさい。

　　［選択肢］

　　（ア）活動する脳の周辺では血管が拡張し，血流が増加し酸素が多く供給されるため。

（イ）脳を構成する神経細胞には，ヘモグロビンを運ぶ赤血球と同様に核がないため。

（ウ）活動する脳の神経細胞は酸素を必要としないため。

（エ）活動する脳の神経細胞にはヘモグロビンを分解する酵素が豊富なため。

問5　機械学習にもとづく人工知能（AI）は，人間がする質問に対する答えの文章を出力すること
　　　ができるものがある。以下の人間とAIの対話について，（1）と（2）の問題に答えなさい。

（1）以下の文章は人間の質問に対してAIが正しく答えたものの例である。（あ）と（い）に
　　　当てはまる適切な用語を書きなさい。

　　　【人間とAIのやり取り】

　　　人間の質問：植物における（　あ　）とは何か教えてください。

　　　AIの回答：植物における（　あ　）は，光の方向や強度に応じて植物の成長や動作が変化
　　　する現象であり，光があたる側とあたらない側とで細胞の成長に差が生じることで起きます。
　　　（　あ　）は，植物ホルモンである（　い　）の働きによって制御されます。たとえば茎の
　　　先端部では，光刺激によって（　い　）が光のあたらない側に移動することで，植物の成長
　　　方向が調節されます。

（2）以下の人間の質問に対し，AIの説明は誤って体内時計と進化における分子時計の両方が
　　　混ざった回答をしている。人間の質問が進化における分子時計に対する質問だとした場合，
　　　正しい説明を2行以内で書きなさい。　　　　　　　　　　　〔解答欄〕1行：約17cm

　　　【人間とAIのやり取り】

　　　人間の質問：分子時計とは何か説明してください。

　　　AIの説明：分子時計は，生物の進化や生体内の時間制御に関与する遺伝子やタンパク質の
　　　周期的な変動を利用して，時間の経過を測定するための仕組みです。

問6　下線部③に関し，遺伝的アルゴリズムは，非常に簡単にいうと，データセット（データの
　　　集まりのこと）から決まった計算式によって適応度と呼ばれる値を算出できることをもとに，
　　　高い適応度を示すデータセットを選び出す方法である。データセットは1種類でなく，何種類も
　　　存在するが，生物の進化のように適応度に合わせていくつかのデータセットが選ばれる。選ばれた
　　　データセットに対して変異や組換えと呼ぶ入れ替え処理を行い，新しいデータセットを作る。この
　　　ようにして，いくつも作られる新しいデータセットの中から，さらに適応度の高いものを選ぶ。

この過程を複雑な計算に応用すると，たとえば人間のようになめらかにロボットが動くための
データセットを決めることができる。これらのことを踏まえ，以下の問題（1）〜（4）に答え
なさい。

（1）遺伝的アルゴリズムにおいて適応度が高いデータセットが得られる過程は生物学の進化に
　　おけるどの概念に近いか，次の選択肢から最も適切なものを1つ選びなさい。

　　　［選択肢］

　　　（ア）自然選択　　　　　（イ）びん首効果　　　　（ウ）遺伝的浮動

　　　（エ）創始者効果　　　　（オ）共進化

（2）以下の染色体の組換えを説明する文章において，下線部をひいた5つの単語のうち，1つ
　　だけ間違って使用されている用語がある。間違っている用語に該当する番号を①〜⑤から
　　1つ選び解答欄に記しなさい。また，正しい用語を記しなさい。

　　【説明文】

　　　染色体は DNA 複製の過程で組換えが生じることがある。対合する染色体の多くは相同
　　配列の部分で結合し，この部分を①キアズマと呼ぶ。②減数分裂の過程で，この結合部位に
　　おいて③ヘテロ接合が起こることで一部が交換した染色体ができる。このことから，④連鎖
　　している⑤対立遺伝子においても遺伝の過程で組み合わせが変わることがある。

（3）データセットの変異は，DNA における突然変異と同じである。もとのデータセットを
　　$[1,5,6,2,1,5,3]$ とした場合，1つの変異によって生じるデータセットを次の選択肢の中か
　　ら1つ選びなさい。ただし，$[1,2,3]$ とは 1 と 2 と 3 からなるデータセットであり，順番を
　　入れ替えた $[3,2,1]$ や $[2,3,1]$ とは別のものであるとする。

　　　［選択肢］

　　　（ア）$[1,5,4,2,1,3,3]$　　　　　（イ）$[4,5,6,2,4,5,3]$

　　　（ウ）$[1,0,0,2,1,5,3]$　　　　　（エ）$[1,5,6,2,2,5,3]$

（4）データセットの組換えによって得られる新しいデータセットは，データが DNA のように
　　決まった方向に向かって数が並んだものと考えると，染色体の組換えと同じである。ここでは，
　　同じ遺伝子座でしか組換えが起きないのと同じく，データセットにおける位置が同じ場所同士
　　でのみ組換えが起き，組換えが起きた位置以降も組換えが起こるとする。これは，$[1,2,3]$ と
　　$[4,5,6]$ という2つのデータセットがあった場合，図8に示すように 1 と 2 の間での組換え

によって $[4,2,3]$ と $[1,5,6]$ という 2 つの新しいデータセットのみが生成されることを意味する。また，1 と 2 の間の組換えに加え，2 と 3 の位置でも 2 回目の組換えが起きた場合，$[4,2,6]$ と $[1,5,3]$ という 2 つの新しいデータセットが生成される。これらを踏まえ，2 つのデータセット $[1,5,6,2,1,3,6,2,1]$ と $[2,7,4,2,3,5,3,2,6]$ から，2 回の組換えによって新しいデータセットが得られるとき，片方が $[1,5,4,2,3,3,6,2,1]$ であるとすると，もう片方として適切なものを次の選択肢の中から 1 つ選びなさい。

[選択肢]

(ア) $[2,7,6,2,3,5,6,2,6]$　　　　(イ) $[1,5,6,2,1,3,4,2,5]$

(ウ) $[2,7,6,2,1,5,3,2,6]$　　　　(エ) $[1,7,6,2,3,3,3,2,1]$

(オ) $[1,5,6,2,2,7,2,4,1]$　　　　(カ) $[2,7,6,2,4,2,3,5,3]$

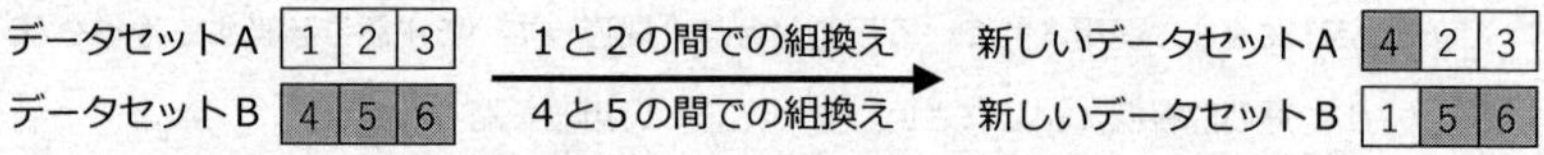

| データセットA | 1 | 2 | 3 | 1と2の間での組換え | 新しいデータセットA | 4 | 2 | 3 |
| データセットB | 4 | 5 | 6 | 4と5の間での組換え | 新しいデータセットB | 1 | 5 | 6 |

図8　データセットの組換えが生じた場合の具体的な例

小 論 文

(70分)
(解答例省略)

（注意）　解答はよこ書きで記入してください。

　次の文章は，信原幸弘著『情動の哲学入門 ― 価値・道徳・生きる意味』からの抜粋です。文章を読んで，以下の設問にこたえなさい。

問題1.　この文章において，著者は，情動と価値判断がどのようなものであり，どのような関係にあると説明していますか。400字以内で要約してください。

問題2.　情動と価値判断が対立するような状況には，どのようなものがありますか。本文以外の具体的な例をあげ，そのことに関するあなたの考えや意見を，300字以内で述べてください。

　情動と価値判断が対立するとき、どちらが事物の価値的性質を正しく捉えているのだろうか。それは当然、価値判断のほうであろう。情動は事物の一面にのみ注目して形成される安直な価値認識であり、それゆえ迅速だが、精度はそれほど高くない。それにたいして、価値判断は他の諸々の価値判断と照らし合わせて、食い違いがないかどうかを確認し、食い違いがなければ、受け入れられ、食い違いがあれば、拒否される。あるいは、食い違いがあっても、他の価値判断のほうが改訂されれば、受け入れられる。このように価値判断は、他の価値判断との整合性が確立されてはじめて受け入れられる。したがって、価値判断はかなり精度が高い。

　価値判断が情動より精度が高いことから、それらが対立した場合、おそらく価値判断のほうが情動より事物の価値的性質を正しく捉えているだろう。頑丈な檻に入れられたイヌに恐怖を感じつつも、そのイヌは安全だと判断するとき、その恐怖は誤っており、価値判断のほうが正しいだろう。恐怖はイヌが歯を剝き出しにして低く

唸っているという面にのみ注意を向けており、頑丈な檻に入れられているという面を無視している。それにたいして、判断はその面も十分考慮している。そのうえ、そのようなイヌは安全だという判断は、頑丈な檻に入れられているオオカミは安全だという判断や、ライオンでさえ、頑丈な檻に入れられていれば安全だという判断と整合している。それゆえ、情動より判断のほうがおそらく正しい。

情動と価値判断が対立するとき、価値判断のほうが正しいことは、情動が多くの場合に価値判断に合わせて変化することからもうかがえる。情動は必ずしも価値判断に合わせて変化するとは限らないが、それでもそう変化することがよくある。夫の帰宅が遅いことに妻は腹を立てたが、重要な仕事のせいで遅くなったことを知ると、怒りが鎮まる。すぐには鎮まらなくても、そのうち鎮まる。妻の怒りは夫の帰宅の遅さを不当だと捉えるが、妻の価値判断は、重要な仕事のせいで遅くなったことを知ると、帰宅の遅さを正当だと捉えるようになる。この価値判断に合わせて、妻の怒りが鎮まるのである。このことは妻の価値判断が妻の怒りより正しいことを証拠立てていよう。

しかし、価値判断と食い違っていても、情動がどうしても変化しないこともある。飛行機は安全だと判断していても、どうしても飛行機に乗ることに恐怖を感じてしまう。安全だと判断しているからといって、安心感を抱くようにはならない。また、（中略）一つの情動ではなく、一貫した情動パターンが価値判断の集まりと対立したまま、執拗に残り続けることもある。このように価値判断と対立したまま、執拗に残り続ける情動は、典型的に不合理な情動とみなされる。しかし、このような御しがたい情動が、じつは事物の価値的性質を正しく捉えているということはありえないのだろうか。

価値判断と情動が対立するとき、ふつう価値判断のほうが正しいであろう。しかし、価値判断に抗して執拗に存続する御しがたい情動のほうがじつは正しく、価値判断のほうが誤っているということも、けっしてありえないわけではない。マーク・トウェインの小説『ハックルベリー・フィンの冒険』のなかで、主人公のハックは黒人奴隷のジムが奴隷主から逃げるのを助けてやる。ハックは奴隷制を正しいと思っており、それゆえジムを奴隷主に返すべきだと思っているが、奴隷のジムに同情を禁じえない。つまり、ハックはジムを奴隷主に返すのが正しいという価値判断を行うが、情動的には、ジムを奴隷主から解放するのが正しいと捉えるのである。この情動はハックにとって、かれの価値判断に抗して執拗に存続する御しがたい情動である。しかし、この場合は、奴隷の悲惨な状態を何度も目にすることでしっかりとハックのうちに根付いた情動のほうが真実を告げているのではないだろうか。

価値判断は整合的な体系をなしている。それにもかかわらず、価値判断より情動

44 問題 慶應義塾大-看護医療 2024年度 一般選抜 小論文

のほうが正しい場合があるのは、多くの経験の積み重ねによって情動の感受性が研ぎ澄まされ、そのような研ぎ澄まされた感受性によって形成された情動が、ときに体系的な価値判断より事物の価値的性質を深く精密に捉えることができるからである。情動のほうが価値判断より正しい場合、情動は価値判断に再考を迫る（Helm 2001：228）。価値判断は体系をなしているから、この再考はたんに一部の価値判断の見直しを迫るだけではなく、価値判断の体系の全面的な見直しを迫る。つまり、それは価値判断の体系の再編成を迫るのである。

　ハックはジムへの同情から、そのような価値判断の体系の再編成を行って、奴隷制を間違っていると判断するには至らなかった。彼は奴隷制を正しいと判断したままであった。しかし、それでも、彼はジムへの同情によって、そのような再編成を行うように迫られてはいたのである。じっさい、御しがたい情動に合わせて価値判断の体系の再編成を行うのは、至難の業である。それは価値観の根本的な転換であり、新たな自己になることにほかならない。しかし、そのような根本的な転換がけっして起こりえないわけではない。御しがたい情動は、多くの場合誤っているとはいえ、ときにはそのような価値観の根本的な転換を引き起こすことによって、私たちの生を新たな高みへと導くのである。

　　　信原幸弘『情動の哲学入門 ― 価値・道徳・生きる意味』（2017年）　勁草書房，72〜76頁より抜粋

問題編

■一般選抜

問題編

▶試験科目・配点

	教　科	科　目	配　点
第1次試験	外 国 語	コミュニケーション英語基礎・Ⅰ・Ⅱ・Ⅲ，英語表現Ⅰ・Ⅱ	300 点
	数　学あるいは理　科	「数学Ⅰ・Ⅱ・A・B」，「化学基礎・化学」，「生物基礎・生物」から1科目選択	200 点
	小 論 文	高校生にふさわしい知識，理解力，分析力，構想力，表現力を問う	―
第 2 次 試 験	面接		

▶備　考

- 数学Aは「場合の数と確率」・「整数の性質」・「図形の性質」を，数学Bは「数列」・「ベクトル」を出題範囲とする。
- 小論文は第1次試験の選考では使用せず，第2次試験の選考に使用する。

英語

(90 分)

（注意） 解答欄に数字や記号を入れる場合には，１マスに１字だけ明確に記入
してください。

I. 以下の各文の（　）内から，最も適切な語句をそれぞれ１つずつ選び，解答
欄のその記号を○で囲みなさい。

1. Every year, a prize (A. award B. awards C. is awarded D. is awarding)
   for the best student presentation.

2. For my project, I decided to (A. look up B. research C. search
   D. search for) the role of nurses in Japanese schools.

3. He used to come almost every day, but I haven't seen him (A. late B. lately
   C. later D. latest).

4. I am (A. embarrass B. embarrassed C. embarrassing D. embarrassingly)
   that I did not know the answer.

5. I couldn't decide which shirt I liked better, so I bought (A. it B. some
   C. them D. those) both.

6. I have (A. a good B. good C. some good D. the good) understanding of
   geography.

7. I overslept and very (A. near B. nearer C. nearest D. nearly) missed the
   test!

8. I told my brother (A. don't B. not to C. to don't D. to not) throw his
   baseball in the house, but now we have a broken window.

9. I was so impressed with the painting that I (A. glanced at B. glimpsed

C. looked at D. watched) it for several minutes in silence.

10. I'm counting (A. down B. off C. on D. upon) the days until I can start my university life. I'm so excited!

11. I'm tired (A. by B. for C. of D. with) your excuses! Turn in your project now!

12. I've been so busy studying lately that I haven't really kept (A. at B. away C. on D. up) with my piano practice.

13. In preparation for this test, I dedicated myself (A. about B. for C. of D. to) study for months.

14. My grandfather is too old to take care of his garden; I need to find (A. someone B. someone that C. someone to D. someone who) do it.

15. Nursing is (A. a hard B. hard C. hardened D. the hard) work.

16. Overall, this year's earnings are (A. below B. beneath C. lower D. under) average.

17. Sometimes I can't sleep because I drank (A. enough B. too C. too many D. too much) coffee during the day.

18. The Wild Flamingos released a new song, but only (A. a few B. a little C. few D. little) people have heard it.

19. When I first moved to Japan, I found it hard to (A. get use to live B. get use to living C. get used to live D. get used to living) in such a humid climate.

20. Your behavior on the school trip was awful. You should all be ashamed of (A. each other B. one another C. yourself D. yourselves).

II.　下記文中の空欄（　1　）〜（　10　）に入れるのに最適な語または句を，選択肢の中からそれぞれ 1 つずつ選び，解答欄のその記号を○で囲みなさい。

I didn't have many friends before the pandemic began, so the closing down of schools and the cancelation of all social functions didn't exactly help me make more. Gone were my chances to say "hi" to people I was vaguely familiar (　1　) the hallways, to spend lunchtimes talking about grades and stress with a friend.

But the fact that I didn't have a lot of deep friendships (　2　) begin with was exactly what softened the blow of isolation that many of my peers experienced more severely. (　3　), I craved some sort of antidote* to my loneliness. At first, I browsed social media endlessly. It seemed shallow and one-sided. Soon this mindless scrolling through platforms like Instagram and Facebook made me (　4　) uneasy and restless.

It was Twitter that changed all that, however. There, I followed a well-known journalist who covered topics (　5　) to culture in various magazines. One day, this journalist posted an announcement about a pen-pal program she was starting. When I read her post, I imagined myself sitting down in my living room, writing on smooth, fancy stationery. This (　6　) seemed magical, cozy, and somehow perfect in our pandemic-ravaged world. Of course I signed up.

My match was Kelly from California. Writing to a person who I knew absolutely nothing about (　7　) daunting**, but I asked lots of introductory questions about her and her life. I wrote a little about myself as well.

A couple of weeks (　8　), I received not only Kelly's letter but also Emma's (from New York), Meghan's (from California), and Isabella's (from Florida). How (　9　) it was to read through everything these women had to say to me. I immediately wrote back. I wasn't (　10　) of pouring out my soul and writing of my dreams, goals, frustrations, and best memories.

It was cathartic***, really. By writing to my new friends, I could start making sense of what was happening to me personally and to the whole world collectively. By hearing about others' struggles and doubts, I could also gain perspective on my own.

注

*antidote ＝ 対策

**daunting ＝ 人を怯ませるような，気を挫くような

***cathartic ＝（感情の）浄化をもたらす

1．A. in	B. on	C. with in	D. within
2．A. that	B. to	C. who	D. whom
3．A. Luckily	B. Regrettably	C. Still	D. Therefore
4．A. feel	B. found	C. seem	D. think
5．A. as	B. pertaining	C. regarding	D. relative
6．A. imagination	B. room	C. view	D. vision
7．A. must be	B. should not be	C. was	D. wasn't
8．A. after	B. gone	C. later	D. past
9．A. heartfelt	B. heartful	C. heartwarming	D. well-hearted
10．A. ashamed	B. bothered	C. heard	D. proud

【出典】Datskovska, S. (2021). Unlikely connections in the age of COVID-19. In J. Canfield, M. V. Hansen, K. Kirberger, & A. Newmark (Eds.), *Chicken soup for the teenage soul 25th anniversary edition: An update of the 1997 classic* (pp. 101–104). Chicken Soup for the Soul.

III. 次の枠内に示された 1 ～ 4 の各文を入れるのに最も適した箇所を，下記文中の
空欄 A ～ F から 1 つずつ選び，解答欄のその記号を○で囲みな
さい。ただし 1 つの空欄には 1 文しか入らない。

1． But by 2008 the rate had more than tripled, to fourteen out of a thousand.

2． In the group that had been deliberately exposed to peanut products,
   only 3% had developed an allergy.

3． The researchers told half the parents to avoid all exposure to peanuts
   and peanut products.

4． Why not?

　　Peanut allergies were rare among American children up until the mid-1990s,
when one study found that only four out of a thousand children under the age of
eight had such an allergy. A Nobody knew why American children were
suddenly becoming more allergic to peanuts, but the logical and compassionate
response was obvious: Kids are vulnerable. Protect them from peanuts, peanut
products, and anything that has been in contact with nuts of any kind. B
What's the harm, other than some inconvenience to parents preparing lunches?

　　But it turns out that the harm was severe. C It was later discovered
that peanut allergies were surging precisely because parents and teachers had
started protecting children from exposure to peanuts back in the 1990s. In
February 2015, an authoritative study was published. The researchers recruited
the parents of 640 infants who were at high risk of developing a peanut allergy.
 D The other half were given a supply of a snack made with peanut butter
and were told to give some to their child at least three times a week. E
The researchers followed all the families carefully and when the children
turned five years old, they were tested for an allergic reaction to peanuts.

　　The results were stunning. Among the children who had been "protected"
from peanuts, 17% had developed a peanut allergy. F As one of the
researchers said in an interview, "For decades allergists have been recommending
that young infants avoid consuming allergenic foods such as peanut to prevent
food allergies. Our findings suggest that this advice was incorrect and may
have contributed to the rise in the peanut and other food allergies."

【出典】Lukianoff, G., & Haidt, J. (2019). *The coddling of the American mind: How good
　　　intentions and bad ideas are setting up a generation for failure.* Penguin Books.

Ⅳ.　枠内の 1 〜 4 の文を，文意から考えて最適な順に並べ替えなさい。その上で
　　下記の各問の答えとして最も適切な記号を○で囲みなさい。

段落A　Many teens are so addicted to social media that they find it difficult to
put down their phones and go to sleep when they should. "I stay up all night
looking at my phone," admits a 13-year-old from New Jersey. She regularly
hides under her covers at night, texting, so her mother doesn't know she's
awake. She wakes up tired much of the time, but, she says, "I just drink a Red
Bull." Thirteen-year-old Athena told me the same thing: "Some of my friends
don't go to sleep until, like, two in the morning." "I assume just for summer?" I
asked. "No, school, too," she said. "And we have to get up at six forty-five."

1．Even worse, in just the three years between 2012 and 2015, 22% more
teens failed to get seven hours of sleep.

2．Fifty-seven percent more teens were sleep deprived in 2015 than in
1991.

3．However, sleep experts say that teens should get about nine hours of
sleep a night, so a teen who is getting less than seven hours a night is
significantly sleep deprived.

4．Smartphone use may have decreased teens' sleep time: more teens now
sleep less than seven hours most nights.

段落B　Electronic devices and social media seem to be unique in their effect
on sleep compared to older forms of media. Teens who read books and
magazines more often are actually less likely to be sleep deprived—either
reading puts them to sleep, or they can put the book down at bedtime. TV time
is barely related to sleep time. Apparently, teens who watch a lot of TV can
turn it off and go to sleep, while those on their phones do not. The allure of the
smartphone, its blue light glowing in the dark, is often too much to resist.

設問

1．段落Aの後にすぐ続く文
　　A. 1　　　　　　B. 2　　　　　　C. 3　　　　　　D. 4

2．文1の後にすぐ続く文または段落
A. 2　　　　　B. 3　　　　　C. 4　　　　　D. 段落B

3．文2の後にすぐ続く文または段落
A. 1　　　　　B. 3　　　　　C. 4　　　　　D. 段落B

4．文3の後にすぐ続く文または段落
A. 1　　　　　B. 2　　　　　C. 4　　　　　D. 段落B

5．文4の後にすぐ続く文または段落
A. 1　　　　　B. 2　　　　　C. 3　　　　　D. 段落B

【出典】Twenge, J. M. (2018). *iGen: Why today's super-connected kids are growing up less rebellious, more tolerant, less happy—And completely unprepared for adulthood—And what that means for the rest of us.* Atria Books.

V.　　以下の各組の ＿ にアルファベット各1文字を入れると，【　　】内に示す品詞および後に続く日本語と合致する英単語1語になる。各語の1文字目として最も適切なアルファベット1文字を選び，解答欄のその記号を○で囲みなさい。

《例》 ＿ur＿＿　　　　　　　【名詞】　看護師　　　　正解：N

1．＿ot＿＿＿＿＿＿＿＿＿＿＿＿　【前置詞】　～にも拘わらず，～でも

2．＿oi＿＿　　　　　　　　　【動詞】　意見を表明する，言葉に出して言う

3．＿eg＿＿＿　　　　　　　　【名詞】　遺贈，過去の遺物

4．＿ar＿＿　　　　　　　　　【名詞】　一行，政党

5．＿we＿＿＿＿　　　　　　　【形容詞】　畏怖の念を呼ぶ，荘厳な

6．＿xe＿＿＿＿＿　　　　　　【動詞】　鍛錬する，行使する

7．＿un＿＿＿＿　　　　　　　【形容詞】　狡猾な，悪賢い

8．＿he＿＿　　　　　　　　　【副詞】　先に，前もって，リードして

9．＿in＿＿＿　　　　　　　　【形容詞】　些細な，取るに足りない

10. _ o t _ _   【名詞】   座右の銘，金言，処世訓

11. _ h e _ _ _ _ _   【名詞】   修辞学，美辞麗句，巧言

12. _ e t _ _ _ _ _ _ _   【名詞】   新陳代謝，代謝作用

13. _ l m _ _ _ _ _   【形容詞】   全能の，圧倒的な影響力を持つ

14. _ i c _ _ _ _   【動詞】   想像する，心に描く

15. _ e l _ _ _ _ _ _ _   【副詞】   相対的に

16. _ e a _ _   【動詞】   停止する，中止する

17. _ u t _ _ _   【名詞】   はけ口，コンセント

18. _ o u _ _ _ _   【名詞】   花束

19. _ r a _ _   【名詞】   憤怒，天罰

20. _ e n _ _ _ _   【名詞】   年金，恩給

VI.　下記文中の下線部（1）〜（5）には，文脈から考えて不適切な語が 3 つ含まれ
ている。各下線部の番号と対応する解答欄において，① その語が適切であれば
Z を，② その語が不適切であれば，それに代わる語を下記の語群からそれぞれ
1 つずつ選び，その記号を○で囲みなさい。

　　Food miles measure the distance food travels before it ends up on your fork.
They were first used to highlight the idea that flying or shipping food from
elsewhere in the world (1)counteracts to climate change, and that eating locally
grown food is better. For example, chocolate has a huge carbon footprint —
adding 2.1 million tonnes of greenhouse gases to the atmosphere every year —
partly because cocoa from West Africa and the Americas has to be transported
to chocolate-makers around the world.

　　But food miles aren't as simple as they sound. For many foods — including
lamb, beef, pork, cheese, canned tuna, eggs, tofu, rice and nuts — most
greenhouse gas emissions happen (2)just before the food leaves the farm. If local
farms can only produce a certain food by using loads of chemicals (because the
soil is not good enough), gallons of water (because the climate is too dry) or lots
of heavy machinery, buying that food locally may lead to greater greenhouse

gas emissions than growing it somewhere else and transporting it.

At certain times of year, green beans grown in Kenya or lettuces grown in Spain are responsible for (3)<u>less</u> carbon dioxide than the same foods grown in Britain in heated tunnels, harvested using diesel-powered machinery or frozen for a long time. Even chocolate turns out to be complicated — one study found that 60 per cent of the emissions for milk chocolate made in the UK is down to the locally produced milk, not the cocoa.

So what can you do? Scientists at Harvard University, USA, recommend that we eat locally in time as well as space. Replacing food miles with food space-time?! It sounds like something we might need Einstein to explain, but it's actually pretty simple. It means eating local foods when they are 'in season' — at the time of year when they are ready to harvest in your area. This is when the farming methods and storage are (4)<u>more</u> likely to be eco-friendly. What is seasonal when depends on where you live, so you could start with a bit of detective work by searching online. Collect pictures of food and stick them onto a calendar in the kitchen to remind everyone which foods are in season that month. You'll also discover that some foods are (5)<u>always</u> in season in this country, so you could try to avoid those altogether.

語群

A．barriers　　B．contributes　　C．cools　　D．increasing　　E．less
F．long　　　　G．more　　　　　H．never　　I．shortly　　　J．sometime

【出典】Thomas, I. (2021). *This book will (help) cool the climate: 50 ways to cut pollution and protect our planet!* Wren & Rook.

VII. 以下は，認知症の母親の介護を担った男性の回想録である。文中空欄
　　　A　〜　C　に入れるのに最も適切な文となるように，各日本語文の
下に示された語群中の単語（または句）を選んで並べ替え，各＿＿＿に１つずつ
入れなさい。このうち　1　〜　5　に入る単語（または句）の記号を，解答欄
ごとに○で囲みなさい。ただし以下の点に注意すること。

1）語群中の単語・句は，文頭に来るべきものも小文字で始まっている
2）各文内において，同じ単語・句が複数回使用される場合がある
3）各語群には，必要でない単語・句も含まれている場合がある

When you live with someone with dementia, you live scene by scene. The
best advice I've ever heard about living scene by scene came from Michael J.
Fox, whose foundation has made a huge difference in the lives of people with
Parkinson's. In learning to contend with the disease's daily challenges, Fox
often refers to a rule he first learned as an actor: Actors must always focus on
playing the scene they're in. Actors have a script, so they know how the show
ends, but they can't play a particular scene with that knowledge in mind. So it
is with living with Parkinson's disease, or any other challenging life
circumstance.　　A　　And if we do, then that will lead us to the next scene,
whatever it may be.

I tried to follow his advice when I decided to take my mother to the beach
one day. My mom had always loved the ocean. We'd taken the same drive as a
family for sixty years. When I was a kid, we'd always compete to see who could
spot the ocean first. Today, as we approached the old general store, the ocean
came into view, a mile or so away.

My mom wasn't able to see it, so I said, "I have to keep my eyes on the
road, Mom, so let me know when you see the ocean."

About a hundred feet from the water, she exclaimed, "I see it!" And a wide
smile creased her face.

We were at the point when I wanted us both to savor these moments,
precisely because I knew they wouldn't last, that moments can't be banked or
reclaimed later when you need a good-moment credit. I knew I would remember
this trip, and that she might not. In fact, I knew that later that day, she might
complain that she hadn't been to the ocean for a long time.　　B　　I no doubt
sounded like a kid trying to convince a parent she was wrong. Probably because
I *was* a kid trying to convince a parent she was wrong.

　　But as we drove toward the water on that day, I tried to remember to do better. To just play the scene I was in. To take in the joy I saw on her face, precisely because it would only be experienced then. For her, there wouldn't be a later savoring. ☐ C ☐ Like a cloud pushed by the wind, moments part as they become.

空欄A　脚本の結末を知っているつもりかも知れないが，私達は今この瞬間にあらゆる注意を傾け，その中で行動すべきなのだ。

___ ___ ___ 1 ___ how ___ ___ ___ ___ , ___ ___ ___ ___ ___ ___ 2 ___ ___ ___ within it.

語群

A. act	B. and	C. but	D. end	E. focus
F. have	G. intend	H. know	I. may	J. moment
K. must	L. on	M. present	N. script	O. the
P. think	Q. to	R. we	S. will	

空欄B　以前これと同じようなやりとりがあった時，私は躍起になって母に直前の我々の行動を思い出させようとした。

___ ___ ___ ___ place ___ 3 ___ , ___ ___ ___ ___ ___ ___ ___ 4 ___ had ___ ___ .

語群

A. done	B. exchanges	C. had	D. her	E. I
F. if	G. in	H. just	I. of	J. past
K. pleadingly	L. reminded	M. similar	N. taken	O. the
P. we	Q. whatever	R. when	S. would	

空欄C　「後に残らないからこそ，瞬間を大切にすべきだ」ということを覚えていようとした。

___ ___ ___ ___ moments ___ 5 ___ ___ because ___ ___ ___ ___ .

語群

A. are	B. be	C. do	D. I	E. last

F．long　　　G．not　　　H．remember　　I．remembering　J．that

K．they　　　L．to　　　M．treasured　　N．tried

【出典】Iverson, D. (2022). *Winter stars: An elderly mother, an aging son, and life's final journey.* Light Messages.

■■ 数学 ■■

（80 分）

1

（1）　平行四辺形 ABCD において，辺 CD の中点を M とし，直線 AC と直線 BM の交点を P とする。このとき，$\overrightarrow{\text{AM}}$，$\overrightarrow{\text{AP}}$ をそれぞれ $\overrightarrow{\text{AB}}$，$\overrightarrow{\text{AD}}$ を用いて表すと，$\overrightarrow{\text{AM}} = $ ☐（ア），$\overrightarrow{\text{AP}} = $ ☐（イ）である。

（2）　ｋａｎｇｏｇａｋｕ の9文字すべてを並べてできる文字列の種類は全部で ☐（ウ）通りであり，このうち子音と母音が交互に並ぶものは ☐（エ）通りである。

（3）　2次方程式 $x^2 + x + 3 = 0$ の2つの解を α, β とするとき，$\dfrac{\beta}{\alpha} + \dfrac{\alpha}{\beta} = $ ☐（オ）であり，$\dfrac{\beta^2}{\alpha} + \dfrac{\alpha^2}{\beta} = $ ☐（カ）である。

（4）　$(\log_2 9)(\log_3 x) - \log_2 5 = 2$ を解くと $x = $ ☐（キ）である。

（5）　整式 $P(x)$ を

$$P(x) = \sum_{n=1}^{20} n x^n = 20x^{20} + 19x^{19} + 18x^{18} + \cdots + 2x^2 + x$$

と定める。このとき，$P(x)$ を $x-1$ で割ったときの余りは ☐（ク）である。また，$P(x)$ を $x^2 - 1$ で割ったときの余りは ☐（ケ）である。

2

（1） $0 \leqq x \leqq \pi$ のとき，$\sqrt{3}\sin x + \cos x = \sqrt{2}$ を解くと $x = \boxed{\quad（コ）\quad}$ である。

（2） n を自然数とする。$\sqrt{\dfrac{200}{\sqrt{n}}}$ が自然数となるような n をすべて求めると $n = \boxed{\quad（サ）\quad}$ である。

（3） 次の条件によって定められる数列 $\{a_n\}$ がある。

$$a_1 = 1, \quad a_{n+1} = \sqrt{{a_n}^2 + 1} \quad (n = 1,\ 2,\ 3,\ \cdots)$$

（ⅰ） $a_2 = \boxed{\quad（シ）\quad}$，$a_3 = \boxed{\quad（ス）\quad}$ であり，一般項 a_n を推定すると $a_n = \boxed{\quad（セ）\quad}$ である。

（ⅱ） 一般項 a_n が $a_n = \boxed{（セ）}$ であることの数学的帰納法による証明を解答欄（3）（ⅱ）に記述しなさい。

3

半径 R の円に内接する四角形 ABCD において

$$AB = 1 + \sqrt{3}, \quad BC = CD = 2, \quad \angle ABC = 60°$$

であるとき，$\angle ADC$ の大きさは $\angle ADC = \boxed{\quad（ソ）\quad}$ であり，AC, AD, R の長さはそれぞれ AC $= \boxed{\quad（タ）\quad}$，AD $= \boxed{\quad（チ）\quad}$，$R = \boxed{\quad（ツ）\quad}$ である。また，四角形 ABCD の面積は $\boxed{\quad（テ）\quad}$ である。さらに，$\theta = \angle DAB$ とするとき，$\sin\theta = \boxed{\quad（ト）\quad}$ であり，BD の長さは BD $= \boxed{\quad（ナ）\quad}$ である。

4

関数 $f(x)$ を

$$f(x) = \frac{1}{2}(x^2 - x - 3|x|)$$

で定める。以下に答えなさい。

（1）　$y = f(x)$ のグラフを解答欄（1）にかきなさい。

（2）　曲線 $y = f(x)$ 上の点 A$(-3, f(-3))$ を通り，点 A における接線に垂直な

直線 l の方程式は $y = $ ［　(ニ)　］ である。また，曲線 $y = f(x)$ と直線 l は

2 つの共有点をもつが，点 A とは異なる共有点の座標は ［　(ヌ)　］ である。

さらに，曲線 $y = f(x)$ と直線 l で囲まれた図形の面積は ［　(ネ)　］ である。

（3）　連立不等式

$$y \geqq f(x), \quad y \leqq f(-3)$$

の表す領域を D とする。点 (x, y) がこの領域 D を動くとき，$x + y$ は

$(x, y) = $ ［　(ノ)　］ のとき最大値 ［　(ハ)　］ をとり，$(x, y) = $ ［　(ヒ)　］

のとき最小値 ［　(フ)　］ をとる。

5

以下の図は，ある小学校の 15 人の女子児童の 4 年生の 4 月に計測した身長を横軸

に，6 年生の 4 月に計測した身長を縦軸にとった散布図である。

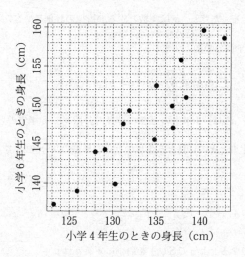

（1） 次の図の （A）から （F）のうち，この 15 人の女子児童の 4 年生のときの身長

と 6 年生のときの身長の箱ひげ図として適切なものは 　（ヘ）　 である。

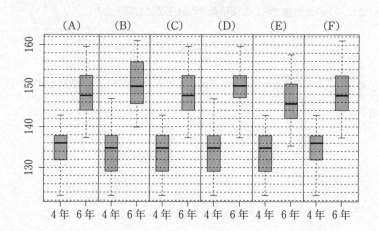

（2）　この 15 人の女子児童の 4 年生のときと 6 年生のときの身長をそれぞれ x_i と

y_i で表す（$i=1,\ 2,\ \cdots,\ 15$）。各児童の 6 年生のときの身長とそれらの平均値

の差 $y_i-\overline{y}$ を 4 年生のときの身長とそれらの平均値との差 $x_i-\overline{x}$ の a 倍で近似

することを考える。ただし，a は実数とする。近似の評価基準 $S(a)$ を近似誤差

の 2 乗の 15 人全員分の和，つまり，

$$S(a)=\sum_{i=1}^{15}\{y_i-\overline{y}-a(x_i-\overline{x})\}^2$$

としたとき，$S(a)$ は，4 年生のときの身長の分散 $s_x{}^2$，6 年生のときの身長の

分散 $s_y{}^2$，4 年生のときの身長と 6 年生のときの身長の共分散 s_{xy} を用いて，a の

2 次関数として

$$S(a)=\boxed{\quad(ホ)\quad}a^2-\boxed{\quad(マ)\quad}a+15s_y{}^2$$

と表すことができる。よって $S(a)$ を最小にする a は $a=\boxed{\quad(ミ)\quad}$ である。

$S(a)$ の最小値は，女子児童の 4 年生のときと 6 年生のときの身長の相関係数 r

と $s_y{}^2$ を用いて $\boxed{\quad(ム)\quad}$ と表せる。

　また，上の散布図で示した女子児童の計測値で計算すると

$$s_x{}^2=29.00,\quad s_y{}^2=42.65,\quad s_{xy}=31.69$$

であった。これらを用いて $S(a)$ を最小にする a を計算し，小数第 4 位を四捨

五入すると $\boxed{\quad(メ)\quad}$ である。

化学

(80 分)

（注意）必要があれば，次の値を用いなさい。

原子量：H = 1.0, C = 12.0, N = 14.0, O = 16.0, S = 32.1, Cl = 35.5, Br = 79.9

気体定数：$R = 8.31 \times 10^3$ Pa・L/(K・mol)

[1] 次の文章を読み，設問に答えなさい。

◆ 二酸化炭素の状態図（右図）において，領域 I，II，III，IV の状態はそれぞれ [あ]，[い]，[う]，[え] である。曲線 OA，OB，OC はそれぞれ [お] 曲線，[か] 圧曲線，[き] 圧曲線という。これら 3 本の曲線の交点 O は [く] といい，[あ]，[い]，[う] の 3 つの状態が共存する。また，[か]

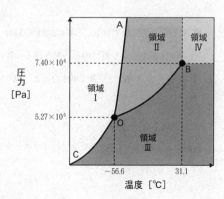

圧曲線が途切れた点 B を [け] という。二酸化炭素では，[く] の圧力が [こ] より [さ] ので，[こ] のもとでは温度を上げていくと，[あ] は [き] して [う] になる。

◆ 一般に，気体の溶解度は溶液の温度が高いほど [し] なる。これは，温度が高いほど溶液中の気体分子の [す] が活発になり，溶液中から飛び出しやすくなるからである。溶解度があまり大きくない気体の場合，気体の圧力と溶解度との間には，「一定温度で一定量の溶媒に溶ける気体の質量は，その気体の圧力に [せ] する」というヘンリーの法則が成り立つ。

◆ セロハン膜は，水分子などの小さい分子は自由に通すが，デンプンなどの大きな分子は通さない。このような膜を ［ そ ］ という。［ そ ］ で仕切った U 字管の片側にデンプン水溶液を，もう一方に純水を，液面の高さが等しくなるように入れる。これを長時間放置すると，水分子が溶液側に浸透し，溶液側の液面が上がり，純水側の液面は下がる。この状態で溶液側の液面に圧力を加え，液面の高さに差が生じないようになるときの圧力を ［ た ］ といい，希薄溶液の ［ た ］ には ①ファントホッフの法則が成り立つ。

◆ 不純物を含んだコロイド溶液を ［ そ ］ の袋に入れて水中に浸すと，小さい分子やイオンは袋の外に透過し，コロイド溶液から取り除かれる。このような分離操作を ［ ち ］ といい，［ つ ］ などの精製に用いられる。また，コロイド粒子の多くは ［ て ］ しているため，コロイド溶液に電極を浸して直流電圧をかけると，コロイド粒子はどちらかの電極側に移動する。このような現象を ［ と ］ といい，天然高分子化合物である ［ な ］ などの分析に用いられる。

◆ 黄銅鉱を溶鉱炉で空気とともに加熱すると，純度約 99 ％の粗銅が得られる。 ②電気分解を利用して粗銅からより純度の高い銅を得る操作を ［ に ］ という。［ に ］ の過程では，銅よりも ［ ぬ ］ が ［ ね ］ 金属は単体のまま ［ の ］ として沈殿する。

設問 1　［ あ ］〜［ の ］ にあてはまるもっとも適切な語句を答えなさい。（同じ語句は 2 回以上使用しないこと）

設問 2　ヘンリーの法則を利用して液体に溶ける気体の量を求めることができる。20℃で，1.01×10^5 Pa の酸素は，水 1.00 L に 1.38×10^{-3} mol 溶ける。20℃で，3.03×10^5 Pa の酸素が 5.00 L の水に接しているとき，この水に溶けた酸素の質量を計算しなさい。

設問 3　下線 ① について，ファントホッフの法則を 40 字程度で記述しなさい。

〔解答欄〕 45 字

設問 4　ファントホッフの法則を利用して溶質の分子量を求めることができる。非電解質 X 5.00 g

を水に溶かして 150 mL の水溶液とした。27℃で，この水溶液の ［ た ］ が 3.00×10^2 Pa であるとき，**X** の分子量を計算しなさい。

設問 5　下線 ② について，電気分解と電池の違いを，酸化還元反応の観点から 60 字程度で記述しなさい。

〔解答欄〕 65 字

［ 2 ］ 次の文章を読み，設問に答えなさい。

　　脂肪族炭化水素の ［ ア ］ 原子を ［ イ ］ 基で置換した構造をもつ化合物を，［ ウ ］ という。一方，［ エ ］ の ［ ア ］ 原子を ［ イ ］ 基で置換した構造をもつ化合物を，［ オ ］ 類という。両者共に，それが液体である時に単体のナトリウムを加えると，反応して ［ ア ］ を発生する。［ オ ］ 類の中で示性式が C_6H_5OH である ［ オ ］ は，水酸化ナトリウム水溶液中に加えると ［ カ ］ という塩をつくり，水に対する溶解度が上がる。

　　［ オ ］ の 25℃における電離定数 K_a は 1.4×10^{-10} mol/L であり，したがって ［ カ ］ は弱酸と強塩基からなる塩であるため，その水溶液では下線イオン反応式Aで示される塩の ［ キ ］ によって水酸化物イオンが生じ，塩基性を示す。なお，このイオン反応式Aの反応の平衡定数 K_h は，［ キ ］ 定数とよばれ，イオン反応式A中のイオンおよび化合物のモル濃度の関数として，$K_h = $ ① と表される。この式の分母と分子の両方に ［ ア ］［ ク ］ 濃度をかけると $K_h = $ ② という形となり，したがって，$K_h = $ ③ というように，［ キ ］ 定数 K_h を ［ ケ ］ とよばれる K_w および電離定数 K_a の関数として表すことができる。また，イオン反応式Aで生じる水酸化物イオンと ［ オ ］ は物質量が等しい。ここで，［ カ ］ のモル濃度を c とすると，$[C_6H_5O^-]$ は c と近似できるので，［ キ ］ 定数 K_h は $K_h = $ ④ というように $[OH^-]$ および c の関数として表される。以上のことより，水酸化物イオン濃度は，$[OH^-] = $ ⑤ というように K_a, K_w, および c の関数として表される。［ ケ ］ とよばれる K_w は，25℃において 1.0×10^{-14} $(mol/L)^2$ という値となる。したがって，c が 1.4×10^{-2} mol/L の ［ カ ］ の水溶液の水酸化物イオン濃度を計算するためには，$[OH^-] = $ ⑤ の式中の K_a, K_w, および c にそれぞれの値を代入して $[OH^-] = $ ⑥ という式を得る。これを計算することで水酸化物イオン濃度が $[OH^-] = $ ［ コ ］ mol/L と求まり，したがってこの水溶液のpHは ［ サ ］ である。

　炭酸は<u>イオン反応式 B</u> および<u>イオン反応式 C</u> で示される 2 段階で電離して，それぞれの電離定数は 7.8×10^{-7} mol/L および 1.4×10^{-10} mol/L であることが報告されている。したがって，［ カ ］の水溶液に二酸化炭素を通じると，<u>化学反応式 I</u> の反応によって［ オ ］が［ シ ］する。

　［ オ ］は，［ ス ］の原料として用いられる。［ オ ］を酸を触媒として［ セ ］と反応させると，まず［ オ ］の［ エ ］が［ セ ］の［ ソ ］基の炭素原子に［ タ ］する。つづいて，この［ タ ］した化合物がさらに［ オ ］と［ チ ］する。この［ タ ］と［ チ ］が繰り返されて［ ツ ］とよばれる低い重合度の生成物が得られる。このように，［ タ ］と［ チ ］が繰り返されて進む重合を［ タ ］［ チ ］とよぶ。一方，塩基を触媒とした場合には，［ テ ］とよばれる低い重合度の生成物が得られる。［ ツ ］に［ ト ］剤や着色剤を加え，型に入れて加圧・［ ナ ］すると，重合が進んで［ ニ ］構造をもった［ オ ］［ ス ］が得られる。一方，［ テ ］は，型に入れて［ ナ ］すると，［ ト ］剤を加えなくても［ オ ］［ ス ］になる。

設問 1　［ ア ］〜［ ニ ］にあてはまる最も適切な語句，あるいは数値を書きなさい。

設問 2　<u>イオン反応式 A</u>，<u>イオン反応式 B</u>，<u>イオン反応式 C</u>，および<u>化学反応式 I</u> をそれぞれ書きなさい。

設問 3　① 〜 ⑥ について，解答欄に書き込んで，それぞれの式を完成させなさい。（イオンや化合物のモル濃度は，[OH⁻] や [C₆H₅OH] のように書きなさい。）

[3] 次の文章を読み，設問に答えなさい。

（1）身の回りには様々な微生物が存在するため，医療，介護には消毒作業が欠かせない。市販の消毒液の成分として使われる化合物はエタノールの他に，2-プロパノール，1, 2, 3-プロパントリオール（［ あ ］とも呼ばれる），乳酸ナトリウムなどがある。これら 4 種類のうちでもっとも沸点の低い化合物は分子量の小さい［ い ］である。さらに分子量の小さいアルコールである［ う ］は沸点が低く毒性が高いため，消毒液には使わない。

　　上の 4 種類のうち，アルコールに分類されるものは［ え ］種類ある。また，ヨードホルム反応を示すものは［ お ］種類ある。1, 2, 3-プロパントリオールのヒドロキシ基を全て高級脂肪酸（RCOOH）との［ か ］に変換すると油脂となり，①油脂に水酸化ナトリウム水溶液を加えて熱するとセッケンになる。この反応を［ き ］という。セッケンは界面活性剤として使われる一方，殺菌効果は高くないため，消毒目的には②逆性セッケンである塩化ベンザルコニウムなどが使われる。塩化ベンザルコニウムの 1 種である化合物 A の分子式は $C_{27}H_{50}ClN$ であり，オクタデシル基，2 つのメチル基，一置換芳香族炭化水素基の計 4 つの炭化水素基が 1 つの窒素に結合した陽イオンと塩化物イオンの塩である。

　　化合物 A の炭化水素基の 1 つを化学変換して，樹脂に結合させた。この樹脂に，水酸化ナトリウム水溶液を大量に作用させて［ く ］樹脂とした。この［ く ］樹脂を詰めたカラムに上記 4 種類の化合物の水溶液を加えたところ，［ け ］以外の 3 種類の化合物が流出した。その後，樹脂に再度水酸化ナトリウム水溶液を大量に作用させると［ く ］樹脂が［ こ ］した。

（2）鎮痛剤であるアセトアミノフェンを，*p*-二置換芳香族化合物 B から化学合成することにした。化合物 B に無水酢酸を加えて加熱すると，分子量 193 の化合物 C が生成した。化合物 C は塩化鉄（Ⅲ）水溶液を加えても，③さらし粉水溶液を加えても，色の変化はなかった。化合物 C に水酸化ナトリウム水溶液を加えて加温すると④アセトアミノフェンが生成した。また，アセトアミノフェンを水酸化ナトリウム水溶液に溶解させたのち，臭素を通じると化合物 D が得られた。

化合物 B　　　アセトアミノフェン

設問 1 ［ あ ］〜［ こ ］にあてはまるもっとも適切な語句あるいは数字を答えなさい。

設問 2 化合物 A，C，D の構造を示しなさい。なお，オクタデシル基は $-C_{18}H_{37}$ と表しなさい。

設問 3 下線 ① の反応を化学反応式で示しなさい。脂肪酸の炭化水素基は R と表しなさい。

設問 4 下線 ② について，なぜ塩化ベンザルコニウムは逆性セッケンといわれるのか，セッケンと構造を比較して 40 文字程度で説明しなさい。　　　　　　　　　　　〔解答欄〕 44 字

設問 5 下線 ③ について，さらし粉の組成式を示しなさい。また，さらし粉水溶液を加えて色が変化する場合は，何の作用によって何色になるか答えなさい（解答欄の指示に従うこと）。

　〔解答欄〕　さらし粉の組成式

　　　　　　さらし粉の作用

　　　　　　呈色したときの色

設問 6 下線 ④ について，アセトアミノフェンに塩化鉄(Ⅲ)水溶液を加えたときおよびさらし粉水溶液を加えたときの色の変化の有無を予想して答えなさい（解答欄の指示に従うこと）。

　〔解答欄〕

　　　塩化鉄（Ⅲ）水溶液を加えたときの色の変化（○で囲む）　　　有・無

　　　さらし粉水溶液を加えたときの色の変化（○で囲む）　　　有・無

生物

(80 分)

〔I〕 次の文章を読んで設問に答えなさい。

　RNA の塩基は 4 種類で，タンパク質を構成するアミノ酸は20種類である。もし，RNA の 4 種類の塩基がそれぞれ 1 つのアミノ酸を指定していると仮定すると，指定できるアミノ酸は 4 種類である。また，2 個続きの塩基の組み合わせで 1 つのアミノ酸を指定していると仮定すると，$4 \times 4 = 16$ 種類であり，20種類のアミノ酸を指定するのに不十分である。3 個続きの塩基で 1 つのアミノ酸を指定していると考えると，可能な組み合わせは $4 \times 4 \times 4 = 64$ 種類となり，20種類のアミノ酸を指定するのに十分な数となる。これを実証するために，ニーレンバーグらは，大腸菌をすりつぶした抽出液に UUUUUU.... という人工合成 RNA を加えると，それがメッセンジャー RNA のようにはたらいて，フェニルアラニンだけが連結したポリペプチドが合成されることを発見した。同様にコラーナらは UCUCUC.... のように UC の繰り返しからなる塩基配列をもつ人工合成 RNA を加えた結果，セリンとロイシンだけが含まれるポリペプチドが合成されることを見出した。そして様々な人工合成 RNA の種類を変えて実験を行い，遺伝暗号表を完成させた。現在までに 3 個続きの塩基で 1 つのアミノ酸を指定している生物だけが知られている。

　ここで 2 個続きの塩基で 1 つのアミノ酸を指定している生物 X が存在すると仮定する。この生物 X が使用している塩基の 4 種類は現存する生物と一緒である。よって 2 個続きの塩基は $4 \times 4 = 16$ 種類あるが，この中で 1 つは終止コドンに利用される。そのため，この生物 X が利用できるアミノ酸の数は15種類である。そこで，ニーレンバーグやコラーナらの研究を参考に次の実験をした。なお，実験にはカッコの中の 6 塩基の繰り返し配列の人工合成 RNA を使用した。また，生物 X が使用している15種類のアミノ酸は現存する生物が使用している20種類と共通しているものとする。

実験番号	使用した人工合成 RNA	得られたポリペプチドまたはペプチドに含まれるアミノ酸 （複数種類含まれる場合は五十音順に書かれている）
1	(AAAAAA)n	メチオニンのみのポリペプチド
2	(UUUUUU)n	グリシンのみのポリペプチド
3	(GGGGGG)n	システインのみのポリペプチド
4	(CCCCCC)n	トリプトファンのみのポリペプチド
5	(AAUAAU)n	アスパラギン，チロシン，メチオニンを含むポリペプチド
6	(GGCGGC)n	グルタミン酸とシステインが結合したペプチド
7	(CCACCA)n	グルタミン，セリン，トリプトファンを含むポリペプチド
8	(AAGAAG)n	アラニン，トレオニン，メチオニンを含むポリペプチド
9	(UCGUCG)n	アスパラギン酸とフェニルアラニンが結合したペプチド
10	(UGCUGC)n	グルタミン酸，ヒスチジン，ロイシンを含むポリペプチド
11	(AUGAUG)n	アラニン，チロシン，ヒスチジンを含むポリペプチド
12	(ACUACU)n	アスパラギン，グルタミン，ロイシンを含むポリペプチド

　なお，A はアデニン，G はグアニン，U はウラシル，C はシトシンの略とする。また，使用した人工合成 RNA における n はカッコ内の塩基配列が繰り返されていることを意味する。

問1　生物 X における遺伝暗号表を完成させたい。以下の設問に答えなさい。なお，解答は解答用紙の解答欄に記入しなさい。

（1）2番目の実験より，全て U からなる人工合成 RNA からはグリシンのみからなるポリペプチドができたので，UU はグリシンを指定していることが分かる。同様にして，1番目，3番目と4番目の実験より，AA，CC および GG が指定しているアミノ酸を答えなさい。

（2）5番目の実験からは AA，UA と AU がアスパラギン，チロシンまたはメチオニンのいずれかを指定していることが分かり，11番目の実験で AU，UG と GA がアラニン，チロシンまたはヒスチジンのいずれかを指定していることが分かる。この2つの実験で共通している AU が指定するアミノ酸を答えなさい。

（3）6番目と9番目の実験ではポリペプチドは合成されず，2種類のアミノ酸が連結したペプチドができた。よってこの2つの実験で共通する配列が終止コドンを指定していることが分かる。UC がアスパラギン酸を指定していることが分かっているとき，どの塩基の組み合わせが残りのアミノ酸9種または終止コドンかを答えなさい。なお，終止コドンは「終止コドン」と書きなさい。

		2つ目の塩基			
		A	C	G	U
1つ目の塩基	A				
	C				
	G				
	U		アスパラギン酸		グリシン

問2　現存する生物のタンパク質を構成するアミノ酸20種類のうち，この生物 X にない5種類の
アミノ酸を全て答えなさい。（解答順は問わない）

問3　遺伝情報の変化に関する以下の文章の　ア　～　エ　にあてはまる語句を答えなさい。

　　染色体の数，その構成，DNA の塩基配列に永続的な変化が生じる現象や，それにより形質が
変わる現象を　ア　という。　ア　の中には塩基配列の変化で，1つの塩基が他の塩基に
置き換わることで異なるアミノ酸を指定するコドンへ変化する　イ　がある。また，1塩基が
欠失・挿入すると読み枠がずれる。このような変化を　ウ　という。

　　一方で，同一種の中でゲノム上の同じ位置の塩基配列において，異なる配列が複数存在する
ことがある。そのうち，ある一定の範囲の塩基配列のうちの1塩基が異なっている状態を　エ　
という。

問4　ヒトの細胞では核に遺伝情報を含む DNA が存在する。遺伝情報に関する以下の記述で正しい
ものを全て選び記号で答えなさい。

［選択肢］

（a）ミトコンドリアにも DNA は存在するが，遺伝情報は含まれていない。

（b）小胞体にも DNA は存在し，その遺伝情報の多くは細胞の形を決めるものである。

（c）DNA から転写されたメッセンジャー RNA が翻訳されるのは，核ではなく細胞質である。

（d）細胞には原核細胞と真核細胞があり，ともに遺伝物質として DNA を持つ。

（e）RNA を鋳型にして，DNA を合成する酵素が存在する。

（f）DNA ポリメラーゼは，リーディング鎖では 5' 側から 3' 側へ動くことで DNA を複製する
　　が，ラギング鎖では 3' 側から 5' 側へ動き複製する。

〔Ⅱ〕次の文章を読んで設問に答えなさい。

　体内環境が一定であることは，生命活動を維持するうえで重要である。人体は細菌，カビ，ウイルスなどの病原体と日常的に接しているが，人体はこれらの病原体の侵入を阻止する生体防御のしくみを備えている。そのなかで，病原体などに対する生体防御機構を免疫という。免疫は，過去の感染の経験によらず，さまざまな病原体に対して即座に幅広くはたらく 自然免疫と，脊椎動物で発達した ① あ の二つに分類できる。 あ では リンパ球などが働き， 異物（抗原）に特異的に反応する。 ② ③ あ のきっかけをつくるのは，取り込んだ異物を断片化して細胞表面に提示する い である。異物情報を提示している い により T 細胞が活性化し増殖して う となり，病原体に感染した細胞を殺し，細胞内の病原体を除去する生体防御機構を え という。一方，B 細胞が活性化して抗体を分泌し細胞外の病原体を除去する生体防御機構を お という。増殖した T 細胞や B 細胞の一部は か として残り，再び同じ病原体が体内に侵入した際に，防御機構がすばやくはたらく。このようなしくみを き という。臓器移植された他人の臓器の細胞を殺す反応は え であり，このような現象を移植臓器への く という。

　抗体はその標的への特異性の高さから，がんや血友病などの疾病において医薬として使われている。抗体の二カ所の抗原認識部位は，通常はどちらも同じ抗原を認識するが，二カ所の抗原認識部位でそれぞれ異なる抗原を認識できる抗体であるバイスペシフィック抗体を作ることができる。血友病 A は 血液凝固に必要なタンパク質の欠乏に起因する出血性の疾患である。凝固に必要なタンパク質 A は， ④ タンパク質 B とタンパク質 C の相互作用を促進してタンパク質 C を活性化することで，血液凝固を起こさせるが，血友病 A の患者はタンパク質 A の欠乏により血液凝固が進まない。バイスペシフィック抗体 D は，タンパク質 B とタンパク質 C の両方を認識することでこれらの相互作用を加速し，タンパク質 C を活性化し血液凝固を助ける。

　このような抗体医薬は高純度であることが重要であり，抗体医薬創製にはさまざまな工夫が行われている。抗体のようなタンパク質は，そのイオンの性質を利用して，陽イオン交換樹脂という高分子を用いたカラムクロマトグラフィーで精製できる。陽イオン交換樹脂は表面の化学構造から，負の電荷を有しており， 正の電荷を持つタンパク質を吸着することができる。 陽イオン交換樹脂による ⑤ ⑥ タンパク質の吸着の強さは，タンパク質全体の正の電荷の大きさに依存する。吸着されたタンパク質は樹脂を通過する溶液（移動相）の塩化ナトリウム（NaCl）濃度を徐々に高くすることにより，樹脂から溶出させることができる。

問1　上記文章の空欄 あ にあてはまる語句を漢字で答えなさい。

問2　上記文章の空欄 [　い　] ～ [　く　] にもっともよくあてはまる語句を以下の選択肢（a）～（q）
　　　の中からそれぞれ1つずつ選び，記号で答えなさい。

　　　［選択肢］

　　　（a）NK 細胞　　　　　（b）好中球　　　　　（c）自己免疫　　　（d）マクロファージ

　　　（e）記憶細胞　　　　　（f）体液性免疫　　　（g）樹状細胞　　　（h）細胞性免疫

　　　（i）ヘルパー T 細胞　　（j）抗体性免疫　　　（k）免疫寛容　　　（l）拒絶反応

　　　（m）幹細胞　　　　　　（n）サプレッサー T 細胞　　　　　　　　（o）免疫記憶

　　　（p）フィードバック調節　（q）キラー T 細胞

問3　下線部 ① に関する以下の設問に答えなさい。

　　　　マクロファージや樹状細胞の表面には，細菌のべん毛や病原体表面の糖鎖など病原体に関連
　　　する分子パターンを認識するタンパク質がある。この分子パターンを認識する細胞表面にある
　　　タンパク質をなんと呼ぶか答えなさい。

問4　下線部 ② について，以下の選択肢のうちでリンパ球を全て選び，記号で答えなさい。

　　　［選択肢］

　　　（a）T 細胞　　　　（b）マクロファージ　　　（c）樹状細胞　　　（d）B 細胞

　　　（e）好中球

問5　下線部 ③ について，異物（抗原）に抗体がはたらき結合することを，なんと呼ぶか答えなさい。

問6　抗体が異物（抗原）を認識する部位は，可変部と呼ばれる。次のうち可変部を正しく示して
　　　いるものはどれか，記号で答えなさい。可変部は黒く示してある。

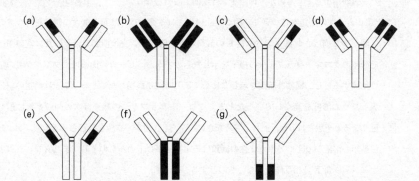

問7　下線部 ④ に関する以下の設問に答えなさい。

　　　血管が傷つくと，血液が凝固して血ぺいが形成され，出血が止まる。その仕組みを，次の4つ
　　の語句を全て用いて3行以内で説明しなさい。　　　　　　　〔解答欄〕1行：約17cm

　　　　血液凝固因子，血小板，トロンビン，フィブリン

問8　下線部 ⑤ に関する以下の設問に答えなさい。

　　　タンパク質を構成するのはアミノ酸であるが，アミノ酸の中でもアルカリ性の側鎖をもった
　　アミノ酸は，生体内の pH において正の電荷を有する。そのようなアミノ酸を以下の中から全て
　　選び，記号で答えなさい。

(a)
$$\begin{array}{c} COOH \\ | \\ CH_2 \\ | \\ H_2N-CH-COOH \end{array}$$

(b)
$$\begin{array}{c} CH_3 \\ | \\ CH-CH_3 \\ | \\ H_2N-CH-COOH \end{array}$$

(c)
$$\begin{array}{c} SH \\ | \\ CH_2 \\ | \\ H_2N-CH-COOH \end{array}$$

(d)
$$\begin{array}{c} NH_2 \\ | \\ CH_2 \\ | \\ CH_2 \\ | \\ CH_2 \\ | \\ CH_2 \\ | \\ H_2N-CH-COOH \end{array}$$

(e)
$$\begin{array}{c} NH_2 \\ | \\ C=O \\ | \\ CH_2 \\ | \\ H_2N-CH-COOH \end{array}$$

(f)
（OH をもつベンゼン環）
$$\begin{array}{c} CH_2 \\ | \\ H_2N-CH-COOH \end{array}$$

(g)
（イミダゾール環）
$$\begin{array}{c} CH_2 \\ | \\ H_2N-CH-COOH \end{array}$$

(h)
$$\begin{array}{c} COOH \\ | \\ CH_2 \\ | \\ CH_2 \\ | \\ H_2N-CH-COOH \end{array}$$

問9　抗体の生成と精製に関する以下の設問に答えなさい。

（1）下線部 ⑥ について，塩化ナトリウム濃度を高くするとなぜ吸着された正の電荷を持つタン
　　　パク質が溶出してくるのか，理由を2行以内で説明しなさい。　〔解答欄〕1行：約17cm

（2）アルカリ性の側鎖を持つアミノ酸が多く構成されるタンパク質 E と酸性の側鎖を持つアミ
　　　ノ酸が多く構成されるタンパク質 F の混合物を，陽イオン交換樹脂で精製した。次の図は
　　　その時のクロマトグラフィーの様子を示したものである。ピークの面積は，タンパク質の量
　　　に比例するとし，横軸は時間を示し右に行くほど時間が経過したことを示す。移動相の塩化
　　　ナトリウム濃度を高くしていったとき，クロマトグラフィーの様子は次の図のどれに最も
　　　近くなると予想されるか，記号で答えなさい。ただし，タンパク質を吸着させる溶液，および
　　　移動相の溶液の pH でアルカリ性の側鎖は正電荷を帯びているものとし，またタンパク質 E
　　　とタンパク質 F は相互作用しないものとする。

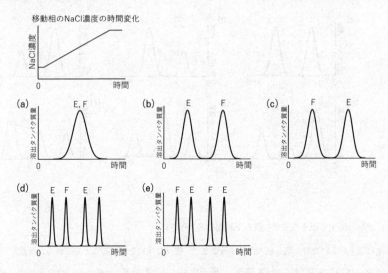

（3）抗体は，二つの H 鎖と二つの L 鎖からできている。遺伝子工学を用いることで，アミノ酸配列の異なる二つの H 鎖，すなわち H_A 鎖，H_B 鎖を用いた抗体を作製できる。H_A 鎖，H_B 鎖のアミノ酸配列に工夫をし，クロマトグラフィーで区別できるようにした。すなわち，H_A 鎖にはアルカリ性の側鎖をもったアミノ酸を多く導入し，H_B 鎖には酸性の側鎖をもったアミノ酸を多く導入し，一方，L 鎖は一種類とした。陽イオン交換樹脂に生成した抗体の混合物を吸着させ，移動相の塩化ナトリウム濃度を徐々に高くしていって精製した。次の図はその時のクロマトグラフィーの様子を示したものである。ピークの面積は，タンパク質の量に比例するとし，横軸は時間を示し右に行くほど時間が経過したことを示す。クロマトグラフィーの様子は次の図のどれに最も近くなると予想されるか，記号で答えなさい。ただし，アルカリ性の側鎖をもったアミノ酸の導入や，酸性の側鎖をもったアミノ酸の導入によって抗体の三次元構造は大きく変化しないものとし，吸着させる溶液，および移動相の溶液の pH でアルカリ性の側鎖は正電荷を帯びているとする。また，抗体同士は相互作用しないものとする。

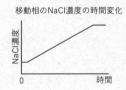

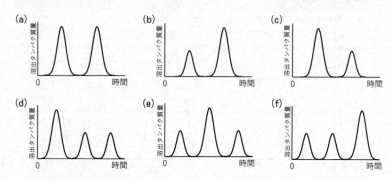

〔Ⅲ〕 植物に関する以下の文章を読んで設問に答えなさい。

　土に種子をまいたり，苗を植えたりすることで，様々な植物を育てることができる。ただし，育て方や注意点は植物の種類によって違う。①種子にかける土の量や，②葉への日当たり，水の量など，注意することは多い。このように植物ごとに育て方や注意点が違う理由は，高校の教科書を読み解くことでも理解できる。

　スイカを種から育てるとき，本葉が6枚ほど出てきた時点で，摘芯（芽の先端を摘み取る作業のこと）する。摘芯により，側芽がぐんぐん育つようになるが，その理由は③芽の先端から出ている植物ホルモンAが側芽における植物ホルモンBの合成を抑えているからと推測できる。④トウモロコシは日当たりに特に注意が必要だが，これは光合成の仕組みがキュウリやスイカと違うことからも説明できる。植物は育つほど大きくなるのが速くなるように感じるが，この理由はその成長が⑤指数関数的な増幅であるからといえる。

　植物ホルモンの理解も重要である。水が足りない場合には⑥植物の気孔は閉じられているが，これは植物ホルモンCのシグナルを利用している。⑦種無しブドウは，種子の発芽や果実の成長，茎の伸長成長の役割をもつ植物ホルモンDを利用して作られている。⑧トマトやバナナは青いまま収穫されるが，植物ホルモンEの作用により売るのにちょうど良いときに熟すようにされている。ただし，植物ホルモンEの作用は植物を枯らすこともある。成長を促す植物ホルモンAは最適濃度が存在し，高い濃度で利用すると逆に植物を枯らしてしまう。その理由は，高い濃度の植物ホルモンAが植物ホルモンEの生成を促すためだといわれている。

【語句群】

　（あ）ストロマ 　　（い）オーキシン 　　（う）ナノス 　　　（え）フォトトロピン

　（お）アクチン 　　（か）リンゴ酸 　　　（き）アブシシン酸 　（く）γ-アミノ酪酸

（け）乳酸　　　　（こ）ジャスモン酸　　（さ）クエン酸　　　（し）サイトカイニン

（す）エチレン　　（せ）トロポニン　　　（そ）アミノプラスト　（た）クリプトクロム

（ち）ビコイド　　（つ）フロリゲン　　　（て）クロロフィル　　（と）ブラシノステロイド

（な）チラコイド　（に）ロドプシン　　　（ぬ）ジベレリン　　　（ね）フィトクロム

問1　植物ホルモン A ～ E は何か，上の【語句群】から最も適したものの記号を選びなさい。

問2　下線部 ① に関し，種子を植える際，スイカのように土をしっかり上からかけた方が良い場合
　　　と，レタスのようにあまり土をかけない方が良い場合がある。それはなぜか，スイカとレタスの
　　　例に当てはまる，最も適したものを選択肢から 1 つ選びなさい。

　　　［選択肢］

　　　（a）種子の発芽には植物の種類ごとに適した光の量があるため。

　　　（b）土にいる微生物が植物の発芽に必要であり，微生物の量を調節するため。

　　　（c）土の栄養が種子の発芽に必要であり，その必要量が植物ごとに異なるため。

　　　（d）発芽に時間がかかる植物ほど土の量が必要であるため。

問3　下線部 ② に関し，植物に対して様々な波長の光をあて，光合成の効率を測定することで得ら
　　　れる作用スペクトルは，葉の吸収スペクトルとほぼ一致することが知られている。このことから，
　　　見た目の色から作用スペクトルを推定することができる。このことを踏まえ，黄色い葉っぱの
　　　作用スペクトルとして最も適切なものを図1から 1 つ選びなさい。

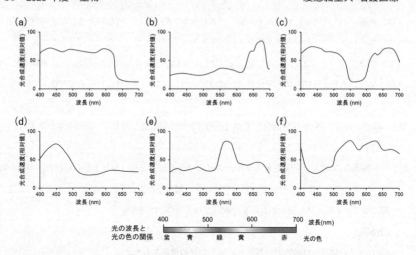

図1　光の波長と光合成速度から得られる作用スペクトルの関係。下段の光の波長と光の色の
　　　関係は，吸収スペクトルではなく，光そのものの色を示している。

問4　下線部 ③ のように，最初の芽が側芽の成育を抑制する現象をなんと呼ぶか，漢字で答えなさい。

問5　下線部 ④ と関係し，光合成に関して記述した次の説明文を読み設問に答えなさい。

　　　光合成は明反応と暗反応によって成り立つ。明反応においては，光を利用して酸素と水から
ATP と NADPH，酸素が生成される。暗反応においては，気孔から取りこんだ二酸化炭素と
明反応で合成された ATP と NADPH を利用し，でんぷんのような有機物を生成する。酸素は
気孔を介して細胞外に放出される。

　　　光合成における暗反応の代謝にはいくつかの種類がある。イネやエンドウのような植物では，
酸素 X のはたらきにより気孔から取りこまれた二酸化炭素が直接リブロースビスリン酸と結合
し，PGA という 3 つの炭素からなる化合物を合成する。イネやエンドウは，光合成で二酸化炭素
から 3 つの炭素からなる化合物（C3 化合物）が生じることから，C3 植物と呼ばれる。一方，
トウモロコシのような植物は C4 植物と呼ばれ，気孔から取りこまれた二酸化炭素は，最初に
PEP と呼ばれる化合物と結合し，オキサロ酢酸（C4 化合物）が合成されることで始まる。

（1）明反応と暗反応，それぞれが起こる葉緑体の部位の名前は何か，p. 34〜35 の【語句群】
　　　から最も適したものの記号を 1 つずつ選びなさい。

（2）酸素 X の名前を記しなさい。（略称でも良い）

（3）オキサロ酢酸の構造式として正しいものを次の図の選択肢から 1 つ選びなさい。

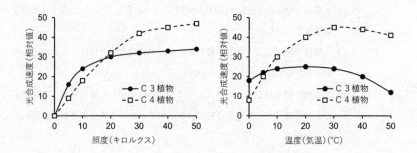

（4）C4 植物では，反応の遅い酵素 X ではなく，反応の速い酵素 Y を使ってオキサロ酢酸を経由して二酸化炭素を取りこむことで，薄い二酸化炭素濃度でも光合成が可能なところに特徴がある。しかし，C4 植物の炭酸固定は C3 植物よりも多くの ATP を消費するため，エネルギー的には不利である。これらの事実と次の図で示す光の強さや各温度における C3 植物と C4 植物の光合成速度の関係を踏まえ，C4 植物の光合成は C3 植物よりどのような場合に有利か，適切なものを選択肢から 1 つ選びなさい。

［選択肢］

（a）C4 植物は低温で光があたりにくい環境で C3 植物より有利に育つ。

（b）C4 植物は低温で光がよくあたる環境で C3 植物より有利に育つ。

（c）C4 植物は高温で光があたりにくい環境で C3 植物より有利に育つ。

（d）C4 植物は高温で光がよくあたる環境で C3 植物より有利に育つ。

問6　下線部 ⑤ に関し，以下の設問に答えなさい。

（1）指数関数的な増幅とは，1つのものが一定の時間後に2つになり，2つのものが次の一定の時間後にさらにそれぞれ2つ，合計4つとなるような増幅のことである。より正確には，最初の数は1つとは限らず，1つのものが2つになるとも限らないが，もとの数に対して一定の時間がたつと一定の倍数で増えることを意味する。たとえば，5個の細胞が10分で3倍になるとすると，10分後には15個，20分後には45個，1時間後には3645個になる。このことを踏まえ，1個の細胞が指数関数的増幅により1日で2倍の個数になる場合，14日後には何個の細胞になるか，答えなさい。

（2）大腸菌や出芽酵母のような単細胞生物は，細胞分裂によって自己複製して増殖する。しかし，容器のなかで単細胞を培養したとき，細胞の個数は指数関数的な増幅がつづくわけではなく，最終的には細胞分裂が生じなくなる。この事実を説明する最も適切と思われるものを選択肢から1つ選びなさい。

［選択肢］

（a）大腸菌や酵母のような生物種を問わず，単細胞生物の遺伝情報には細胞分裂可能な回数の情報が含まれているため。

（b）大腸菌や酵母のような単細胞生物は増えると多細胞生物となり，それにともない細胞分裂が止まるため。

（c）大腸菌や酵母のような単細胞生物はウイルスに属し，宿主となるヒトの細胞がないと増殖できないため。

（d）大腸菌や酵母のような生物種を問わず，単細胞生物では体内時計の周期に合わせて細胞分裂の回数が決まっているため。

（e）大腸菌や酵母などの生物種に関係なく，自己複製に必要な要素（タンパク質や脂質など）を合成するための材料（アミノ酸やグルコースのような化合物）が足りなくなるため。

（3）一般的に指数関数的な増幅を示す可能性が高いと考えられる現象として，最も適切なものを選択肢から1つ選びなさい。

［選択肢］

（a）インベルターゼがスクロースをグルコースとフルクトースにするように，1つの分子が2個の分子に分かれる反応で生じる分子の量

（b）新型コロナウイルス感染症のようにヒトからヒトに感染する病気の患者数

（c）限られた集団における子孫の遺伝子多様性

（d）光合成において光飽和点より弱い光量の光に対する二酸化炭素の固定量

問7　下線部⑥に関し，以下の設問に答えなさい。

（1）植物ホルモンCの役割として，気孔を閉じること以外の機能として最も適切なものを選択肢から1つ選びなさい。

［選択肢］

（a）発芽の促進　　　　（b）花床の形成　　　　（c）低温への適応

（d）屈性の調節　　　　（e）細胞の分化

（2）気孔を開ける過程において光を受容する分子は何と呼ばれるか。p. 34〜35 の【語句群】から最も適したものの記号を1つ選びなさい。

問8　下線部⑦に関し，種なしブドウは開花前にブドウのめしべを植物ホルモンDの水溶液にひたし，受粉して開花した後にも同じく植物ホルモンDの水溶液にひたすことでつくられる。これは受粉によりめしべ内に植物ホルモンDが増加すること，植物ホルモンDの働きで果実になる部分の成長が促進されること，植物ホルモンDには種子の形成を阻害する作用があること，植物ホルモンDで処理されたブドウの花芽は受粉しても植物ホルモンDの増加が起きないことに由来する。これらの事実を踏まえ，種なしブドウをつくる際の，植物ホルモンD処理の1回目と2回目の役割をそれぞれ一行で説明しなさい。　　　　　　　　　　　　［解答欄］1行：約15.4cm

問9　下線部⑧に関し，植物ホルモンEはメチオニンを経由した代謝で，最終的に ACC 酸化酵素と呼ばれるタンパク質により合成されることが知られている。しかし，トマトの中で ACC 酸化酵素をコードする遺伝子Zを同定し，遺伝子編集によってこの遺伝子Zを破壊したところ，植物ホルモンEが合成されたとする。2対の染色体のいずれにおいても遺伝子Zが確実に破壊されているとして，なぜこのようなことが生じるのか，最も適切な説明を選択肢から1つ選びなさい。ただし，遺伝子Zの破壊とは遺伝子ZをコードするDNA配列全長のみがトマトのゲノムからなくなることを意味する。

［選択肢］

（a）環境中に微弱に存在する植物ホルモンEが ACC 酸化酵素の触媒反応を向上させるため。

（b）植物ホルモン E は植物ホルモン A の作用によって合成が促進されるように，植物ホルモン E の合成は遺伝子や酵素とは無関係なため。

（c）トマトのゲノムには遺伝子 Z 以外にも ACC 酸化酵素と同様の機能を持つ酵素の遺伝子が存在するため。

（d）遺伝子 Z が光合成によって合成されるため。

■■小論文■■

$$\left(\begin{array}{c}\text{70 分}\\\text{解答例省略}\end{array}\right)$$

（注意）　解答はよこ書きで記入してください。

次の文章は、鷲田清一著『大事なものは見えにくい』からの抜粋です。文章を読んで、以下の設問にこたえなさい。

問題 1.　聴くということにおいて、下線部「急（せ）いてはいけない。聴こうとしてもいけない。」のはなぜか。著者の主張について、本文の内容を200字以内に要約しなさい。

問題 2.　「受け身でいるということ」について著者の考えを簡潔に説明し、それに対するあなたの考えを500字以内で述べなさい。

受け身でいるということ

　何もしてくれなくてもいい、ただいてくれるだけでいい、とだれかに言いたいときがある。裏返して言えば、何をするわけでもないが、ただ横にいるだけで他人の力になれることがある。

　仲間が隣室にいるというだけで、勇気が湧いてくる。家族が待ってくれているというだけで、荒（すさ）まずにいられる。だれかに聴いてもらうだけで、こころが楽になる。幼子がそばにいるだけで、気持ちがほどかれる。そのような思いに浸されたことが一度もないというひとなど、おそらくいまい。

　ところが、何をするわけではないが、じっとそばにいるということがもつ力を評価することを、わたしたちの社会は忘れている。たとえば昨今、いろんな機関で義務づけられている「評価制度」。そこでは、どんな計画を立て、それがどれほど

達成されたかばかりが問われ、どれだけじっと待ったかとか、どれほどじっくり見守ったかなどということは、そもそも評価の対象とはならない。評価されるのはアクティヴなこと、つまり何をしたかという行動実績ばかり。パッシヴなこと、つまりあえて何もしないでひたすら待つという受動的なふるまいに着目されることは、およそない。

　なかでも、教育やケア（子育てや介助・介護）は、その相手である一人ひとりの思いに濃やかに耳を傾けることからはじまり、また相手がいつの日かみずからの足で立つ、みずからを立てなおすのをじっと待つ、ということがとくに大きな意味をもついとなみである。が、それの「評価」にあたって、どれだけ耳を傾けたか、どれだけ辛抱づよく待ったかということがカウントされることはめったにない。

　受け身でいることが大きな意味をもついとなみ、その一つに聴くということがある。

　わたしの言葉がこぼれ落ちてくるのを待っているひとがいることによって、ひとの鬱いだ心は開かれる。急いてはいけない。聴こうとしてもいけない。ここでは鬱いだひとがその鬱ぎをみずから物語ることがとても大きな意味を持つ。なぜなら、物語るために、ひとはその鬱ぎのなかに溺れたままでいるのではなく、その外へ出て、それを対象化しなければならないから。鬱ぎを語ることで、鬱いでいるそのひとがみずからの鬱ぎとの関係を変えること、それをじっと待つのが聴くといういとなみである。だから、言いよどんでいるひとの前で、言葉が訪れるのを待ちきれずに、「あなたの言いたいことはこういうことじゃないの」と誘い水を向けることほど、下手なというか、まずい聴き方はない。

　聴くというのは、ただじっと耳を開いていればできることではない。「ほう」「へえーっ」とうなずきながら、相手が語りきるまでじっと待つということが大事だけれど、ときに話を逸らしたり、はぐらかしたり、聴かなかったことにしたりと、柔軟な「受け」を返すことも必要だ。受け身でいるというのは、かなりの才覚とエネルギーを要することなのだ。

　聴くことのコアにあるのは、待つという、さらに受け身の姿勢だ。逆説的なことだが、何かを期待して待つというのは、待つことを不可能にする。期待していることがなかなか訪れないといらいら、じりじりしてくるし、それが待たれている相手に余計な負担を強いることにもなる。待つとは、何かの訪れを迎えるべくじっと待機していることであり、待つ者にイニシアティヴの放棄を求めるものである。フランス語の「待つ」（アタンドル）は、寄り添っている、伴走しているという意味の英語「アテンド」と語源が同じである。あなたが主人公とばかりに、相手にイニシアティヴを与える。そのために徹底して受け身でいることのしんどさは、一度でも伴走したひとなら分かる。

「死ぬ」ということを考えるばあいにでも、受け身ということは大きな意味をもつ。「死ぬ」といえばまずじぶんの死を考えるだろうが、自己の死はだれも体験できない。想像するだけである。死亡欄に載っているような第三者の死は、死についての情報ではあっても体験ではない。死の体験のもっとも基本的な形は、じぶんにとってその存在が重要であったひとに「死なれる」という体験である。そう、受動形の体験。

　ここまで考えてきて、ふとおもった。わたしがこの世に生まれ落ちたという事実もまた、「生まれる」（＝産まれる）という受け身の出来事であるところから考えるべきではないか、と。〈いのち〉の基本形を、死の場合と同じように、「生まれる」という受動形の体験からとらえなおす作業が、〈いのち〉をめぐる思考にいま求められているのかもしれない。

鷲田清一『大事なものは見えにくい（2022年、25版）』KADOKAWA、82〜85頁より抜粋

2022
年度

問題編

■一般選抜

問題編

▶試験科目・配点

	教 科	科 目	配 点
第1次試験	外 国 語	コミュニケーション英語基礎・Ⅰ・Ⅱ・Ⅲ，英語表現Ⅰ・Ⅱ	300 点
	数 学 あるいは 理 科	「数学Ⅰ・Ⅱ・A・B」，「化学基礎・化学」，「生物基礎・生物」から1科目選択	200 点
	小 論 文	高校生にふさわしい知識，理解力，分析力，構想力，表現力を問う	―
第 2 次 試 験	面接		

▶備 考

- 数学Aは「場合の数と確率」・「整数の性質」・「図形の性質」を，数学Bは「数列」・「ベクトル」を出題範囲とする。
- 小論文は第1次試験の選考では使用せず，第2次試験の選考に使用する。

■英語■

(90 分)

（注意）　解答欄に数字や記号を入れる場合には，１マスに１字だけ明確に記入
してください。

I.　以下の各文の（　　）内から，最も適切な語句をそれぞれ１つずつ選び，解答
　　欄のその記号を○で囲みなさい。

1 . I'm sorry to be late to class; it was (A. about　B. because of　C. due by
　　D. for) a train delay.

2 . Tobacco has many bad (A. affects　B. effects　C. influences　D. powers) on
　　our health.

3 . When I was 16, I (A. breaked my leg　B. broke my leg　C. had my leg broken
　　D. had had my leg broken) playing tennis, and couldn't play in the
　　championship.

4 . I usually get an email from my mom almost every day, but I (A. didn't hear
　　B. don't hear　C. haven't heard　D. heard not) from her in a week.

5 . The students checked each (A. other　B. others　C. other's　D others')
　　homework.

6 . (A. As　B. As if　C. If　D. Such as) you know, this project is our school's top
　　priority.

7 . In order to achieve my dreams, I will need to (A. attempt　B. do one's best
　　C. effort　D. work) very hard.

8 . I know it sounds silly, but I just can't help (A. like　B. liking　C. to have liked
　　D. to like) this song.

9 . I really love Hokkaido. (A. Anywhere　B. It　C. That　D. There) is beautiful.

10. We decided to go hiking (A. although B. despite C. in case of D. without) the weather forecast calling for rain.

11. Professor Shinozaki is married (A. and B. to C. with D. without) two kids.

12. After three days of rest, the patient (A. became good B. became fine C. got better D. got fine).

13. If you were in my position, what (A. did B. do C. will D. would) you do?

14. A student representative to the panel (A. is selected B. is selecting C. selected D. selects) every year.

15. When I become a nurse, I hope to support patients and (A. family B. some families C. their families D. their family).

16. As time goes on, the proportion of younger people in Japan (A. be decrease B. decrease C. decreases D. is decreasing).

17. There is only (A. a B. one C. some D. the) person in our group who is an expert on this topic.

18. The professor is sick today so class has been called (A. off B. on C. out D. upon).

19. I'm so tired this morning. I wish I (A. couldn't B. didn't have to C. hadn't to D. wouldn't) go to school today.

20. The flight has been delayed, so it's now (A. about B. bound C. due D. expecting) to land at 4:30 instead of 2:30.

II. 下記文中の空欄（ 1 ）〜（ 10 ）に入れるのに最適な語または句を，選択肢の中からそれぞれ1つずつ選び，解答欄のその記号を○で囲みなさい。

When I walk around New York City in my Buddhist monastic robes*, I often encounter little boys who ask me if I know kung fu like those Chinese monks at Shaolin Temple**. At first I didn't understand what they were asking, but soon enough I did — they assumed anyone with a shaved head, wearing robes, (1) know martial arts.

When adults find out that I am a Buddhist monk, they ask with curiosity, "How many hours do you sit every morning? Your mind must be very peaceful." For many adults in the West, it seems (2) a Buddhist teacher is someone who is serene and collected thanks to daily meditation.

Although the assumptions of the child and the adult are different, there is an underlying similarity. Both child and adult are curious about what it is that a monk (3). In other words, when it comes to imagining a monk's identity, people in the West tend to zero in on his behavior.

When I am in Korea, a different set of questions (4) me, "Where is your home monastery?" or "Which temple do you currently reside in?" It seems that for many Koreans, one's identity is tied closely to his hometown rather than to what he is doing.

I also wonder (5) Koreans are so obsessed with their alma mater***. Of course, when it comes to finding a job, (6) a prestigious university is advantageous. But the degree alone is often not enough. Even if one has landed a good job, one's skills and experience are more important than (7) one has studied.

A good example is Steve Jobs, the cofounder of Apple. Jobs went to Reed College but dropped out after one semester. To (8) Korean, who has heard only of the Ivy League****, Reed would be considered subpar*****. If Jobs had been Korean, his educational background would have been a huge obstacle to a successful career. Nobody would have taken his ideas seriously or invested in his company; he would have been seen as not smart enough to have gone to an Ivy.

This (9) me. If we consider someone's identity as rooted primarily in his hometown or alma mater, we end up looking only at his past and not paying attention to his current skills or future vision. Only those born into good families with the right educational background are given a chance to succeed, while those from less-than-ideal backgrounds who are brimming with potential are (10) opportunities.

注

*monastic robe ＝ 僧衣

**Shaolin Temple ＝ 少林寺

***alma mater ＝ 母校

****Ivy League ＝ 米国の名門大学群

*****subpar ＝ 標準以下の

1．A. can   B. may   C. need   D. would

2．A. as   B. granted   C. that   D. to be

3．A. does   B. is   C. preaches   D. says

4．A. await   B. awaits   C. wait   D. waits

5．A. how   B. if   C. whether   D. why

6．A. graduating   B. graduating of   C. having graduated

　　D. having graduated from

7．A. how   B. the school   C. the subject   D. where

8．A. an average   B. a general   C. a standard   D. an educated

9．A. concerns   B. confuses   C. contradicts   D. contrasts

10. A. deleted   B. denied   C. deprived   D. discounted from

【出典】
Sunim, H. (2017). *The things you can see only when you slow down: How to be calm in a busy world*. Penguin UK.

III. 次の枠内に示された 1 ～ 4 の各文を入れるのに最も適した箇所を，下記文中の
空欄　 A 　～ 　 F 　から 1 つずつ選び，解答欄のその記号を○で囲みな
さい。ただし 1 つの空欄には 1 文しか入らない。

1 . Stop checking the internet to look at how other people are doing things,
　 for one.

2 . The rise in perfectionism seems to have begun about forty years ago,
　 which means that many of those early high achievers are parents now
　 and are unknowingly passing that perfectionism along to their
　 children.

3 . They only realize they're not okay when we send those messages to
　 them.

4 . You might feel good about the dinner you make until you look on
　 Instagram.

　 Research shows that perfectionism has been increasing among college
students since the 1980s. Now, twenty-somethings* are more demanding of
themselves than ever and more demanding of others. They expect perfection
and are far less forgiving of mistakes than previous generations.

　 This perfectionism is a by-product of a society that is outwardly focused
and constantly making comparisons. 　 A 　 Social media sites like Pinterest
provide a constant stream of images that convince us we could and should be
doing better. Rachel Simmons, author of a book about young women, says,
"Pinterest now makes people think their bedsheets aren't as good as they thought
they were and your cupcakes are terrible compared to everyone else's."

　 　 B 　 "They can feel our anxiety about them," Simmons tells me. "They
can feel our dissatisfaction with who they are. Why doesn't my kid want to
build things? Why doesn't my daughter have many friends? 　 C 　" Parents
may think they're helping their kids succeed by pushing them to reach the top
of the class and be the best at whatever they do, but they may actually be
increasing the pressure to win or go home.

　 This is the danger of unhealthy comparisons. When we measure ourselves
against unrealistic or distorted ideals, we can do real psychological damage in
trying to match them. 　 D 　 We can end this toxic habit of constant
comparison. 　 E 　 If you want to make cupcakes, grab a recipe and make

them. Don't scour** Pinterest for the "ultimate cupcake recipe," buy special
tools to decorate them perfectly, and then forget about those tools in a drawer
somewhere because you've exhausted your interest in actually making the
cupcakes.　| F |

注

*twenty-something = 20代

**scour A for B = B を求めて A を探し回る

【出典】

Headlee, C. (2020). *Do nothing: How to break away from overworking, overdoing, and
underliving*. Harmony.

Ⅳ.　以下の文中の枠内に 1 ～ 4 の文が入る場合，文意から考えてどの順で並べると
　　最も適切か。下記の各問の答えを選択肢から選び，解答欄のその記号を○で囲
　　みなさい。

　| 段落A | Who am I? What should I do in life? What is the meaning of life?
Humans have been asking these questions from the very beginning. Every
generation needs a new answer, because what we know and don't know keeps
changing. Given everything we know and don't know about science, about God,
about politics and about religion — what is the best answer we can give today?
What kind of an answer do people expect?

1．This is because *Homo sapiens* is a storytelling animal that believes that
the universe itself works like a story, replete* with heroes and villains,
conflicts and resolutions, climaxes and happy endings.

2．In almost all cases, when people ask about the meaning of life, they
expect to be told a story.

3．This role defines who I am, and gives meaning to all my experiences
and choices.

4．When we look for the meaning of life, we want a story that will explain
what reality is all about and what is my particular role in the cosmic
drama.

段落B While a good story must give me a role, and must extend beyond my horizons, it need not be true. A story can be pure fiction, and yet provide me with an identity and make me feel that my life has meaning. Indeed, to the best of our scientific understanding, none of the thousands of stories that different cultures, religions and tribes have invented throughout history is true. They are all just human inventions. If you ask for the true meaning of life and get a story in reply, know that this is the wrong answer. The exact details don't really matter. Any story is wrong, simply for being a story. The universe just does not work like a story.

注
*replete with … = ～でいっぱいで

設問

1．段落Aの後にすぐ続く文
　　A. 1　　　　　　B. 2　　　　　　C. 3　　　　　　D. 4

2．文1の後にすぐ続く文または段落
　　A. 2　　　　　　B. 3　　　　　　C. 4　　　　　　D. 段落B

3．文2の後にすぐ続く文または段落
　　A. 1　　　　　　B. 3　　　　　　C. 4　　　　　　D. 段落B

4．文3の後にすぐ続く文または段落
　　A. 1　　　　　　B. 2　　　　　　C. 4　　　　　　D. 段落B

5．文4の後にすぐ続く文または段落
　　A. 1　　　　　　B. 2　　　　　　C. 3　　　　　　D. 段落B

【出典】
Harari, Y. N. (2019). *21 lessons for the 21st century*. Vintage.

V. 以下の各組の ＿ にアルファベット各 1 文字を入れると，【　　】内に示す品詞
および後に続く日本語と合致する英単語 1 語になる。各語の 1 文字目として
最も適切なアルファベット 1 文字を選び，解答欄のその記号を○で囲みなさい。

《例》 ＿ur＿＿　　　　　　【名詞】　看護師　　　　　正解：N

1. ＿an＿＿＿＿　　　　　【名詞】　豪邸，大邸宅

2. ＿pa＿＿　　　　　　　【副詞】　離れて，隔たって

3. ＿la＿＿＿　　　　　　【動詞】　一瞥する，ざっと目を通す

4. ＿ou＿＿　　　　　　　【形容詞】健全な，堅実な

5. ＿ea＿　　　　　　　　【形容詞】こぎれいな，きちんとしている

6. ＿or＿＿　　　　　　　【副詞】　前へ，先へ，外へ

7. ＿ut＿　　　　　　　　【形容詞】無言の，沈黙した

8. ＿ha＿＿　　　　　　　【名詞】　無秩序，混沌

9. ＿re＿＿　　　　　　　【名詞】　難破船，残骸

10. ＿uo＿＿　　　　　　　【名詞】　ノルマ，割り当て

11. ＿ea＿＿＿＿　　　　　【名詞】　パンフレット

12. ＿xi＿＿　　　　　　　【動詞】　流罪に付す，国外追放する

13. ＿em＿＿＿　　　　　　【名詞】　性向，癖癖

14. ＿la＿＿　　　　　　　【動詞】　主張する，補償を求める

15. ＿ns＿＿＿＿　　　　　【動詞】　据え付ける，設置する

16. ＿lt＿＿＿＿＿＿＿　　【副詞】　すべてまとめて，全体的に見て

17. ＿ca＿　　　　　　　　【動詞】　精査する，読み込む

18. _ e a _ _ _ _ _ 　　　【名詞】　その間

19. _ r o _ _ _ _ _ 　　　【動詞】　投影する，見積もる

20. _ r a _ _ _ _ _ _ 　　　【副詞】　漸次，徐々に

VI. 下記文中の下線部 (1) ～ (5) には，文脈から考えて不適切な語が 3 つ含まれている。各下線部の番号と対応する解答欄において，① その語が適切であれば Z を，② その語が不適切であれば，それに代わる語を下記の語群からそれぞれ 1 つずつ選び，その記号を○で囲みなさい。

Personality types are social or mental constructions, not actual realities. There is *no such thing* as a personality type. The notion is a surface-level, discriminative, dehumanizing, and inaccurate way of looking at the complexity of what is a human being.

Type-based personality tests are (1)scientific — and would have you believe that you are essentially more limited than you really are. They portray an overly simplified portrait of people, filled with broad and sweeping generalizations.

Social media "personality experts" may tell you anything and everything about you, from who you should date and marry to what you should do for work — all based on your score on a particular test. It *feels* (2)scientific, but it's just superstition dressed up as science.

When done strategically, defining yourself as a certain "type" of person, or *giving yourself* a specific label, may be useful. Labels can serve goals, but goals should never serve labels. When a goal serves a label, you've made the (3)goal your ultimate reality, and you've created a life to prove or support that label. You see this when someone says, "I'm pursuing this because I'm an extrovert*." This form of goal-setting occurs when you base your goals on your current persona** rather than setting goals that expand upon and change who you are.

You are not a single and (4)narrow "type" of person. In different situations, you are different. Moreover, your personality changes throughout your life. So rather than looking at personality as a "type" you fit into, view it as a continuum*** of behaviors and attitudes that is flexible and based on context.

Although we think of ourselves as consistent, our behavior and attitudes are often shifting. It isn't our behavior that is consistent, but rather *our view of our behavior* that makes it seem (5)inconsistent. We selectively focus on what we identify with and ignore what we don't. In the process, we often miss or purposefully disregard the many instances when we're acting out of character.

注
*extrovert ＝ 外向的な人
**persona ＝ 人格
***continuum ＝ 連続体

語群
A. beginning	B. broad	C. category	D. consistent	E. entrance
F. label	G. onset	H. purpose	I. science	J. unscientific
K. vast	L. wide			

【出典】
Hardy, B. (2020). *Personality isn't permanent: Break free from self-limiting beliefs and rewrite your story*. Penguin.

VII. 文中空欄 　A　 ～ 　C　 に入れるのに最も適切な文となるように，各日本
語文の下に示された語群中の単語（または句）を選んで並べ替え，各 ＿＿ に
１つずつ入れなさい。このうち ＿1＿ ～ ＿5＿ に入る単語（または句）の記号
を，解答欄ごとに○で囲みなさい。ただし以下の点に注意すること。

　　１）語群中の単語・句は，文頭に来るべきものも小文字で始まっている
　　２）各文内において，同じ単語・句が複数回使用される場合がある
　　３）各語群には，必要でない単語・句も含まれている場合がある

　　　Having friends in high school is important. New research indicates that close
friendships in high school have long-term positive impact on mental health.
Those teens who made a priority of developing close relationships during high
school were found to have less social anxiety and higher self-esteem by age 25
compared to others. Those kids who were perceived to be popular in high school
were found to have more social anxiety and depressive symptomology than
those who cultivated close friendships. 　A

　　　The transition into high school means making new friends, possibly
shedding the old ones. Unlike middle school, the stakes in high school are higher,
as there is not only social but also academic pressure. That's why it's so important
to have supportive friends in high school. Research indicates that a key protective
factor during this stage is having friends who are going through a similar type
of transition.

　　　As you move into high school, you mature and develop new likes and dislikes
that perhaps you didn't have in middle school. Maybe your eighth-grade best friend
takes up robotics while you join the track team. 　B A study completed by
Florida Atlantic University that tracked 410 seventh graders and checked in
with them until senior year of high school indicated that only one pair of them
remained friends. From this study we can see how there is actually a very low
probability that you will remain friends with those people you were close to in
seventh grade.

　　　　C In high school, friends serve as an important gateway for dating
opportunities. Think back to high school and how many couples were introduced
through mutual friends. Remember telling a friend about a crush* and hoping
your crush would somehow hear about it? Or let's not forget when you got your
heart broken and needed someone by your side—who was there to help?

注

*crush = 片思いの相手

空欄A　多くの人に好かれることは良質な友情を得ることほど有益ではないようだ。

It seems ___ 1 ___ ___ ___ ___ ___ ___ ___ ___ ___ ___ ___ friendships.

語群

A．as　　　　B．being　　　C．beneficial　　D．by　　　E．having
F．is　　　　G．many　　　H．not　　　　　I．of　　　J．people
K．quality　　L．well-liked

空欄B　友人間の違いがより明確になり，友情の終わりという結末を迎えることが
　　　　よく起きる。

The ___ ___ ___ 2 ___ ___ and often ___ ___ 3 ___ ending.

語群

A．become　　B．between　　C．clearer　　D．differences　E．friends
F．friendship　G．in　　　　H．more　　　I．pronounced　J．result
K．the

空欄C　それでもやはり，10代後半に手に入れたり手放したりする友情は何もの
　　　　にも代え難く大切だ。なぜならばこのような友情は，自分はどのような
　　　　人間かということを明確にする手助けとなるだけでなく，恋愛関係のよう
　　　　な，他の人間関係をうまく進める助けにもなるからだ。

Nonetheless, those ___ 4 ___ and ___ in the later teenage years ___ ___ as
they ___ ___ ___ 5 ___, ___ ___ navigate other relational needs,
such as romantic relationships.

語群

A．are　　　　B．but also　　C．discarded　　D．friendships　E．gained
F．help us　　G．identify　　H．not only　　I．of
J．unique and important　K．we　　　　　L．who

【出典】
Kelaher, H. (2020). *Here to make friends: How to make friends as an adult.* Ulysses.

数学

(80分)

I　以下の　　　　　　　に最もふさわしい数を求め，所定の解答欄に記入しなさい。分数は分母を有理化して答えなさい。

(1)　$\log_3 \sqrt{6} - \log_3 \dfrac{2}{3} + \log_3 \sqrt{2}$ を有理数で表すと　(ア)　である。

(2)　a を正の実数，p を実数とする。$a^{2p} = 3$ のとき，$\dfrac{a^{2p} - a^{-2p}}{a^p + a^{-p}}$ の値は　(イ)　である。

(3)　関数 $f(\theta) = \cos 2\theta + 2\cos\theta$ が $0 \leqq \theta \leqq \pi$ の範囲で最小値をとるのは $\theta =$　(ウ)　のときであり，最大値をとるのは $\theta =$　(エ)　のときである。

(4)　3個のさいころを同時に投げるとき，出た目の最小値が2以上となる確率は　(オ)　であり，最小値がちょうど2となる確率は　(カ)　である。また，出た目の最小値が2であったとき，どの2つの目も互いに素である条件付き確率は　(キ)　である。

(5)　i を虚数単位とし，$\alpha = \dfrac{1 - \sqrt{3}i}{4}$ とする。このとき，a, b を実数とする2次方程式 $x^2 + ax + b = 0$ の解の1つが α であるならば，$a =$　(ク)，$b =$　(ケ)　である。また，$f(x) = 4x^4 - 3x^3 + 2x^2$ とするとき，$f(\alpha)$ の値は　(コ)　である。

Ⅱ 以下の ◯◯◯◯ に最もふさわしい数または式などを求め，所定の解答欄に記入
しなさい。分数は分母を有理化して答えなさい。また，（3）は指示に従って解答
しなさい。

（1）　円 $x^2+y^2-2x+6y=0$ を C とするとき，円 C の中心の座標は ◯（サ）◯

であり，半径は ◯（シ）◯ である。また，円 C と直線 $y=3x-1$ の 2 つの

共有点を A，B とするとき，線分 AB の長さは ◯（ス）◯ であり，線分 AB

の垂直二等分線の方程式は $y=$ ◯（セ）◯ である。

（2）　$a_1=4$，$4a_{n+1}=2a_n+3$（$n=1, 2, 3, \cdots\cdots$）で与えられる数列 $\{a_n\}$ の一般項

は $a_n=$ ◯（ソ）◯ である。また，$\displaystyle\sum_{n=1}^{\ell} a_n \geqq 20$ を満たす最小の自然数 ℓ は

◯（タ）◯ である。

（3）　次の 2 つの命題の証明をそれぞれ所定の解答欄に書きなさい。

（ i ）　整数 n が 3 の倍数でないならば，n^2 を 3 で割ったときの余りは 1 である。

（ ii ）　3 つの整数 x，y，z が等式 $x^2+y^2=z^2$ を満たすならば，x と y の少なく
とも一方は 3 の倍数である。

Ⅲ　以下の　□　に最もふさわしい数または式を求め，所定の解答欄に記入
しなさい。

（1）　ある学校で 100 点満点の数学のテストを行うことになった。まず 10 人の教員
で解いてみたところ，その得点のヒストグラムは以下のようになった。ただし，
得点は整数値とする。

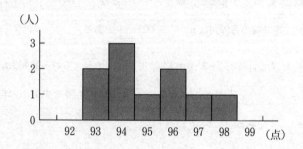

このデータの平均値は　（チ）　点，中央値は　（ツ）　点，最頻値は
　（テ）　点，分散は　（ト）　である。

（2）　A 組と B 組の 2 つのクラスで数学のテストを行ったところ，A 組の得点
の平均値が $\bar{x}_A$，分散が $s_A{}^2$，B 組の得点の平均値が $\bar{x}_B$，分散が $s_B{}^2$ となった。
ただし，$\bar{x}_A$，$\bar{x}_B$，$s_A{}^2$，$s_B{}^2$ はいずれも 0 ではなかった。このとき，B 組の各生徒の
得点 x に対して，正の実数 a と実数 b を用いて $y = ax + b$ と変換し，y の平均値
と分散を A 組の得点の平均値と分散に一致させるためには，$a =$　（ナ）　，
$b =$　（ニ）　と設定すればよい。

Ⅳ　以下の　□　に最もふさわしい数または式を求め，所定の解答欄に記入しなさい。

a を 1 以上の実数とし，AB＝BC＝CA＝1 および AD＝BD＝CD＝a を満たす四面体 ABCD を考える。このとき $\cos\angle\mathrm{BAD}＝$ （ヌ）である。また，AD の中点を E としたとき，$\overrightarrow{\mathrm{EB}}$ を $\overrightarrow{\mathrm{AB}}$, $\overrightarrow{\mathrm{AC}}$, $\overrightarrow{\mathrm{AD}}$ を用いて表すと，$\overrightarrow{\mathrm{EB}}＝$ （ネ）となるので，$|\overrightarrow{\mathrm{EB}}|＝$ （ノ）で，$\overrightarrow{\mathrm{EB}}\cdot\overrightarrow{\mathrm{EC}}＝$ （ハ）である。よって，$a＝1$ のとき $\cos\angle\mathrm{BEC}＝$ （ヒ）であり，$\angle\mathrm{BEC}＝60°$ となるのは $a＝$ （フ）のときである。

Ⅴ　以下の　□　に最もふさわしい数または式などを求め，所定の解答欄に記入しなさい。また，(1) は指示に従って解答しなさい。

関数 $f(x)$ を
$$f(x)=(x+1)(|x-1|-1)+2$$
で定める。

（1）　$y＝f(x)$ のグラフをかきなさい。

（2）　k を実数とする。このとき，方程式 $f(x)＝k$ が異なる 3 つの実数解をもつような k の値の範囲は　（ヘ）　である。

（3）　曲線 $y＝f(x)$ 上の点 $\mathrm{P}(0, f(0))$ における接線 ℓ の方程式は $y＝$ （ホ）である。また，曲線 $y＝f(x)$ と直線 ℓ は 2 つの共有点をもつが，点 P とは異なる共有点を Q とするとき，点 Q の x 座標は　（マ）　である。さらに，曲線 $y＝f(x)$ と直線 ℓ で囲まれた図形の面積は　（ミ）　である。

（4） 関数 $F(x)$ を

$$F(x) = \int_0^x f(t)\,dt$$

で定める。このとき，$F'(x) = 0$ を満たす x をすべて求めると，$x =$ [（ム）] である。これより，関数 $F(x)$ は $x =$ [（メ）] で最小値 [（モ）] をとることがわかる。

■■■■化学■■■

(80 分)

(注意) 必要があれば，次の値を用いなさい。

原子量：H = 1.0，C = 12.0，O = 16.0，S = 32.1

[1] 次の文章を読み，設問に答えなさい。

◇ 温度が一定のとき，一定量の気体の体積が圧力に [あ] する関係のことを [い] の法則と
いう。また，圧力が一定のとき，一定量の気体の体積が [う] に [え] する関係のことを
[お] の法則という。気体の [か] は，物質量が n 〔mol〕の気体について，[い]・[お]
の法則を表したものであり，気体の種類に関係しない。ただし，実際に存在する気体では，
分子自身の体積や [き] が存在するため，気体の [か] は厳密には成り立たない。

◇ 一定量の溶媒に溶ける溶質の最大量を [く] といい，通常，固体の [く] は，溶媒 100 g
に溶ける溶質の最大質量（単位は g）の数値で表す。温度により [く] が大きく変化する
物質を高温の溶媒に溶かした後に冷却し，結晶を析出させる操作を ①[け] という。

◇ 弱酸（または弱塩基）とその塩の混合水溶液に少量の酸や塩基を加えても，pHはほとんど
変化しない。このようなはたらきを [こ] 作用といい，実際に，②ヒトの血液のpHは [こ]
作用によって約 7.4 に保たれている。

◇ 負極 [さ] に〔ア〕，正極 [さ] に〔イ〕，電解液に希〔ウ〕を用いた二次電池を
③鉛蓄電池といい，自動車のバッテリーなどに用いられる。鉛蓄電池を [し] させると，両極
ともに〔エ〕で覆われ，次第に [す] が低下する。[し] とは逆向きに電気を流して
[す] を元に戻す操作を [せ] という。

◇　④ 炭素電極を用いて塩化ナトリウム水溶液を電気分解すると，陽極では〔 オ 〕が〔 そ 〕されて〔 カ 〕が発生する。一方，陰極では〔 キ 〕が〔 た 〕されて〔 ク 〕と〔 ケ 〕が生じ，陰極側の水溶液を濃縮すると〔 コ 〕が得られる。

設問1　〔 あ 〕～〔 た 〕にあてはまるもっとも適切な語句を答えなさい。（同じ語句は2回以上使用しないこと）

設問2　〔 ア 〕～〔 コ 〕にあてはまるもっとも適切な元素記号，分子式，組成式，あるいはイオン式を答えなさい。

設問3　下線 ① について，60 ℃の硝酸カリウムの飽和水溶液 420 g を 20 ℃まで冷却したときの硝酸カリウムの析出量（単位は g）を計算しなさい。ただし，水に対する硝酸カリウムの〔 く 〕は，20 ℃で 32，60 ℃で 110 とする。

設問4　下線 ② について，〔 こ 〕液である血液中で成り立っている電離平衡をイオン反応式で示しなさい。また，水素イオンが取り込まれたときに血液中ではたらく〔 こ 〕作用を，電離平衡に基づいて 50 字以内で記述しなさい。

設問5　下線 ③ について，鉛蓄電池の〔 し 〕と〔 せ 〕における反応をひとつにまとめて表した式を示しなさい。

設問6　下線 ④ について，15.0 A の電流で電気分解したところ，〔 コ 〕が 3.00×10^{-2} mol 生成した。このとき，電流を流した時間（単位は秒）を計算しなさい。ただし，ファラデー定数は 9.65×10^4 C/mol とする。

[2] 次の文章を読み，設問に答えなさい。

　　カルボン酸とは分子内にカルボキシ基をもつ化合物のことであり，［ ア ］の 1 ［ イ ］カルボン
酸を特に脂肪酸という。脂肪酸のうち，［ ウ ］の数の多い脂肪酸を［ エ ］脂肪酸，［ ウ ］の数
の少ない脂肪酸を［ オ ］脂肪酸という。

　　酢酸は代表的な［ オ ］脂肪酸であり，ある濃度の酢酸水溶液の pH は同濃度の塩酸よりも高い
値となる。これは，酢酸は水溶液中でその一部の分子のみが電離し，残りの大部分の分子はそのま
まで存在するためである。そして，電離によって生じたイオンと電離していない分子との間には，
イオン反応式 I の平衡が成立している。酢酸の 25℃における電離平衡において，電離［ カ ］と
よばれる K_a の値は 2.7×10^{-5} mol/L であり，したがって濃度が 3.7×10^{-2} mol/L の酢酸水溶液の
pH は（ a ）となる。

　　強塩基と弱酸の塩を水に溶かすと，塩の［ キ ］とよばれる現象により，その水溶液は弱塩基性
を示す。酢酸ナトリウムを例に取ると，酢酸ナトリウム水溶液中ではイオン反応式 II のような
［ ク ］を生じる反応が起こるため，その水溶液は弱塩基性となる。

　　油脂は，［ エ ］脂肪酸と［ ケ ］の［ コ ］であり，［ エ ］脂肪酸は，示性式が $C_{17}H_{35}COOH$
のステアリン酸のような［ サ ］脂肪酸と，$C_{17}H_{33}COOH$ のオレイン酸や $C_{17}H_{31}COOH$ の
リノール酸のような［ シ ］脂肪酸に分類される。油脂の性質を表すのに利用される［ ス ］［ イ ］
は（式 ①）で計算され，この式において，M は油脂の［ セ ］［ ソ ］，n は油脂の［ シ ］［ タ ］
であり，254 という数字は［ ス ］分子の［ ソ ］にあたる。

$$［ ス ］［ イ ］ = \frac{100}{M} \times n \times 254 \quad （式 ①）$$

ある油脂がすべて［ サ ］脂肪酸により構成されているならば，その［ ス ］［ イ ］の値は 0 と
なり，油脂を構成する脂肪酸が全てリノール酸の場合はその［ ス ］［ イ ］の値は（ b ）となる。
一般に，油脂の［ チ ］は［ ス ］［ イ ］が大きくなるほど低くなり，［ ス ］［ イ ］が大きな
油脂に［ ツ ］などを触媒として［ テ ］を付加させると固化する。こうしてできた油脂を［ ト ］
といい，植物油からつくった［ ト ］は［ ナ ］の原料となる。なお，含まれている脂肪酸の
物質量の割合がステアリン酸 25％，オレイン酸 48％，リノール酸 27％である油脂 1.00 mol を，
ステアリン酸 100％の油脂にするには，（ c ）mol の［ テ ］を付加させればよい。また，油脂の
［ セ ］［ ソ ］である M を推定する指標として［ ニ ］［ イ ］があり，（式 ②）により計算される。
この式において，56 という数字は油脂を［ ニ ］するための［ ヌ ］の［ ネ ］であり，3 という
数字は油脂 1 mol を［ ニ ］するために必要な［ ヌ ］が 3 mol であることを表している。

$$［ ニ ］［ イ ］ = \frac{1}{M} \times 3 \times 56 \times 10^3 \quad （式 ②）$$

設問1 ［ ア ］〜［ ネ ］にあてはまる最も適切な語句を書きなさい。

設問2 <u>イオン反応式Ⅰ</u>および<u>イオン反応式Ⅱ</u>をそれぞれ書きなさい。

設問3 （a）〜（c）の値を，それぞれ解答欄の誘導に従って計算しなさい。（いずれも計算式を
しっかりと書くこと）

〔解答欄〕

　(a)　$[H^+] =$

　　　$[H^+]$ の値から pH を求める式は pH $=$

　　　したがって pH $=$

　　　解答：

　(b)　油脂を構成する脂肪酸が全てリノール酸の場合　　$M =$

　　　　　　　　　　　　　　　　　　　　　　　　　　　$n =$

　　　［ ス ］［ イ ］$= \dfrac{100}{M} \times n \times 254 =$

　　　解答：

　(c)　油脂 1.00 mol 中に含まれる各脂肪酸の物質量は，

　　　　　　ステアリン酸：　　mol, オレイン酸：　　mol, リノール酸：　　mol

　　　必要な［ テ ］の物質量 $=$

　　　解答：

[3] 次の文章を読み，設問に答えなさい。

(1) 衛生的に繊細な作業ができるラテックス
手袋を始めとして，ゴム製品は医療現場
に欠かせないものである。天然ゴム（生

イソプレン　　　　ポリビニルアルコール

ゴム）はゴムの木の樹液に弱酸を少量加えて凝固させて得る。弱酸を加えることによるゴムの
凝固は ［ あ ］コロイドの ［ い ］という現象で説明できる。天然ゴムはイソプレンが重合
した構造をもち，①シス形の二重結合をもつため ［ う ］を示す。［ う ］をより高くするため
に硫黄をゴムに添加して ［ え ］させる②加硫という方法も行われている。一方，合成ゴム
は重合させるモノマーの組み合わせにより物性を変化させて合成できる。合成ゴムの代表的
なモノマーである ［ お ］と③スチレンを共重合させると耐熱性，耐摩耗性に優れたゴムと
なり，タイヤなどに用いられる。高分子は，含まれる官能基により様々な性質を示し，ポリ
ビニルアルコールは官能基の性質により ［ か ］性を示す。

(2) 炭素と水素のみから成り，環状構造をもつ化合物 A は不斉炭素原
子を 1 つもつ。化合物 A 1 mol をオゾン分解したところ，ホルム
アルデヒド 1 mol と分子式 $C_9H_{14}O_3$ の化合物 B が生成した。この

化合物 C

化合物 B は④還元性を示した。また，化合物 B 1 mol に過剰の
ヨウ素と水酸化ナトリウム水溶液を加えて温めると，［ き ］の黄色結晶が 2 mol 生じた。
一方，化合物 A に白金触媒を用いて水素を付加させると化合物 C が生成した。化合物 A は，
イソプレン分子 ［ く ］個が結合してできた構造を有する天然有機化合物である。

設問1　［ あ ］～［ く ］にあてはまるもっとも適切な語句あるいは数字を答えなさい。

設問2　化合物 A と B の構造を示しなさい。

設問3　下線 ① を踏まえてポリイソプレンの構造をイソプレンの単位 2 つで示しなさい。構造の
表し方はポリビニルアルコールの例に従うこと。

設問4　下線 ② の加硫を以下の方法でおこなった。ポリイソプレンに硫黄 56.1 g を加えて 140 ℃に熱した。一方，同じ量のポリイソプレンを乾留したところ，2.5 mol のイソプレンが得られた。

　ⅰ）何％加硫であるか，解答欄の指示に従って答えなさい。

　〔解答欄〕ポリイソプレンの質量：

　　　　　　加硫％：

　ⅱ）この加硫をおこなって得られたゴムはどのようなゴムか？　10 字以内で答えなさい。

設問5　下線 ③ について，スチレンのオゾン分解を行うと，ホルムアルデヒドと化合物 D が生成する。化合物 D の構造式を示しなさい。

設問6　下線 ④ について，銀鏡反応で還元性を調べる場合の試薬と反応の原理について 40 字程度で説明しなさい。

■生物■

（80 分）

〔Ⅰ〕次の文章を読んで設問に答えなさい。

　生物の基本単位である細胞は，核，小胞体やミトコンドリアなどさまざまな構造体を有しており，それぞれが協調して働いている。これらの構造体を外界から仕切っているのは，リン脂質二重層により形成される細胞膜である。細胞の内部にはさまざまなイオンや有機分子などの物質が存在しており，それらの分子の濃度の制御は不可欠である。細胞膜は種々の物質を選択的に透過させる性質をもっており，これを選択的透過性という。細胞内の Na^+ 濃度は 12 mM 程度であり，細胞外の Na^+ 濃度 145 mM と比べて低く制御されている。それとは対照的に，K^+ 濃度は細胞内が 140 mM，細胞外が 5 mM 程度となっており，①この 2 種類のイオンについて細胞膜を隔てた濃度勾配が存在する。このような濃度勾配は，ATP を ADP に分解するエネルギーを用いて作られている。

　細胞は ATP を ADP に分解することで，活動するエネルギーを得ている。ATP はエネルギーの通貨とも呼ばれ，生物は光合成や呼吸によって ATP を合成している。細胞内でグルコースを分解してエネルギーを得る呼吸は，大きく 3 つの段階からなる。まず細胞質基質において②グルコースが炭素 3 個を含む化合物に変換される過程は解糖系と呼ばれる。解糖系で生じたこの炭素 3 個を含む化合物は酸化され，CO_2 を奪われてアセチル CoA に変換され，ミトコンドリアで行われる一連の反応経路に入っていく。そこでは最初にアセチル CoA とオキサロ酢酸が結合して　あ　が生成する。そして，いくつかの反応を経てオキサロ酢酸がつくられる間に，アセチル CoA 1 分子に対して 1 分子の ATP が合成されるが，このリン酸化を　い　と呼ぶ。この回路で重要な点は還元型補酵素である　う　と　え　を生成することであり，　う　は解糖系でも生成する。これら還元型補酵素から電子がミトコンドリアの内膜にある　お　系に渡される。この電子は，構成するタンパク質複合体に次々と受け渡され，エネルギーを放出する。③このエネルギーを用いて水素イオン（H^+）が運ばれる。このようにしてできた H^+ の濃度勾配を使って ATP 合成酵素が ADP のリン酸化を行い，ATP を合成している。一方，ガン細胞ではエネルギー生産方法が正常細胞と異なっている。ガン細胞では酸素存在下でもミトコンドリアよりも，解糖系で ATP を生産する。これをワールブルグ効果という。

問1　上記文章の空欄　あ　～　お　にあてはまる語句を答えなさい。

問2　下線部 ① に関する以下の設問に答えなさい。

（1）Na$^+$ イオンと K$^+$ イオンの濃度勾配は，ある膜タンパク質によって制御されている。この膜タンパク質の名前を答えなさい。また，このように，物質の濃度の低いところから高いところへ物質を輸送するしくみをなんと呼ぶか答えなさい。

（2）細胞の外部と内部の濃度勾配に従って，あるイオンが細胞膜を通過することにより，細胞の内外で電位差が生じて膜電位が発生している。このあるイオンを通過させる膜タンパク質の名前を答えなさい。またこの膜電位はおおよそのくらいか，選択肢（a）～（f）の中から1つ選び記号で答えなさい。

［選択肢］

（a）30 mV　　　　　（b）−30 mV　　　　　（c）70 mV

（d）−70 mV　　　　（e）120 mV　　　　　（f）−120 mV

（3）ニューロンが他の細胞から信号を受け取っていないときの膜電位を静止電位と呼ぶ。一方で，ニューロンが刺激を受けたときの膜電位の変化を活動電位と呼ぶ。刺激を受けたことにより静止電位が 0 に近づくことをなんと呼ぶか答えなさい。

問3　下線部 ② に関する以下の設問に答えなさい。

（1）解糖系で最終的に生産されるリン酸基のない炭素3個を含む化合物の名前を答えなさい。

（2）解糖系では，1分子のグルコースに対して ATP を何分子消費して，ATP を何分子生産するか，それぞれの分子数を答えなさい。

問4　下線部 ③ に関して，H$^+$ の移動に関する最も適切な文章を選択肢（a）～（d）の中から1つ選び記号で答えなさい。

［選択肢］

（a）H$^+$ はミトコンドリアの内膜と外膜の間の空間から，内膜にあるタンパク質と結合して維持される。

（b）H$^+$ はミトコンドリアの内膜と外膜の間の空間から，マトリックス側に運ばれる。

（c）H$^+$ は細胞質基質から，ミトコンドリアのマトリックスへ運ばれる。

（d）H$^+$ はミトコンドリアのマトリックスから，内膜と外膜の間の空間に運ばれる。

問5　呼吸とアルコール発酵に関する以下の設問に答えなさい。

（1）微生物である酵母は，酸素を用いる呼吸で ATP（エネルギー）を合成する。一方で，酸素を用いないアルコール発酵では，グルコースをエタノールと二酸化炭素に分解し，その過程で ATP を合成する。以下は呼吸とアルコール発酵についての反応式である。空欄

ア 〜 エ に適切な数字を答えなさい。

呼吸　$C_6H_{12}O_6 + 6O_2 + 6H_2O \rightarrow$ 　ア　$CO_2 +$ 　イ　$H_2O +$ エネルギー

アルコール発酵　$C_6H_{12}O_6 \rightarrow$ 　ウ　$C_2H_5OH +$ 　エ　$CO_2 +$ エネルギー

（2）酸素の供給が十分でない環境でグルコースを炭素源として酵母を培養したところ，酸素 96 mg を吸収し，二酸化炭素 330 mg を放出することがわかった。この過程でエタノールは何 mg 生成するか答えなさい。ただし，グルコース，酸素，二酸化炭素，水，エタノールの分子量はそれぞれ180, 32, 44, 18, 46とし，中間代謝産物は蓄積していないものとする。

問6　細胞外の分泌性タンパク質が細胞膜受容体に結合すると，細胞増殖の活性化などの情報が伝達される。細胞はこのようなシグナル伝達経路を複数有しており，それらが秩序を保って動くことにより細胞の活動は正常に維持される。ガン細胞では，シグナル伝達経路の構成タンパク質の変異などでシグナル伝達が異常を起こすことが知られている。

　　　ガン細胞で異常を起こしているあるシグナル伝達経路を調べることにした。このシグナル伝達は，細胞外の分泌性タンパク質 A が細胞膜受容体 B に結合することで開始される。このシグナルは，ガンに関わる標的遺伝子 X の転写活性化を引き起こすことがわかった。そこで以下の実験を行った。

実験①　受容体 B が欠損した細胞を用意し，分泌性タンパク質 A を添加したが遺伝子 X は発現しなかった。

実験②　実験①で用いた細胞に常時活性化されたタンパク質 C を発現させると遺伝子 X が発現した。

実験③　受容体 B が欠損し，かつ正常なタンパク質 D を発現する細胞に，常時活性化されたタンパク質 C を発現させると遺伝子 X が発現するが，正常なタンパク質 D の機能を消失させると，遺伝子 X は発現しなかった。

実験④　タンパク質 D にだけ特異的に結合する抗体を作成した。そして，この抗体が結合したビーズを細胞溶解液と混ぜた後，緩衝液でビーズを洗浄した。さらに，ビーズに結合したタンパク質を電気泳動で分析したところ，二つのバンドが検出された。そして，これらのバンドを解析したところ，タンパク質 C とタンパク質 D であった。

（1）実験①〜③の結果から，このシグナル伝達経路におけるタンパク質 C と D の関係はどのようであると言えるか 2 行以内で説明しなさい。　　　　　（解答欄：約 16.9cm× 2 行）

（2）実験④の結果からタンパク質の相互作用に関してどのようなことが言えるか 1 行以内で説明しなさい。　　　　　　　　　　　　　　　　　（解答欄：約 16.9cm× 1 行）

〔Ⅱ〕次の文章を読んで設問に答えなさい。

　世界的な相互関係が強まっている現代社会において，1つの国の利害だけでなく国際的な観点からの政策や協調が必要になってきている。そして，多くの国際会議において，様々な課題に対する国際的な枠組みや対策が議論されている。主要7か国首脳会議（G7サミット）は，日本を含む7か国および欧州連合（EU）の首脳が参加して毎年開かれる国際会議の1つである。2021年6月にはイングランド南西部の都市である　A　において開催され，2023年は日本での開催が予定されている。2021年のG7サミットでは，参加国の首脳による共同宣言である「G7カービスベイ首脳コミュニケ」が採択された。この宣言では，新型コロナウイルスのパンデミックの収束，経済回復と雇用，自由で公正な貿易に並んで，気候および環境も項目として掲げられた。G7サミットの共同宣言でも取り上げられた気候問題は，国際社会が直面している緊急の課題である。例えば，2021年4月のNature誌で発表された論文「Accelerated global glacier mass loss in the early twenty-first century（21世紀初頭に加速した全球の氷河の質量損失）」では，アメリカ航空宇宙局（NASA）の衛星で集められたデータから，氷河の融解のペースを分析している。そして，2000年から2019年に失われた氷河は約5兆730億トンに上ると試算されている。そして，2000年以降の海面上昇の約2割は氷河の融解①によるものと，この論文の著者らは考察している。近年，氷河の融解が急速に進んでいるが，今のペースが続けば2050年には世界の山間部の氷河は完全に失われるという予測もある。

　氷河の融解の直接的な原因は，地球温暖化だと考えられている。大気中に含まれる二酸化炭素や　B　は，地表から放出される熱エネルギー（赤外線）を吸収し，再び放出する性質がある。炭化水素である　B　は，牛などの家畜のげっぷ以外にも，化石燃料の採掘時やごみの埋め立て処分場からも発生している。そして，これらのガスが吸収した熱の一部が地表に戻り，地球の表面付近の大気を温め気温が上昇する。この様な効果をもたらす気体を温室効果ガスという。また，この影響により気温だけではなく海水温も上昇し，生態系に大きな影響が出ている。例えば，海水温の上昇により刺胞動物の一種であるサンゴに共生している藻類（渦鞭毛藻）が出ていくことがある。その②結果，サンゴが白くなることから白化現象と呼ばれており，この状態が長引くとサンゴは死んでしまう。また一方で，海の埋め立てなどにより生物の生育環境が失われており，多くの種の多様性が失われている。

　この様に地球上では，様々な原因により個体数が減少し，絶滅の恐れがある生物が多数存在する。環境省では，日本に生息する野生生物について，生物学的な観点から個々の種の絶滅の危険度を評価し，　C　リストとしてまとめている。令和元年度に公表されたリストに記載されている絶滅危惧種は3,000種以上にも上り，前年度と比較して40種増加している。　C　リストの目的は，絶滅危惧種を把握することで，生物多様性を守ることにある。また現在では，絶滅危惧種の国際的な取引は1975年に発効した　D　により禁止されている。2021年7月の世界遺産委員会において，「奄美大島，徳之島，沖縄島北部及び西表島」の世界自然遺産への登録が決定した。これらの地域では，アマミノクロウサギやヤンバルクイナなど多くの希少種が生息している。かつて沖縄島や奄美大島では，ハブ

を駆除するためにその捕食者としてフイリマングースを導入した。しかし、生態系への影響調査の結果、奄美大島ではフイリマングースはハブをほとんど捕食せず、主に在来種であるアマミノクロウサギなどを捕食していることが分かった。そこで環境省は、2000年から奄美大島で本格的なフイリマングースの駆除に着手した。そして、ピーク時には10,000頭にまで増えたと推定されているフイリマングースは年々減少しており、現在では完全排除への道筋が見えてきている。それに伴い、アマミノクロウサギなどの在来種の回復が確認されている。フイリマングースの様に、移入先で生態系に大きな影響を与えるものを　E　外来生物と呼ぶ。他にも、1970年代にアメリカ南部の養殖池に持ち込まれたアジア産の鯉が、洪水で川に逃げ出して大繁殖し、現地の在来種に重大な影響を与えている。これも　E　外来種の典型的な例である。

　ある地域に生息する 全ての生物群集とそれを取り巻く環境を包括して生態系という。生態系を構成する生物は、大きく生産者と消費者に分けられる。生産者は、無機物から有機物を合成する　F　生物であり、代表的なものは植物である。生体内における化学反応全体を代謝という。代謝のうち、単純な化合物から複雑な化合物を合成する過程を　G　という。生産者によって合成された有機物は、生産者自身でも利用されるが、動物などの消費者に移動してその生活にも利用される。生産者が一定期間内に合成する有機物の総量を総生産量という。ここから自身の呼吸によって消費している量（呼吸量）を差し引いたものが　H　量である。

　生体に含まれる窒素（N）は、タンパク質などの様々な生体構成成分に含まれる重要な元素である。生物の遺骸や排せつ物の分解によって生成したアンモニウムイオン（NH_4^+）は、微生物の働きにより亜硝酸イオン（NO_2^-）、硝酸イオン（NO_3^-）へと変換されるが、この過程を　I　という。土壌中のこれら無機窒素化合物は、植物に吸収されて、アミノ酸や核酸などの有機窒素化合物の合成に利用される。一方で、無機窒素化合物の一部は、ある細菌の働きにより窒素（N_2）となり大気中に放出される。この過程を　J　という。炭素や窒素などの元素は、生態系の中を循環して繰り返し利用されている。

　特定の物質が、環境中よりも高い濃度で生物体内に蓄積する現象を生物濃縮という。この現象により、高次の消費者の体内に有害物質が高濃度に蓄積して、生物に悪影響を与えることがある。生物濃縮による環境被害は、1962年に出版された Rachel Carson の著書「Silent Spring（沈黙の春）」で知られるようになった。代表的な例として、農薬として使用された有機塩素系の DDT がある。この物質が生物濃縮によってミサゴなどの魚食性の鳥類に高濃度に蓄積され、個体数の減少が起こった。また最近では、自然界に放出された使用済みプラスチックが破砕されてできたマイクロプラスチックによる環境ホルモンや有毒物質の生物濃縮も懸念されている。一方で、海を漂流するプラスチックごみも大きな問題となっている。2019年11月にスコットランドの砂浜に打ち上げられたマッコウクジラの死体を解剖してみると、胃の中から数十 kg もの袋やロープなどのプラスチックごみがみつかった。このように、胃にプラスチックごみが詰まったクジラの死体が世界中の海岸で見つかっている。

今後，この様な痛ましい事態を引き起こさないためには，自然界へのプラスチックごみの流出阻止，プラスチックの使用量の削減と，使用後は徹底した回収とリサイクルといった対策が必要不可欠である。

　国連の気候変動に関する政府間パネル（IPCC）は，2021年8月に報告書を公表し，「人間が地球を温暖化させたことに疑う余地はなく，その影響により生物圏において急速な変化が現れている」と断定した。さらに，「最近の気候変動は，ここ数千年間では見られなかった大規模なものである」とも指摘した。この報告書が示すように，我々を取り巻く環境は急激に変動しており，今まで以上に世界的な規模での協調と対策が必要となっている。また，私たち個人は，地球上で起きている事実をしっかりと受け止めて，慎重に行動することが求められている。そして，かけがえのない地球環境を健全な状態で次世代に引き継がなければならない。

問1　上記文章の空欄　A　～　J　にもっともよくあてはまる語句を以下の選択肢（ア）～
　　（ホ）の中からそれぞれ1つずつ選び，記号で答えなさい。

　　［選択肢］

　　（ア）ワシントン条約　　　（イ）ベルファスト　　　（ウ）独立栄養　　　（エ）原核

　　（オ）非意図的導入　　　　（カ）フロンガス　　　　（キ）光合成　　　　（ク）ホワイト

　　（ケ）生物多様性条約　　　（コ）エジンバラ　　　　（サ）硝化　　　　　（シ）特定

　　（ス）コーンウォール　　　（セ）従属栄養　　　　　（ソ）侵略的　　　　（タ）メタン

　　（チ）純生産　　　　　　　（ツ）イエロー　　　　　（テ）異化　　　　　（ト）同化

　　（ナ）光合成　　　　　　　（ニ）パリ協定　　　　　（ヌ）成長　　　　　（ネ）被食

　　（ノ）一酸化二窒素　　　　（ハ）窒素固定　　　　　（ヒ）レッド　　　　（フ）脱窒

　　（ヘ）尿素回路　　　　　　（ホ）糖新生

問2　下線部①に関する以下の設問に答えなさい。

　　海水面上昇の影響によって，海岸浸食，高潮・高波・異常潮位などの沿岸災害の増加や沿岸湿地喪失が起こっている。そして，それらによる生態系への影響が懸念されている。海面上昇の原因の1つは地球温暖化による氷河や氷床の融解であるが，それ以外の地球温暖化による海面上昇の原因を1つ答えなさい。

問3　下線部②に関する以下の設問に答えなさい。

　　（1）サンゴと同じ刺胞動物はどれか？　以下の選択肢（ア）～（エ）の中から1つ選び記号で
　　　　答えなさい。

　　　　［選択肢］

　　　　（ア）カイメン　　　（イ）プラナリア　　　（ウ）ヒドラ　　　（エ）ワムシ

（2）サンゴと渦鞭毛藻のように自然界では異種の生物どうしが密接な結びつきを保って生活していることがあり，そのような関係を共生という。共生には，相利共生と片利共生が知られているが，以下の選択肢（ア）〜（エ）の中から片利共生の例としてもっとも適当なものを 1 つ選び記号で答えなさい。

［選択肢］

（ア）クマノミとイソギンチャク　　　（イ）コバンザメとクジラ

（ウ）根粒菌とマメ科植物　　　　　　（エ）アリとアブラムシ

（3）刺胞動物の特徴を表した以下の文章の中で，間違っているものを選択肢（ア）〜（エ）の中から 1 つ選び記号で答えなさい。

［選択肢］

（ア）二胚葉性の動物である　　　　　（イ）口と肛門を別々に持っている

（ウ）網状に神経が存在する　　　　　（エ）触ったものを刺胞で刺して捕食する

問4　下線部 ③ に関する以下の設問に答えなさい。

（1）地球上には様々な生態系が存在するが，食う食われるの関係は直線的ではなく複雑な網目状になっており，これを食物網という。食物網における上位の捕食者が，その生態系のバランスを保つのに重要な役割を果たしていることがある。この様な食物網における上位の捕食者を何種というか答えなさい。

（2）自然界では，噴火や台風，ヒトによる森林の伐採などのような外的要因により生態系に大きな影響を与えることがあり，この様な現象をかく乱という。生物群集におけるかく乱と生物の関係を示した仮説に「中規模かく乱説」がある。この説を 2 行以内で説明しなさい。

（解答欄：約 16.9cm × 2 行）

（3）個体群を構成する生物が持っている遺伝子は，各個体によってそれぞれ異なる。また，物理的に離れて生育環境が異なる個体群間でも，遺伝子の構成が異なることが多く，このような多様性を遺伝的多様性という。遺伝的多様性の大きい個体群が持つ生存に有利な点を「環境変動」と「生存」というキーワードを必ず入れて 2 行以内で答えなさい。

（解答欄：約 16.9cm × 2 行）

問5　下線部 ④ に関する以下の設問に答えなさい。

（1）生物濃縮が起こる化合物の特徴の 1 つは，安定で分解されにくいということである。もう 1 つの特徴を答えなさい。

（2）窒素・リンなどの栄養塩類は，湖沼や海域の生態系を構成する細菌や動植物にとって必須な元素である。しかし，都市や工場・農場などから栄養塩類の流入が高まり，水中の濃度

が必要以上に高くなることがある。このような現象を何というか答えなさい。

問6 下線部 ⑤ に関する以下の設問に答えなさい。

胃に大量のプラスチックごみが詰まって見つかったクジラの考えられる死因の中で，有害物質以外のものを2行以内で説明しなさい。 （解答欄：約 16.9cm × 2 行）

〔Ⅲ〕 次の文章を読んで設問に答えなさい。

生命は40億年ほど前に共通祖先が誕生し，長い年月の進化を通して今の多様な生物に至っていると考えられている。今の生物は大きくバクテリア， あ ，ユーカリアの3つのドメインに分けられている。バクテリアと あ のほとんどは 1 mm よりずっと小さく，顕微鏡でようやくその形を観察することができる。ユーカリアはゾウのような大きな動物から，顕微鏡でようやく見えるパン酵母のような生物まで含まれる。動物の形状は多様であるが，化石の解析から，約 5 億 4 千万年前の い 紀に動物の多様性が生じたことが知られている。

多様な動物の形状を理解するには，受精卵から個体に成長するまでの発生の原理を解明することが重要である。受精卵の中では分子が一様に存在するのでなく，動物極と植物極のように非対称な配置となっている。特に，分子濃度の勾配が存在し，この勾配を感知したタンパク質の合成が発生過程における重要な原理となっている。この位置情報が細胞分裂後に必要な細胞多様性の引き金となり，さらなる細胞分裂過程において隣接する細胞が他の細胞に作用して分化を促すことが知られている。たとえば， う への分化を引き起こすノーダルタンパク質は，分子濃度の勾配によって脊索や体節などへの分化を決めることが知られている。

分子配置を利用した器官の形成には え 遺伝子群も重要である。 え 遺伝子に突然変異が入ると，あるからだの領域が別の領域のものに置き換わることがある。このようにからだの構造が本来とは別の位置に置き換わった個体を え 突然変異体と呼ぶが，器官の形成とは直接関係ない遺伝子の突然変異によっても生じることが知られている。たとえば，タンパク質の立体構造形成を助けるシャペロンである Hsp90 というタンパク質の遺伝子に突然変異が入ると，多種多様な形状のショウジョウバエが生まれる。この結果から，Hsp90 のようなシャペロンが え 遺伝子への変異蓄積を許容し，それがあるとき許容できなくなることで い 紀に見られたような多様な生物が出現したのではないか，という仮説が提唱されている。

問1 上記文章の空欄 あ 〜 え にあてはまる語句を， あ ， い ， え はカタカナで， う は漢字で答えなさい。

問2 生命の起源や生物の分類に関する以下の設問に答えなさい。

（1）現在地球上に存在する生命の起源が，最初地球以外の星で生まれた後に地球で増殖したという仮説（パンスペルミア仮説）がある。その1つに，生命は火星で生まれた後に地球に来たという仮説がある。この仮説の根拠の1つは，地球のほぼ全体が氷に覆われたことにより約7億年前に生命が絶滅した可能性があることである。このような地球のほぼ全体が氷に覆われた状態を一般になんと呼ぶか答えなさい。

（2）ユーカリアであるニホンコウジカビは *Aspergillus oryzae* という学名がついている。この学名はリンネの二名法に基づいて名付けられている。二名法では *oryzae* にあたるものをなんと呼ぶか，漢字3文字で答えなさい。

（3）生物の3つのドメイン分類に関し，ある生物が　あ　のドメインに属すると判断することが可能な情報として正しいものを以下の選択肢（a）〜（e）の中から1つ選び記号で答えなさい。

　　　［選択肢］

（a）rRNA 配列の分子系統樹

（b）嫌気呼吸を行っている

（c）核膜がある

（d）極限環境で増殖可能である

（e）細胞内小器官と細胞質で別の種類のリボソームが存在する

問3　*Caenorhabditis elegans*（線虫）は，初期胚から発生して成体になるまでに，どの細胞が分裂するか，またすべての細胞がどのような運命をたどるか，といった細胞分裂過程の全ての変化が細胞系譜として記述されている。細胞系譜によると，線虫は成体になるまでの過程で細胞分裂により1090個の細胞を生じるが，成体には959個の細胞しか存在しない。なぜ分裂した数より成体の細胞の数は少なくなるのか，その理由を1行以内で答えなさい。（解答欄：約 16.9cm × 1 行）

問4　進化系統樹に関する以下の設問に答えなさい。

（1）生命の起源をたどるために分子系統樹が利用されることがある。分子系統樹はゲノムにおける DNA の配列で描かれる場合とアミノ酸配列で描かれる場合がある。ヒトとチンパンジーのように，非常に近縁な種における分子系統樹を描く場合，DNA による分子系統樹とアミノ酸配列による分子系統樹のいずれが適していると考えられるか。DNA 配列とアミノ酸配列の適している方に丸をつけ，その理由を1行以内で答えなさい。

　　　〔解答欄〕適している分子系統樹：　　　DNA 配列　　アミノ酸配列

　　　　　　　理由：（約 16.9cm × 1 行）

（2）タンパク質のアミノ酸配列をもとに分子系統樹を作成すると，共通祖先のタンパク質に存在したアミノ酸配列を推定できることが知られている。その原理は図1の ① 〜 ③ に示す

とおりである。図1では系統樹を描くために並べたタンパク質の一部のアミノ酸を一文字表記
しており，Dはアスパラギン酸，Eはグルタミン酸，Kはリジン，Nはアスパラギンを
意味する。図1の①〜③の例にならい，④における（a），⑤における（b），⑥における
（c）と（d）にあてはまるアミノ酸を推定し，それぞれ一文字表記で答えなさい。複数の
可能性がある場合は図1の②のE/Kのように答えなさい。

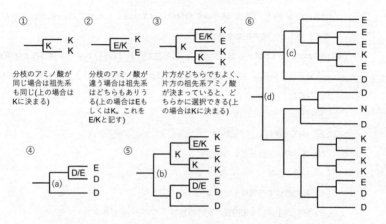

図1　分子系統樹に基づく祖先型タンパク質の推定

（3）生物の進化を説明する説の1つに木村資生によって提唱された中立進化説がある。以下の
説明の中から，中立進化説にあてはまるものとして最も適切なものを以下の選択肢（a）〜
（e）の中から1つ選び記号で答えなさい。

［選択肢］

（a）最初2つの集団の個体数に大きな差がみられる場合も，環境への適応の結果，長い
　　年月の後には2つの集団の個体数が同じくらいになること。

（b）特に環境による選択がない場合も，ランダムな現象によって遺伝子集団の頻度が変化
　　していくこと。

（c）親が獲得した能力が子に遺伝することに加え，色々な能力の集団の交配が生じること
　　で，もともと存在した集団内の個体の能力差が平均的（中立）になっていくこと。

（d）突然変異により個体の生存確率が変化すること。

（e）ハーディー・ワインベルクの法則が成り立つ条件でのみ観察される。

問5　発生における分子位置の決定に関する以下の文を読み設問に答えなさい。
　　　発生における分子濃度勾配の例として，モルフォゲンがあげられる。モルフォゲンは決まった

分子の名前ではなく，発生に関係する分子濃度勾配を形成する分子の総称である。最近の研究では，人工的なモルフォゲン濃度勾配を作製し，発生で見られる細胞の分化パターンを模倣することが行われている。そのうちの 1 つとして，緑色蛍光タンパク質である GFP を人工モルフォゲンとし，GFP と結合する抗体を提示した細胞が GFP の濃度に応じて細胞内の特定のタンパク質発現量を決定するものがある。このとき，GFP を放出する細胞をセンダー細胞，GFP 濃度を感知してタンパク質発現をする細胞をレシーバー細胞と呼ぶ。

（1）上記文章の記述における GFP の役割に最も近いものを以下の選択肢（a）〜（f）の中から 1 つ選び記号で答えなさい。

　　　［選択肢］

　　　（a）誘導物質　　　　　（b）形成体　　　　　（c）母性効果因子

　　　（d）動原体　　　　　　（e）接合子　　　　　（f）受容体

（2）図 2 に示すように抗体は，長い H 鎖と L 鎖のポリペプチドが連結した Y 字型のタンパク質であり，免疫グロブリンとも呼ばれる。抗体は可変部と呼ばれる領域が抗原を認識する。抗原と結合する可変部として最も適切な位置を図 2 の選択肢（a）〜（d）の中から 1 つ選び記号で答えなさい。

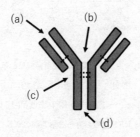

図 2　抗体の分子構造の概略図

点線はジスルフィド結合を示し，矢印はタンパク質の構造には含まれない。

（3）図 3 の ① に示す領域にセンダー細胞とレシーバー細胞が多数配置され，これらの細胞は動かないものとする。センダー細胞から放出される GFP の濃度が常に図 3 の ② であり，レシーバー細胞内の赤色蛍光タンパク質 RFP の濃度は GFP 濃度に対応して決まるとする。この図の読み方を以下に説明する。図 3 の ② より，細胞の位置が 100 mm から 150 mm までの領域は，GFP の濃度が 100 mg/L から 150 mg/L の間の値である。図 3 の ③ より，レシーバー細胞内の RFP 濃度は，GFP の濃度が 100 mg/L より多い場合にゼロでなくなり，

150 mg/L までは GFP の濃度が高いほど増え，さらに 150 mg/L より高い GFP 濃度の領域では 200 mg/L で一定である。この説明を参考に，GFP 濃度に応じたレシーバー細胞の RFP 濃度が図 3 の ③ の場合，細胞の位置における RFP 濃度の分布を表す最も適切なグラフを選択肢（a）〜（f）の中から 1 つ選び記号で答えなさい。ただし，センダー細胞の領域は RFP を発現しないことに注意しなさい。

［選択肢］

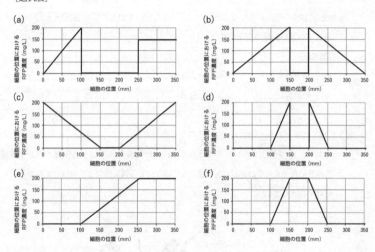

（4）（3）の例とは逆に，タンパク質の分解や合成量の低下を引き起こすことで，GFP 濃度が高いほどレシーバー細胞内の RFP 濃度が減少するようにさせることも可能である。GFP の濃度に応じたレシーバー細胞内の RFP 濃度が図 3 の ④ のようになるとき，（3）の選択肢の表し方を参考に RFP 濃度の分布を解答欄のグラフに書きなさい。

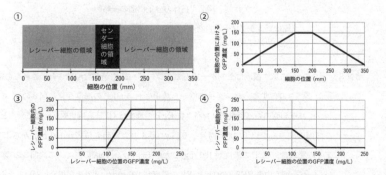

図 3　センダー細胞と GFP 濃度，レシーバー細胞の配置と RFP 発現量の関係

〔解答欄〕（3）の選択肢のグラフと同様の形式。

問6　Hsp90 に関する次の文章を読み，以下の設問に答えなさい。

（1）Hsp90 をコードする遺伝子の機能欠損で形態異常が出るのは，相同染色体の片方のみが突然変異で機能を失っている場合であり，両方が機能欠損した場合は発生初期の段階で致死となるため観察できない。形態異常を観察できる Hsp90 の相同染色体対のように，対立遺伝子が一致せず対になっている状態をなんと呼ぶか答えなさい。

（2）Hsp90 の阻害剤であるゲルダマイシンは通常の細胞には影響を与えず，ガン細胞のみ死滅させることが知られている。ゲルダマイシンが正常な細胞を死滅させない理由の1つは，Hsp90 の機能を完全に消失させるのでなく，Hsp90 が ATP と結合する強さを低下させ，反対に ADP と結合する強さを上昇させることに由来する。Hsp90 は ADP と結合しているときに様々なタンパク質と結合可能である。このことを踏まえた場合，ゲルダマイシンがガン細胞のみを死滅させる理由の説明の1つとして最も適しているものを以下の選択肢（a）～（e）の中から1つ選び記号で答えなさい。

〔選択肢〕

（a）Hsp90 は ATP と結合することで，普通の細胞の生存に必須のタンパク質の分解を促進する。

（b）Hsp90 は ADP と結合することで，ガン細胞でのみ量が増えているタンパク質の分解を促進する。

（c）Hsp90 は機能が欠損することで，遺伝子重複を生じさせる。

（d）ATP と結合する Hsp90 が少なくなることで，X 染色体を不活性化する。

（e）Hsp90 は ATP を ADP へと変換することで，モータータンパク質の動きを速くする。

小論文

$$\left(\begin{array}{c} 70\,分 \\ 解答例省略 \end{array}\right)$$

(注意)　解答はよこ書きで記入してください。

次の文章は、恒吉僚子著 『人間形成の日米比較　かくれたカリキュラム』からの抜粋です。文章を読んで、以下の設問にこたえなさい。

問題1.　下線部1）の「学校という場は、『自然』と呼ぶにはほど遠い性格を持っている。」とありますが、「『自然』と呼ぶにはほど遠い性格」とはどのような意味か、本文を参考に200字以内で述べなさい。

問題2.　下線部2）「この教師は、実は、自分が考えているよりもはるかに多くのことを児童に教えている。」とはどのような意味か、これまでの自身の体験をもとに「かくれたカリキュラム」の観点から500字以内で述べなさい。

　学校という所は、日本でも、アメリカでも、非常に類似した面を持っている。児童が概して年齢別に学級にまとめられ、彼らを監督する教師たちがいる。教室の中では多くの場合、児童がならんで着席し、何時間も「授業」を聞いている。学校における中心的存在は学校の「顧客」としての児童たちであり、彼らなしには学校は存続しえない。にもかかわらず、児童たちは自分たちが必ずしも欲しなくても学校に行かねばならないのであり、児童は学校中を見回しても、教師陣にせよ、事務職員にせよ、自分たちよりも力関係で弱い人間にはまず出会わないのである。

　われわれは日頃、子供が学校に行くのはごく「自然」なことだと思っている。しかし、満員電車内のような人数を一つの部屋に何時間もいさせることに始まり、「顧客」の意志にたとえ反してでも、彼らを彼らのために設置された機関に送り

込むことに至るまで、₁)学校という場は、「自然」と呼ぶにはほど遠い性格を持っている。

　学校のこうした性格に注目して、学校が牢獄にたとえられることさえある。牢獄のほうがはるかに強制的な性格が強いものの、自分の意志とはあまり関係なく送り込まれてきた人々の教育を目的としている組織であるという点に関しては、学校と牢獄は類似点がある。

　このような学校の性格に注目したとき、われわれは、アメリカ人にとっても、日本人にとっても、学校がどのような意味を持つのかを新たな目で見ることができる。つまり、学校という場は、アメリカ中、日本中の児童が、毎日、何時間も、必ずしも自分で欲しなくとも通い、その影響を受けつづけている所なのである。

　では、このような側面を持つ学校は、一体、何を教えているのだろうか。国語の先生に、「あなたは何を教えているのですか?」と質問したならば、「国語です」という答えが返ってくるかもしれない。

　しかし、₂)この教師は、実は、自分が考えているよりもはるかに多くのことを児童に教えている。学校が教えることを目標として掲げている、国語、数学、英語などの公式の「カリキュラム」の他に、本章でも触れたような児童たちが人間関係などを通じて自ずから学んでいく潜在的カリキュラム、「かくれたカリキュラム」(hidden curriculum) が存在する。もっとも、日本の場合は特に、「かくれた」と言うにはあまりにも意識的に、子供たちの考え方や行動が方向づけられている面が少なくなかった。

　日米の小学校で給食の在り方が違うのを見て「たかが給食」、たいしたことはないと思う人がいるかもしれない。だが、そうであろうか。給食一つにしても、登校日は毎日。それを小学校六年間続けたとしても、大変な回数である。特定の行動パターンを、児童は何百回、何千回と繰り返しているわけである。しかも、給食の在り方だけが他の学校の仕組みと乖離（かいり）しているわけではない。そして、学校は社会をさまざまな形で反映している。給食のような学校生活のある一断面は、実は、学校や社会の他の在り方と連結し、総体として児童に影響を与えているのである。

　日本で母校の朝会に出席し、児童も教師もラジオ体操をしているときに、条件反射のように体が動いてしまうのは私だけであろうか。一方、アメリカでも育ったため、私はアメリカの学校での国旗掲揚の際も思わず手が胸に行ってしまいそうになる。しかも、このようなかなり意図的に教えられた行動と同じように、たとえば、英語をしゃべりはじめると「自己顕示術」を意識する習性が身に付いてしまって

いる。

　日米教育のかくれたカリキュラムは多様である。そして、それらは公のカリキュラムと同じように、大きな影響力を持っているのである。

恒吉僚子『人間形成の日米比較　かくれたカリキュラム（2008年、16版）』中央公論新社、

65 〜 67頁より抜粋

2021
年度

問題編

■一般選抜

問題編

▶試験科目・配点

	教　科	科　　　　　目	配　点
第1次試験	外 国 語	コミュニケーション英語基礎・Ⅰ・Ⅱ・Ⅲ，英語表現Ⅰ・Ⅱ	300 点
	数　学 あるいは 理　科	「数学Ⅰ・Ⅱ・Ａ・Ｂ」，「化学基礎・化学」，「生物基礎・生物」から1科目選択	200 点
	小 論 文	高校生にふさわしい知識，理解力，分析力，構想力，表現力を問う	―

▶備　考

• 数学Ａは「場合の数と確率」・「整数の性質」・「図形の性質」を，数学Ｂは「数列」・「ベクトル」を出題範囲とする。

• 小論文は第1次試験の選考では使用せず，第2次試験の選考に使用する。

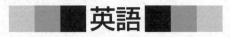

英語

(90分)

(注意) 解答欄に数字や記号を入れる場合には，1マスに1字だけ明確に記入
してください。

I. 以下の各文の（　）内から，最も適切な語句をそれぞれ1つずつ選び，解答
欄のその記号を○で囲みなさい。

1. If you spend a long time under a lot of stress, your hair might fall (A. away
   B. through C. off D. out).

2. The contest has been open for two weeks, but as (A. already B. often
   C. still D. yet), we have received no entries.

3. I forgot to buy a birthday present before going to the party. (A. Although
   B. Despite C. However D. Though), there were so many presents at the
   party that no one noticed.

4. Have you heard the new song from the band, the Wild Flamingos? It's
   (A. seldom B. somewhat C. utterly D. very) fantastic.

5. I'm looking for Professor Inoue. Could you tell me (A. where B. where is
   she C. where she's D. where she is) gone?

6. When I returned home, I (A. am shocked B. shocked C. shocking
   D. was shocked) to find the refrigerator door open.

7. I used to have a pet goldfish, but he (A. dead B. died C. is dying
   D. was dead). One day, I found him floating upside-down in his bowl.

8. I'd appreciate it if you (A. had taken B. take C. took D. will take) your
   trash with you when you leave.

9. The light in the stairway was broken for months. It took way too long to get

(A. someone B. someone to C. someone who D. someone will) fix it.

10. I was thirteen when the accident (A. had happened B. happen
    C. happened D. was happened).

11. I'd like to be a nurse because I like (A. caring B. caring about C. caring for
    D. caring of) people in need.

12. Because of the super-aging society, the number of elderly patients
    (A. are increasing B. increase C. is increasing D. will increasing).

13. I would like to work (A. about B. at C. in D. on) the field of pediatrics.

14. When people get old, they usually want to (A. spend B. spend their days
    C. spending D. spending their days) at home.

15. When patients are (A. bearing B. hard C. suffering D. tough), kind words
    and a smile can make them feel much better.

16. It's (A. a hard B. hard C. some hard D. the hard) work to study for
    entrance exams.

17. I would like to (A. improve B. progress C. succeed D. up) medical care in
    Japan.

18. When the boys were caught smoking, they (A. got rid of B. lost C. removed
    D. were taken away) their chance to participate in the school festival.

19. I have been interested in (A. a nurse B. nurse C. nursing D. the nurse)
    since junior high, and look forward to studying the subject.

20. The use of extremely large eyes is typical (A. about B. around C. of
    D. with) Japanese animation style.

II. 　下記文中の空欄（　1　）〜（　10　）に入れるのに最適な語または句を，選択
　　　肢の中からそれぞれ 1 つずつ選び，解答欄のその記号を○で囲みなさい。

　　The toll of domestic violence is physical and psychological, but it is also
economic. Many victims miss work or show up late. Sometimes they fear
（　1　）stalked at their offices. In 2018 New Zealand passed a law（　2　）
victims of domestic violence the right to take ten days' paid leave from work.
The goal of the law is to allow people（　3　）emergency logistics — moving
house, seeking legal help or changing their contact information — without fear
of losing their jobs. That is one example of how domestic violence is an economic
as well as a social problem.

　　New Zealand's law has（　4　）precedents. The Philippines is the only
other country with paid domestic-violence leave. Canada offers paid domestic-
violence leave in several provinces but not at the（　5　）level. Australia's
Council of Trade Unions pushed for similar measures, but had to be satisfied
with only five days' unpaid leave.

　　That New Zealand's provision is paid makes（　6　）difference. Research
by a charity in New Zealand found that 60% of people had full-time jobs when
their abusive relationships began but half of them（　7　）employed as those
relationships progressed. Many victims stay with abusive partners for financial
security.

　　Having passed quite narrowly — by 63 votes to 57 — New Zealand's law is
controversial. Victims will not be required to（　8　）that they are abused.
（　9　）, not the government, will pay for their time off. One MP* warned the
measure might discourage employers from hiring "someone that may present a
risk around domestic violence [sic]".

　　The Australia Institute estimates that only a small number — 1.5% of
women and 0.3% of men — would use such a law（　10　）passed in Australia,
amounting to $59 to $89 million a year nationally. But domestic violence itself
costs much more. In New Zealand, which has one of the highest rates of
domestic violence in the developed world, the cost is $2.7 to $4.7 billion.

注
*MP ＝ 国会議員

1. A. being　　　　B. having　　　　C. having had　　　D. to be
2. A. admitting　　B. assisting　　　C. giving　　　　　D. helping
3. A. attend　　　　B. attend to　　　C. to attend　　　D. to attend to
4. A. a few　　　　B. few　　　　　　C. few more　　　D. quite a few
5. A. global　　　　B. local　　　　　C. national　　　　D. regional
6. A. a big　　　　B. a little　　　　C. little　　　　　D. no
7. A. hardly have　B. no more　　　C. were no longer
   D. were not any longer
8. A. admit　　　　B. pretend　　　　C. prove　　　　　D. submit
9. A. Abusers　　　B. Employees　　C. Employers　　　D. Victims
10. A. even if it has B. if it were　　C. though it hasn't D. when it will be

【出典】
Standage, T. (Ed.). (2019). *Uncommon knowledge: Extraordinary things that few people know*.
Profile Books.

III. 次の枠内に示された１〜４の各文を入れるのに最も適した箇所を，下記文中の
空欄 ┃　A　┃〜┃　F　┃から１つずつ選び，解答欄のその記号を○で囲みな
さい。ただし１つの空欄には１文しか入らない。

---

1. The exact numbers we think with impact everything from our schedules
   to our self-esteem.

2. This manual fixation* has helped yield numbers in most cultures, but
   not all.

3. What's more, the 7,000 or so languages that exist today vary
   dramatically in how they utilize numbers.

4. While there are undoubtedly cognitive commonalities** across all
   human populations, our radically varied cultures foster profoundly
   different cognitive experiences.

　　Numbers do not exist in all cultures. There are numberless hunter-
gatherers*** hidden deep in the Amazon. Instead of using words for precise
quantities, these people rely exclusively on terms analogous to "a few" or "some."

[　A　] In contrast, our own lives are governed by numbers. As you read this, you are likely aware of what time it is, how old you are, your weight, and so on.

[　B　] But, in a historical sense, numerically fixated people like us are the unusual ones. For the bulk of our species' approximately 200,000-year lifespan, we had no means of precisely representing quantities. [　C　] Speakers of anumeric, or numberless, languages offer a window into how the invention of numbers reshaped the human experience.

So, how did we ever invent numbers in the first place? The answer is, literally, at your fingertips. [　D　] The bulk of the world's languages use base-10, base-20, or base-5 number systems. Most number systems are the byproduct of two key factors: the human capacity for language and our tendency for focusing on our hands and fingers. [　E　]

Research on the language of numbers shows, more and more, that one of our species' key characteristics is tremendous linguistic and cognitive diversity. [　F　] If we are to truly understand how much our cognitive lives differ cross-culturally, we must continually sound the depths of our species' linguistic diversity.

注

*fixation ＝ 執着

**commonality ＝ 共通点

***hunter-gatherer ＝ 狩猟・採集生活者

【出典】

Everett, C. (2017, May 23). *How Do You Count Without Numbers?* SAPIENS.
　https://www.sapiens.org/language/anumeric-people/

Ⅳ. 以下の文中の枠内に 1 ～ 4 の文が入る場合，文意から考えてどの順で並べると最も適切か。下記の各問の答えを選択肢から選び，解答欄のその記号を○で囲みなさい。

段落A Fifty percent of us will have a diagnosable psychological problem in our lifetime and 20 percent will have had one within the last year. The cost in terms of suffering to patients and their friends and relatives, as well as the economic costs, make psychopathology one of the most pressing problems today. Although the problems are real, the issue is that psychological problems are diagnosed as if they are diseases that you either have or don't have. This view is deeply engrained* in psychiatry, which follows the medical model of illness, treating mental disorder as if it were a physical disease like infection that has a simple, single cause. However, genetic research shows that the medical model is all wrong when it comes to psychological problems.

1. That is, there are no genes "for" any psychological disorder; instead, we all have many of the DNA differences that are related to disorders.
2. The genetic spectrum runs from a few to a lot, and the more we have, the more likely we are to have problems.
3. The important question is how many of these differences we have.
4. What we call disorders are merely the extremes of the same genes that many people in the population already have.

段落B In other words, the genetic causes of what we call disorders are quantitatively, not qualitatively, different from the rest of the population. It's a matter of more or less (quantitative), not either/or (qualitative). It means there are no disorders—they are just the extremes of quantitative dimensions. That is what is meant by the slogan "Abnormal is normal."

注
*engrained ＝ 根深い

設問

1．段落Aの後にすぐ続く文
　A. 1　　　　　B. 2　　　　　C. 3　　　　　D. 4

2．文1の後にすぐ続く文または段落
　A. 2　　　　　B. 3　　　　　C. 4　　　　　D. 段落B

3．文2の後にすぐ続く文または段落
　A. 1　　　　　B. 3　　　　　C. 4　　　　　D. 段落B

4．文3の後にすぐ続く文または段落
　A. 1　　　　　B. 2　　　　　C. 4　　　　　D. 段落B

5．文4の後にすぐ続く文または段落
　A. 1　　　　　B. 2　　　　　C. 3　　　　　D. 段落B

【出典】
Plomin, R. (2019). *Blueprint: How DNA makes us who we are*. MIT Press.

V. 以下の各組の _ にアルファベット各1文字を入れると，【　】内に示す品詞および後に続く日本語と合致する英単語1語になる。各語の1文字目として最も適切なアルファベット1文字を選び，解答欄のその記号を○で囲みなさい。

《例》 _ ur _ _ 　　　　【名詞】　看護師　　　　正解：N

　1．_ ue _ _ _ _ _ _ _ _ _ _ 　【名詞】　アンケート

　2．_ al _ _ 　【名詞】　弁，弁膜

　3．_ te _ _ _ _ _ _ 　【副詞】　永遠に，永久に

　4．_ ol _ _ _ 　【形容詞】　厳粛な，荘厳な

　5．_ mb _ _ _ 　【動詞】　具現化する

　6．_ ul _ 　【名詞】　（反社会的教義の）狂信的集団

7. _ r o _ _ _ _ _ 　　　　【名詞】　　辺境地，新しい領域

8. _ o m _ _ _ _ _ 　　　　【副詞】　　幾分，やや

9. _ a b _ _ _ 　　　　　　【名詞】　　錠剤，平板

10. _ l i _ _ 　　　　　　　【動詞】　　瞬く，点滅させる

11. _ e s _ _ _ _ _ _ _ _ _ 　【副詞】　　めいめいに，おのおので

12. _ i l _ _ _ _ 　　　　　【名詞】　　難題，板挟み（状態）

13. _ s h _ _ _ 　　　　　　【副詞】　　陸上へ，浜へ

14. _ e a _ _ _ _ 　　　　　【形容詞】　嫉妬深い，焼きもちやきの

15. _ o m _ _ _ _ _ _ _ _ _ 　【名詞】　　厄介事，合併症

16. _ a y _ _ _ 　　　　　　【名詞】　　設計，配置

17. _ i s _ _ 　　　　　　　【名詞】　　通路

18. _ n c _ _ _ _ _ _ _ 　　【形容詞】　とてつもない，信じがたい

19. _ y p _ _ _ 　　　　　　【動詞】　　迂回する，飛び越す

20. _ u a _ _ _ _ _ _ 　　　【動詞】　　請け合う，確約する

VI.　下記文中の下線部 (1) 〜 (5) には，文脈から考えて不適切な語が 3 つ含まれている。各下線部の番号と対応する解答欄において，① その語が適切であれば X を，② その語が不適切であれば，それに代わる語を下記の語群からそれぞれ 1 つずつ選び，その記号を○で囲みなさい。

It is known that introverts derive their energy from within, while extroverts derive theirs from external stimulation. Introverts are often seen as loners while extroverts are the ones to surround (1)yourself with if you want to have a good time. Introversion is often wrongly linked with shyness and, although social events are not for everyone and might leave an introvert over-stimulated and exhausted, social introverts do exist (just as calm extroverts do). Introverts often prefer to devote their 'social time' to loved ones whom they know very well, to have meaningful conversations or to sit down and read a book with something warm to drink. Introverts are social, but in a different way.

There is not one single way of being social, but it might feel like there are right and wrong ways. Just because introverts are drained by too many external stimuli doesn't mean they don't (2)refuse to hang out with other people. *Hygge** is a way of socializing which can suit introverts: they can have a relaxing and cosy night with a couple of friends without including a lot of people and a lot of activity. An (3)introvert might want to stay at home instead of attending a big party with a lot of people they don't know, and hygge becomes an option, something in between socializing and relaxing. This is (4)bad news for both introverts and extroverts, since it becomes something of a compromise. So, to all introverts out there — do not feel embarrassed or boring for being a person who prefers things that are hygge. And to all extroverts: light some candles, put on some soothing music and embrace your inner (5)extrovert, just for the night.

注
*hygge ＝（デンマーク語）ヒュッゲ　温かく心地よい雰囲気

語群
A．disappointing　B．extrovert　C．good　　D．happy　　E．introvert
F．negative　　　G．ourself　　H．request　I．sad　　　J．them
K．themselves　　L．want

【出典】
Wiking, M. (2016). *The little book of hygge: The Danish way to live well.* Penguin UK.

VII. 文中空欄　A　～　C　に入れるのに最も適切な文となるように，各日本
　　　語文の下に示された語群中の単語（または句）を選んで並べ替え，各 ＿＿ に
　　　1つずつ入れなさい。このうち　1　～　5　に入る単語（または句）の記号
　　　を，解答欄ごとに○で囲みなさい。ただし以下の点に注意すること。

　　1）語群中の単語・句は，文頭に来るべきものも小文字で始まっている
　　2）各文内において，同じ単語・句が複数回使用される場合がある
　　3）各語群には，必要でない単語・句も含まれている場合がある

　　The first operation that I watch is a heart-lung transplant. I am nineteen
years old and still a student nurse. I've been looking after a fourteen-year-old
boy named Aaron suffering from cystic fibrosis*. I help him get ready for the
operation.

　　We chat almost as if nothing is happening, but when the porters come to help
me transfer Aaron to the anaesthetic** room, he grabs his mum. 'Don't go before
I'm asleep,' he says. He looks at me. 'And you will be there the whole time?'

　　'I'll be there. You ready?'

　　He shakes his head no.　A　, out of the ward and down the corridor.
One of the porters whistles continuously; Aaron shakes his head again. His
mum holds his hand. I have one eye on the monitor which measures the oxygen
in his blood. I will it not to drop. I say in my head, 'steady, steady.' I've heard
stories of children getting worse in broken-down lifts, oxygen running out and
full cardiac arrests*** being badly managed, until a lift engineer is found. I am
anxious, but have already learned the face that nurses know best. I slow my
breathing and movements and focus on portraying an easy-going body language
and a soft smile. One of our nursing lecturers told us that　B　

　　I try not to think of what can happen in theatre****, of all that can—and
has—gone wrong. I adopt my relaxed-on-the-outside, panicking-on-the-inside
pose until we arrive in the anaesthetic room. A very relaxed-looking and smiling
anaesthetist introduces herself and keeps eye contact with Aaron. I feel in awe
of the anaesthetist, who is cool and calm and reassuring, despite having sole
charge of a complicated and high-risk patient.

　　C　I sit with her for a while, without speaking. Eventually she looks
at the clock.

　　'I'm meeting my sister,' she says. 'I'll try to keep her busy.'

　　I smile at her. I do not tell her what she wants to hear. I don't tell Aaron's
mum that Aaron will be fine. I'd never tell any relative that because none of us
really knows.

注
*cystic fibrosis ＝ 嚢胞性線維症
**anaesthetic ＝ 麻酔の
***cardiac arrest ＝ 心停止
****theatre ＝ 手術室

空欄A　それでも私が患者移動係に向かって頷くと，彼らはアーロンのベッドを
　　　病室の外に押し出し始める

I ＿＿＿ ＿＿＿ ＿＿＿ ＿＿＿ 1 ＿＿＿ ＿＿＿ ＿＿＿ ＿＿＿ ＿＿＿ ＿＿＿ ＿＿＿ ＿＿＿ doors

語群
A. and　　　　B. anyway　　C. because　　D. bed　　　E. begin
F. but　　　　G. his　　　　H. nod　　　　I. porters　J. push
K. pushing　　L. room　　　M. the　　　　N. they　　　O. through
P. to

空欄B　ベテラン看護師が不安げな顔をしているのを，患者が万が一見るような
　　　ことでもあったら，その患者はすでに死んだも同然だ

if the patient ＿＿＿ ＿＿＿ ＿＿＿ 2 ＿＿＿ ＿＿＿ ＿＿＿, ＿＿＿ ＿＿＿ the patient ＿＿＿
＿＿＿ 3 ＿＿＿ already.

語群
A. an　　　　B. dead　　　C. ever　　　　D. experienced　E. is
F. it　　　　G. likely　　　H. looking　　I. means　　　J. might as well
K. nurse　　L. sees　　　M. worried

空欄C　アーロンの母親と一緒に歩いて病棟に戻ると，そこで彼女が泣き始める

I ＿＿＿ with ＿＿＿ 4 ＿＿＿ ＿＿＿ ＿＿＿, ＿＿＿ ＿＿＿ ＿＿＿ 5 ＿＿＿.

語群
A. Aaron's mum　B. back　　　C. begins　D. but　　E. cry
F. she　　　　　　G. sobbing　H. the　　　I. there　J. to
K. walk　　　　　L. ward　　　M. where

【出典】
Watson, C. (2018). *The language of kindness: A nurse's story.* Vintage.

■■■数学■■■

(80 分)

Ⅰ　以下の　　　　　　に最もふさわしい数または式などを求め，所定の解答欄に記入しなさい。分数は分母を有理化して答えなさい。

（1）　$(a+b)^{21}$ の展開式における $a^{18}b^3$ の係数は 　(ア)　 である。

（2）　$2(\cos\theta-\sin\theta)^2=1$ を満たす θ を $0\leqq\theta\leqq\pi$ の範囲で求めると 　(イ)　 である。

（3）　実数 a が $2^a-2^{-a}=3$ を満たしているとき，$2^a=$ 　(ウ)　 であり，$4^a+4^{-a}=$ 　(エ)　 である。

（4）　数列 $\{a_n\}$ の階差数列を $\{b_n\}$ とする。$\{b_n\}$ が初項 2，公比 $\frac{1}{3}$ の等比数列となるとき，$\{b_n\}$ の一般項は $b_n=$ 　(オ)　 である。また，$\{a_n\}$ も等比数列になるならば，$a_1=$ 　(カ)　 である。このとき $\{a_n\}$ の一般項は $a_n=$ 　(キ)　 である。

（5）　自然数 n は，1 と n 以外にちょうど 4 個の約数をもつとする。このような自然数 n の中で，最小の数は 　(ク)　 であり，最小の奇数は 　(ケ)　 である。

（6）　a, b を実数，i を虚数単位とする。4 次方程式
$$x^4+(a+2)x^3-(2a+2)x^2+(b+1)x+a^3=0$$
の 1 つの解が $1+i$ であるとき，$a=$ 　(コ)　，$b=$ 　(サ)　 である。

また, 他の解は 　(シ)　 である。

Ⅱ　以下の 　　　　　　 に最もふさわしい数または式を求め, 所定の解答欄に記入しなさい。分数は分母を有理化して答えなさい。

（1）　座標平面上を動く点 P が原点の位置にある。1 個のさいころを投げて, 1 または 2 の目が出たときには, P は x 軸の正の向きに 1 だけ進み, 他の目が出たときには, P は y 軸の正の向きに 2 だけ進むことにして, さいころを 3 回続けて投げる。点 P の座標が $(2, 2)$ である確率は 　(ス)　 であり, P と原点との距離が 3 以上である確率は 　(セ)　 である。P と原点との距離が 3 以上という条件の下で, P が座標軸上にない条件付き確率は 　(ソ)　 である。

（2）　円 $x^2 + y^2 = 1$ を C と表す。$p > 1$ とし, 点 P$(0, p)$ を通る C の 2 つの接線を ℓ_1, ℓ_2 とする。ℓ_1, ℓ_2 の方程式は $y = $ 　(タ)　, $y = $ 　(チ)　 であり, ℓ_1, ℓ_2 が直交するのは $p = $ 　(ツ)　 のときである。$p = $ 　(ツ)　 のとき, ℓ_1, ℓ_2 を接線に持ち, かつ C に外接する 2 つの円の半径は 　(テ)　 および 　(ト)　 である。

（3）　a を正の定数とし, 不等式 $|x^2 - ax + 3| \leqq 1$ の解を実数の範囲で考える。$0 < a < $ 　(ナ)　 のとき, この不等式の解は存在しない。　(ナ)　 $\leqq a \leqq$ 　(ニ)　 のとき, この不等式の解はある実数 p, q によって $p \leqq x \leqq q$ と表される。$a > $ 　(ニ)　 のとき, この不等式の解は 　(ヌ)　 である。

Ⅲ 以下の □□□□□ に最もふさわしい数または式などを求め，所定の解答欄に記入しなさい。解答が分数の場合は，分数を小数で表さなくてもよい。

ある高校の生徒 30 人に対し，50m 走のタイムを 2 回計測した。次の図は 1 回目の計測結果を横軸に 2 回目の計測結果を縦軸にとった散布図である。

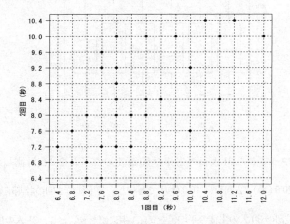

（1） 次の図（A）から（F）のうち，1 回目の計測結果の箱ひげ図として適切なものは □(ネ)□ であり，2 回目の計測結果の箱ひげ図として適切なものは □(ノ)□ である。

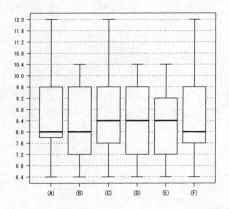

（2）　次の図（G）から（L）のうち，1 回目と 2 回目の計測結果の合計の箱ひげ図

として適切なものは　[　（ハ）　]　である。

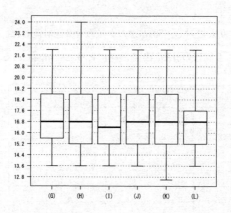

（3）　遅れてやってきた 31 人目の生徒の 50 m 走のタイムを 2 回計測した結果，

1 回目は 20.0（秒），2 回目は 10.0（秒）であった。各生徒の 2 回の計測結果の合計

を考え，最初の 30 人の生徒の平均値を $\overline{x}_{30}$，中央値を m_{30} とし，31 人の生徒全員

の平均値を $\overline{x}_{31}$，中央値を m_{31} とする。$\overline{x}_{30} = 17.0$（秒）であることに注意すると，

$\overline{x}_{31} - \overline{x}_{30} =$　[　（ヒ）　]　である。一方，$m_{31} - m_{30} =$　[　（フ）　]　である。

Ⅳ　以下の 　　　　　　 に最もふさわしい数または式を求め，所定の解答欄に記入しなさい。分数は分母を有理化して答えなさい。

P $(0, 0, -1)$, Q $(0, 1, -2)$, R $(1, 0, -2)$ を頂点とする三角形の面積は 　(ヘ)　 である。

a を実数とし，$\vec{v} = (a, a, 3)$ とする。点 P′, Q′, R′ を $\overrightarrow{OP'} = \overrightarrow{OP} + \vec{v}$, $\overrightarrow{OQ'} = \overrightarrow{OQ} + \vec{v}$, $\overrightarrow{OR'} = \overrightarrow{OR} + \vec{v}$ によって定め，さらに線分 PP′, QQ′, RR′ が xy 平面と交わる点をそれぞれ P″, Q″, R″ とする。このとき，P″ の座標は 　(ホ)　，Q″ の座標は 　(マ)　，R″ の座標は 　(ミ)　 である。△P″Q″R″ が正三角形になるのは $a =$ 　(ム)　 のときである。

3 点 P″, Q″, R″ が同一直線上にあるのは $a =$ 　(メ)　 のときである。$a >$ 　(メ)　 のとき，△P″Q″R″ の面積を a で表すと 　(モ)　 となる。

Ⅴ　以下の 　　　　　　 に最もふさわしい数または式を求め，所定の解答欄に記入しなさい。また，（2）は求める過程も書きなさい。

d を実数の定数，$f(t)$ を 2 次関数として，次の関数 $F(x)$ を考える。

$$F(x) = \int_d^x f(t)\, dt$$

（1）　$F(d) =$ 　(ヤ)　 ，$F'(x) =$ 　(ユ)　 である。

（2）　$F(x)$ が $x = 1$ で極大値 5，$x = 2$ で極小値 4 をとるとき，$f(t)$ および d を求めなさい。

■化学■

(80 分)

（注意）必要があれば，次の値を用いなさい。

原子量：H = 1.0，C = 12.0，O = 16.0，Na = 23.0，Cl = 35.5

[1] 次の文章を読み，設問に答えなさい。なお，文中の **X，Y，Z** はそれぞれ単一の元素記号に
対応する。

◇ 固体には，構成粒子が規則正しく配列した，さまざまな結晶がある。ここでは，そのような結晶
のうち，金属結晶を考えることとする。金属結晶の多くは，[あ]，[い]，[う] の3種類
の結晶格子のどれかをとる。[あ]，[い]，[う] のそれぞれの結晶格子において，配位数
は順に 8，12，12 であり，単位格子中に含まれる原子数は順に 2，4，2 である。

◇ 炭素の単体には，[え]，[お] などの同素体が存在する。[え] の各炭素原子は（ a ）個
の価電子を使って隣接する（ b ）個の炭素原子と共有結合をつくり，[か] を基本単位とし
た立体網目構造を形成する。[お] の各炭素原子は（ c ）個の価電子を使って隣接する
（ d ）個の炭素原子と共有結合をつくり，[き] を基本単位とした平面層状構造を形成する。
この平面構造は互いに [く] によって積み重なって結晶をつくる。

◇ **X** の板を入れた〔 ア 〕水溶液と **Y** の板を入れた〔 イ 〕水溶液を素焼き板などで仕切った
電池をダニエル電池という。ダニエル電池では，[け] の [こ] な **X** が〔 ウ 〕となって
水溶液中に溶け出し，**X** が放出した [さ] は [け] の [し] な **Y** に流れ込む。したがって，
X の板は [す] 極として働く。

◇ 4種類のイオン（Ag^+，Cu^{2+}，Fe^{3+}，Z^{m+}）を含む水溶液から各イオンを分離する過程を
考える。この水溶液に希〔 エ 〕を加えたところ，白色の〔 オ 〕の沈殿が生じた。ろ過に

よって沈殿とろ液に分けた後，ろ液に〔　カ　〕を通じたところ，黒色の〔　キ　〕の沈殿が生じた。ろ過によって沈殿とろ液に分けた後，ろ液を煮沸し，さらに <u>希〔　ク　〕を加えた</u>①。この水溶液に <u>アンモニア水を加えたところ</u>②，［　せ　］色の〔　ケ　〕の沈殿が生じた。ろ過によって沈殿とろ液に分けた後，<u>ろ液の炎色反応を観察したところ，赤紫色であった。</u>③

設問 1 ［　あ　］〜［　せ　］にあてはまるもっとも適切な語句を答えなさい。

設問 2 （　a　）〜（　d　）にあてはまる数字を答えなさい。

設問 3 X，Y に対応する元素記号，ならびに〔　ア　〕〜〔　ケ　〕にあてはまるもっとも適切な分子式，組成式，あるいはイオン式を答えなさい。

設問 4 単位格子 1 辺の長さが l，結晶を構成する原子の半径が r である［　あ　］において，r と l の関係式を示しなさい。なお，平方根はそのまま記入しなさい。

設問 5 ［　え　］は電気を通さないが，［　お　］は電気をよく通す。この理由を 40 字以内で記述しなさい。

設問 6 - 1 下線①の操作で，溶液中の金属イオンに起こる変化をイオン反応式で示しなさい。

設問 6 - 2 下線②について，アンモニアは，工業的には触媒を用いて窒素と水素から直接合成される。以下の熱化学方程式を用いて，アンモニアの N-H の結合エネルギーを解答欄の誘導に従って計算しなさい。なお，解答には単位も記入しなさい。（計算式をしっかりと書くこと）

$$N_2 (気) + 3H_2 (気) = 2NH_3 (気) + 92 \, kJ$$

$$2H (気) = H_2 (気) + 432 \, kJ$$

$$2N (気) = N_2 (気) + 928 \, kJ$$

〔解答欄〕

反応物の結合エネルギーの和：

生成物の結合エネルギーの和：

アンモニアの N-H の結合エネルギー：

解答：

設問6-3　　下線 ③ の観察結果から，未知イオン Z^{m+} のイオン式を答えなさい。

〔 2 〕次の文章を読み，設問に答えなさい。

単糖のグルコースは，その水溶液中において〔 ア 〕グルコース，〔 イ 〕グルコース，および〔 ウ 〕基を有する〔 エ 〕状グルコースの3種の〔 オ 〕が〔 カ 〕状態で存在している。このように水溶液中で〔 ウ 〕基を生じる単糖を〔 キ 〕といい，〔 ク 〕作用を示すので，〔 ケ 〕水溶液と混合させると銀鏡反応が起こり，またフェーリング液と混合させると〔 コ 〕の赤色沈殿を生じさせる。

水を冷却した際の時間と温度との関係は，図の冷却曲線（ a ）のようになる。水の〔 サ 〕〔 シ 〕は 0 ℃であるが，通常は〔 サ 〕〔 シ 〕より〔 ス 〕温度となっても〔 サ 〕せず，この状態を〔 セ 〕という。点 A において〔 サ 〕が〔 ソ 〕し，点 C において〔 サ 〕が〔 タ 〕する。そして，冷却曲線（ a ）上の点 B から点 C の間は温度は一定であり，〔 チ 〕と〔 ツ 〕が共存した状態となっている。

100 g の水に 10.8 g のグルコースを溶解させた水溶液を冷却すると，図の冷却曲線（ b ）のようになる。図の冷却曲線（ a ）から求められる水の〔 サ 〕〔 シ 〕である T_0 は 0 ℃であるが，図の冷却曲線（ b ）から求められるグルコース水溶液の〔 サ 〕〔 シ 〕である T_1 は〔 X 〕℃となる。これは，一般に水溶液の〔 サ 〕〔 シ 〕

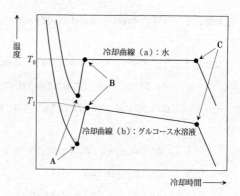

は水の〔 サ 〕〔 シ 〕よりも低いためで，この現象を〔 サ 〕〔 シ 〕〔 テ 〕といい，その温度差を〔 サ 〕〔 シ 〕〔 テ 〕〔 ト 〕という。不揮発性の〔 ナ 〕〔 ニ 〕の希薄溶液の〔 サ 〕〔 シ 〕〔 テ 〕〔 ト 〕は溶質の種類に関係せず，その溶液の〔 ヌ 〕（単位は mol/kg）に比例す

る。このときの比例定数を〔 ネ 〕〔 サ 〕〔 シ 〕〔 テ 〕といい，各溶媒に固有の値で水の場合は 1.85 K・kg/mol である。なお，グルコースの水溶液を冷却する際には，①冷却曲線（h）上の点 B から点 C の間は温度は徐々に低下していく。

　また，溶質が〔 ニ 〕の場合，〔 ノ 〕によって溶質〔 ハ 〕の数が増加するため，〔 サ 〕〔 シ 〕〔 テ 〕〔 ト 〕は同じ〔 ヌ 〕の〔 ナ 〕〔 ニ 〕の水溶液よりも〔 ヒ 〕なる。したがって，100 g の水に 10.8 g のグルコースを溶解させた水溶液と同じ〔 サ 〕〔 シ 〕〔 テ 〕〔 ト 〕となる塩化ナトリウム水溶液を作るには，100 g の水に〔 Y 〕g の塩化ナトリウムを溶解させればよい。

設問 1　〔 ア 〕〜〔 ヒ 〕にあてはまるもっとも適切な語句を書きなさい。

設問 2　〔 X 〕ならびに〔 Y 〕の値を，それぞれ解答欄の誘導に従って計算しなさい。（いずれも計算式をしっかりと書くこと）

〔解答欄〕

グルコースのモル質量＝

グルコースの水溶液の〔 ヌ 〕＝

〔 サ 〕〔 シ 〕〔 テ 〕〔 ト 〕＝

解答：　X ＝

塩化ナトリウムのモル質量＝

同じ〔 サ 〕〔 シ 〕〔 テ 〕〔 ト 〕となるための塩化ナトリウム水溶液の〔 ヌ 〕＝

水 100 g に溶解させる塩化ナトリウムの質量＝

解答：　Y ＝

設問 3　下線 ① の現象が観察される理由を，60 字以内で説明しなさい。

［ 3 ］次の文章を読み，設問に答えなさい。

（1）川芎 はセリ科の植物で，婦
人科系疾患に効能のある生
薬として服用されている。
この植物の根の搾り汁に水

$$COOH$$
$$HOOC-CH$$
$$HOOC-CH_2-CH_2-C-C-C_4H_9$$

化合物 B

$$COOH$$
$$HOOC-CH_2-CH_2-C-NH_2$$

グルタミン酸

とジエチルエーテルを加えて分液ろうとによる分離をおこなったところ，上層と下層に分か

れた2層のうち，［ あ ］層であるジエチルエーテル層に抗炎症作用のある化合物 A が抽出

された。化合物 A は3個の不斉炭素原子をもち，①元素分析の結果から，元素組成は質量

百分率で炭素 74.2 %，水素 9.3 %，酸素 16.5 %であった。化合物 A を硫酸酸性下で過剰の

過マンガン酸カリウムで［ い ］し，この反応で得られた生成物を水酸化ナトリウム水溶液

中で加熱したところ，エステルの加水分解が起こり，化合物 B のナトリウム塩が得られた。

化合物 B は不斉炭素原子を［ う ］個もつ。化合物 B に対して硫酸中高温で分子内脱水反応

をおこなうと，不斉炭素原子をもたない化合物 C が得られた。

（2）α‒アミノ酸はアミノ基とカルボキシ基が［ え ］の炭素原子に結合しているアミノ酸で，

［ お ］を構成するアミノ酸は約 20 種類存在する。そのうちの1種であるグルタミン酸は

調味料として用いられており，②等電点は 3.2 である。一方，単純な α‒アミノ酸であるグリ

シンの等電点は 6.0 である。pH 3.2 の溶液でグリシンの電気泳動をおこなうとグリシンは

［ か ］極へ移動した。グリシンのカルボキシ基とグルタミン酸のアミノ基が縮合すると

［ き ］結合ができ，化合物 D が生成した。化合物 D の水溶液にニンヒドリン水溶液を加え

て温めた溶液は［ く ］色であった。

設問 1　［ あ ］～［ く ］にあてはまるもっとも適切な語句あるいは数字を答えなさい。

設問 2　下線①の結果から化合物 A の組成式を示しなさい。

設問 3　化合物 B の構造式中，点線で囲った部分は直鎖のアルキル基であった。このアルキル基

　　　　部分に不斉炭素原子が存在する場合のアルキル基を，例に従って示しなさい。

　　　　例（化合物 B のアルキル基）：ξ-CH_2-CH_2-CH_2-CH_3

設問 4　化合物 B およびグルタミン酸の構造式にならって，化合物 A，C，D の構造式をそれぞれ

示しなさい。

設問 5　下線 ② について，グルタミン酸の等電点が低い理由を 40 字程度で説明しなさい。

■生物■

(80分)

〔Ⅰ〕 次の文章を読んで設問に答えなさい。

　　①生命の基本単位である細胞は，境界である細胞膜の内部に細胞質基質や細胞小器官が存在する。細胞の内部ではゲノム DNA の情報が転写されることで RNA が，RNA が翻訳されることによりタンパク質が合成される。原核生物では細胞質基質とゲノム DNA が混在するため，転写と翻訳の場所に区別はない。一方，②真核生物ではゲノム DNA は細胞核の中に存在し，核内で転写が行われる。その後，転写された RNA は核から③細胞質基質へ移動した後に翻訳される。

　　④2 本のプライマーを用いて DNA を増幅する PCR 法は，逆転写酵素による cDNA の合成と定量的 PCR 法を組み合わせることで，転写量の解析やウイルス感染の判断に使用されている。このほかにも，相同配列を利用した遺伝子クローニング法や，DNA シーケンシング法の基盤技術となるなど，PCR 法は現代の生物学において欠かせない手法となっている。

問1　下線部 ① に関する以下の設問に答えなさい。

　（1）動物の細胞を構成する成分の約70%を占める分子は何か，漢字で答えなさい。また，この分子を選択的に透過させる膜タンパク質を一般に何と呼ぶか，カタカナで答えなさい。

　（2）生体膜はチャネルやポンプといった膜タンパク質の機能により選択的透過性を示す。一方，生体膜の構成成分である脂質二重膜自身は，小さく電荷を持たない分子が透過可能である一方，電荷を帯びた分子や高分子は透過できないといった性質を有する。このような性質は何と呼ばれるか，漢字で答えなさい。

　（3）細胞のように脂質二重膜に覆われた 1 〜 100 μm サイズの小胞は，ガラス上で乾燥させた脂質に水溶液を穏やかに加えることで作ることができることが知られている。このような人工的な脂質二重膜小胞をリポソームと呼ぶ。リポソームは浸透圧に対して赤血球とよく似た性質を示すことが知られている。では，0.1 mol/L のスクロース溶液を小胞の中に含むリポソームを作製し，その後 0.2 mol/L のスクロース溶液に浸した場合，リポソームはどのような変化を示すと考えられるか，1 行で答えなさい。　　　　　　　（解答欄：約 16.9cm × 1 行）

　（4）乳酸発酵は細胞質基質で行われることが知られている。乳酸発酵は，解糖によって生じたピルビン酸を乳酸に変換する反応において，使用された補酵素の酸化還元状態を戻す役割を担う。この反応は乳酸脱水素酵素によって触媒される。乳酸発酵における乳酸脱水素酵素の反応に使用される補酵素の名前を答えなさい。略称でも良いが，酸化還元状態を区別して答

えなさい。

（5）ヒトの細胞に存在する細胞小器官の中で独自の DNA を持つものを 1 つ答えなさい。

問2　下線部 ② に関し，DNA と転写に関する以下の設問に答えなさい。

（1）真核生物のゲノム DNA に関係するヒストン，染色体，クロマチン，ヌクレオソームの 4 つを，染色体から順に，構造が大きな順に並べて答えなさい。

（2）転写において，原核生物の RNA ポリメラーゼが直接プロモーターを認識して結合するのに対し，真核生物では RNA ポリメラーゼのほかに複数のタンパク質がプロモーターへの結合に必要である。このようなタンパク質群を何と呼ぶか，漢字で答えなさい。

（3）転写量を制御する因子としてリプレッサーとアクチベーターがある。リプレッサーは DNA と結合することで転写を抑える分子であり，アクチベーターは DNA と結合することで転写を増強する分子である。リプレッサーやアクチベーターが DNA と結合する配列を同定する手法として，DNase I フットプリント法がある。DNase I は DNA のランダムな場所を切断する分子である。DNase I フットプリント法は，タンパク質が結合している DNA 配列には DNase I が作用できないことを利用し，リプレッサーやアクチベーターが結合する DNA 配列を同定する。今，薬剤 B と分子 C で制御されたオペレータを持つ大腸菌の細胞を薬剤 B で処理した場合に，このオペレータによって制御されるプロモーターからの転写量が減少したとする。説明文と図 1 の結果を参考に，分子 C の性質に関して最も適切な説明文を（a）～（d）の選択肢から 1 つ選び，記号で答えなさい。

［選択肢］

（a）分子 C は薬剤 B が存在する場合に DNA に結合するリプレッサーである

（b）分子 C は薬剤 B が存在しない場合に DNA に結合するリプレッサーである

（c）分子 C は薬剤 B が存在する場合に DNA に結合するアクチベーターである

（d）分子 C は薬剤 B が存在しない場合に DNA に結合するアクチベーターである

（4）図 1 の左 4 レーンはサンガー法で解析した DNA の電気泳動の結果である。ddA，ddT，ddC，ddG は使用したジデオキシヌクレオチドを意味する。分子量の大小とサンガー法の原理，DNase I フットプリント法の結果を踏まえ，分子 C が結合すると考えられる 6 塩基の DNA 配列を 5' 側から 3' 側の順で答えなさい。ただし，塩基は一文字表記で書きなさい。

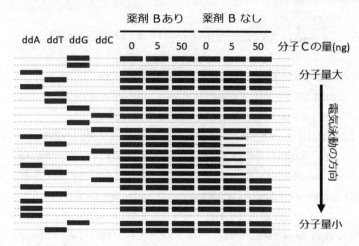

図1　DNase I フットプリント法による分子 C の DNA 結合配列の解析

> 図1説明文：四角は電気泳動後のバンドであり，バンドが大きいほど該当する分子量の
> DNA が多いことを意味する。左から4レーンはサンガー法による DNA シーケンス像であ
> る。右6レーンは薬剤 B を添加した場合，添加しなかった場合の DNase I フットプリント
> 法による解析の結果であり，上の数字は添加した分子 C の量を示す。点線は，レーンごと
> のバンドの位置をわかりやすくするための便宜的な線である。DNase I は全ての場所を等し
> く切断するわけではないが，おおむねランダムに切断するため，切れる箇所と切れない箇所
> が存在していることに注意せよ。

問3　下線部 ③ に関し，翻訳に関する以下の設問に答えなさい。

(1) ニーレンバーグらは，RNA に存在し DNA に存在しない塩基のみが重合した RNA を合
成し，この RNA を翻訳した場合，フェニルアラニンのポリペプチドが合成されることを示
した。この事実を踏まえ，最初に遺伝暗号が解読されたフェニルアラニンをコードするコド
ンは何であるかを答えなさい。ただし，塩基は一文字表記で書きなさい。

(2) 一般的な生物の遺伝暗号に含まれないアミノ酸を以下の選択肢（a）〜（f）の中から1
つ選び，記号で答えなさい。

［選択肢］

　（a）システイン　　　　（b）チロシン　　　　（c）オルニチン

　（d）トリプトファン　　（e）グルタミン　　　（f）プロリン

(3) mRNA と tRNA と結合し，翻訳の場となる分子の名称をカタカナで答えなさい。

（4）一般に，翻訳されたタンパク質は三次構造を形成することで機能する。この三次構造形成
過程は折りたたみと呼ばれるが，この過程を助ける分子が存在する。このような分子の総称
を答えなさい。

（5）タンパク質の三次構造同士がいくつか集合した構造を四次構造と呼ぶが，四次構造を超え
た複雑な集合体も存在する。このような集合体を高次構造と呼ぶが，液−液相分離と呼ばれ
る高次構造体は膜が存在しないものの細胞小器官のような役割を担い，細胞機能に重要で
あることが明らかになってきている。液−液相分離を形成する機構の1つに，特定の三
次構造を取らないタンパク質である天然（　あ　）タンパク質によるものが知られている。
（　あ　）は，通常は三次構造を形成するタンパク質を高温や酸，アルカリ処理した際に立
体構造が変化し，性質や機能が変化することを示す用語である。（　あ　）にあてはまる適
切な用語を漢字で答えなさい。

問4　下線部 ④ に関し，以下の設問に答えなさい。

（1）DNA の定量には，PCR 反応中に DNA が増幅していく様子（増幅曲線，図2）を観察し，
その増幅の様子からもとの DNA 濃度を決定する定量的 PCR 法というものが用いられる。
定量的 PCR において増幅曲線から DNA 濃度を決定する方法はいくつかあるが，よく用い
られるものが Ct 値を用いた手法である。Ct 値は，増幅曲線においてシグナルが一定の濃度
を超えたときの PCR サイクル数を用いて決定する。

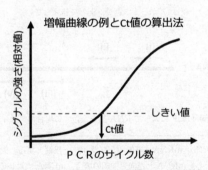

図2　定量的 PCR における増幅曲線と Ct 値の関係

図2説明文：シグナルの強さは DNA の個数によって変化する。DNA の増幅によるシグナ
ルが，あらかじめ設定したしきい値を超えたときの PCR のサイクル数が Ct 値である。

増幅曲線のシグナルが DNA の個数と一致するとき，100個，400個，1600個，DNA の個数
が不明の試料を用いて定量的 PCR を行い，結果として量が不明だった試料の中に800個の

DNA が存在していたことが分かったとする。上の文章を踏まえ，次のうち，この実験で得られた各 DNA において，Ct 値の関係として正しいものを Ct 値（a）〜（d）から選択せよ。ただし，増幅曲線のシグナルが 2 倍になると，DNA の個数も 2 倍になるとする。また，PCR の溶液量は全ての試料で同じとする。

DNA の個数	100個	400個	1600個	試料（800個）
Ct 値（a）	2	8	32	16
Ct 値（b）	25	23	21	22
Ct 値（c）	32	8	2	4
Ct 値（d）	21	23	25	24

（2）転写量の解析は，逆転写反応と定量的 PCR を組み合わせることで行う。通常の PCR では RNA は増幅できないため，まず逆転写酵素を用いた逆転写反応によって RNA から cDNA を作製する。逆転写反応では PCR と異なり，RNA と相補的な配列の DNA をプライマーとして 1 つだけ使用する。次に，逆転写反応で合成した cDNA の量を定量的 PCR で決定する。このとき，定量的 PCR のプライマーは，逆転写反応で合成した cDNA の一部を増幅するように設計する。逆転写に用いるプライマーと定量的 PCR のプライマーは重複するものを使用しても良い。以上の情報と図 3 の説明文を踏まえ，逆転写後に定量的 PCR で用いるプライマーが図 3 の（ii）と（iv）の場合，逆転写に用いるのに最も適切なプライマーを図の（i）〜（iv）から 1 つ選び，記号で答えなさい。

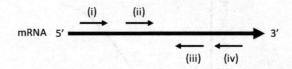

図3　定量的 PCR によって RNA 量を定量する場合のプライマーの選択

図3説明文：太矢印が mRNA，細矢印がプライマー候補とする。矢印の向きは 5′ から 3′ 方向を意味している。mRNA と逆向き矢印の場合，mRNA に対して相補的な配列のプライマーであることを意味する。

（3）PCR 法によって特定のウイルスの検出を行う場合，プライマーの設計において注意すべきことがいくつか存在する。プライマーが結合する DNA の相補鎖と一致する必要があると仮定したとき，PCR 法の特性と，特定のウイルスのみを検出するという目的を踏まえ，必ず考慮する必要があるものを，（a）〜（f）の選択肢から 1 つ選び，記号で答えなさい。

［選択肢］

（a）検出するウイルスとヒトのゲノムの間で共通する配列に結合するように設計する

（b）検出するウイルスのゲノムにおいて変異が入りやすい配列に結合するよう設計する

（c）検出するウイルスのゲノムに存在し，検出対象としない近縁のウイルスのゲノムには
　　　存在しない配列に結合するよう設計する

（d）3′末端にポリ A 配列を付加して設計する

（e）制限酵素で切断可能な配列を含むように設計する

（f）ウイルスゲノムに存在する遺伝子が発現するためのプロモーターが増幅可能なように
　　　設計する

（4）ある遺伝子 A を標的として PCR 法で増幅することを考える。真核生物の場合，ゲノム
　　　DNA を鋳型に PCR を行う場合と，mRNA を逆転写し cDNA を合成したあとに PCR を
　　　行う場合で，増幅される DNA の長さは異なる場合が多い。その理由は何か，1 行以内で簡
　　　単に書きなさい。　　　　　　　　　　　　　　　　　　　（解答欄：約 16.9cm × 1 行）

〔Ⅱ〕 2019年12月下旬，中華人民共和国の武漢市において最初に確認され，世界的な流行となった新型
コロナウイルス感染症（COVID-19）の疫学調査について以下の問いに答えなさい。

問1　47人の患者から採取された SARS-CoV-2 ウイルスのゲノム解析が行われ，60の塩基が置換
　　　された部位が見つかり，そのうちの13の部位（614，2662，5084，8782，18060，24034，24325，
　　　26144，26729，28077，28144，28854，29095 番目）を集計した。例えばゲノムの部位 28144 では
　　　塩基 T が C に置換され，ロイシンがセリンに置換していたが，この置換はコウモリ由来のウイ
　　　ルスがヒトからヒトへ感染する能力を得た原因になった変異であるとされている。

部位	元のコドン	変異コドン	元のアミノ酸	変異アミノ酸
614	GCT	<u>A</u>CT	アラニン	チロシン
〜	〜	〜	〜	〜
28144	TTA	T<u>C</u>A	ロイシン	セリン
〜	〜	〜	〜	〜
29095	TTC	TT<u>T</u>	フェニルアラニン	フェニルアラニン

（1）ここでゲノム部位 29095 にある塩基 C が T に変異が起きているが，アミノ酸は元のフェニ
　　　ルアラニンのままである。このようなアミノ酸配列に影響がない変異を何というか答えなさ
　　　い。

（2）次の図では，解析したウイルスゲノム配列から系統樹を作成し，13箇所の変異をその右に示している。図中の「M933」は比較に用いたコウモリ由来のゲノム配列の塩基を意味する。また，系統樹での黒丸は塩基が置換した位置を示しており，例えば「C18060T」は，ゲノム名 M933 が G000 に移行する過程で部位 18060 の塩基 C が T へ置換したことを意味する。①～③に対応する13箇所の置換部位の変異の組み合わせを（あ）～（か）から選び，記号で答えなさい。

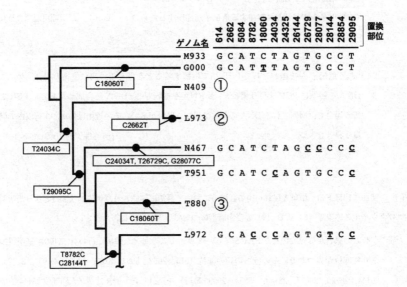

［選択肢］

| | 13箇所の置換部位の変異 | | | | | | | | | | | | |
	614	2662	5084	8782	18060	24034	24325	26144	26729	28077	28144	28854	29095
M933	G	C	A	T	C	T	A	G	T	G	C	C	T
（あ）	G	**T**	A	T	C	**C**	A	G	T	G	C	C	T
（い）	G	C	A	T	C	**C**	A	G	T	G	C	C	**C**
（う）	G	C	A	T	**T**	**C**	A	G	T	G	C	C	**C**
（え）	G	C	A	T	C	**C**	A	G	T	**C**	C	C	**C**
（お）	G	C	A	T	C	**C**	A	G	T	G	C	C	T
（か）	G	**T**	A	T	**T**	T	A	G	T	G	C	C	**C**

（3）ウイルス 1 ゲノム内での変異速度を測定すると，約24塩基/年であった。ある患者からウイルスを採取し，ゲノムを解析したところ，2019年12月の武漢でのウイルス株と比較して12塩基の変異が確認された。この株は何年何月に採取されたと考えられるか？ またこのように変異した塩基数から，分岐された年代を推定することができるとする学説を何というか答えなさい。

問2　ウイルスが体内に侵入すると自然免疫がまず働き，続いて獲得免疫（適応免疫）が働くことで病原体から体を守る免疫応答が進行する。次の図は COVID-19 患者の免疫応答および診断に用いられるウイルス量（PCR 法で検出）の推定される時間変化を示している。以下の問いに答えなさい。

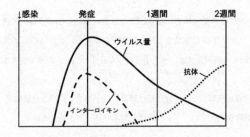

（1）自然免疫応答に関与する細胞には，病原体に共通する分子構造のパターンを認識する受容体が存在する。代表的な受容体を答えなさい。

（2）図にはパターン認識受容体の認識により，合成および分泌されたインターロイキンの経時変化が示されている。免疫応答に関与し，情報伝達物質として作用するこのようなタンパク質の総称を何というか答えなさい。

（3）自然免疫が働いてもウイルスを処理しきれなかったときには獲得免疫システムが動き出し，発症から一週間程度で抗体が産生し始める。このシステムを説明した下の文章のうち，空欄　あ　～　き　にもっともよくあてはまる語句を以下の選択肢（a）～（o）の中からそれぞれ 1 つずつ選び，記号で答えなさい。

　　　樹状細胞がウイルスの一部を MHC 分子を使って抗原として細胞外に提示し，T 細胞を活性化させるとともに，情報伝達物質を分泌する。T 細胞の 1 つである　あ　は，活性化して増殖し，ウイルス感染細胞を攻撃して排除する。この働きを　い　という。もう 1 つの T 細胞の　う　は，ウイルスを取り込んだ　え　と抗原提示を介して認識し，　え　の増殖後，分化して　お　となり，抗体を産生する。抗体は抗原を特異的に結合し（抗原抗体反応），マクロファージや好中球などの食作用による排除に貢献する。

増殖した T 細胞や B 細胞の一部は　か　として残り，再び同じ病原体が体内に侵入した場合，この　か　が速やかに，かつ強い排除を行うことが可能になる。この現象を　き　という。

[選択肢]

(a) B 細胞　　　　　　　　(b) NK 細胞　　　　　　　(c) キラー T 細胞

(d) ヘルパー T 細胞　　　　(e) 幹細胞　　　　　　　　(f) 形質細胞（抗体産生細胞）

(g) 標的細胞　　　　　　　(h) 記憶細胞　　　　　　　(i) 自己免疫

(j) 体液性免疫　　　　　　(k) 細胞性免疫　　　　　　(l) 抗体性免疫

(m) フィードバック調節　　(n) 免疫寛容　　　　　　　(o) 免疫記憶

(4) SARS-CoV-2 の受容体である ACE2 は，血圧調節に関与する生理活性ペプチドであるアンジオテンシン II の C 末端の 1 アミノ酸を切断する。この ACE2 のような触媒反応を起こす酵素を以下の選択肢 (a)〜(f) の中から 1 つ選び，記号で答えなさい。

[選択肢]

(a) 酸化還元酵素　　　　　(b) 転移酵素　　　　　　　(c) 加水分解酵素

(d) 脱離酵素　　　　　　　(e) 異性化酵素　　　　　　(f) 合成酵素

(5) アンジオテンシン II は副腎皮質にはたらいてアルドステロンを分泌する。このように内分泌腺でつくられて血液循環で全身に運ばれ，特定の器官のはたらきを調節する物質を何というか答えなさい。

問3　一般的な風邪（普通感冒）であっても，ウイルス感染および免疫応答に関連した味覚および嗅覚障害が生じることがある。しかし COVID-19 の患者では，鼻炎などの症状がなくても重度のこれらの障害があることが報告されている。嗅覚および味覚について記述した次の説明文に関し，以下の問いに答えなさい。

　動物は外部環境の情報を刺激として感知・受容し，適切な応答を行う。様々な刺激のうち，　あ　を主に感知する感覚として，嗅覚および味覚がある。呼吸で取り込んだ空気中の　あ　は，鼻腔内の嗅上皮にある嗅細胞の　い　に存在する受容体が受け取り，嗅神経を介してにおいとして脳へと伝わる。ここで嗅細胞ごとに受け取る　あ　が異なることで，我々はにおいの違いを区別することができる。

　一方で口の中に入った　あ　は，舌の　う　で苦味・甘味・塩味・酸味・旨味の 5 つの種類に分けることができる。ここで　う　に加え，支持細胞や基底細胞とともに形成されている

え と呼ばれる構造がある。この え は舌に 5 千から一万個あるとされており，受容体電位がシナプスを介して お の興奮を引き起こす。

（1）上記文章の空欄 あ ， い ， う ， お にもっともよくあてはまる語句を以下の選択肢（a）〜（k）の中からそれぞれ 1 つずつ選び，記号で答えなさい。

［選択肢］

　（a）味繊毛　　　（b）嗅繊毛　　　（c）味点　　　　（d）嗅点

　（e）基底膜　　　（f）おおい膜　　（g）有毛細胞　　（h）味細胞

　（i）化学物質　　（j）フェロモン　（k）味神経

（2）空欄 え に入る適切な語句を書きなさい。

（3）外界からの刺激に対して効率よく反応して行動するため，受容器で受け取った多くの情報を統合し，効果器に伝えるために処理するところを何というか答えなさい。

問 4　指定感染症の分類で二類相当と指定された感染症の PCR 検査で陽性の結果が出ると，無自覚や軽症であっても入院や隔離などの措置を行うよう勧告される。しかし検査の精度は100％ではなく，一定の割合で偽陽性（健常者であっても陽性と検出されること）の結果が出ることから，やむくもに PCR 検査を行うべきではないとされる。検査にかかる労力や費用の負担に加え，偽陽性の健常者が入院等を行うことでベッド数が圧迫され，医療崩壊する危険性が高まる。そのため PCR 検査は，感染疑いのある集団（感染者の割合が高い集団）に制限するほうが望ましい。

　以上の見解は，次の計算で明らかにすることができる。感染者と健常者は，PCR 検査の結果から 4 つのパターンに分けられ，下表のように整理するとする。

PCR 検査結果	感染者	健常者
陽性（＋）	［陽性］（あ）	［偽陽性］（い）
陰性（−）	［偽陰性］（う）	［陰性］（え）

　ここで「感度」は PCR 検査で陽性の結果となる感染者の割合を示すが，一般に50〜80％程度であり，偽陰性（感染者であるのに陰性と検出されること）の割合を無視できない。「特異度」は陰性の結果となる健常者（非感染者）の割合を示すが，PCR 法では99％以上である。感度を70％，特異度を99％と仮定して以下の計算を行い，四捨五入して整数で人数を答えなさい。

$$感　度（％）＝\{(あ)／[(あ)＋(う)]\}×100$$
$$特異度（％）＝\{(え)／[(い)＋(え)]\}×100$$

（1）感染者を0.2％含む集団10万人から検体（鼻咽頭ぬぐい液など）を採取して PCR 検査を行った。陽性の結果であった人のうち，感染者（あ）および健常者（い）はそれぞれ何名と

計算できるか，整数で答えなさい。

（2）陰性の結果が出た人の全員から再度，検体を採取して二回目の PCR を行うと，一回目と
　　合計するとほとんどの感染者を陽性として検出できることが期待できる。しかし感染率が低
　　い集団で検査をしても偽陽性となる健常者の人数はあまり減ることがない。二回目の PCR
　　で偽陽性となる健常者の人数を整数で答えなさい。

（3）　2020年 2 月上旬，横浜沖に停泊したダイヤモンドプリンセス号の乗員乗客の一部の900名
　　の検体を採取して PCR 検査を行ったところ，陽性の結果が出た人の割合は16％であった。
　　この陽性者のうち，さらなるゲノム解析や抗体検査によって，真の感染者と診断された人数
　　は137名であったとすると，最初の PCR で陰性の結果が出た感染者（う），陽性の結果が出
　　た健常者（い）はそれぞれ何名と計算できるか，整数で答えなさい。

〔Ⅲ〕　次の文章を読んで設問に答えなさい。

　　生命が誕生してから約35億年。生物は長い年月を経て多種多様な進化を果たしてきた。現在の地球
上には約190万種の生物が記録されており，まだ知られていない生物も含めると，870万種以上の生物
が存在していると推定されている。約　Ａ　年前の　Ｂ　紀の地層からは多種の動物の化石がみ
つかっており，この時期に現在見られる動物のほぼすべての門に属する動物が出現している。

　　多細胞の動物はどのように出現したのだろうか。多細胞動物の祖先となる生物がどのようなもので
あったか議論されてきた。1 つの細胞が多核となり，扁形動物のような左右相称の動物が多細胞動物
の祖先であったとする説や，発生反復説を唱えたことでも有名な　Ｃ　によって細胞群体起源説な
どが提唱されてきた。近年 rRNA を用いた分子系統解析により　Ｄ　類が後生動物（多細胞動物）
と近縁であることが示唆されたこと，　Ｄ　は群体を形成することや，海綿動物がもつ一部の細胞
と似た形態を示すことから後者の説が有力であると考えられるようになった。

　　三胚葉をもつ動物は，旧口動物と新口動物にわけられる。どちらにもみられる発生過程の現象の
①
1 つとして 1 層の細胞からなる胚の内側が凹んだ球のような形となる。この発生時期を　Ｅ　期と
呼び，この凹みの構造は中胚葉が生じるために重要であったと考えられている。

問 1　上記文章の空欄　Ａ　～　Ｅ　にもっともよくあてはまる語句を以下の選択肢（ア）～（タ）
　　の中からそれぞれ 1 つずつ選び，記号で答えなさい。

　　［選択肢］

　　（ア）10億 4 千万　　　（イ）7 億 4 千万　　　（ウ）5 億 4 千万　　　（エ）ジュラ

　　（オ）カンブリア　　　（カ）デボン　　　　　（キ）ヘッケル　　　　（ク）ニューコープ

　　（ケ）ドリーシュ　　　（コ）シュペーマン　　（サ）褐虫藻　　　　　（シ）えり鞭毛虫

　　（ス）ボルボックス　　（セ）のう胚　　　　　（ソ）胞胚　　　　　　（タ）原腸胚

問2　以下のうち間違っているものを2つ選び，記号で答えなさい。

①　独立栄養生物である動物もいる

②　動物はすべて真核生物である

③　海綿動物は胚葉の分化がなく消化管もない

④　海綿動物はべん毛で水流を起こし食物をとらえて生活している

⑤　現在の分類体系において最上位の分類階級は界である

⑥　クジラはウシと共通の祖先からわかれた動物である

問3　下線部 ① について旧口動物と新口動物の発生様式の違いを1行以内で答えなさい。

（解答欄：約 16.9cm × 1 行）

問4　下図は動物の系統関係をあらわした模式図である。

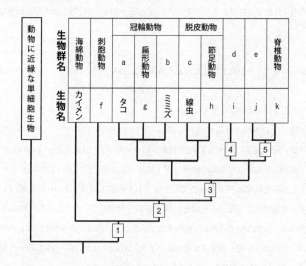

図中の a ～ e には以下の生物群名リスト（あ）～（お）のうちいずれか1つがあてはまる。また，図中の f ～ k には生物名リスト（イ）～（ヘ）のうちいずれか1つがあてはまる。図中 1 ～ 5 には特徴リスト（A）～（E）のうちいずれか1つの進化過程において得られた特徴1つがあてはまる。このとき，生物群 d，生物名 j，特徴 2 にあてはまる答えをそれぞれ1つずつ選び，記号で答えなさい。

[生物群名リスト]

（あ）原索動物　　（い）環形動物　　（う）棘皮動物

（え）線形動物　　（お）軟体動物

[生物名リスト]

（イ）ホヤ　　　　（ロ）ヒト　　　　（ハ）ウニ

（ニ）クラゲ　　　（ホ）ハエ　　　　（ヘ）プラナリア

[特徴リスト]

（A）脊索　　　　　（B）放射相称体制　　（C）体腔の獲得

（D）胚葉の分化　　（E）多細胞体制

問5　脊索動物に共通する特徴を2つ答えなさい。また，それらの特徴を示す脊索動物の模式図を描きなさい。

問6　中胚葉から分化する組織または器官を2つ答えなさい。

問7　以下の文章を読んで問いに答えなさい。

　　ある生物 *Alu seibutsu* の Zone I から Zone V までの体節のパターニングには転写を調節するタンパク質（転写因子）A 〜 K の発現制御が関わっている。*Alu seibutsu* の体節形成に関わる転写因子間の活性化および抑制の関係は図1のようになる。例えば，転写因子 A の発現量が閾値1以上となると転写因子 A は単独で転写因子 B の発現を誘導できるが，転写因子 C が1以上発現している領域では（たとえ転写因子 A が1以上発現していたとしても）転写因子 B の発現は抑制される。抑制は発現誘導より優先される。ただし，数字の書かれていない関係について閾値はない。このような図1の関係が成り立つとき，*Alu seibutsu* の前後軸に沿った場所ごとの転写因子 A 〜 K の発現量をグラフに表すと図2のようになった。

　　転写因子 I は（あ）のグラフに対応し，転写因子 C は（い）に対応する。（い）は前後軸に沿って濃度勾配をもち，①母親の体内で初期発生に必要な物質として卵に蓄積されている。残りの転写因子も（う）〜（さ）のいずれか1つのグラフにそれぞれ対応している。例えば Zone II と Zone IV のみで発現する転写因子は（う）のグラフで示される。

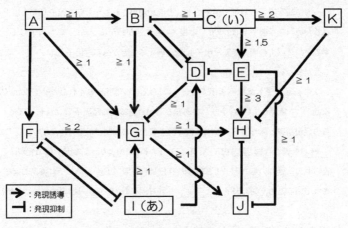

図1　各転写因子間の誘導関係

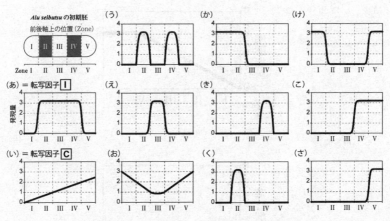

図2　各転写因子の前後軸に沿った発現量をあらわすグラフ

（1）下線部①のような物質を何と呼ぶか答えなさい。

（2）以下の文章の空欄　①　～　⑨　に図2の（う）～（さ）のうちのいずれか一つを入れ
　　文章を完成しなさい。

　　図1より転写因子I（あ）は転写因子Fと相互抑制の関係にあるため，空間的に排他的な
　　分布を示す　①　が転写因子Fである。また，転写因子Aからの誘導によってのみ転写因
　　子Fは発現誘導されるが，　①　のように誘導できる転写因子の発現は　②　しかない。

　一方，転写因子 B は転写因子 A により発現誘導されるが，転写因子 C が 1 以上で抑制されるため，転写因子 B は ③ と表されることがわかる。また，転写因子 C（い）に注目すると，2 以上の閾値で転写因子 K を誘導することから転写因子 K は ④ と表されることがわかる。

　次に転写因子 E は転写因子 C（い）の1.5以上で発現誘導されるため，Zone IV および Zone V で発現している ⑤ であることがわかる。転写因子 D には転写因子 I（あ）からの発現誘導と転写因子 B および転写因子 E からの抑制があるため，転写因子 D の発現は ⑥ と表される。転写因子 A，B，D，F，I の情報より，転写因子 G の発現は ⑦ と表される。残りの転写因子 J と転写因子 H は転写因子 E からそれぞれ抑制および発現誘導されているため，転写因子 J は ⑧ ，転写因子 H は ⑨ と表されることがわかる。

（3）（い）（つまり転写因子 C）の濃度勾配を図のように変化させたとき，E のグラフはどのようになるか解答欄に記入しなさい。

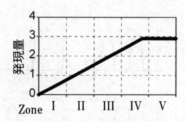

〔解答欄〕

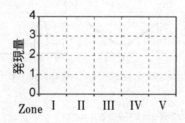

■　　■小論文■　■

$$\binom{70\ 分}{解答例省略}$$

（注意）　解答はよこ書きで記入して下さい。

次の文章は、伊藤亜紗著『目の見えない人は世界をどう見ているのか』からの抜粋です。
文章を読んで、以下の設問にこたえなさい。

問題1.　下線部「福祉的な態度」とは何か。「意味」と「情報」を使って、200字以内で説明しなさい。

問題2.　筆者は見える人の世界と見えない人の世界の違いを前提にどのように関わるとよいと述べていますか。400字以内で説明しなさい。

　「情報」ベースの関わりとは何か。乱暴に図式化してしまえば、それは福祉的な関係です。見える人が見えない人に必要な情報を与え、サポートしてあげる。見える人が見えない人を助けるという関係がこの福祉的な発想の根本にはあります。

　実際、福祉は情報への配慮であふれています。たとえば点字ブロック。言うまでもなく点字ブロックは、「駅はこちらです」等の「情報」を視覚障害者に与えるために設置されています。横断歩道に設置されている音響信号も、「止まれ」や「進め」の「情報」を与えることが目的です。

　こうしたインフラ面での福祉事業だけでなく、人的なサービスも情報に主眼が置かれています。たとえば図書館の対面朗読サービス。ここでは視覚障害者が本に書かれた情報にアクセスできるよう、図書館スタッフやボランティアが内容を読み上げてくれます。点字ブロックや音響信号は、障害者が行動するのに必要な情報を与える福祉、対面朗読サービスは障害者の情報入手そのものを手助けする福祉です。

そして近年は、このうち特に後者が重視されている印象を受けます。

　そうした中でよく聞かれるのが、「アクセシビリティ」という言葉です。もともとは施設やサービスへのアクセスのしやすさ、その度合いを指す言葉でしたが、近年は、情報に対するアクセスのしやすさ度合いを指す言葉として使われることが多いように感じます。

　さらに、この「アクセシビリティ」とセットでよく用いられるのが「情報格差」という言葉。そこにあるのは、ハンディキャップのある人とそうでない人の情報量の差、すなわち情報格差をなくすことが社会的包摂には必要だ、という考えです。こうした考えのもと、アクセシビリティを高めるためのさまざまな福祉的活動がなされています。

　もちろん、こうした「情報のための福祉」は障害者にとって不可欠で、これまでたくさんの試みがなされてきました。しかし、まだまだ不足している部分が残っていることは否めず、これについては社会をあげて補っていかなくてはなりません。

　福祉制度そのものの意義を否定するつもりは全くありません。私が危惧するのは、福祉そのものではなくて、日々の生活の中で、障害のある人とそうでない人の関係が、こうした「福祉的な視点」にしばられてしまうことです。

　つまり、健常者が、障害のある人と接するときに、何かしてあげなければいけない、とくにいろいろな情報を教えてあげなければいけない、と構えてしまうことです。そういう「福祉的な態度」にしばられてしまうのは、もしかするとふだん障害のある人と接する機会のない、すなわち福祉の現場から遠い人なのかもしれません。

　さまざまなワークショップ等で活躍している全盲の木下路徳さんは、子どもの頃、視力が弱まるにつれて同級生がよそよそしくなっていった経験について語っています。

　小学生の頃、木下さんは目の手術をして半年くらい学校を離れていました。その後学校に復帰しましたが、しばらくは弱視学級という別室でマンツーマンの授業を受けていました。

　でもあるとき、音楽や給食の時間は、それまで通っていた通常のクラスに帰ろうということになったそうです。それで、それまで一番仲のよかった友達が、弱視学級の教室に迎えに来てくれることになりました。もとのクラスに自然に戻れるようにという先生の配慮だったのでしょう。

　ところがこのことが、小学生の木下さんに最初のショックを与える結果になってしまいました。「親友が来てくれたんだけど、『よお！』みたいな和気あいあいとした雰囲気にならなくて、『はい、じゃあ行きましょうか』というような事務的な感じで、何もしゃべらず移動していったんですね。何これ、ぜんぜん楽しくないじゃ

んって（笑）」。その後も友達とは以前のような関係に戻れず、クラス替えでますます距離は遠のくばかり。「仲のよい友達を奪われた」という感じだったと言います。

　推測するに、弱視学級の教室に迎えに来てくれた親友は、悪意からよそよそしくしたのではないと思います。むしろ、その反対に善意があったのではないでしょうか。木下くんは目の手術をしたのだ、つまずいたり転んだりしないように気をつけなければいけない、危ないものがあったら教えなければいけない、と緊張していたのではないでしょうか。

　私も同じ立場に立たされたら、きっとそのように接していたと思います。でも、このような意味で「大事にする」のは、友達と友達の関係ではありません。からかったり、けしかけたり、ときには突き飛ばしたり、小学生の男子同士なら自然にやりあうようなことが、善意が壁になって成立しなくなってしまった。「だんだん見えなくなってくると、みんながぼくのことを大事に扱うようになって、よそよそしい感じになって、とてもショックでした」。

　情報ベースでつきあう限り、見えない人は見える人に対して、どうしたって劣位に立たされてしまいます。そこに生まれるのは、健常者が障害者に教え、助けるというサポートの関係です。福祉的な態度とは、「サポートしなければいけない」という緊張感であり、それがまさに見える人と見えない人の関係を「しばる」のです。

　もちろんサポートの関係は必要ですが、福祉的な態度だけでは、「与える側」と「受けとる側」という固定された上下関係から出ることができない。それではあまりにもったいないです。お互いの失敗を笑い合うような普通の人間関係があっていいはずだし、そのためには、話そうと思えばお互いの体について、障害について、恋愛事情を打ち明け合うようなノリで話し合えるような関係があっていいはずです（繰り返しますが、福祉的な態度とは、福祉に関わる人の態度という意味ではありません。実際の福祉の現場には、サポートだけではない、和気あいあいとした関係もたくさんあるはずです）。

　ここに「意味」ベースの関わりの重要性があります。意味のレベルでつきあえば、見える人と見えない人の関係は変わってきます。

　意味に関して、見える人と見えない人のあいだに差異はあっても優劣はありません。次章以降でじっくりとりあげますが、見えないからこその意味の生まれ方があるし、ときには見えないという不自由さを逆手にとるような痛快な意味に出会うこともあります。そして、その意味は、見える／見えないに関係なく、言葉でシェアすることができます。そこに生まれるのは、対等で、かつ差異を面白がる関係です。

　木下さんが対談の途中で叫んだ言葉が忘れられません。そのとき、私は見える人に

とって想像力とは何かを説明していました。想像力とは、いま・ここにはないものや場所について頭の中で視覚的に思い浮かべることである、それは一種イメージだけど、実際に見ているものとは違う、というような話をしていたのです。

その話が、これまで木下さんが不可解だと思っていたことのひとつを理解するヒントになったようでした。そして木下さんは叫びました。「なるほど、そっちの見える世界の話も面白いねぇ！」。

障害についての凝り固まった考え方を、これほどまでにほぐしてくれる言葉があるでしょうか。痛快なのは、木下さんが見える人の世界のことを、「そっちの世界」と言っていることです。「おたく最近調子どう？」「うん、ぼちぼちかな。そっちは？」。まるでそんな感じの、軽いノリの「そっち」でした。

福祉的な態度では、「見えない人はどうやったら見える人と同じように生活していくことができるか」ということに関心が向かいがちです。つまり、見える人の世界の中に見えない人が生きている。もちろん、現実にはさまざまな社会的インフラは見える人の体に合わせて作られていますから、それはそれで大切です。しかし、木下さんの言う「そっち」は、見える世界と見えない世界を隣り合う二つの家のようにとらえています。「うちはうち、よそはよそ」という、突き放すような気持ちよさがそこにはあります。

手を差し伸べるのではなく、「うちはうち、よそはよそ」の距離感があるからこそ、「面白いねぇ！」という感想も生まれてきます。先に私は「好奇の目を向けること」が大切なのではないかと書きました。差異を尊重する、などと言うと妙に倫理的な響きがありますが、もう一歩踏み込んで、ちょっと不道徳な「好奇の目」くらいのほうが、この「面白いねぇ！」には必要なのではないかと思います（もちろんお互いの同意のもとで）。意味ベースの関わりとは、見えない人を「友達」や「近所の人」として接することです。

あるいはそれは、異なる文化に属する人と関わる経験に似ているかもしれません。異国にいると、自分にとって当たり前だったことが、他人の目から見るといかに異常な習慣かに驚かされることがしばしばあります。それが異国に行く「面白さ」です。その土地の文化についてネットやガイドブックの「情報」として知っているのと、実際に現地に行ってその「意味」を体験するのは全く違います。

「そっちの見える世界の話も面白いねぇ！」と叫んだとき、木下さんは、見える人の想像力のあり方について、その意味を納得することができた、つまり「変身」することができたのでしょう。もちろんそれは部分的な変身でしかないかもしれません。しかしながら、差異を尊重してアンタッチャブルになるよりは、まずは「変身」して身をもって感じたほうが、かえって差異を「面白がる」ことができるのではないで

しょうか。

　伊藤亜紗著『目の見えない人は世界をどう見ているのか』(光文社新書、2015) 35〜42頁より抜粋

//////////////// · **memo** · ////////////////

//////////////////// · memo · ////////////////////

////////////////// · memo · //////////////////

教学社 刊行一覧

2025年版　大学赤本シリーズ

国公立大学（都道府県順）

374大学556点 全都道府県を網羅

> 全国の書店で取り扱っています。店頭にない場合は，お取り寄せができます。

2025年版　大学赤本シリーズ

国公立大学 その他

私立大学①

2025年版　大学赤本シリーズ

私立大学②

いつも受験生のそばに─赤本

大学入試シリーズ＋α
入試対策も共通テスト対策も赤本で

入試対策
赤本プラス

赤本プラスとは、**過去問演習の効果を最大にするため**のシリーズです。「赤本」であぶり出された弱点を、赤本プラスで克服しましょう。

- 大学入試 すぐわかる英文法 DL
- 大学入試 ひと目でわかる英文読解
- 大学入試 絶対できる英語リスニング DL
- 大学入試 すぐ書ける自由英作文
- 大学入試 ぐんぐん読める
  英語長文[BASIC] DL
- 大学入試 ぐんぐん読める
  英語長文[STANDARD] DL
- 大学入試 ぐんぐん読める
  英語長文[ADVANCED] DL
- 大学入試 正しく書ける英作文
- 大学入試 最短でマスターする
  数学I・II・III・A・B・C
- 大学入試 突破力を鍛える最難関の数学
- 大学入試 知らなきゃ解けない
  古文常識・和歌
- 大学入試 ちゃんと身につく物理
- 大学入試 もっと身につく
  物理問題集(①力学・波動)
- 大学入試 もっと身につく
  物理問題集(②熱力学・電磁気・原子)

入試対策
英検®
赤本シリーズ

英検®(実用英語技能検定)の対策書。
過去問集と参考書で万全の対策ができます。

▶過去問集(2024年度版)
- 英検®準1級過去問集 DL
- 英検®2級過去問集 DL
- 英検®準2級過去問集 DL
- 英検®3級過去問集 DL

▶参考書
- 竹岡の英検®準1級マスター DL
- 竹岡の英検®2級マスター CD DL
- 竹岡の英検®準2級マスター CD DL
- 竹岡の英検®3級マスター CD DL

CD リスニングCDつき　DL 音声無料配信
新 2024年新刊・改訂

入試対策
赤本プレミアム

赤本の教学社だからこそ作れた、
過去問ベストセレクション

- 東大数学プレミアム
- 東大現代文プレミアム
- 京大数学プレミアム[改訂版]
- 京大古典プレミアム

入試対策
赤本メディカル
シリーズ

過去問を徹底的に研究し、独自の出題傾向をもつメディカル系の入試に役立つ内容を精選した実戦的なシリーズ。

- [国公立大]医学部の英語[3訂版]
- 私立医大の英語[長文読解編][3訂版]
- 私立医大の英語[文法・語法編][改訂版]
- 医学部の実戦小論文[3訂版]
- 医歯薬系の英単語[4訂版]
- 医系小論文 最頻出論点20[4訂版]
- 医学部の面接[4訂版]

入試対策
体系シリーズ

国公立大二次・難関私大突破へ、自学自習に適したハイレベル問題集。

- 体系英語長文
- 体系英作文
- 体系現代文
- 体系世界史
- 体系物理[第7版]

入試対策
単行本

▶英語
- Q&A即決英語勉強法
- TEAP攻略問題集 新
- 東大の英単語[新装版]
- 早慶上智の英単語[改訂版]

▶国語・小論文
- 著者に注目!現代文問題集
- ブレない小論文の書き方 樋口式ワークノート

▶レシピ集
- 奥薗壽子の赤本合格レシピ

入試対策　共通テスト対策
赤本手帳

赤本手帳(2025年度受験用)プラムレッド
赤本手帳(2025年度受験用)インディゴブルー
赤本手帳(2025年度受験用)ナチュラルホワイト

入試対策
風呂で覚える
シリーズ

水をはじく特殊な紙を使用。いつでもどこでも読めるから、ちょっとした時間を有効に使える!

- 風呂で覚える英単語[4訂新装版]
- 風呂で覚える英熟語[改訂新装版]
- 風呂で覚える古文単語[改訂新装版]
- 風呂で覚える古文文法[改訂新装版]
- 風呂で覚える漢文[改訂新装版]
- 風呂で覚える日本史(年代)[改訂新装版]
- 風呂で覚える世界史(年代)[改訂新装版]
- 風呂で覚える倫理[改訂版]
- 風呂で覚える百人一首[改訂版]

共通テスト対策
満点のコツ
シリーズ

共通テストで満点を狙うための実戦的参考書。重要度の増したリスニング対策は「カリスマ講師」竹岡広信が一回読みにも対応できるコツを伝授!

- 共通テスト英語(リスニング)
  満点のコツ[改訂版] 新 DL
- 共通テスト古文 満点のコツ[改訂版] 新
- 共通テスト漢文 満点のコツ[改訂版] 新

入試対策　共通テスト対策
赤本ポケット
シリーズ

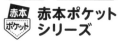

▶共通テスト対策
- 共通テスト日本史(文化史)

▶系統別進路ガイド
- デザイン系学科をめざすあなたへ

英語の過去問、解きっぱなしにしていませんか？

大学合格のカギとなる勉強サイクル

STEP 1 解く‼

対策‼ STEP 3

分析‼ STEP 2

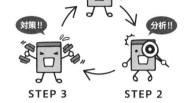

過去問を解いてみると、自分の弱い部分が見えてくる！

受験生は、英語のこんなことで悩んでいる…!?

こんな悩み😣をまるっと解決…😊してくれるのが、赤本プラスです。

【英文読解編】
- 😣 単語をつなぎ合わせて読んでます…
- 😃 まずは頻出の構文パターンを頭に叩き込もう
- 😣 下線部訳が苦手…
- 😃 SVOCを丁寧に分析できるようになろう

大学入試 ひと目でわかる **英文読解**
"ひと目でわかる" 英文読解
ビジュアルで理解できる！

英文構造がビジュアルで理解できる！

【英語長文編】
- 😣 いつも時間切れになってしまう…
- 😃 速読を妨げる原因を見つけよう
- 😣 何度も同じところを読み返してしまう…
- 😃 展開を予測しながら読み進めよう

大学入試 ぐんぐん読める **英語長文**
BASIC / STANDARD / ADVANCED
"ぐんぐん読める" 英語長文 BASIC
なぜ英語が苦手なのか!?

6つのステップで、英語が「正確に速く」読めるようになる！

【英作文編】
- 😣 ［和文英訳］ってどう対策したらいいの？
- 😃 頻出パターンから、日本語⇒英語の転換に慣れよう
- 😣 いろんな解答例があると混乱します…
- 😃 試験会場でも書けそうな例に絞ってあるので覚えやすい

New
大学入試 正しく書ける **英作文**
"正しく書ける" 英作文
超合理的！

頻出パターン×厳選例文でムダなく［和文英訳］対策！

【自由英作文編】
- 😣 何から手をつけたらよいの…？
- 😃 志望校の出題形式や頻出テーマをチェック！
- 😣 自由と言われてもどう書き始めたらよいの…？
- 😃 自由英作文特有の「解答の型」を知ろう

大学入試 すぐ書ける **自由英作文**
"すぐ書ける" 自由英作文
超効率的！

頻出テーマ×重要度順最大効率で対策できる！

計14点刊行中

赤本プラスは、数学・物理・古文もあるよ

（英語8点・古文1点・数学2点・物理3点）

くわしくは

大学赤本シリーズ
別冊問題編

2025